PIERRE LUNEL

40 ans d'amour

Edition n°1

40 ANS D'AMOUR

Professeur agrégé de droit romain, Pierre Lunel est également l'auteur d'une biographie de référence, L'Abbé Pierre, l'insurgé de Dieu.

Emmaüs? Une histoire d'hommes et de femmes, d'êtres humains cabossés, meurtris et révélés par le seul mystère : celui qui procède de la colère de l'Amour.
40 ans d'amour retrace cette histoire aux allures d'épopée. L'auteur, qui a eu accès à des documents d'archives inédits, relate avec force et émotion le combat quotidien de ces « crève-dehors ». Un univers sur fond de misère et de gadoue, où les êtres les plus déshérités, les plus désespérés, retrouvent, malgré un environnement de violence et d'abandon, un peu de dignité grâce au Père et à la biffe.
L'abbé Pierre se révèle prisonnier de son propre mythe, dont les excès et les faiblesses effraient à la fois l'Église et ceux de la rue des Bourdonnais, les gestionnaires, les gens bien, qui cohabitent difficilement avec ces apôtres-chiffonniers, qui encensent le Père et méprisent les bourgeois.
40 ans d'amour, c'est aussi le récit d'un combat audacieux qui réunit dans des situations souvent explosives, le mystique, les semi-truands et les réalistes. Une aventure exemplaire qui, la première, a su faire d'un message de solidarité son mot d'ordre : « *Sers premier le plus souffrant.* »

DU MÊME AUTEUR

L'Abbé Pierre. L'insurgé de Dieu, Édition n° 1, 1989.

Bob Denard. Le roi de fortune, Édition n° 1, 1991.

À la mémoire de mon père

Au père
À Raymond
À Franco
À tous les Amis
et Compagnons

« Aimer, c'est : Quand tu souffres toi, l'autre, qui que tu sois, j'ai mal... et toutes mes énergies se lèvent pour, unies aux tiennes, nous guérir ensemble de ton mal devenu le mien, pour ma joie dans ta joie, et ta joie dans la mienne. »

Abbé Pierre

D'un trait fulgurant dont il a le secret, l'abbé Pierre éclaire le sentier d'une histoire profondément charnelle et humaine, celle d'Emmaüs : « Ce n'est pas une œuvre. Ni une action politique ou confessionnelle. C'est une force d'éveil de la conscience civique humaine, *et qui va bien au-delà.* » « N'est-ce pas, dit-il encore, une merveilleuse raison d'espérer dans l'avenir d'Emmaüs... de ce qu'il répond à un appel universel, donnant aux désespérés... des raisons de vivre. Aimer, se donner de la peine pour que les autres aient moins de peine ? Que tout cela naisse spontanément, n'est-ce pas la preuve que ce rayonnement ne tient pas à moi, à une personne, mais trouve sa valeur en soi, par le vent de l'Éternel Amour soufflant dans les voiles tendues ? » Dans ces quelques lignes résident la clarté et le mystère d'Emmaüs. Il est vrai que cette expérience se vit, bien au-delà des mots, dans la profondeur d'un chemin intérieur où se love l'indicible grâce.

Emmaüs ? Une histoire d'hommes et de femmes, d'êtres humains cabossés, meurtris, et relevés par le seul mystère : celui qui procède de la colère de l'Amour. Emmaüs ? Une histoire éparpillée dans le monde, dans la Babel des langues, et dans le seul langage de l'âme. Histoire, aussi, qui se perd dans les brumes de la légende, tapie souvent derrière le charisme du Fondateur. Histoire, pourtant, d'une seule passion, celle de l'Autre.

Histoire à débusquer derrière ses *Fioretti* semblables à ceux dont Giotto orna la vie de saint François sur les murs de l'église d'Assise ; à traquer dans les archives, les aveux, les murmures, les silences, tout ce qui infirme ou corrobore la fragile mémoire des hommes. Alors, au-delà des pudeurs brisées, des secrets révélés, de la fascinante figure de l'abbé Pierre, éclôt un paysage non moins fascinant.

Emmaüs, dit-on, se fond dans l'abbé Pierre plus encore que l'abbé Pierre dans Emmaüs. Mais jusqu'à quel point l'histoire de l'œuvre n'éclaire-t-elle pas les contours du visage de celui qui la fonde... Comme si le mythe incarné dans l'abbé Pierre, après avoir imprégné l'œuvre jusqu'à menacer de la pervertir, recevait en retour l'éclairage le plus cru sur ses racines charnelles. Derrière toutes les menaces de dilution, les heurts d'hommes et d'institutions, les éclats et les ruptures, perdure la pureté originelle du message : le cri de colère d'Amour.

L'histoire et la légende cheminent alors main dans la main en la compagnie du prophète, de ses héros, de ses brigands et de ses pauvres. L'histoire, cessant d'être univoque, centrée sur le seul visage de son fondateur, ne s'affadit pas. Comme si saint Vincent de Paul ne relevait pas seulement le galérien mourant, mais parlait par la bouche de tous les pauvres, tandis qu'eux-mêmes se mettaient à agir. Emmaüs devient biographie collective, tissée de mille vies, incluse dans le désir de venger l'homme, de venger Dieu...

Alors la rencontre du prêtre hors normes et de Georges le désespéré recouvre toute sa dimension ; acte fondateur en même temps que révolution dans l'ordre de la charité... « Je n'ai rien mais, si tu veux, tu vas m'aider à aider de plus pauvres que toi. » L'homme brisé brise à son tour le dégoût de soi pour faire vibrer dans son cœur l'étincelle d'amour. Le pauvre, à Emmaüs, n'est pas assisté, mais remis debout, au-delà de lui-même, par une action envers de plus désespérés. Coup de génie ou illumination, qui rompent avec la liturgie codée de la bienfaisance multiséculaire.

Qui sont-ils, ceux par qui la joie des autres arrive ? Dans ce mystère de l'Homme et de la joie se rassemblent des prophètes, des mystiques, des réalistes et des truands. Dans ses *Chiffonniers d'Emmaüs*, Boris Simon, témoin des premiers temps, raconte : « J'étais en train de demander, dit Bobi, qu'on nous laisse travailler ici où la décharge est plus fraîche. Le Père, tout en écoutant, regardait le torse de « Fernandel ».

— Tu as un bien beau tatouage, dit-il.

L'homme écarta sa veste ; c'était le visage du Christ avec, au-dessus, ces mots : « Il a souffert » ; et, en dessous : « Moi aussi ».

— C'est beau, dit le Père gravement, où t'es-tu fait ça ?

— Au bagne !

— On va s'entendre, conclut le Père... »

Ces pauvres-là peuvent bien venir du bagne ; ce sera toujours mieux que d'avoir « l'air trop sauvés pour devenir sauveurs ». Génialement, l'abbé Pierre a l'audace de confier aux misérables de tout poil, jusqu'aux demi-truands, le soin de sauver de plus misérables. Parce qu'ils « ont pigé l'essentiel », ils écoutent le prophète leur dire : « Fais ce que tu peux » ; et ces « déchets » se réhabilitent ou cassent, vivent la générosité à fond ou partent avec la caisse... Ni bonne œuvre, ni cure de psychanalyse, Emmaüs est un pari sur l'homme ; une fantastique Cour des Miracles où tous ne sont libres que pour aimer ; présidents de société, ingénieurs, fonctionnaires, voleurs et escrocs repentis. Le cocktail est explosif et promet bien des orages. Il est assuré que l'arc-en-ciel revienne toujours.

Tout relève du mystère dans ce défi humain lancé en

réponse au plus vieux message : « Sers premier le plus souffrant... » Le Christ n'est pas dans le ciel, il est dans le pauvre type qui te parle. Que valent alors l'ordre, la mesure, la prudence, la bienséance... « Le jour où on me dit : « C'est merveilleux, il n'y a plus d'ivrognes à Emmaüs », je dis : « Qu'est-ce que tu as fait ? Tu les as guéris ou tu les as foutus dehors ? » Il ne faut ni décourager celui qui dit : « Chez moi, c'est bien ! », ni le laisser jeter l'opprobre sur celui chez qui tout n'est pas bien peigné. L'ordre est parfois le pire désordre par rapport à la vie [1]. »

Il n'est rien de pire qu'une civilisation sans espérance. La nôtre, où elle fut si vive, semble l'avoir perdue dans le désarroi des politiques, des religions, des économies et des morales. L'histoire d'Emmaüs plonge au cœur de l'espérance et donne une leçon à nous tous, désespérés de vie. Chemin si grisant que l'on désire, en pèlerinage, en remonter la source, là où fusionnent l'histoire et la légende. C'est là, peut-être, que se trouve la rançon du ressourcement tant attendu.

« 40 ans d'amour », histoire pour l'espérance faite de beauté et de misères, de grandeur et de petitesses, innervant la zone, le bidonville, l'Église, l'État, la France et trois cent vingt-cinq lieux dans le monde... Emmaüs ou le mystère de l'or et de la vie. À la mesure de celui de l'abbé Pierre à propos duquel on a justement écrit : « Il fut conduit plus loin, entraîné au large, parce qu'inconditionnellement fidèle à la vie. Renonçant à revenir sagement au port, il a essuyé d'horribles tempêtes que beaucoup ont oubliées, et que, probablement encore, beaucoup ont ignorées. Barque démâtée, disloquée, lui seul sait jusqu'à quel degré il a connu l'extrême faiblesse du pauvre auquel il ne reste plus rien, sauf,

---

1. « L'abbé Pierre » *Faim et Soif*, n° 100-101, septembre 1991.

dans la nuit totale, la possibilité de croire que l'amour existe, même quand il se tait[1]... »

Si, par quelque maléfice, tout ce qui existe aujourd'hui à travers le monde sous ce nom d'Emmaüs soudain se volatilisait, il suffirait que, demain, un homme heureux mais las et honteux d'être heureux sans les autres, rencontre un homme désespéré, et que tous deux décident de travailler ensemble en vue de réussir à en sauver un troisième... Oui, il suffirait de cet instant, pour que tout Emmaüs rejaillisse de cette nouvelle semence.

1. Michel Quoist, « Le Mystère chrétien de l'abbé Pierre », *Faim et Soif*, n° 101.

Prélude

Un chemin d'Absolu

À Lyon, dans le quartier de la Croix-Rousse, qui regroupe les plus vieux ateliers de tisseurs de soie, une petite maison s'élève, rue des Gloriettes, d'où l'on découvre tout le parc de la Tête-d'Or et le Rhône. C'est là que naît, le 5 août 1912, Henri Grouès. Un peu plus tard, la famille s'installe rue Sala, dans le quartier d'Ainay, au beau milieu de cette « bourgeoisie lyonnaise » si fermée, dit-on, que les fonctionnaires appréhendent alors d'être nommés à Lyon.

Lyon... Ville mystérieuse et millénaire, berceau de grands mystiques comme d'hommes d'affaires redoutables, cité des grandes foires du Moyen Âge, et symbole, dès le début du XVIe siècle, du capitalisme naissant. À la fois la grande entreprise et le mysticisme : certains esprits malicieux en ont conclu que l'abbé Pierre, mystique et entrepreneur à sa manière, ne pouvait naître ailleurs !

Entrepreneur ? Le père, Antoine Grouès, fils d'un montagnard de Fouillouse, en Haute-Savoie, en est un. Homme d'audace, de courage et de ténacité, il semble incarner la devise : « Fais ce que dois, advienne que pourra... » Ce sens du devoir érigé en principe de vie marque profondément le jeune Henri.

La « bonne » éducation reçue à Lyon, dans ce « Lyon des Lyonnais », le cœur de Lyon, la presqu'île entre Saône et Rhône, le quartier de ceux « qui font fortune avec des mines d'enterrement », prend le chemin des écoles religieuses. Mais cela ne suffit pas à expliquer une vocation. Or, Henri, garçon étrange, insaisissable, déroutant, espiègle et grave, mutin, brillant, d'une sensibilité extrême, un jour deviendra prêtre. Pourquoi cet enfant, que rien ne prédestine au sacerdoce, finira-t-il par se consacrer à Dieu ? Qui peut répondre à cette question ardue, sinon l'abbé Pierre lui-même ?

« Où, en effet, trouver dans l'immensité de la vie humaine un nœud plus mystérieux que celui où se nouent, pour faire une vie de prêtre, la liberté toute-puissante et pourtant infiniment délicate de Dieu, et la liberté, toute fragile, enténébrée, partielle et pourtant décisive, puisque rien ne peut exister sans son adhésion, de l'enfant des hommes qui va devoir dire OUI à la double vocation de sacrificateur et de sacrifié ? Qui donc peut connaître le cheminement des deux libertés l'une vers l'autre, si ce n'est celui qui en fait l'expérience chaque fois unique ? Qui donc peut évoquer les heures de joie et les moments de détresse *si ce n'est celui qui les VIT* ? »

C'est bien une aventure au cœur de l'intime, insaisissable, car celui qui la traverse sait qu'il lui est impossible de la faire partager à ceux qui ne l'ont pas vécue.

« L'homme, enfant d'homme, dans sa faiblesse d'homme, apprécie mal l'importance, réelle ou relative, de chacun des moments de rupture. Qu'est-ce que l'on est par rapport à ce que l'on va être, depuis le commencement, le balbutiement jusqu'à la plénitude, depuis la naissance jusqu'à l'allégresse du Ciel à l'heure où est enfin donnée la Béatitude des Béatitudes : la certitude totale, à jamais, de ne plus pouvoir détruire, d'être tout à l'Amour, d'être non seulement hors du péché, mais aussi hors de la possibilité du péché, d'être dans la plénitude infinie de ne pouvoir mal faire.

« Et cependant, si peu que l'on parvienne à déchiffrer et à dire, même si ce n'est qu'un balbutiement, un signe sur un mauvais parchemin, il faut tenter de le dire. »

Alors l'homme, le prêtre, cherche comment a pu naître le germe de ce qui deviendra l'Offrande. Il y a ce choc, reçu alors qu'il a cinq ans. Ce jour-là, Henri a fait une énorme sottise. Ses parents décident qu'il restera à la maison tout l'après-midi pendant que ses frères et sœurs, eux, se rendront chez leurs cousins où l'on s'amuse bien. Le soir venu, frères et sœurs rentrent, débordants de joie, lui racontent leur bel après-midi. Jamais il n'oubliera cette scène. Maussade et péremptoire, il leur déclare :

— Qu'est-ce que vous voulez que ça me fasse, puisque je n'y étais pas !

Son père qui a, de loin, entendu ses paroles, le prend à part. Une image inoubliable qui se greffe sur son âme d'enfant. Ce père si bon, si tendre, est ému jusqu'à la colère, indigné. « Il me dit que réagir ainsi est abominable, que Dieu ne peut que détester cela. Il me parle longuement. Je repars stupéfait ; j'ai, tout au contraire, eu, si fort, le sentiment de n'avoir pas été méchant, de n'avoir rien fait de mal, d'avoir été dans une espèce d'absolue logique. J'avais goûté là je ne sais quelle satisfaction, une sorte de perfection froide... »

Longtemps, très longtemps, le garçon devenu adulte repensera à cette scène, méditera non seulement sur les explications et les sentiments de son père, mais, et cela lui ouvrait tout un monde, sur la passion, la vraie souffrance qui se révélait à lui à travers ses paroles. L'indignation de cet homme si bon, bouleversé, scandalisé par l'attitude de son enfant, prouvait qu'il était profondément malheureux parce que son fils n'était pas bon. « Ce fut peut-être là, pour moi, le commencement de la découverte de la joie qu'il y a à communiquer au bonheur des autres, jusque dans la privation. Certes, Maman et tous à la maison m'avaient parlé de sacrifice... Mais je fis ce jour-là une découverte personnelle et dramatique.

« Pour que tant de menus détails de cet événement intérieur soient restés, depuis plus de soixante-dix ans, gravés dans ma mémoire, il faut bien admettre qu'il ne fut étranger à aucun autre des événements marquants qui, un à un, firent ma vie. Comment pourrai-je assez dire merci à mon père ? Ses paroles ont fait vibrer en lui assez de passion pour que s'ouvre mon cœur, et non plus seulement une froide et trompeuse raison. »

Henri grandit. Il vient d'avoir huit ans lorsque une tante l'emmène en promenade, en compagnie d'un de ses camarades. Elle leur dit :

— C'est si beau d'être prêtre ! Est-ce que vous n'avez pas envie de le devenir ?

— Oh oui ! je voudrais bien, répond le copain.

— Moi je ne sais pas, bredouille Henri.

Éberlué, il n'a jamais songé à ce qu'il serait plus tard. L'autre y a réfléchi, déjà ; et il ose penser à cela : être prêtre ! De ce jour, l'enfant commence à penser que les prêtres ont été des gosses comme tous les gosses, comme lui.

Deux ans plus tard, il réplique, facétieux, à une dame qui l'interroge :

— Je serai marin, missionnaire ou brigand.

« Le maquis, raconte en souriant l'abbé Pierre, a fait que, deux ans durant, on m'a traqué comme un bandit ! Je fus ensuite, pendant deux ans, aumônier de la Marine ! J'ai parcouru à travers l'Afrique, l'Amérique, l'Asie, bien des territoires de missions, et mon sacerdoce, parmi les plus malheureux, n'est-il pas très proche de celui des missionnaires ? L'heure de mourir, quand elle viendra, me trouvera donc comme un enfant gâté ! »

Une année s'écoule. Un soir, à son père qui vient l'embrasser dans son lit, il déclare :

— Papa, j'ai un grand secret à vous confier... Je veux être prêtre.

Un silence, son père l'embrasse fort.

— Mon petit, tu sais que cela nous coûtera beaucoup, à ta mère et à moi... Mais nous en serons très fiers.

Ce secret ne sera plus levé jusqu'au jour où, après bien des crises et des doutes, à dix-huit ans, Henri prendra la décision d'entrer au noviciat des Capucins.

Dernier souvenir d'enfance, le plus fort. Henri a douze ans. Tous les dimanches, son père s'absente sans rien dire. L'enfant n'a jamais osé violer le mystère. Où va-t-il ? Henri le saura bientôt. Et il n'oubliera jamais ce que son père va lui montrer. Ce dimanche-là, Antoine Grouès le prend par la main ainsi que son frère Léon pour un rendez-vous qui le marquera de façon indélébile : la rencontre avec la misère. Comme toutes les grandes villes, Lyon abrite, à côté de l'opulence, son lot de dénuement. Deux mondes qui se côtoient et s'ignorent. Des clochards, des familles entières pourrissent dans l'oubli, le froid, la faim, l'ignorance. Pourtant, l'indifférence n'est pas totale. Depuis des siècles, la patrie des canuts a suscité des œuvres. Parmi elles, les Hospitaliers-Veilleurs ; Antoine Grouès en est membre. À l'origine, ce mouvement rassemblait des hommes qui, la nuit, veillaient les corps des indigents morts dans la solitude. Aujourd'hui, ces nantis, le dimanche, soignent les pauvres. C'est vers la cité Rambaud, dans le quartier des Brotteaux, qu'Antoine Grouès entraîne ses deux garçons. Autour d'une église se dressent de méchantes maisons bâties grâce à la volonté d'un prêtre. La porte s'ouvre sur une salle de réfectoire : un cloaque. L'enfant n'a jamais eu le moindre contact avec la pauvreté. Il ignore ce que le mot signifie. Il a bien entendu parler des miséreux. Il ne les a encore jamais vus de ses yeux. Il n'a jamais joué ou parlé avec un gosse de pauvre. Que représente la misère pour un gosse de riche ? Un concept, une abstraction, un sentiment obscur de l'existence du malheur. Et il n'est pas rare que, dans les esprits, le malheur se confonde avec le mal. De tous temps, les « cours des Miracles », lieux de perdition, les dépôts de mendiants, les hôpitaux généraux où l'on enfermait les gueux perturbateurs de l'ordre ont accrédité l'idée d'un danger associé à la pauvreté — danger grave parce qu'aux contours imprécis. La charité du Moyen Âge et la bienfaisance du siècle des Lumières pansaient l'horrible plaie sans se départir de la bonne conscience des bien-pensants assurés que la vertu est d'un côté et le vice de l'autre.

Non, Henri ne sait rien de la misère, de sa couleur, de son odeur, de sa chair, de son sang. Sur ce sujet, l'expérience du gosse de riche, même sensible et généreux, ne peut rejoindre celle du gosse de pauvre. Ce dernier n'a nul besoin de rencontrer la misère. C'est ce jour-là, à douze ans, qu'Henri s'initie à regarder, à sentir le monde des rejetés.

Son père se tient au milieu d'eux, dans une salle lépreuse ; ils sont une quarantaine, sales, hirsutes, le regard mauvais ou absent. L'enfant est tout d'abord stupéfait. Où diable s'est fourvoyé son père, ce « Monsieur » respecté, ce *pater familias* admiré ? Puis le regard d'Henri se porte sur son sourire, cet étrange sourire apaisé qu'il porte sur la créature pouilleuse qu'il va laver, coiffer puis raser. L'enfant entend la voix de son père qui parle au clochard ; Antoine Grouès touche le miséreux, lui parle encore, comme à un frère qui ne répond pas, ne sourit pas. Depuis longtemps, le sourire a disparu de son visage. Son regard est goguenard ou méchant, ce qui n'empêche pas Antoine de continuer à lui sourire. L'enfant ne peut encore comprendre ce refus du sourire, du remerciement du pauvre trop meurtri ; il a simplement l'intuition que le prochain dont on parle à l'Église est là, aujourd'hui, devant lui ; le prochain qu'il faut Aimer.

Devant la beauté de cette charité souriante et active, pour le bien de ces épaves qui sentent si fort le vin, l'urine, le malheur, l'enfant songe : « Il est bon d'être bon. » Il ne sait pas encore que nul n'est jamais quitte avec la misère, qu'il faut s'y enfoncer corps et âme pour que la vie renaisse de cette apparente mort. Il entend simplement cette parole de son père : « Qu'il est difficile de vraiment servir ceux qui souffrent tant ! »

Les temps de l'adolescence sont des temps d'orage. Henri n'y échappe pas, et sa crise provoque en lui une douleur si poignante qu'il frôle la mort. Hypersensible, il sent vibrer toutes les cordes de l'âme, griffures qui lui arrachent pleurs, souffrances et voluptés. « Captivé soudain par une idée, un être, j'oublie tout ; et ne rêvant plus que de cela, je m'use, me brûle à l'entour, laissant ma tête travailler affreusement, m'exaltant sans vouloir de frein et lentement me minant, je souffre et veux souffrir, fier de pleurer pour avoir trop de cœur. »

L'adolescent griffonne jour et nuit des carnets intimes qui témoignent de ces heures exaltantes et ténébreuses ; des cris, de violents appels. L'âme insatiable est en quête d'absolu et le corps en souffre. Souvent malade, Henri lit tout ce qui lui tombe sous la main. Descartes, le philosophe du devenir, l'éblouit avec son *Discours de la méthode*. La règle des dénombrements entiers, la rigueur de la logique pure le charment. Suit le désenchantement ; et soudain — il a quinze ans —, pendant le cours de religion de son professeur jésuite, surgit, en un éclair, cette pensée : « Tu es chrétien... Et tu te prépares à engager ta vie dans cette foi ; mais si tu étais né dans une famille musulmane, ou de quelque autre religion, et que tu n'aies pas fait plus d'efforts personnels que tu n'en as déployés jusqu'à maintenant pour te rendre compte de la vérité ou de l'illusion de ta foi, tu t'apprêterais à engager ta vie d'une tout autre manière. Par conséquent, quelle sécurité as-tu d'être dans le Vrai ? »

C'est l'effondrement, l'impression du vide. Alors, pour toute réponse, sous les marronniers de la place Bellecour, à Lyon, pour l'adolescent, la lecture se fait encore plus dévorante. Il s'enivre de Kant, de Hegel. Ses carnets nous guident sur ce chemin, écartelé entre l'espérance et la peur, en quête de la connaissance intime, de la révélation espérée. L'abbé Pierre naît d'Henri Grouès adolescent.

Aimer, être aimé, tout se confond. Il ne lui reste plus, pour vaincre et ne pas mourir, qu'à chercher violemment le vrai sens du mot aimer ; en souffrant jusqu'à ce que le mot apparaisse, au bout de la nuit, dans sa plus éblouissante beauté. La tempête a lavé les impuretés. L'interrogation n'est plus que réponse, définitive, et l'engagement d'une vie. Dans ces heures de recherche, d'Absolu, il reste marqué par l'éblouissement des *Carceri*, les petites grottes d'Assise, la lecture de la vie de saint François par Joergensen, par le soutien d'un ami, François Garbit, qui lui écrit des choses si belles : « Je suis là. Écoute, je vais te dire un secret et ce secret porte un nom : la VIE... Bien sûr qu'il y a sur terre des vilenies ! Mais je ne comprends pas comment cela peut te faire juger la vie mauvaise. Écoute, vieux, chacun fait ce qu'il veut de la vie. Les uns la traînent dans la boue. En quoi salissent-ils la nôtre ? Ils nous montrent comment la rendre ignoble. Profitons de la leçon, et faisons-la splendide. »

Un jour, soudain, pour lui, cette illumination, saisie au détour d'une phrase de la Bible — c'est la voix qui dit à Moïse sur le Sinaï : « Yahwé ! Je suis, Moi qui suis ». Oui, l'Infini avec lequel il cherche la communion, l'Infini dit « Je ». Et l'Éternel qui dit « Moi » ne parle que pour dire aussi « Toi ». Cet Infini devient ce

Vivant, cette vie d'échange perpétuel. Oui, la vie est quelqu'un et quelqu'un d'Aimant.

« Ce jour-là est sans doute le plus déterminant de ma vie. Éternel, Immuable et Vie se révèlent tout ensemble, sans contradiction. Après le temps où pensée et vie intérieure ont cherché obscurément leur chemin, dans la seule considération du mouvement et du devenir de tout, c'est un roc, un bloc, que cette notion, cette essence de l'Être, sur quoi, butant à l'improviste, se sont inébranlablement fixés mon être propre, ma personne et ma foi. Plus jamais je ne souffrirai de la souffrance du doute. »

Henri se fera pauvre, très pauvre au fond de lui, pour rencontrer l'Éternel Amour.

Le 1er mars 1930, tandis qu'on célèbre les noces d'argent de ses parents, le jeune homme annonce sa décision de quitter le monde pour devenir moine. Le choix est fait, définitif. Au cri de saint François : « L'Amour n'est pas aimé », il répond par la bure, les pieds nus, le crâne rasé.

Pour un fils de famille issu de la bourgeoisie lyonnaise et qui a, de surcroît, fait ses études chez les Jésuites, il est peu « distingué » de choisir le noviciat des Capucins. « Ce fut une épreuve pour mon père. Avoir un fils Jésuite ou Dominicain était assez bien considéré, mais un Capucin, dans le milieu où je vivais... Pourtant, un an plus tard, mon père, alors très malade, m'accompagnant à la gare et m'embrassant au moment du départ, me dit :

— Tu sais, maintenant, je suis fier de mon Capucin.

Henri Grouès — devenu frère Philippe — vit le noviciat, la philosophie, la théologie dans des conditions qui ont été, aussi bien physiquement que moralement, très dures. On étudie peu chez les Capucins. Or, Henri aime l'étude et parfois... il enrage. En réalité, cette pauvreté de la vie intellectuelle le contraint à enrichir son esprit et son âme de façon plus personnellement réfléchie.

« Ce fut au cours de ces années que tout ce qu'il me faudrait d'esprit d'Évangile pour affronter les événements de mon existence s'accumula à mon insu. La lecture, la psalmodie lente des psaumes et la Sainte Écriture forment un aliment qui contient la matière d'une vie intellectuelle autant que mystique. Sur ces deux plans, il y a de quoi se nourrir, et forger son caractère pour le service de l'Absolu et de la Bonté. »

Rien ne remplace ce que l'on acquiert soi-même. De cette conviction, l'abbé Pierre est habité, « même s'il faut parfois se cramponner à deux mains parce qu'on en a assez et qu'on n'y croit plus »...

« Oui, c'est ce temps du désir, cette solitude, cette désolation et ce dépouillement qui forment les prophètes. Ces années de formation sont des années d'épreuve. Il faut d'ailleurs souhaiter subir de nombreuses épreuves pendant ces années-là, parce que, comme il y en aura tant d'autres par la suite, tout au long de la vie vouée à l'amour de Dieu et de nos frères, on sera alors davantage prêt à retirer, de toute peine, de l'amour... Je sais aussi les impatiences que l'on éprouve pendant ce temps, je sais à quel point on trépigne, en ayant l'impression qu'il y a tant de choses à faire... que l'on arrivera trop tard !... Je puis apporter ce témoignage, issu de ma vie un peu extraordinaire : si je ne suis pas complètement vidé — c'est pour moi une certitude —, je le dois à ces sept années de désert, de recueillement, d'Adoration. »

L'engagement

En 1938, le jour de la Saint-Barthélemy, Henri Grouès est ordonné prêtre. Sa santé chancelante le pousse à interrompre l'année supplémentaire de théologie, à quitter le couvent peu avant Pâques, relevé de ses vœux par le Saint Siège, à sa demande et sur le conseil de son directeur de conscience. Suit une courte retraite à la Trappe d'Aiguebelle, avant d'être incardiné au diocèse de Grenoble, vicaire d'une grosse paroisse de la ville.

Alors commence une « vie de fou ». Quelques mois à la basilique Saint-Joseph à Grenoble ; la mobilisation qui le conduit en Maurienne, puis en Alsace ; la pleurésie qui le ramène en Isère ; l'aumônerie d'Hôpital à La Mure, la responsabilité de groupes de jeunes, encore quelques mois ; enfin, le voici vicaire à la cathédrale de Grenoble. Arrive le temps des défis, comme seuls en connaissent ceux qui ont le malheur de *vivre* la guerre, la défaite, l'occupation, le racisme. En juillet 1942, des Juifs traqués frappent à sa porte, marquée d'une carte de visite, celle d'un prêtre, c'est-à-dire d'un homme de Dieu. Et ce cri : « Sauvez-moi. »

« Il a fallu que je voie alors avec stupeur à quel point il est possible que l'homme soit *contre* l'homme pour que je découvre, *d'une manière qui déclenche l'action*, que la loi de l'homme, la loi de cette réalité essentielle enveloppée de mystère mais dont nous entrevoyons quelque splendeur et qui est la Vie, c'est que l'homme soit *pour* l'homme. »

Il n'est pas dans la nature de l'abbé — c'est-à-dire dans le commandement de vie naissant des fruits de son Adoration — de rester sourd au cri de détresse. La loi d'Amour, compassion mêlée de colère, il la met vraiment en pratique cette nuit-là, lorsque cet ingénieur juif, le premier, frappe à sa porte. Il est un peu moins de cinq heures du matin.

— Père, sauvez-moi. On vient d'emmener ma femme et mes gosses.

Il jouait aux cartes chez des amis. Il est rentré, a trouvé sa porte fracturée. Il n'y a plus trace de sa femme et de ses enfants ; enlevés, voués à la torture et sans doute à la mort. Ses voisins lui disent : « Sauvez-vous, fuyez ! » Il erre toute la nuit, puis frappe à cette porte de prêtre.

« Que lui reproche-t-on ? Rien. Est-il délinquant ? Non. Il est simplement un homme comme moi, comme mes frères, comme mon père, comme les petits enfants de mes frères. Il est un homme comme tous les hommes. Mais d'autres hommes ont décidé que sa peau, son espèce, sa race, sa naissance leur déplaisent. » Alors le prêtre cache ce premier Juif.

D'autres suivront. Pour eux, il se fait cambrioleur, dévalise le garde-manger de M. le Curé ou de la gouvernante du presbytère. Il place ses protégés en lieu sûr, chez des amis, dans les pensionnats, les orphelinats. Sauver.

Sa petite chambre, au premier étage de la place Lavalette, devient l'auberge des traqués. Emmaüs naît là, dans son esprit, avant l'heure. Face à la détresse, ce qui importe n'est pas le constat mais la réponse. Les Juifs affluent, par cette mystérieuse liaison qui unit en tout temps sur la terre ceux qui souffrent. Il faut que certains partent pour que d'autres puissent arriver. Éclair de la Providence, soudain : sa mémoire a gardé cette parole d'un guide de montagne, après une course dans la haute vallée de Chamonix : « Ici, nous sommes en Suisse. »

La frontière suisse signifie la vie.

Les premiers sauvés seront douze Juifs, encordés derrière lui, contrebandier et passeur d'hommes.

Henri n'en reste pas là. Il crée des filières qui, de proche en proche, de maison de France en maison de France, de la ferme au logis de l'ouvrier, du presbytère à la maison de l'instituteur, de la villa du médecin à l'appartement du bourgeois, font ricocher ces malheureux vers la frontière et la vie, vers ces curés de villages de montagne qui guettent, avec leurs jeunes gens, les allées et venues, les patrouilles de l'Occupant, pour donner la liberté à ceux auxquels on prétend la ravir.

À Grenoble, il devient faussaire, expert en fausses cartes d'identité, passe ses nuits à fabriquer, avec d'autres, des « papiers de vie » : « Le dernier cercle d'études terminé, je me rends "en douce" à notre laboratoire. Tous volets clos, on sort de leur cachette le "nardigraphe" et les modèles de tampons. Durant de longues heures, on travaille avec ferveur, dialoguant sur les problèmes les plus hauts de la destinée humaine... Je crois bien que, durant l'année entière, nous n'avons pas, les uns ou les autres, eu plus de quatre heures de sommeil en moyenne. Cela devra certes se payer cher, à terme, mais il n'y a nul regret possible quand on sait les joies éprouvées ! »

En janvier 1943 se pose au pays tout entier un de ces graves cas de conscience qu'un peuple doit parfois résoudre : le Service du travail obligatoire, STO. Henri commence alors ses premiers dialogues avec la jeunesse. Ces jeunes, il les a vus, un matin, hébétés, en troupeau, désemparés, devant une caserne, attendant leur tour de passer devant l'expert qui estimera s'ils sont ou non aptes à partir travailler en Allemagne... Ces jeunes ne comprennent rien, se sentent lâchés, abattus. Lui ne peut oublier leur regard. Il faut de toute urgence en faire des agissants, des hommes debout, campés devant la décision à prendre, en toute liberté.

Ces jeunes connaissent Henri. Ils viennent lui demander :

— J'ai reçu une convocation pour le STO. Que dois-je faire ?

— Entendons-nous bien. Que viens-tu me demander ? Si c'est de décider pour toi, de te dire « fais ceci ou fais cela », tu peux t'en aller, je n'ai rien à te dire car, mon vieux, tu n'es plus un gosse à la mamelle, tu es un homme. C'est à toi de prendre tes responsabilités. Mais si tu viens me voir comme un ami plus âgé, un peu plus habitué peut-être à analyser des cas complexes, un peu mieux informé de tel ou tel aspect des choses, pour toi peut-être inconnu, alors là, d'accord. Assieds-toi et causons.

L'engagement n'est beau que dans sa libre décision, dans la perception sereine du choix. Si Henri leur parle ainsi, c'est qu'il refuse que le garçon se trouve un jour sans armes, sans moyen de vendre chèrement sa peau, face à la mort, désespéré et se disant : « On m'a trompé. » Si le gars doit mourir, qu'il ne meure pas dans le doute et l'abattement, mais qu'il puisse, face à la mort, songer : « Je sais que le risque va jusque-là. Je sais que c'est à cela que je consens. Je sais que là est précisément le sens de ma vie, le sens de ma mort... » Ce geste accompli à la face du monde est le geste de celui qui consent à mourir pour affirmer sur la terre des hommes qu'en dépit de tout, en dépit des hontes et des marchandages, la France reste invaincue, puisque capable de mourir pour affirmer son droit, sa liberté, son honneur.

La conversation s'achève. Henri dit au garçon :

— Tu sais tout. Tu sais entre quoi tu as à choisir. Va. Si tu as quelque ami sûr auprès de toi, des parents, des camarades, consulte-les. Prends leur conseil. Si tu crois en Dieu, prie. Ensuite, quand tu auras décidé, quelle que soit ta décision, reviens. De toute façon, on t'aidera. Si tu veux choisir le départ, on te mettra en relation avec des gens qui pourront t'informer davantage sur les lois du travail en Allemagne et aussi sur l'horreur de la doctrine nazie, afin que tu puisses te défendre et défendre tes camarades. Si tu as choisi, au contraire, de prendre le maquis, on te dira où aller...

Ainsi s'organisent les maquis du Vercors.

Henri vit pleinement ce temps de ténèbres et de lumière. Sans doute se souvient-il de ses mots d'enfant : « Je serai marin, missionnaire ou brigand ! » Il est brigand, mais pour la bonne cause. Insurgé. Aumônier de maquis. En ville aussi, pour organiser les comités de secours aux réfractaires. Il faut bien vivre et manger, là-haut, se nourrir de pain, et d'espoir, Henri devient « éditeur et journaliste » d'un bulletin secret tiré à cinq cents, puis mille, puis trois mille exemplaires : *L'Union patriotique indépendante*. La Résistance, alors, ce sont les catacombes. « Quelle erreur de croire que la Résistance naît de consignes précises et par un mouvement venant d'en haut ! La Résistance, pour chacun d'entre nous, pendant des mois, qu'est-ce d'autre que nous-mêmes et les quelques camarades qui nous entourent ? Qu'est-ce d'autre que notre risque, notre sursaut spontané, notre refus ? La Résistance, ce sont les résistants refusant de toutes leurs forces de périr, de mourir déshonorés. Ce n'est que par la suite que le combat s'organise... »

L'abbé « brigand » sera démasqué, traqué, mis hors la loi. Il quitte Grenoble pour Lyon. Encore « brûlé », on le cache à Paris de février à mai 1944, sous le pseudonyme de Pierre. Toujours « grillé », il doit fuir en compagnie d'un copain, Robert Comte, passer en catastrophe la frontière à Cambo, en pays basque, mettre le pied en Espagne. Huit jours plus tard, d'un avion postal qui a consenti à le prendre, descend l'abbé Grouès sous sa dernière fausse identité : Harry Barlow — la huitième ! A Alger, ses vingt-trois mois de vie clandestine s'achèvent. Le voici « marin », après avoir été « brigand », accomplissant ainsi le deuxième « vœu » de sa blague d'enfant. Il est aumônier de la Marine sur le *Jean-Bart* en rade d'Alger, puis à l'Aumônerie générale de la Marine, à Paris.

« Je ne suis qu'un bonhomme de curé. Mais, ma foi, je ne le suis pas de naissance. Je suis homme, vibrant de tout ce qui fait frémir l'homme. La Résistance a hâté la Libération. Aux maquisards, je disais : "Préparez demain. De la Résistance doit sortir un peuple renouvelé." »

La violence ? Ils l'ont connue et haïe... S'ils l'ont vécue, c'était pour sauver des innocents. Mais le prêtre sait combien, même lorsqu'elle sert la plus juste des causes, la violence laisse blessé celui qui y a été contraint. Sans doute Lucie Coutaz a-t-elle partagé la même blessure. Lucie Coutaz... la compagne des heures sombres, des sauvetages des traqués de la Gestapo. Elle lui a emboîté le pas un jour de 1943 sur le conseil du Père de Lubac. Renouvelant son acquiescement, elle ne le quittera plus, l'assistant dans l'ombre, comme un double indéfectible.

Après la Libération, Pierre — il a choisi de porter désormais ce nom de Résistance — déploie son énergie au cours d'une tournée de conférences en France et à l'étranger. Il parle de la paix, de la Résistance, du relèvement. Son propre rôle ? Il le perçoit dans l'action au service du redressement français. Sa personnalité, affermie durant les heures terribles, reste nourrie de la quête vibrante d'absolu qui l'anime depuis l'adolescence. Il demeure l'homme des ruptures dans la recherche, toujours à reprendre, des signaux pour aimer ; aimer *au-delà*.

En 1945, nombre de ceux qui ont connu l'action, l'aide véritable, la détresse et le regard des fugitifs traqués, vont rentrer tranquillement dans l'ordre de la paix. Pas lui. Il ne retournera pas dans son diocèse dire la messe en oubliant hier. Non, l'abbé Grouès ne pourrait être le curé d'Ars. Un appel résonne en lui, un peu confus encore. Quoi qu'il en soit, lors de sa rencontre, en janvier 1945, avec le général de Gaulle, qui veut le remercier d'avoir sauvé son frère Jacques à la barbe de la Gestapo, l'abbé Pierre est déjà là.

— Mon général, qui s'occupe sérieusement de contrecarrer la pénurie de lait qui s'étend et entraîne la mort de tant de bébés ? lance Henri.

Le général, surpris et irrité, répond :

— Mais enfin, ne voit-on pas les grandes choses que nous faisons ? Strasbourg est libérée ; l'armée française passe le Rhin. Et vous me parlez des bébés qui manquent de lait ! Mais on ne fait pas la guerre sans qu'il y ait de victimes !

Imparable ! Pourtant, le dernier mot appartient à Henri.

— En définitive, nous autres, mon général, nous n'avons que de petits défauts, parce que nous n'avons que de petites qualités. Mais vous, mon Dieu, que vous avez de grandes qualités !

Dans ce ton se révèle déjà le prophète.

Les photos de Pierre, en 1945-1946, au sortir de la guerre, renvoient l'image d'un homme jeune — il a trente-trois ans —, mais amaigri, épuisé. Le regard est brûlant, borné de cernes, le visage émacié, déjà garni de la courte barbe franciscaine. La soutane noire est barrée de décorations, la tête est nue. De béret, de cape et de canne, point encore ; la légende n'est pas née. Le jeune abbé n'a aucune santé, mais dispose d'une vitalité hors du commun. Le paradoxe n'est qu'apparent. Il peut se consumer pour les vraies causes, en oubliant son corps qui souffre. La maladie intervient comme résultat de ce choc des contraires : une volonté puisant l'énergie au-delà des forces mises à sa disposition par la nature. C'est ainsi, depuis l'adolescence.

Il sait en revanche se ressourcer vite, et de manière inattendue. Plus d'une fois, il jaillira du tombeau, littéralement. Le désir de mort qui l'anime, vrai comme sa foi dans l'accès à la pleine lumière de l'Éternel Amour, est apparemment contredit par la fantastique énergie vitale avec laquelle il livre ses combats pour l'homme.

Cet homme jeune qui sort de la guerre, nerveux, tendu, a des déplacements rapides, des gestes prompts, une parole vigoureuse. À l'évidence, un tempérament rageur, d'insurgé. Il est de ces natures qui tendent à s'épuiser en mille entreprises. Il n'est pas un savant mais son intelligence est évidente, qui prend sa source dans un esprit souple et subtil. Pratique, calculateur, il serait capable de réjouir Pascal dans l'au-delà. De ses facultés jaillissent des idées géniales, inventives, qui dépassent de beaucoup ses possibilités réalisatrices. Il est doué pour le verbe ; sa parole est éblouissante, lyrique, persuasive ; la rapidité de ses réflexes dans le dialogue en font un redoutable débatteur. L'analyse graphologique réalisée en 1946 révèle un être indépendant qui admet difficilement qu'on lui dicte une attitude et s'impose avec violence si nécessaire, qui entreprend sans cesse trop de choses, et se sent débordé par tout ce qu'il crée. Un grand cœur qui vibre profondément et éprouve un intense besoin d'aimer et de protéger. Une sensualité forte, mais compensée par un haut souci moral et un profond mépris du matérialisme. Une attitude unique, très franche, mais constamment coupée de scrupules et de remords de perfection.

Le graphologue conclut : « C'est un caractère vibrant, nerveux, enthousiaste, qui crée la vie autour de lui, y donnant toute sa généreuse nature, sans compter, mais sans souci des réactions d'autrui. »

En 1945, Pierre veut aider cette France qui renaît de la nuit. Comment ?

— Tu es prêtre, tu es décoré, tu es résistant, lui dit Michel Habib Deloncle. Tu dois te faire élire à la prochaine Assemblée constituante. Mon vieux, c'est de tradition en France, des curés au Palais-Bourbon !...

Sieyès, l'abbé Grégoire... !

La politique n'entre point dans la vocation d'Henri Grouès ; celle-ci est autre. Cependant, il lui apparaît comme une lâcheté d'abandonner ce pays où « la paix vient d'éclore comme un tout petit enfant ». La procédure d'autorisation ecclésiale aux prêtres candidats permet de goûter ce morceau d'onction diplomatique : « Regrette ne pouvoir personnellement prendre pareille responsabilité. Toutefois, si plus haut mieux informé, vous engage d'accepter. Ne récriminerai point. » Tel est le télégramme que lui envoie Mgr Caillot, le vieil évêque de Grenoble. Plus haut, c'est le cardinal Suhard, archevêque de Paris. Ce dernier songe qu'il serait bon de voir un curé résistant au Parlement... Après tout, l'épiscopat de France ne s'est pas toujours bien conduit durant l'occupation... Un pareil curé pourrait être, le cas échéant, un excellent avocat... « Il est important que des hommes ayant des responsabilités religieuses, ayant été au secours des persécutés, soient représentés au Parlement. Acceptez. »

Étrange destin... L'exemple de leur père, pour Henri et ses frères, témoigne de la volonté de ne pas rester politiquement abstentionniste ; mais, à trente-quatre ans, Henri n'a jamais voté — « mondanité » incompatible, selon ses supérieurs du couvent des Capucins, avec sa vocation. Il sera élu, la première fois qu'il mettra son bulletin dans l'urne, en Meurthe-et-Moselle, dans un département qu'il ne connaît pas et qui lui est « abandonné » par son ami Pierre-Henri Teitgen. Il refusera toute appartenance partisane. L'insurgé ne connaîtra jamais qu'une seule discipline : sa conscience.

Diplomate et affable pour la bonne cause, il condescendra cependant à figurer en tant qu'« indépendant » sur une liste MRP, un mouvement créé en 1944 et regroupant les divers courants démocrates-chrétiens apparus avant la guerre. Sur le terrain, il travaille d'arrache-pied et part à la rencontre de ses électeurs. Politiquement inclassable, celui qui clame préférer être « expert en humanité » qu'expert en économie régionale fait figure d'original. Son programme ? Gagner le cœur de ceux qui ont souffert, ou qui souffrent encore, des exclus, des oubliés, des mis à l'écart. Soit ! Mais au milieu d'un bassin minier et métallurgique, on a tendance à croire que le prêtre ne saurait comprendre les malheurs quotidiens de l'ouvrier, que l'Église n'a rien fait et ne proposera rien pour aider concrètement l'être humain. Pourtant dans les salles enfumées des meetings, les cris : « Les curés, à la sacristie » s'estompent peu à peu ; c'est que la voix de Pierre parle déjà ce langage que tous peuvent entendre. Alors ils disent : « Ça, c'est sincère. »

La silhouette se complète. Ce sont la barbe noire toujours hirsute, le béret sur l'oreille, les décorations sur la soutane, la démarche à trois — avec la canne — qui entrent au Parlement. Aux élections suivantes, en juin 1946, l'abbé Pierre composera sa liste lui-même, sans l'avis du parti, choisissant des hommes et une femme acquis à son programme basé sur la réforme de la Constitution, le droit au travail, la renaissance du génie national, la justice : un délégué mineur, un syndicaliste CFTC, un agent de change, un chef d'exploitation, un commerçant, une cultivatrice. Comment vit-il la politique ? Heureux sur le « terrain », il s'ennuie à l'Assemblée, assistant sans plaisir, depuis le « poulailler », tout en haut, au « théâtre » d'ombres qui lui paraît vain, loin de *sa* réalité. Il acquiert cette conviction, désormais intangible, que la majorité est indifférente à la misère, que la détresse quotidienne n'entre pas dans les bons sentiments politiques de la meilleure des démocraties. Alors, il s'insurge.

Son premier « coup de gueule » donne le ton : « Comment ceux qui ne sont pas dans cet hémicycle, mais qui chercheront à savoir demain ce qui a pu être la préoccupation de leurs élus, pourront-ils ne pas juger dérisoire, voire scandaleux, le niveau des préoccupations de certains orateurs ! » Le communisme ? « Anti-communiste, pourquoi pas ! Ce n'est pas de l'inimitié à leur égard. Si l'on est sûr qu'ils se trompent, n'est-ce pas être leur ami que de leur dire sans détour ! Nous ne voulons pas du communisme parce que nous le croyons faux et, en des choses essentielles, contraire à nos consciences. »

Le prophète naît sous le député. Avec une conviction

et une authenticité qui le font respecter de tous, partisans ou adversaires, à l'exception de l'extrême droite catholique qui, sans ambages, le traite de « Lammenais lorrain, comparable à un défroqué, apostat et hérétique ».

L'après-guerre suscite une immense espérance en une planète désormais unifiée qui proscrirait la guerre. Les Nations unies en procèdent, comme le Mouvement fédéraliste mondial. Pierre qui, ulcéré par les débats étriqués, préfère voir le monde en grand, décide d'y adhérer. À Montreux, en 1947, il est nommé vice-président du Comité exécutif pour une Confédération mondiale. Il connaît mal la langue anglaise ? Voire. Lord Beveridge conclut : « L'abbé Pierre parle une langue que tout le monde comprend. » Cette désignation permet à « l'insurgé » de rencontrer un homme exceptionnel : Albert Einstein.

« J'arrive dans une petite maison de bois, au bord de la forêt, proche de l'université de Princeton.

« Après quelques instants, comme l'aurait fait n'importe qui ayant la chance qui m'était donnée, j'amène la conversation sur cet événement : la disposition par l'homme de l'énergie atomique, le drame d'Hiroshima.

« Il me confie alors ce qui le hantera jusqu'à son dernier soupir, son angoisse, presque son remords d'avoir contribué à mettre un tel pouvoir entre les mains de gouvernants et de peuples si infantiles.

« Mais, à ma grande surprise, il change aussitôt de conversation : « Oui, cette explosion de la matière est quelque chose de colossal, mais ce n'est pas du tout l'événement le plus important de notre temps pour l'avenir humain. Il y a deux autres explosions, infiniment plus gigantesques dans leurs conséquences, que l'homme est encore moins prêt à contrôler et à dominer que l'explosion physique de la matière. »

« Et sur la table, il étale un planisphère. Donnant

des chiffres, il se met à parler de ce qu'il appelle l'explosion biologique, l'explosion de la vie.

« Il m'explique qu'aujourd'hui, sans qu'il y ait davantage de naissances, grâce aux découvertes faites pendant la guerre, à l'action des antibiotiques comme la pénicilline, des insecticides comme le DDT, dans les pays où, depuis des millénaires, trois gosses sur cinq mouraient avant d'atteindre l'adolescence, un sur cinq seulement vient à mourir. Au bout d'une génération, évidemment, les naissances se multiplieront. Mais déjà dans l'immédiat, simplement parce que moins de gens meurent prématurément ; ce que nous nommons assez hypocritement l'équilibre du monde est en train, dit-il, de chavirer, de basculer totalement.

« Car, bien sûr, ce n'est pas chez les peuples dits développés que ces découvertes biologiques apportent les plus graves bouleversements. Il n'y a pas tellement de mortalité infantile à New York ou à Paris, mais plutôt chez les moins équipés techniquement, ceux à qui manquent le plus les moyens d'assurer la possibilité de vivre.

« Toute bienfaisance, finalement, porte en soi sa propre malédiction. Car ces hommes dont nous prolongeons la vie, de quoi vivront-ils, sinon de mendicité et d'aumône, outrageantes, dégradantes ?

« Mais Einstein n'a pas fini. Il poursuit : "Cette explosion de la vie est bien plus lourde de conséquences que l'explosion de la matière. Mais il y a une troisième explosion plus forte encore, c'est l'explosion psychique, l'explosion de la connaissance".

« Dans les parties du monde restées jusque-là le plus à l'écart, soudain, là aussi grâce aux effets accélérateurs de la guerre, tout a été bouleversé.

« Partout à travers le monde, pendant le conflit, les plus déshérités des humains ont vu sous leurs yeux, en quelques heures, en quelques journées, se construire des aérodromes sur lesquels ne cessaient d'arriver des machines apportant du matériel, de la nourriture, des armes, des munitions, se créer des camps qui, sans doute, semblaient fort austères à l'Européen ou à l'Américain, mais apparaissaient comme des paradis au regard des conditions de vie de ceux au milieu desquels ils s'établissaient. Pour des quantités innombrables d'hommes, pas un jour la nourriture ne manquait, pas un jour le vêtement, pas un jour le matériel nécessaire pour mener le combat.

« Dans le même temps, on appelait à venir partager notre lutte et mêler leur sang au nôtre, pour que triomphent la liberté et la justice, tous ceux qui, dans ces peuples pauvres, pouvaient être utilisés.

« Simultanément se développent, sitôt la paix revenue, les échanges, les voyages. Si bien que des multitudes et des multitudes deviennent tout d'un coup capables, *non plus seulement de souffrir, mais "souffrir de souffrir."* Et ce n'est plus du tout la même chose.

« C'est comme si l'eau, tout d'un coup, devenait de la vapeur. C'est la même matière, mais ça ne se manipule pas, ça ne se rencontre pas de la même manière.

« Explosion psychique, explosion biologique, bien plus retentissantes que toutes les explosions atomiques du monde… Où est-ce que cela conduit ? »

Ce dialogue ouvre à Pierre des horizons insoupçonnés. Longtemps, il méditera ces phrases. Elles resurgiront lorsque, plus tard, ses voyages le conduiront à travers le monde à la recherche de solutions pour terrasser le mal qui gangrène l'humanité : la misère.

Un événement, en apparence anodin, va bouleverser le cours de la vie de l'abbé Pierre : le curé-député est devenu un sans-abri.

On a peine à imaginer aujourd'hui ce que représentaient les problèmes de logement dans l'immédiat après-guerre. Au printemps 1946, sa logeuse de Saint-Germain-des-Prés invite — aimablement — l'abbé à déguerpir pour lui permettre de louer son quatre pièces à des soldats américains très solvables. Il est repêché in extremis de la rue par des amis influents, occupe dès lors l'appartement d'un juge nommé au Maroc tout heureux d'éviter la réquisition. C'est un lieu douillet et délicatement bourgeois. Mais l'abbé, que ses amis scouts surnommaient « Castor méditatif », reste très bricoleur : il transforme la salle de bains en atelier de menuiserie. L'épouse du juge, de retour, est horrifiée :

— Mais enfin, monsieur l'abbé, vous oubliez que vous êtes prêtre !

— Mais non, madame, lui rétorque-t-il posément, ne suis-je pas, comme prêtre, le serviteur d'un patron qui était du métier, Jésus, le fils de Joseph le charpentier ?

Belle réplique, qui lui vaut de se retrouver à la porte. Lucie Coutaz et lui courent les agences. Sans résultat ; en dehors peut-être, ce matin-là, de cette lettre qui signale l'existence, dans la banlieue parisienne, à Neuilly-Plaisance, d'une très grande maison à deux étages, flanquée de deux petits pavillons et d'un jardin d'un demi-hectare. Cinquante mille francs par an, ce n'est pas cher. Mais cela vaut-il davantage ? L'abbé et Lucie Coutaz découvrent une maison ruinée, abandonnée dès avant la guerre, pillée, une demeure fantôme, léchée d'herbes folles et meurtrie par les ronces ; fenêtres sans carreaux, chauffage éclaté, plafond effondré, gouttières trouées, plancher pourri... Tous deux marchent en silence dans le jardin de cinq mille mètres carrés où les arbres fruitiers s'épanouissent en liberté. Lui, à quoi songe-t-il ? À Irigny, à la grande maison de son enfance ? A sa cellule chez les Capucins ? Il lâchera cette simple phrase :

— C'est stupide de laisser s'achever la ruine. Certaines parties sont réparables... si on la prenait ?

Lucie Coutaz reste maussade. L'abbé plaisante.

— Oh, vous savez, mademoiselle, le meilleur moyen de retrouver les idées claires en sortant des séances assommantes de l'Assemblée, c'est de mouiller sa chemise en travaillant de ses mains.

À cette heure précise, Emmaüs naît sans qu'ils le sachent.

PREMIÈRE PARTIE

« COMME UN GRAIN DE SÉNEVÉ... »

1

« Sers premier le plus souffrant »

Tout est dit. La maison de Neuilly-Plaisance, même si elle ne paye pas de mine, sera la leur. Tout d'abord étonnés, les voisins s'amuseront bientôt en voyant la soutane flotter au vent et la silhouette étrange de ce curé qui, en équilibre sur les toits, manches relevées, clous dans la bouche, retrouve les gestes des bâtisseurs. Petit à petit, grâce à lui, la presque ruine revit, se décape, reprend forme, respire au fil des réparations et des aménagements, semble reconnaissante à celui qui, patiemment, lui a rendu son âme. On dirait même qu'elle se découvre elle aussi une vocation, qu'elle appelle à elle les sans-abri qui, bientôt, la peupleront.

L'abbé ne le sait pas encore. Mais il s'exclame chaque fois qu'il la contemple :

— Elle est trop grande pour nous !

Très vite, elle ne le sera plus. En 1947, le pays traverse l'orage de l'agitation sociale : grève des métallos, des transports en commun. 1947, l'année terrible : toutes les plaies du pays sont à vif. Le jeune abbé Grouès évoque ces blessures devant les prêtres du bon chanoine Hollande, de la Mission de Paris.

— Et vous, mon père, où habitez-vous ? lui demande-t-on.

— Une maison trop grande, 38, avenue Paul-Doumer, à Neuilly-Plaisance.

— Parfait ! Nous ne savons jamais où aller, le dimanche, avec les familles du quartier. Eh bien, nous irons chez vous !

Ce n'est pas une parole en l'air et cela enchante l'abbé. Cette maison retapée, il l'ouvre à tous ceux qui souhaitent, en fin de semaine, trouver un coin de paradis et une salle pour travailler prier, se reposer. Rapidement, les week-ends affichent complet.

— C'est épatant ! lui dit-on. L'abbé, le besoin est réel. Cette maison que vous trouviez trop grande, il faut l'agrandir encore. On vous aidera.

Sans attendre cette aide, le curé-entrepreneur métamorphose la ruine, accueille deux ménages qui ne savent où aller. Il installe le premier dans l'un des pavillons, le second au rez-de-chaussée de la maison. Il aménage dans le grenier six petites chambres, une cuisine et un réfectoire au sous-sol. Dans le second pavillon... une salle de réunions et une petite chapelle avec, en guise d'autel, une très belle commode rescapée de la guerre. Il « chine » aux puces de Saint-Ouen. Un matin, une vieille marchande l'interpelle :

— Tenez, mon Père, ce prie-Dieu, pour votre chapelle !

— Oh ! merci, madame.

— Mon Père, mon Père, vous oubliez vos fleurs ! crie la bonne vieille.

— Oh ! comme elles sont belles !

Et le Père serre contre sa poitrine le modeste bouquet, ces « petites fleurs de pauvre », comme on dit aux Halles.

Les samedis et dimanches, discussions graves, rires, cris de joie, retentissent au 38, avenue Paul-Doumer. Groupements d'ouvriers, jocistes, scouts, adolescents de Charenton, de Montreuil et d'ailleurs, séminaristes ou députés viennent se mettre au vert. Un jeune foyer fête un baptême, une chorale peaufine son répertoire... Des pèlerins hebdomadaires trouvent là un lieu de réconfort, loin de la grande ville, de sa violence, de ses excès.

Et Henri Grouès songe à ce village vers lequel cheminaient, fuyant Jérusalem, deux disciples du Christ brisés par le supplice de la Croix. Il a d'abord pensé, ancien petit Capucin, appeler la maison de Neuilly-Plaisance « Maison Saint-François ». Il l'appellera Emmaüs. Là est la clé ; la clé de l'âme de ce mouvement hors du commun.

Les pèlerins d'Emmaüs... Pierre a souvent médité, avant et pendant la guerre, ce passage de l'Évangile de saint Luc et son commentaire. Peu à peu, sa propre pensée a jailli, différente peut-être de celle des théologiens.

Emmaüs ! Ce village des faubourgs de Jérusalem sur le chemin duquel marchaient, un soir, des hommes désespérés... Ils venaient de vivre la grande espérance, puis le naufrage ; l'intimité avec Jésus, l'accueil triomphal des Rameaux, la gloire ; et soudain l'éclipse, l'agonie, la Passion, la Croix, la mort. Quand on frappe le berger, le troupeau s'enfuit, avec, au fond du cœur, les stigmates de la détresse absolue...

Se seraient-ils trompés, le Maître les aurait-il trompés ? Un homme les suit, les rejoint, leur demande :

— Pourquoi êtes-vous si tristes ?

— Comment, serais-tu le seul à ne pas savoir que le peuple est dans la désolation !

À l'auberge, ils rompent le pain et tous deux reconnaissent Jésus vivant, ressuscité d'entre les morts. Ils n'ont plus peur ; ils rentrent à Jérusalem pour annoncer aux autres, aux apôtres qui se terrent :

— Ne craignez rien ; Jésus est vivant.

Oui, Emmaüs, c'est le lieu « au-delà de la désillusion » de la rencontre avec l'Éternel. Dés-illusion ? C'est-à-dire non point l'énergie brisée, mais la sortie de l'illusion, la joie de la renaissance. Non point l'exaltation échevelée, mais cette communion avec *Theos*, Dieu, l'Éternel.

Les deux disciples qui cheminent vers Emmaüs *ont perdu toutes raisons d'espérer*. Ces raisons, d'ailleurs, n'étaient qu'*illusions*. Les uns croyaient que le Christ allait rétablir la royauté d'Israël, d'autres qu'il se déclouerait tout seul de la croix. N'avait-il pas apaisé la tempête ? N'avait-il pas rendu la vie à Lazare ? Ne s'était-il pas tiré de tout ?... Les disciples voyaient en lui un surhomme. Or, il est mort, et enseveli. Quelques femmes affirment bien que le tombeau s'est ouvert et qu'elles ont vu des anges ; mais qui prêtera foi à leurs paroles ? Le mythe, les *illusions* brisées.

Les deux malheureux s'en vont, ressassant leur amertume. Le Christ les rejoint. Il leur parle, longtemps. Mais le fils de Dieu fait homme, même ressuscité, ne peut rien pour eux. Eux, par contre, peuvent tout. S'ils n'avaient pas pensé à inviter l'inconnu à *partager* leur repas, jamais ils ne se seraient délivrés de leur prison intérieure. Le Christ peut apaiser les tempêtes, il peut ressusciter les morts, mais il ne peut pas ouvrir un cœur qui ne voit pas l'autre. Là réside la liberté de l'homme : nous sommes libres ou non d'aimer et de partager... Lui, l'inconnu, en cet instant, est le plus pauvre. Là est la clé : il y a toujours un homme plus pauvre que soi, parfois même au-delà de l'apparence. Si on ne partage rien avec lui, si on ne lui donne pas ce qui lui manque et que l'on possède, Dieu lui-même ne pourra rien pour nous.

De nombreux jeunes sont venus à Neuilly-Plaisance pendant les week-ends et les grandes vacances de l'été 1947. Ils sont désemparés. En ces lendemains de guerre, on a appris l'horreur des camps de concentration, le massacre systématique au nom de la race, les ravages des deux bombes atomiques : les morts par dizaines de milliers, les bébés nés monstrueux, anormaux. Toutes ces horreurs ont frappé la jeunesse d'après-guerre, ces garçons et filles de vingt ans. Ils ressentent un dégoût de la vie ; est-il encore possible de croire en un monde juste et beau ? Pour lutter contre cette amertume, cette tentation de l'absurde, Henri Grouès prend la décision de clouer au 38, avenue Paul-Doumer une pancarte avec ce nom : « Emmaüs », répétant à distance ce geste d'amour, celui de François Garbit qui lui avait écrit lorsque, adolescent insatisfait, il voulait mourir :

« Mon vieux, chacun fait ce qu'il veut de la vie. Les uns la traînent dans la boue. En quoi salissent-ils la nôtre ? Ils nous montrent comment la rendre ignoble. Profitons de la leçon et faisons-la splendide. » Garbit avait vécu dans sa chair ces mots : « Désillusion enthousiaste. » Voir la réalité, prendre conscience de tout ce qu'il y a d'horrible dans le monde ; mais découvrir également qu'il est possible, à partir de cette expérience, d'engager sa vie pour la justice, pour le respect des droits de l'homme...

Oui, la maison de Neuilly-Plaisance s'appellerait « Emmaüs ». Pourtant, on ne savait pas encore qu'elle accueillerait un jour les damnés de la terre, tous les désespérés.

« Emmaüs, ce n'est pas ce que nous avons fait ; c'est ce qui nous est arrivé... La vie est davantage un consentement qu'un choix... On ne choisit jamais rien, ou presque. On dit oui ou non. On consent ou on se refuse à ce qui se trouve devant soi. Ce n'est pas d'emblée que l'on voit et comprend tout... »

Le « miracle » d'Emmaüs ne peut se comprendre si l'on ne rend pas son cœur semblable à celui d'un petit enfant. Ce qui agace les sociologues confrontés à l'histoire étonnante qui va suivre est cette irréductible vérité, contenue tout entière dans ces mots simples : « Une corde de violon, si elle n'est pas tendue, n'est jamais qu'un bout de ficelle. Vous pouvez la mettre entre les mains de l'artiste le plus génial, elle ne sera rien de plus qu'un lacet de soulier. Si elle est tendue, il en sortira des choses extraordinaires... » L'abbé Pierre dit encore : « Tendre la voile, quitte à s'y meurtrir les mains, cela ne fait pas avancer le navire... Mais le vent, même le meilleur, appelé, attendu, lui non plus ne peut rien si la voile est lâchée, si les mains sont lâches... et la voile, vaillamment tendue avec persévérance, finit toujours par forcer le vent à venir... vent de l'Éternel qui est Amour, qui guette, ardent, toute réponse de ceux qu'il aime, pour, uni à eux, faire chanter la joie de l'univers entier. Mais la voile et le bon vent ne sont pas tout... au gouvernail, l'homme intervient encore... Malheur à lui s'il tente de détourner toute cette force de sa vocation : courir au secours de la délivrance des plus souffrants. »

Là réside la vocation de l'abbé Pierre ; celle du *Poverello* d'Assise, l'accomplissement de l'Évangile. « Autour de toi, regarde. Dès que tu cesseras de te regarder pour regarder les autres, tu t'apercevras que tu as quelque chose à partager. »

Un jour arrive, haletant, un jeune jociste de Neuilly-Plaisance. Lucie Coutaz le reçoit.

— Venez vite, crie-t-il, c'est tragique. Il vient de tenter de se suicider. Il n'est pas mort. Venez vite.

L'homme en question est un ancien forçat. Vingt ans plus tôt, il s'est disputé avec son père et l'a tué. Il a été jugé, condamné aux travaux forcés à perpétuité. Après vingt ans de bagne, à Cayenne, il a été gracié pour bonne conduite. Au fond, c'est un brave homme. Tous s'accordent à le reconnaître. Mais son retour en France se passe mal. Solitude, abandon, désespoir. L'homme renonce, baisse les bras. Il veut mourir.

Alerté, le Père se précipite auprès de lui. Georges — c'est son nom — n'ose pas le regarder. Mais peut-être parce qu'il se trouve en face d'un prêtre, il parle, il « vide son sac ».

Non, il n'a plus aucune raison de vivre. « Si je l'abandonne ainsi, se dit le Père, il recommencera et se tuera. » Que dire face au désespoir absolu, à la misère totale ?... Tout réconfort semble vain. « Tu es bien malheureux, écoute, je vais te secourir. » Non, cela ne marche pas. « Tu es bien malheureux et moi je ne peux rien te donner... Je ne peux rien te donner, mais toi ? Toi, tu es libre, complètement libre puisque tu as voulu te tuer ; il n'y a rien qui te retienne, rien qui t'embarrasse. Alors toi, est-ce que tu voudras me donner ton aide pour aider les autres ? »

C'est à cet instant que germe l'esprit d'Emmaüs. En cet instant précis, et le Père n'en a aucune idée... Mais la figure de Georges s'illumine. Il n'est plus l'homme rejeté, humilié devant les autres, humilié devant lui-même, cassé, sans force, sans ressort. Soudain, lui, le méprisé, découvre cette chose incroyable : il peut — oh ! pas tout seul ; tout seul il ne peut rien, mais à travers l'amitié d'un autre —, lui, le proscrit, devenir le sauveur d'autres êtres aussi malheureux que lui. Tout bascule. Il voulait mourir, à présent il veut vivre. « Viens m'aider à aider les autres ! » a dit l'ami. « Je viens », répond le désespéré qui consent à devenir donateur. Cela ressemble à de l'alchimie, au plomb qui se métamorphose en or.

À Neuilly-Plaisance, les langues se délient.

— Comment, vous ne connaissez pas le prêtre-député et l'assassin-suicidé maladroit ?

Lucie Coutaz a accueilli Georges, lui a loué une chambre en bas de la rue Paul-Doumer. Il vient presque tous les jours travailler. Mademoiselle est bonne âme, mais n'accepte pas de le loger à la maison. Dès qu'elle a le dos tourné — elle se rend durant un mois auprès de sa sœur accidentée —, Pierre introduit Georges au 38, avenue Paul-Doumer. Deux jours plus tard, alors que l'ancien forçat gratte la rouille du portail d'entrée du jardin, deux « messieurs » s'approchent et l'interrogent. Le père s'interpose.

— Que lui voulez-vous ?

— Qu'il nous suive, mon Père. Ce personnage est

interdit de séjour. Vous vivez avec de drôles de gens, monsieur l'abbé.

— Dites-nous plutôt ce qu'il faut faire pour qu'il soit en règle avec vous, rétorque le prêtre.

Peut-on se fâcher avec ce curé-résistant, connu et décoré ?

— On vous le rend, monsieur l'abbé.

Après ce premier contact un peu rugueux, les « flics » deviendront compréhensifs, cordiaux même. Quelques années plus tard, quand la communauté de Pontault-Combault sera ouverte, ils téléphoneront.

— Avez-vous Untel chez vous ? Oui ? Alors envoyez-le à Pontault.

Pontault, en Seine-et-Marne, est à l'époque une commune ouverte aux « interdits de séjour »...

« Constamment, il me vient aux lèvres la rencontre avec Georges, confesse l'abbé Pierre. Parce qu'il a dit "oui" ce jour-là, Emmaüs est né. La rencontre d'un privilégié — ce que j'étais — et d'un désespéré, qui décident ensemble de réunir ce qu'ils peuvent pour que ceux qui souffrent, souffrent moins... Comme le Christ ressuscité, l'homme foudroyé "ressuscite" et reprend goût à la vie quand il découvre qu'il peut être utile et efficace pour plus pauvre que lui. C'est vrai pour un boudhiste, un musulman ou un athée franc-maçon... "Si je n'ai pas l'Amour, dit saint Paul, je ne suis rien". Il n'y a pas d'autre vérité. Si tu t'occupes d'un malheureux et que tu partages avec lui tous tes biens au point de te retrouver sur la paille avec lui, mais sans partager l'Amour, tu n'es qu'une cymbale qui retentit. Si tu ne lui donnes pas une occasion d'aimer, si tu ne l'as pas embauché pour aimer, tu ne lui as rien donné. »

L'abbé Pierre répétera souvent ces mots : « Peu importe que tu sois croyant, l'essentiel c'est que tu sois croyable. » Et là, il faut que le type se sente aimé. « Il faut que tu lui offres, quel que soit son degré de déchéance, une existence où il ait l'occasion de donner. »

À Georges, il dit :

— Meurs si tu veux, mais c'est idiot, car j'ai besoin de toi.

Et l'autre songe : « Si quelqu'un a besoin de moi, je veux bien vivre. » Pierre ajoute :

— Il sera toujours temps de te suicider après, quand le chantier sera fini ; mais termine le chantier d'abord.

C'est la prière continuelle, la méditation continuelle, la théologie continuelle de Pierre. On nous a appris au catéchisme qu'il y avait des péchés mortels, sans nous dire vraiment ce que c'était. C'est simple : « *Tu es mort dès que tu peux être heureux sans les autres.* »

Victime du succès, la grande maison, en quelques mois, est devenue trop petite. Les week-ends, elle est pleine à craquer. « Agrandissez, on vous y aidera », a-t-on dit au prêtre. D'aide, point ; mais il faut agrandir quand même, « au culot ».

Août 1949. L'administration des Domaines vend aux enchères des baraques à Saint-Denis. L'abbé se porte acquéreur.

— 220 000 francs [1] !... Adjugé !

— Bien, voici 40 000 francs. C'est tout ce que j'ai.

— Ce n'est pas sérieux, monsieur l'abbé, une enchère se paie comptant.

— Allons, ne fera-t-on pas crédit à un député ?

Voici l'abbé Groués endetté. Que faire ? Bah ! l'Évangile dit d'aimer son prochain comme soi-même ; le meilleur moyen d'aimer son prochain, c'est de lui donner une occasion de faire une bonne action. Or, les prochains d'un curé-député, ce sont ses collègues députés. L'abbé ira les « taper » les uns après les autres, dans les couloirs, en commençant par le président de la République, Vincent Auriol, et le président de l'Assemblée, Édouard Herriot. Ainsi soit-il.

1. Il s'agit d'anciens francs de l'époque.

Les baraques de Saint-Denis seront en partie payées, démontées, transportées à Neuilly-Plaisance, remontées joliment, de manière à former un petit cloître, avec des pergolas sur lesquelles on fait courir des rosiers grimpants. Rosiers payés par le produit de la vente de vieux timbres à un club de philatélistes... Avec cet argent, on bâtira aussi des dortoirs, cent lits, quatre petites chambres, trois salles de réunion, un réfectoire, une cuisine et, tout au fond du jardin, une chapelle en brique toute nue, une chapelle très pauvre, avec son autel taillé dans un tronc d'acacia.

— Ses briques ont été payées avec l'argent des parlementaires. Regardez-la bien, elle est unique au monde. Il y a là des briques qui prient pour tous les partis de France, sans exception, pour notre brave vieux président Herriot, pour le président Vincent Auriol ; et pour tellement d'autres encore. Je tairai leurs noms, car on pourrait les taxer de cléricalisme !

Georges n'est plus seul. On continue à colporter son histoire. Le curé, dit-on, loge dans sa maison un gars, ancien forçat, suicidé rescapé... Alors il en vient d'autres, cinq ou six tout d'abord. L'émouvante chapelle en briques « récupérées » a bien été construite par un repris de justice, un Turc, un clochard et un agent de police... Mais les bonnes âmes n'y voient encore que du pittoresque, de la charité à bon marché. Cette histoire du curé et du bagnard, quel roman ! Rencontre-t-on un type dans la panade, les gens de bon cœur se fendent d'un ticket de bus ou de métro.

— Allez donc trouver l'abbé Pierre, mon brave !

Ils se sentent héroïques.

Les premiers d'Emmaüs, ses « pionniers », ses « pères fondateurs », les voici : Georges a connu le bagne pour avoir écourté la vie de son père. Jules a perdu ses millions à Tamatave (Madagascar), victime de la guerre qui ne respecte rien, pas même la fortune : il a écopé de quinze jours de prison pour vagabondage. Son avocat est venu à Neuilly-Plaisance :

— Pouvez-vous l'accueillir ? Ce garçon rentre de la guerre d'Indochine. Son foyer a été brisé. Il n'a plus de logement. Il se sent perdu, il part à la dérive. À sa sortie de prison, plaide l'avocat, s'il n'est pas accueilli, on n'aura plus qu'à l'y remettre !

Accueilli par le Père, l'ex-millionnaire lui confiera par la suite :

— Si je vous avais connu plus tôt, je ne serais pas là où j'en suis, car vous m'auriez aidé à trouver un toit ; mon foyer n'aurait pas été détruit.

Le jeune Charlot, lui, est un chapardeur. Il a volé un vélo, on le place en maison de correction. Il s'échappe, se réfugie à Emmaüs. L'abbé met les choses au point. Il prévient le juge qui a condamné le jeune homme.

— Je le prends avec moi, je le sortirai de la gadoue !

— Bon, réplique le juge, je ferai une enquête pour la forme et je classerai l'affaire !

Ainsi sera sauvé Charlot.

René est rentré d'Indochine riche de décorations et de faits d'armes, mais pauvre comme Job. On lui a dit au moment de la démobilisation :

— Vous n'êtes ni blessé ni malade, alors débrouillez-vous !

Tenaillé par la faim et mordu par le froid, il se résigne à coucher sur un quai de la Seine. Là, un clochard lui parle de l'abbé Pierre.

Un brave Hongrois fuyant son pays arrive à Paris avec ses petites richesses enfermées dans une valise. Hélas ! il dégringole du train par une portière mal fermée, se casse la jambe sur le ballast, se traîne jusqu'à la gare en rampant. Guéri mais « fauché », cet ancien de la Légion entre à Emmaüs comme mécanicien et jardinier.

Et voici Kangourou, cet ancien boxeur déchu, tabassé par les flics et qui, pour avoir voulu se défendre à coups de poing, s'est retrouvé un mois derrière les barreaux. Cet épisode lui a laissé un souvenir cuisant.

Au chantier, il enfonce les pieux en hurlant : « Et vlan pour les poulets ! » « Mademoiselle » (Lucie Coutaz) lui explique que son copain, qui grogne à chacune de ses vociférations, est un ancien flic. Alors il la boucle... Il fait désormais office de veilleur de nuit.

Il y a aussi Raphaël, un beau Noir au front fuyant qui traîne les ivrognes retardataires vers leur lit, un peu durement parfois, pour les empêcher de réveiller les camarades dormant du sommeil du juste.

Jules, un des grands anciens d'Emmaüs se souvient : « De son vrai nom, Kangourou s'appelait Pierre Carlier. Il avait été boxeur. Mais, à force de prendre des coups, il est devenu dingue. Alors, pour un oui, pour un non, il se battait. Nous avions un autre camarade, Roger Courtez, alias Moustique. Il buvait tout le temps. Le cuisinier, lui, avait servi dans la LVF. Il s'appelait César. On le surnommait « Jambe de laine », en référence à sa jambe perdue sur le front russe où il s'était engagé comme volontaire contre les bolcheviks. »

Beaucoup d'autres ont suivi. Combien de drames, de récits de souffrance et de misère ? Aussi à Emmaüs ne demande-t-on à personne ses antécédents judiciaires : « Si la société vous a laissé la tête sur les épaules, dit le Père, cela prouve qu'un peu de bon subsiste en chacun de vous... À Emmaüs, il n'y a plus qu'une famille, on est copains, on est frères... »

Cela ne dispense pas de quelques disputes, ou même de la saoulographie, surtout quand on reçoit une petite pension, pas suffisante pour vivre mais assez abondante pour faire la bombe. Bienveillant, le Père conseille à ces riches de quelques jours : « Mon vieux, si tu es saoul et si tu fais du scandale, je serai obligé de te mettre dehors. Va à Paris, prend des cuites jusqu'à tomber dans le coma. Quand tu auras dilapidé tout ton fric, tu rentreras. »

Et, sagement, après leurs nuits de beuverie, les « fils prodigues » reprennent le chemin du bercail.

2

« Le Christ sur la gadoue »

Ainsi se pose la première pierre. Emmaüs naît de la rencontre de ce curé hors du commun et de cette poignée d'hommes à la dérive, bientôt suivis par d'autres dont le désespoir vient non pas de quelque délit, mais du malheur, de la guerre, d'un foyer détruit par une captivité trop longue. Tous se ressemblent : ils sont là, dans la nuit, le front appuyé aux barreaux glacés, sans forces, frissonnant de fièvre et de honte. Honte de mendier pour manger, pour dormir. Honte et dégoût de soi, envie d'en finir. Ils vont bientôt rencontrer ce prêtre, ce petit abbé barbu et voûté, en béret, en blouson de cuir sur la soutane, ce regard, ces yeux noirs brûlants de bonté, ce tutoiement de camarade, si spontané, si doux, qui met à l'aise.

La religion, pour eux, les misérables, n'est qu'une affaire de bourgeois, de bonnes sœurs, de bonnes âmes. Ils ne comprennent pas tout de suite : un prêtre bien né, héros de guerre, député, ami des puissants, se montre si proche des « petits », des sans-grade. D'où vient cette fraternelle bonté ? On peut ergoter à loisir sur la vocation, la décision consciente, l'humiliation, la conversion bouleversante de ce gosse de riches qui s'est fait pauvre parmi les pauvres. Peut-être suffit-il de répéter doucement, comme une prière : « Nous sommes libres pour aimer. » Non, ce visage d'homme cabossé par la vie que le Père voit surgir de la nuit ne lui est pas étranger. C'est le visage du pauvre que son père rasait et coiffait à la cité Rambaud. Visage éternel.

Il fait très froid en cette grise journée de décembre 1949. Aujourd'hui, ce n'est pas seulement un homme désespéré, c'est toute une famille. De très proches voisins de Neuilly-Plaisance qui tiennent un petit commerce ; le père, la mère, le grand-père, trois gosses sont expulsés !

« Jamais de ma vie, raconte Pierre, je n'avais vu d'expulsion : le mobilier, la table de cuisine, le berceau du bébé, le linge, la vaisselle, tout jeté pêle-mêle sur le trottoir, dans la boue, dans la neige fondue. Quoi que dise la loi des hommes, cette brutalité inique viole une loi plus profonde, qui nous engage tous : la loi de Dieu. Une société qui l'oublie est maudite ! »

Alors la colère emporte Pierre. Toute la journée, il frappe aux portes des administrations.

— C'est intolérable ! Vous ne pouvez pas laisser faire cela.

— C'est en effet intolérable, mon Père, mais nous n'y pouvons rien.

Alors l'Abbé dit à cette famille : « Venez chez nous ! » Dans la petite pièce qui sert encore de lieu de culte avant l'achèvement de la chapelle en brique du fond du jardin, il s'agenouille et prie. Puis il enlève l'autel, installe les lits des parents et du grand-père, les berceaux des gosses. « Aujourd'hui, ce n'est pas dans l'Eucharistie que Jésus a froid ; c'est dans le corps, les mains et les pieds de ces petits enfants. »

Printemps 1950. Un étudiant en droit, animateur venu en visiteur, s'exclame devant la maison : « C'est au quart de poil, Père, cela peut faire une auberge de jeunesse épatante. »

L'« Association des rencontres culturelles Emmaüs » est née. Son but : former culturellement et spirituellement une jeunesse affluant des quatre coins de l'Europe et du monde. Au-delà des frontières, l'abbé Pierre, président du Comité exécutif du Mouvement universel pour une Confédération mondiale et conférencier globe-trotter n'est pas un inconnu. Dès le premier été, Emmaüs recense cinq mille nuits de passage ; la présence de jeunes nés dans quarante-deux pays différents constitue un triomphe. Avec un bonheur immense, Pierre et Lucie Coutaz, sa fidèle conseillère, serrent ces mains qui se tendent, écoutent, le soir, les rires fuser sous le ciel d'été, lisent dans ces regards le scepticisme et l'espoir, le massacre des Juifs, la bombe d'Hiroshima, le désir de créer un monde neuf. Pierre leur dit : « Jésus n'est pas venu seulement pour aider les pauvres, mais c'est vers eux que vous devez porter votre témoignage. Il a choisi d'être pauvre parmi les pauvres parce qu'il sait que pour être cru par eux, il faut leur ressembler et partager leur peine. »

Le bonheur de cette jeunesse, en cet été 1950, sera de construire une maison pour la première famille expulsée, avec le reliquat inutilisé du bois des baraques de Saint-Denis, sur un petit terrain acquis pour deux sous près du pont de la gare de Neuilly-sur-Marne. « Enfants encore bien sages, nous demandons et obtenons un permis de construire. La maison doit être de six mètres sur sept. » Mais que raconte-t-on à la ronde ? Un curé-député bâtirait pour un ménage ? D'autres familles viennent crier leur détresse.

— Père, nous n'avons pas de toit. Où passerons-nous l'hiver ?

Alors cette jeunesse issue de diverses nations et les quatre premiers paumés recueillis à Emmaüs se retroussent les manches, oublient le permis, bâtissent : vingt-deux mètres de long sur six de profondeur, quinze pièces de trois mètres sur trois ; cinq familles logées. Avec sanitaires, eau, électricité.

— Peut-on consulter le permis de construire ? lance un fonctionnaire sourcilleux.

— Il est affiché.

— Oui, mais il ne correspond pas !

— Écoutez. Faites votre travail jusqu'au bout et répétez fidèlement ce que je vais vous dire. Je garantis que les quatre familles qui n'étaient pas prévues au départ déguerpiront immédiatement et même, si on l'exige, démoliront la partie qui est en trop si on les reloge ailleurs, et en mieux si possible !

Premier coup de force d'un curé de choc.

La rumeur enfle encore, cette fois bien au-delà de Neuilly-Plaisance. Là-bas, les gars d'un curé-député-phénomène fabriquent, paraît-il, des maisons pour ceux qui n'en ont pas, qui ne pourront jamais en avoir. Comment espérer trouver un logis quand un ouvrier gagne 17 à 18 000 francs par mois, à peine de quoi se nourrir ? L'État lui prêtera-t-il l'argent qu'il n'a pas ?

— Bien sûr, mon petit vieux. Commence donc par acquérir un terrain qui réponde à toutes les exigences de l'urbanisme ; mets de côté les 10 % minimum du devis autorisé par le ministère, ce qui correspond à 300 000 francs ! Nous, la société, on sera là pour te donner un coup de main !

En revanche, la poignée de gueux, la troupe de jeunes du 38, avenue Paul-Doumer ont, sans discours, sans plan ni programme, bâti une maison. Vers eux se précipitent alors ceux qui n'ont rien. S'abat brutalement « le suppliant aveu, le cri de ceux dont la vie est rendue pire que toute mort par les conditions où il lui faut se tapir ». C'est l'homme sanglotant qui dit : « On vient d'emmener ma femme folle. Depuis trois ans, nous vivons huit adultes dans une pièce minuscule, avec deux poupons et le troisième attendu. Il n'y a même pas moyen de se laver, il n'y a pas une seconde de détente possible. »

C'est la maman égarée qui confie : « Trois fois, depuis huit jours, mon mari a ouvert le gaz la nuit pour nous tuer tous avec lui, parce que samedi on est expulsés irrémédiablement et qu'on a tout tenté et rien trouvé pour se recaser. Sauvez-nous ! »

C'est le garçon qui avoue : « Depuis deux ans de mariage, jamais je n'ai pu me trouver seul avec ma femme, en dehors de l'été quand on peut s'en aller coucher dans les champs » — ceux-là sont dix-sept dans deux pièces !

C'est cette famille de cinq enfants qui, pour ne pas coucher dehors, paie 1 700 francs par nuit ! Litanie du malheur, presque monotone. Que faire ? On aide l'un, on aide l'autre, celui qui a encore de quoi acheter des matériaux. Trois maisons seront ainsi bâties dans l'année, à Noisy. Mais les autres, ceux qui, avec ces 18 000 francs de salaire et parfois moins, ne peuvent économiser un sou ? Ils savent qu'à Emmaüs on vous écoute. « On ne vit plus comme des hommes, monsieur l'abbé, on est devenus des bêtes. Ma petite fille de quinze ans, la dernière, est enceinte. Enceinte... à coucher ensemble... des frères, du père ?... Allez savoir. »

La crise du logement est atroce en France en cet immédiat après-guerre. Dans la région parisienne, deux cent mille hommes et femmes (plus de six cent mille enfants) s'entassent dans des meublés, des garnis, des taudis insalubres où l'on respire mal, où l'on dort à peine. À Montreuil, dix mille « sans-foyer » cherchent un abri de fortune. Quinze mille indigents vivent à l'hôtel, donnant la moitié, sinon plus, de leur gain pour une chambre où ils ne peuvent ni cuisiner ni laver leur linge. La France compte sept millions de mal logés.

De ce scandale qui ne secouera ni l'opinion ni l'inertie du pouvoir, l'abbé Pierre prend brutalement conscience. « Jamais je n'avais vu une telle misère, jamais je n'aurais pu l'imaginer. On peut être un homme de cœur et un aveugle, un imbécile. Nous sommes tous des hypocrites, moi comme les autres. Quand la misère ne se montre plus, nous avons vite fait d'y devenir indifférents. Pourvu qu'elle ne soit pas visible et qu'elle ait le bon goût de ne pas gâter notre bonheur, notre petit confort, nous sommes tranquilles. »

En 1951, le déracinement, l'errance et l'exode, les nuits dehors, dans le froid, lot de la Nation tout entière pendant la guerre, ne frappent plus que quelques milliers de laissés-pour-compte qui font peur mais n'inspirent aucune pitié. À Paris, les propriétaires claquemurent leurs chambres de bonnes et leurs appartements vides. On préfère fermer les yeux, quitte à dire plus tard, comme le Pharisien : « Nous ne savions pas ! »

Face à cette hypocrisie, Pierre, le prêtre révolté, relève le défi sans plan préconçu, animé du seul respect de la loi des lois. Qu'est-ce qu'un prêtre ? Homme de Dieu, homme d'Église ? Mais qu'est-ce que l'Église pour le pauvre qui crève dans le mépris ?

« Oh ! nous ne manquons pas de communautés sanctifiantes. On y est fort érudit, on y cultive la liturgie et les arts sacrés, mais on n'y est plus les témoins, au cœur de la masse, du rayonnement de la lumière mystérieuse de l'Évangile. »

Sans doute lui faut-il des chocs comme celui qui, un jour d'automne, lui fait découvrir un ménage, non de vagabonds ou de gaspilleurs, mais d'ouvriers qui, depuis huit mois, vivent sous une bâche, dans un champ ! Ils ont eu trois bébés. Deux n'ont pas survécu. Un quatrième doit naître. Pour mourir dans le froid et le brouillard de ce mois d'octobre ?

L'abbé ne le supporte pas. « Si nous qui prétendons être des apôtres, si moi, prêtre, je ne suis pas capable de dire à cette malheureuse : « Levez-vous, prenez vos affaires, votre gosse, et, avec votre mari, venez chez moi, dormez dans ma chambre, j'irai sous votre tente, demain nous chercherons une solution », je ne suis qu'un farceur ! Que dire à cette mère prête, peut-être, à supprimer son quatrième enfant ? Vais-je lui parler du Ciel et de l'Enfer ? Vais-je lui affirmer qu'elle va commettre un crime ? Hypocrite, qui regagnerai ma chambre chauffée, pauvre peut-être, mais où je retrouverai le plaisir égoïste du confort et de la solitude ! Tant que nous ne sommes pas capables de partager la peine de ceux à qui nous voulons montrer le chemin de la vérité, nous sommes des farceurs ! »

La colère rend insensé. Non, cet enfant à venir ne naîtra pas sous une bâche, mais dans une maison !

L'abbé s'est porté acquéreur d'un grand terrain de sept mille cinq cents mètres carrés et entreprend la construction de dix-neuf maisons en dur. L'Administration tempête, exige des permis de construire, menace Emmaüs de ses foudres.

— Si vous me demandez encore des permis alors qu'il s'agit de familles d'honnêtes travailleurs, je vous avertis : je plante de grandes pancartes sur lesquelles j'épingle les extraits de naissance de tous les enfants de ces malheureux. Je convoque la presse et j'écris : « Permis de vivre. » On nous intentera un procès parce que nous aurons violé l'ordre public ? D'accord. Mais cet ordre exige-t-il que les petits enfants meurent de froid ? Puisque le propriétaire du terrain a permis que l'on dressât une tente, c'est légalement que les enfants sont morts et que la mère est devenue tuberculeuse. On l'aurait envoyée à la morgue légalement. Il est intolérable que le fait de laisser mourir deux gosses ne soit pas un délit, mais que le fait de construire un abri pour ces gosses sans permis de bâtir en constitue un. Je suis prêt à me présenter devant un tribunal porteur de mon étole de curé, de mon écharpe de député, et à dire à un tel ordre que nous sommes résolus à le violer jusqu'au jugement dernier.

Il n'y aura pas de procès. Dix maisons supplémentaires surgissent du sol. L'Administration pique une nouvelle colère. Un vérificateur officiel, mètre en main, constate avec stupeur, pour la première fois de sa vie, que la façade autorisée de cinq mètres s'étend sur vingt-deux mètres. « C'est vrai, mais d'autres sont accourus. A ma place, vous auriez fait comme moi... Maintenant, si vous le voulez, ces familles vont quitter les lieux, pourvu qu'on veuille bien les loger au ministère. » Le brave employé se garde bien d'en faire la proposition au ministère : on l'aurait licencié séance tenante ou expédié à Charenton...

« Envoie la troupe, écrit Pierre à Claudius Petit, ministre de la Reconstruction. On verra bien ce que cela donnera. Tu as supprimé la zone mais non la misère. La loi naturelle passe avant la loi écrite. Il faut respecter la vie plus que la loi. Je me demande bien comment tu ferais pour nous empêcher de continuer, à moins que tu ne prennes des dispositions pour loger toi-même ces familles ! »

Il peut se sentir fort, le curé des pauvres. Il a derrière lui cette innombrable armée des déshérités et des sans-logis à qui il a donné le goût de vivre. Les officiels peuvent tempêter, jamais ils n'ont rien fait, rien tenté... Lui, Pierre, clame que l'homme ne retrouve sa dignité que muni d'un travail et d'un toit, ce qu'il veut procurer à tous ceux qui, sans cesse, affluent vers lui.

La première « cité d'urgence », « Champfleuris », est née et la petite Annie Porte ne poussera pas son premier cri sous une bâche. Arrivera un beau matin l'autorisation de mener à bien les constructions. L'abbé entreprend aussitôt l'édification d'une nouvelle cité, bien qu'on lui ait clairement signifié l'ordre de s'en tenir là. La nouvelle cité portera le joli nom des « Coquelicots » : quatorze logements qui exigent un travail fou de la part de la petite troupe, car les matières premières commencent à manquer... Deux mois plus tard, nouvelle victoire : la Caisse d'allocations familiales régionale accorde des prêts de financement pour la construction aux « pauvres de l'abbé Pierre »... Il achète aussitôt un nouveau terrain à la Pépinière-de-Pontault et obtient les permis de construire. Emmaüs n'est plus seulement une auberge de jeunesse ou le havre d'hommes éprouvés. Emmaüs devient la force audacieuse et réaliste qui rend possible, pour qui reste au-dessous du minimum de richesse exigé encore par la loi, l'espoir de s'arracher très vite, parfois en quelques jours, à l'agonie des taudis.

La bagarre s'engage avec les autorités : le faible soutenu par la loi de justice contre le puissant qui a tort. En cet automne 1951, Emmaüs consolide sa légende. Quelques misérables, ex-taulards, buveurs, bagarreurs, oubliés, rejetés, se sentent désormais utiles. Ils offrent un toit à des familles, à des bébés ; eux pauvres types dont la famille a été brisée. Qui les entend ? Des fonctionnaires ? De rares membres de cabinets ? Un ministre ou deux ? On les entend ; on ne les écoute pas.

Emmaüs naît au milieu de cette indifférence, avec sa colère d'Amour et sa loi : « Sers en premier le plus souffrant. » Vérité simple et sincère. C'est cela qui fascine dans la personne de l'abbé Pierre. Il semble alors ne jamais dormir, si voûté, si malingre, si épuisé. Il va au bout de lui-même. Impossible de ne pas se laisser brûler par cette folie. Pour la loi d'Amour, Pierre peut frôler l'abîme, souffrir, appeler Dieu à la rescousse, désespéré devant son impuissance, torturé par la peine des autres, se ressourçant comme il le peut, dans son secret : l'Adoration. Nul doute qu'il porte en lui une considérable capacité de rupture. On l'a parfois traité d'aventurier, de calculateur, de roublard... Ses ennemis le trouveront ambitieux, désordonné, anarchiste, habile mystificateur... Il est avant tout, avec ses défauts, un formidable dissident, capable de la plus violente colère au nom de l'Amour... Sa dissidence naît dans ces temps obscurs précédant la gloire de l'hiver 1954. Il ne s'agit plus de charité. « Le problème du logement n'est pas un problème de bienfaisance et de bon cœur... C'est une question de justice, une question sacrée, et nous sommes des lâches si nous en faisons de la charité. Il s'agit de justice, non d'aumône. »

Lui-même, comme député, qu'a-t-il fait ? Rien, estime-t-il. À la veille de quitter la vie publique, en juin 1951, il griffonne ces mots : « Pourquoi quitter la vie publique ? Parce qu'il est quasi impossible d'y témoigner sans hargne, parce que la tactique, nécessaire, y étouffe, ou y vicie l'affirmation totale. » Ses propositions — comme celle de mettre fin immédiatement à la guerre d'Indochine — sont mortes, « étouffées par les toiles d'araignée de la bureaucratie et la mesquinerie des groupes ».

Au Parlement, il s'ennuie. Il fabrique des cocottes en papier « au poulailler », suivant d'une oreille distraite les « élucubrations des orateurs ». Son tempérament le rend indiscipliné. Non, la politique n'est pas le lot des assoiffés d'amour. Le hasard de la misère qui frappe à sa porte a permis à Pierre d'entendre — vraiment — ce cri de François d'Assise : « L'Amour n'est pas aimé ! » Un appel clair, une mission difficile. L'accepter implique des renoncements. A-t-il hésité devant ce choix ? L'angoisse des sommets, de savoir que désormais son pied frôlera sans cesse, et jusqu'à sa mort, l'abîme, l'ont peut-être fait douter.

> « Mais Seigneur, ce n'est pas parce que je suis [faible
> « Et misérable, et tant avide par nécessité de [pardon
> « Ce n'est pas parce qu'il me faut tant ton pardon
> « Que je dirai : je fuis et j'abandonne
> « J'abandonne ceux qui pleurent
> « Et qui sont seuls en leur peine.
> « Ce serait stupide d'ajouter à la faiblesse
> « Et méchant.

« Seigneur, puisque je suis si lâche
« Ah ! c'est clair
« Il faut que j'aime cent et mille fois davantage. »

L'abbé Pierre mesure la conséquence de sa dissidence. « Il est important de savoir que cette histoire est issue davantage de ce qui nous est arrivé que de ce que nous avons fait », répète-t-il. Il ne peut pas ne pas savoir qu'il entame, face au gouffre que représente le problème du logement, une longue dissidence. Il n'ignore pas qu'il lui faudra adopter une attitude, forger une doctrine, un projet protestataire affirmé au grand jour. Et que ce jour-là, il y aura une confrontation avec les pouvoirs et donc une possible rupture. Un dissident sait où le conduisent ses actes. L'abbé Pierre ne l'ignore pas. Comme il sait que la loi d'Emmaüs en gestation : « Sers en premier le plus souffrant », est révolutionnaire au regard de la traditionnelle charité chrétienne, ou « catholique ». Il ne s'agit plus d'une théorie, mais d'une pratique obligatoire du service de l'autre, *avant soi*, dès lors qu'il est plus souffrant. L'ordre traditionnel de cette charité se fonde depuis le Moyen Âge sur un exercice d'amour du prochain basé sur sa « proximité ». L'abbé Pierre répond en instaurant une hiérarchie de la charité en fonction du degré de souffrance. C'est une révolution. Cette disponibilité au service du plus nécessiteux rompt également avec une certaine conception de l'ascèse chrétienne : « Le sacrifice et l'abnégation que l'ascèse implique, de manière à obtenir la maîtrise de soi pour se soumettre corps et âme à la volonté divine, ne s'exerceraient-ils pas mieux et plus conformément à l'Évangile dans une disponibilité constante au service des autres et dans l'oubli de soi-même, incluant l'oubli de sa propre perfection ? »

Là, l'abbé — consciemment ou non — touche une nouvelle approche de la mystique.

Nouvelle ascèse, contestation de l'hypocrisie du pouvoir, du pharisianisme de la société dite « chrétienne ». Pierre amorce une rupture dont il ne peut connaître l'issue mais dont il mesure la gravité. Il a été député, il connaît de près le pouvoir. Il sait qu'il peut être brisé par ce rejet. Face à cette perspective, Lucie Coutaz, si présente soit-elle, ne peut adoucir à elle seule sa solitude. Les pauvres types qui l'entourent — lui, « leur Père » — ne comprennent rien. Ils le voient souvent désespéré, à bout. Ils sont bouleversés. Pour eux, la question est simple : Comment cet homme qu'ils jugent extraordinaire, qu'ils admirent, fait-il pour tenir le coup ? Pour tirer cette lumière, ce sourire, cette bonté, du fond de l'épuisement ? Où trouve-t-il cette joie au milieu des blessures ? Volonté ? Prière ? Ressourcement dans ces maigres déserts de solitude, sève qui provoque, chez ce petit homme émacié et exténué, cette alchimie de « résurrection », comme si le feu intérieur couvait sous la cendre ?

La maladie, quand il n'en peut plus, devient son refuge suprême, repaire où il se reconstitue. Mais tout cela, les pauvres bougres l'ignorent. Lui seul sait que le premier défi est de répondre *immédiatement* à la détresse, quoi qu'il advienne. Ainsi vit-il ce « temps des catacombes » comme il l'appelle lui-même. Le propre de la détresse, c'est qu'elle n'attend pas. À chaque instant, la mort rôde, comme un renard. Mais n'a-t-elle pas toujours rôdé ?

En 1942, raconte-t-il, un étudiant juif polonais sonne chez lui, les nerfs brisés. Il faut quelques jours pour organiser son sauvetage. Jours de trop, heures de trop. Quand Pierre ouvre la porte de la soupente où il l'a caché, il découvre pendu le petit étudiant. Il n'a pu empêcher ce geste désespéré. Depuis, le temps presse. Rien, ni besoin de repos, ni désir de sommeil ne l'arrêtera plus. Sa loi humaine, il la vit de façon inhumaine, dans le dépassement. Quand le corps craque, comme au cours de l'hiver 1951, lorsque la maladie sonne comme une alarme, il reste deux mois couché sur le flanc. « Père, pas d'imprudence, s'il vous plaît. Nous n'avons que vous », lui disent les paumés devenus sauveurs.

Cependant, la police téléphone. Des hommes se battent au café. À Champfleuris, une famille, venue sans rien, est partie en emportant tout le mobilier et le linge. Un dépôt d'essence brûle et explose, douze hommes se trouvent sans abri. On ne peut plus recevoir les malheureux : le froid a arrêté les travaux. « Il faut être patient ; ce n'est pas en tirant sur sa tige qu'on fait pousser le blé... Il faut de la patience pour accueillir les pauvres : si l'homme a une âme, encore faut-il la couvrir d'une chemise et d'un toit. Notre effort consiste à tenir la voile ouverte au vent, mais le vent vient de Dieu. »

Pas pour tous. Une dame d'œuvre viendra le menacer d'un procès parce que, en construisant pour les pauvres, il dévalorise sa villa qu'elle vendra moins cher.

— Faites le procès. Nous ne demandons que ça ! Oui, pour que nous puissions de toutes nos forces crier l'atroce vérité cachée au public, méconnue des autorités, la crier devant un tribunal, pour que tous l'entendent !

La femme claque la porte...

L'abbé se bat toujours avec les autorités. Un « prophète », ça gêne, ça démasque les injustices, les cruautés, les petitesses de la société. « Tu es un anarchiste », lui dit-on. Pis encore : à l'extrême gauche, on le taxe de « social » !

— Tu replâtres un édifice pourri qu'il faut détruire à la base. Tu vois l'immédiat. Nous voyons l'ensemble, la Révolution.

— Faux, répond Pierre. Je lutte de toutes mes forces pour que les institutions soient réformées, pour que disparaissent les *causes* de tant de misères. S'il est vrai qu'à droite on prône la bienfaisance uniquement pour refuser les réformes, à gauche, pour hâter la révolution finale, vous restez les bras ballants devant les détresses immédiates. Je réponds non à l'un comme à l'autre.

L'équipe grossit. Aux pionniers se joignent d'autres hommes prêts au partage : un ancien infirmier puni de dix ans de prison pour avoir pratiqué un avortement ; un comptable au chômage, divorcé et dépressif ; un jeune infirme amputé d'une jambe ; deux anciens d'Indochine hantés par des souvenirs sanglants ; un ancien déporté rescapé des camps allemands, héros devenu épave ; des trognes du malheur ; des bleus à l'âme. Un premier séminariste — la grande joie du Père — lui écrit : « *Je ressens le besoin de cet engagement.* » Pierre nourrit un réel espoir sur l'arrivée à ses côtés de jeunes vocations religieuses décidées à tout abandonner, comme les compagnons du *Poverello.* « *Pas d'enthousiasme passager*, répond-il à celui-là. *Oublie ton latin et ton grec. Occupe-toi de leurs souffrances.* »

Du passé, de l'histoire, du nom de ces nouveaux venus, il ignore tout parce qu'il ne leur demande rien. « Ils nous racontent ce qu'ils veulent... Quand on a erré sur les routes, dormant dehors et tenaillé par la faim, on se tait ou on raconte n'importe quoi. » Cinq compagnons à l'été 1951 : l'été suivant, l'équipe en compte quinze. Certes, il n'y a aucun risque de chômage. On bâtit. Mais l'argent ? Il faut manger. En septembre et octobre, on vit sur la gamelle de l'auberge de jeunesse. En novembre, on subsiste en vendant ce qui peut l'être, la voiture de l'ex-député — une Traction avant —, remplacée par un vieux tacot, un tapis du Maroc offert par les marins du *Jean-Bart* à leur aumônier, de petits objets en ivoire rapportés d'Afrique... En décembre, on crève de faim. Renvoyer des camarades ? Où iront-ils ? À l'asile ? En prison pour vagabondage ? Dire aux familles : « C'est fini, il n'y a plus d'argent, il n'y aura plus de maisons », alors qu'en un an, seuls, on a bâti cinquante-deux logements ?

Un soir, Lucie Coutaz lui dit :

— Père, nous n'avons plus du tout d'argent, et demain il faut acheter du pain.

L'abbé ne répond pas. Dans la nuit, il part mendier sur les Grands Boulevards de Paris, en distribuant des tracts. Quand il a amassé assez d'argent pour tenir deux jours, il rentre, réveille la demoiselle aux cheveux blancs, vide ses poches sur son lit.

— Dormez tranquille. Voilà de quoi acheter à manger.

— C'est inadmissible. Vous pouvez faire mieux que ça ! rétorque-t-elle.

— Dites-moi quoi !

Il récidive pendant huit nuits. « Je me suis payé le luxe de commencer chez le concierge de la Chambre des députés en remontant jusqu'à la place Maubert. C'est vrai que je me suis mis à pleurer dans une rue obscure. Mais au fond, pour être honnête, je dois avouer qu'en même temps j'éprouvais une certaine satisfaction intérieure à l'idée de faire ce qui ne se fait pas, d'être à contre-courant. Ce n'est donc plus tellement héroïque. »

Voire ! Dans cette main d'insurgé qui se tend, ce tract, ce brûlot avec ces mots : « *À quoi bon vivre ? Toi qui passes, sais-tu qu'en plein* XXe *siècle, en plein pays de science et de progrès, en plein pays dit chrétien, ton voisin sera sans logis, ou qu'il engloutira sa paie pour sa chambre ? Sais-tu qu'à deux pas de chez toi, ce soir, un bébé mourra, parce que son père n'a pas d'argent ? Pour eux, par milliers, à quoi bon vivre encore ? Et dans le même temps, pour d'autres, pour toi peut-être, les dividendes, les planques, la rigolade, les soirées stupides à dix mille francs par tête... Qu'as-tu fait ?* »

Dans le courrier, le lendemain, une enveloppe toute

simple, à son nom ; dans l'enveloppe, un billet de 500 francs, et un de ces tracts sur lequel le donateur a écrit à la main : « *Au prêtre que j'ai rencontré hier et qui m'a réconcilié avec le Bon Dieu de mon enfance. Merci.* »

Ce tract n'est pas tombé entre toutes les mains. Peu l'ont connu, peu en ont parlé... La presse ne s'en est pas emparée pour le marteler dans les cerveaux. Dommage ! L'abbé Pierre a mendié, geste dérisoire et sublime ; geste de rage et d'humilité. Geste d'insurgé.

Libre depuis qu'il n'est plus député, mais privé du même coup de son indemnité parlementaire, Pierre est aussi démuni que ses compagnons : Emmaüs court à l'abîme. Impossible de répondre présent tout de suite devant la détresse. Hélas ! en plein hiver, la misère ne désarme pas. Histoire monotone et sinistre, leitmotiv de taudis, de marchands de sommeil, de familles déchirées, de haine, d'alcool, de prostituées, de disparus, de vagabonds, de taulards, de maladie, de mort.

En distribuant ce tract, Pierre clame son impuissance. Le Paris des riches étale ses ors pour les fêtes de fin d'année, mais les petits enfants de Champfleuris n'auront pas de cadeaux de Noël. Certains vont brûler des millions ; à d'autres, harassé, Pierre doit répondre ces mots dans lesquels il ne croit plus : « Ça va s'arranger... » Dès lors, sa signature, au bas de ce tract, est un engagement pour la vie. Il s'offre. Désormais, il n'aura plus de paix. Il s'engage sans retour. Jamais il ne renoncera. Pacte absolu, sans codicille. Don définitif contre l'indifférence, l'ordre et la bêtise. Ce jour-là, il devient vraiment la voix des sans-voix. Ne voir dans l'acte de mendier qu'une originalité, une incongruité supplémentaire de la part d'un provocateur haranguant les beaux quartiers au cours de ces nuits d'hiver, serait une erreur. Il jubile de faire ce qui ne se fait pas, mais il pleure d'angoisse.

« *Et toi, que fais-tu ?* » Cette question lancinante, il

se l'adresse à lui-même pour ne plus reculer. N'est-il pas dérisoire de sauver une quinzaine d'hommes de la faim quand la misère est partout, quand l'injustice est un océan ? Quel sens a sa révolte ? Tout n'est-il pas ainsi depuis le début du monde ? Égoïsme, richesse, prodigalité d'un côté ; faim, pleurs, tristesse et mort de l'autre. Le mal... Mais qui est responsable du mal ? L'absence de réponse interdit-elle la révolte ? Quand il regagne Emmaüs, le soir, et qu'il porte son regard sur ces dix-huit types qui totalisent à eux tous un demi-siècle de prison, il les aime. Pour tous les autres qu'il ne connaît pas. Ce ne sont pas des ratés, des déchus, des épaves, des clochards, ce sont des hommes qui se remettent debout en bâtissant pour des familles qui crèvent. « Ensemble nous gagnerons », se dit-il.

Le 30 décembre, au matin, Auguste, un vieux et l'un des derniers camarades arrivés, frappe à la porte de l'abbé. C'est un Breton, ancien agent d'assurances dont le foyer a craqué. De coup de cafard en découragement, il est parti à la dérive, est devenu clochard.

— Père, mais qu'est-ce qui vous prend ? Si un jour, pour s'amuser, l'un de nous va faire la manche dans la rue, vous lui direz : « C'est déshonorant ; c'est honteux pour un homme. » Une voisine vient de nous raconter qu'en sortant du cinéma, hier, elle vous a vu mendier sur le trottoir. Arrêtez ! moi je sais où trouver de l'argent.

— Oui, je sais que tu as été en prison, tu connais le moyen de voler.

— Oui, je sais voler, mais je connais aussi une autre technique... la biffe !

Et Auguste explique que l'industrie vit de la récupération de la matière puante. Le demi-grossiste gagne vite. Il ne sort pas de sa tanière, il ne va pas par le froid et la pluie vider les poubelles et ramasser tout ce qui peut resservir. Il attend ceux qui font les poubelles par tous les temps, qui ont dû demander une autorisation de la mairie du quartier où ils travaillent, et même la payer. Le demi-grossiste donne quatre francs pour un kilo de papier, alors que le grossiste en donne dix, mais lui n'achète que par camions de plusieurs tonnes...

— Mais alors, c'est sérieux ? demande le Père.

— Si vous travaillez avec nous, si vous nous empêchez de nous saouler, de boire tout ce qui sera gagné chaque jour, si vous expliquez au public pourquoi nous le faisons, vous verrez, très vite, on aura assez pour vivre et même du bénéfice pour pouvoir financer les constructions.

Le 31 décembre 1951, au matin, pour la première fois, un homme franchit la porte du 38, avenue Paul-Doumer, un sac sur le dos et un crochet à la main. Emmaüs, « cette cour des Miracles », a trouvé son moyen de survie. Des hommes « cassés » qui puisent leur second souffle dans la récupération des déchets. Un symbole : ils se sont faits « crocheteurs ». Travail de nuit et de l'aube. Dur, mais lucratif. Les mois passent. La « famille » augmente. Ils sont cinquante. On campe sous des tentes montées derrière le pavillon du 38, avenue Paul-Doumer, sur la pelouse devenue entrepôt et dépotoir... On part avec des sacs à dos, des poussettes de bébé, des charrettes à bras. Bientôt, cela ne suffit plus. Il faut un camion. Il n'y en a pas. Pierre résoud le problème, participe à l'émission « Quitte ou double », gagne 250 000 francs, achète un camion.

— Il faut remercier la Providence, ironise-t-il, d'avoir fait que l'avenue Paul-Doumer soit en pente. Grâce à elle, les matins d'hiver, nous poussions dans la descente notre camion gelé et qui refusait de partir à la manivelle.

Providence aussi, cet incident aux énormes conséquences : les éboueurs de la ville entendent s'assurer le monopole de la récupération des poubelles. Vieux chiffons, métaux, carton — le « beau », comme on dit dans le jargon — leur appartiennent. Qui sont à leurs yeux les biffins de l'abbé Pierre ? Des resquilleurs, des prédateurs. S'ensuivent un guet-apens... des orions... Puis un traité auquel préside l'Abbé : les poubelles de la ville resteront aux éboueurs ; ceux-ci, magnanimes, concèdent en échange, intégralement, un droit qu'ils n'ont pas : celui de « chiner », c'est-à-dire de débarrasser les caves et les greniers. Marché de dupes ! On téléphone :

— Venez, j'ai préparé quelque chose de merveilleux pour vous.

Les chiffonniers partent, pour des kilomètres, avec de la mauvaise soupe dans le ventre. Ils sonnent à une porte. La dame leur fait un beau discours sur la charité et leur confie le « quelque chose de merveilleux » : un vieux compotier ébréché...

Ces mésaventures sont fréquentes. Mais la « chine » est le sésame menant à la « brocante », activité qui, à terme, doit se révéler payante. On glisse des feuilles d'invite dans les boîtes aux lettres. Il s'agit, y lit-on, de récupération faite au profit des pauvres. Rares trésors d'Ali Baba, il arrive qu'on trouve une fois un crucifix en or décoré de cinq rubis, qui, revendu, procure 10 000 francs ; de quoi payer la tôle d'occasion qui servira à recouvrir une maison de pauvre.

Le « chiffre d'affaires » d'Emmaüs s'accroît dès les premiers mois de 1952. En février, on a vendu pour 140 000 francs de chiffons et de vieille ferraille ; en mars, pour 170 000 francs... Les besoins augmentent encore plus vite. Emmaüs jouit déjà d'une très authentique notoriété locale. Trimardeurs, clochards, sans-logis affluent vers l'« Eldorado de la détresse ». En décembre 1951, à la veille de commencer la « biffe », on était dix-huit ; un an plus tard, on est cent cinquante. Dès lors, biffe et chine ne suffisent plus. Une nouvelle idée germe : la biffe dans les décharges. Jeûner rend l'imagination fertile :

— Vous êtes tous des... vous ne savez pas vous dém..., clame Philibert. Puisqu'on ne peut plus fouiller les poubelles et que la chine est insuffisante, si quelques-uns allaient dans la plaine crocheter les gadoues sur les décharges ? J'en connais du côté de Pompadour...

Le Père écoute l'inénarrable Philibert ; il ne veut rien négliger. Philibert se hisse dans la vieille Juva 4. Ils prennent la route de Pompadour. Le jour même, l'affaire est « dans la poche ». On trie à Pompadour. On ira ensuite à Bry, puis au Plessis, puis à Bois-l'Abbé. De gadoue en gadoue. Soixante-deux familles sont déjà logées grâce au travail des uns. Les autres ravitaillent. Ils ne sont plus seulement des chiffonniers, mais des chiffonniers-bâtisseurs. Six premiers volontaires iront sur la gadoue, au milieu de ce fumier, de ces puanteurs, pour récupérer tout ce qui a quelque valeur : ferraille, cuivre, bouteilles, chaussures qui servent parfois à chauffer le poêle, papiers, chiffons, croûtons de pain... Les chiffonniers affirment qu'un membre de la confrérie dénicha dans la gadoue une caisse à savon remplie de lingots d'or et devint millionnaire. À côté de ces légendes racontées autour du feu, la réalité paraît plus sordide encore. Un jour, on trouve dans une décharge le corps d'un petit bébé...

Parmi ces biffins-là, on compte des durs, des anciens légionnaires portant des tatouages. L'un exhibe sur sa poitrine une tête de Christ souffrant, entourée de ces mots : « *Il a souffert.* » Plus bas, on peut lire : « *Et moi aussi.* » Un autre a, autour du cou, un liseré rouge et, sur la poitrine, une... Fatma ? Mais non, c'est l'image de la Vierge Marie qu'il a fait graver dans sa chair, afin de ne pas perdre la médaille... Moyen à recommander ! Qui donc l'imitera ?

Emmaüs se développe. On achète — à bon compte — des terrains situés derrière l'usine à gaz de Neuilly-Plaisance. On y installe la « Réserve » qui doit « décongestionner » la « maison mère » du 38, avenue Paul-Doumer : un capharnaüm de baraques, de hangars, de tentes, de vieux autobus, de roulottes... Bientôt, plus de cent personnes y vivent, avec femmes et enfants. Nul doute que cela perturbe les usages : plaintes, pétitions, tombent en cascade. Les « pouvoirs » s'« énervent ». L'ordre ecclésial se fige. Deux clans s'affrontent au sein de la société catholique pratiquante de Neuilly-Plaisance : les pour et les contre. Les contre, majoritaires, désavouent ce prêtre anarchiste, ami de la « pègre », défenseur des « voyous ». Les pour désertent l'église Saint-Henri et s'en vont communier chez le prêtre-bandit, dans la petite chapelle de brique. Autant en emporte le vent et la rancœur.

L'abbé Duvallet, qui, sous peu, rejoindra l'abbé Pierre, résume parfaitement la position de Pierre : « Tu es mort dès que tu peux être heureux sans les autres. Il y a les beaux morts, ce sont les bien-pensants qui vont à la messe, qui pratiquent la morale... Toi, tu es vivant dès que tu ne peux pas être heureux sans les autres. Il y a des vivants pleins de défauts, des vivants qui puent des pieds : c'est Emmaüs. Les gars d'Emmaüs, il faut leur cacher les femmes, il faut leur cacher le pognon, il faut leur cacher les litrons. Mais il faut leur montrer les pauvres. Dès que tu ne peux plus être heureux sans les autres, quels que soient tes défauts, tes tares, tu es vivant, peut-être un vivant qui pue, mais tu es un *vivant.* »

Cette conviction provoque parfois chez Pierre de peu diplomatiques brutalités à l'égard des autorités de l'Église. Le 17 janvier 1952, il écrit à Mgr Rupp, vicaire général du cardinal de Paris : « *Monseigneur, Merci de ne pas m'en avoir voulu pour la rudesse de mes réactions. Ce n'est pas d'une manière symbolique mais brutalement réelle qu'avec les malheureux que nous accueillons, certains soirs, nous ne mangeons pas. C'est un de ces soirs-là que je m'étais décidé à téléphoner au*

Secours catholique. La réponse a été : « Venez donc manger chez nous. » Quand j'ai vu la soirée se passer sans qu'un mot ait pu être échangé sur notre détresse, je n'en pouvais plus. J'ai, quant à moi, depuis des années, donné au jour le jour la totalité de ce que je recevais, y compris, pendant six ans, l'indemnité parlementaire. Je n'ai rien *: comme ceux que j'héberge... Nous continuerons... dussions-nous, comme deux fois déjà je l'ai fait, aller pour les malheureux mendier dans les rues... Croyez à mon amitié fraternelle et que celui qui vous écrit n'a pas plus ses « Russes » que vous « vos » n'importe quoi. Il a (tout comme vous...) ses frères humains... Mgr Rodhain d'ailleurs a, lui aussi, depuis cette soirée, été indulgent à ma rudesse...* »

Mgr Rodhain, du Secours catholique, connaîtra d'autres occasions de se montrer indulgent... « *Merci de nous avoir un peu secoués. On en a toujours besoin* », lui répond Mgr Rupp.

Le dessein de l'abbé Pierre reste inébranlable : une seule cause, indissociable de son propre sort, servie avec passion, sans aucune concession. Les bien-pensants peuvent bien se dire que les « tordus » sont prédisposés à l'être. Lui pense que le monde est borné, cruel, injuste. Ce n'est pas original. Ce qui l'est, en revanche, c'est de choisir de ne s'appuyer que sur ce qui émane de la misère et de se fondre avec elle pour créer une substance de « diamant ».

Le temps des catacombes, de 1951 à 1954, paraît à première vue gris, terne, sans projet, sans... rien ; en réalité, il recèle tout. Oui. Emmaüs acquiert, sinon la pureté, du moins la solidité du diamant sous l'apparence de l'événement passager, d'une cour des Miracles romanesque et fugace. Et pourquoi donc ? C'est que ce père-là, qui fait sortir les gens de leur peau, s'est mis dans la leur, eux, les « pauvres types ». Il a renoncé aux procédés classiques de la charité et de l'aumône, leur a donné un nouveau sens de l'honneur, de la dignité, par le travail. Il rend leur existence « croyable ». C'est qu'en ce temps-là, il vit avec eux et, s'il dîne parfois dans des maisons bourgeoises, chez des ministres ou des archevêques, il préfère se faire inviter, sans chiqué, à la table de la Réserve. Dès lors, nul, parmi ses compagnons, ne doute de sa sincérité.

À la fin de 1952, ils forment cinq communautés. Emmaüs à Neuilly-Plaisance, la Réserve à Neuilly-sur-Marne, la Pépinière à Pontault, la Socomac à La Hay-les-Roses, et les Biffins, communauté ambulante pour la fouille des gadoues, toutes fédérées entre elles sous ce seul nom : Emmaüs. Cent cinquante hommes, déjà, chiffonniers ou bâtisseurs. Le stade des simples équipes de volontaires du bâtiment est dépassé ; une coopérative de construction, légalement constituée, la Socomac, prend désormais en charge la construction de véritables pavillons en dur pour les familles disposant du minimum de ressources nécessaires pour obtenir un prêt de l'État.

Le temps est achevé où les hommes brisés et les jeunes scouts de l'auberge de jeunesse travaillaient ensemble. Ce n'est plus possible. Les jeunes, eux, travaillent le dimanche, jour de repos pour les compagnons (« le jour du Diable », à cause de l'alcool). Les chiffonniers-bâtisseurs protestent :

— Ces gamins-là, on ne veut plus les voir. Pour eux, il s'agit d'un jeu... Mais nous, on a l'air d'être des fainéants parce que c'est dimanche et qu'on se repose. C'est pas tolérable !

— Non, dans ces conditions, cela ne peut continuer, tranche l'abbé.

Les premiers « mordus d'Emmaüs » sont arrivés, volontaires qui rejoignent l'abbé Pierre, en quête d'un supplément d'âme. Bernard, futur ingénieur, est le premier ; ce fils de la haute bourgeoisie, issu d'une famille de négociants en métaux précieux, a écrit à Pierre : « *J'ai fait des études, je connais les livres ; je veux connaître les hommes. Est-ce que je peux être utile ?* » « *Viens* », lui répond Pierre. Enthousiaste, il prolonge son séjour. Alors son père le met en demeure.

— Tu as une fiancée. Il faut choisir entre elle et les chiffons.

Aux camarades broyés hier par les mille malheurs de la guerre et de l'après-guerre, d'autres ont voulu se mêler. Gens heureux, ne manquant de rien, mais étouffant précisément de ne manquer de rien en un monde où un si grand nombre, sans l'avoir mérité, manque de tout. Ils sont venus, volontaires, engagés non pour une journée de passage, pour quelque brève — bien que généreuse — fantaisie, mais pour des mois, voire des années. Certains souhaitent même, dans le secret de leur cœur, être là pour la vie.

« L'avenir ? C'est la réalisation de communautés matérielles de travail avec des volontaires de la misère, qui viennent dire à de pauvres types, des épaves abandonnées sur les trottoirs et méprisées par les bourgeois, sans leur faire la morale, simplement en prenant ce risque, ce risque fou, d'excès, d'excès d'amour : "Regarde la souffrance et la misère autour de toi. Eux, les bourgeois, ne sont pas capables de s'en occuper ; alors nous, on s'y met. Est-ce que tu ne veux pas me donner un coup de main ? Moi je ne peux pas tout seul ; est-ce que toi, tu veux ?" »

L'abbé chiffre les chiffonniers. Il ne chiffre pas les volontaires. Pourquoi ? Leur nombre est cruellement insuffisant. Il l'avoue : « Un problème, un seul, subsiste, et nous hante. Il nous faut des compagnons, des hommes à la hauteur. Nous avons confiance. Ils viendront. Il n'est pas possible qu'ils ne viennent pas. Le monde n'est pas vide d'âmes passionnées de cette sorte d'amour… Comme un grain de sénevé, Emmaüs a jailli du sol de notre douloureuse banlieue de la capitale de la France… Ce grain minuscule, imperceptible, est tombé en bonne terre. Il ne périra pas… Peut-être, de lui, commence à naître l'une de ces familles de « moines-ouvriers » dont notre temps a un besoin si fort pour porter, aux côtés de nos prêtres-ouvriers et de tant d'autres merveilleuses initiatives, le témoignage de l'Amour de Dieu à ceux qui souffrent jusqu'à douter du bien de l'existence... Serons-nous assez nombreux, volontaires, prêtres et laïcs, chrétiens et non-chrétiens... ! » La question est angoissée. La réponse, elle, est très lente.

Le 12 janvier 1953, Pierre, de nouveau sérieusement malade, adresse au provincial des Jésuites un appel pathétique : « *C'est vraiment du fond d'une extrême détresse que je vous ai téléphoné ce matin. C'est une évidence que jusqu'ici toute cette fondation s'est trouvée conduite jour après jour d'une façon très extraordinaire. Elle se révèle alors que nul — et moi pas plus qu'un autre — n'a le mérite d'en avoir pensé les plans, comme comportant toute une série de caractères parfaitement adaptés à plusieurs des nécessités les plus pressantes d'aujourd'hui, aussi bien quant aux misères qu'elle secourt complètement que quant à la forme de vie apostolique (et il suffirait de très peu pour pouvoir ajouter monastique) qu'elle réalise. À l'heure actuelle, en une année (et de tout cela, je n'avais pas la moindre idée à l'origine puisque j'ai commencé seulement en ouvrant une porte à des hommes au désespoir, et sans aucune idée qu'ils puissent venir si nombreux, ni de la façon dont on les ferait vivre), d'une vingtaine nous sommes passés à plus de cent cinquante... Une bonne vingtaine d'hommes, à des degrés divers, sont des aides appréciables, malheureusement pour des tâches subalternes seulement... Ce soir, mon père, j'ai plus de fièvre encore... Je me sens tellement faible, en tout cas moins solide que l'an dernier. Je n'ai pas pu prendre une seule journée de repos, ni même de retraite... Je suis, je crois, très éloigné de tout esprit de "boutique". Si vous croyez que tout cela pourrait être l'une des actions capables de rentrer dans le cadre de la mission de la Compagnie, si vous pensez, vous aussi, qu'il y a quelque chose qu'il ne faut pas laisser mourir et que vous pouvez trouver quelques pères véritablement doués pour cela, bien volontiers je les aiderai modestement de toutes mes forces... Pardonnez mon insistance, elle est peut-être indiscrète, mais je vous l'assure, même si ce n'était qu'à titre d'essai, pour peu de temps, je vous en supplie, secourez à la fois tous ceux qui ont besoin que je ne sois pas trop tôt hors d'état de travailler avec eux, et moi-même car, à tous points de vue, j'en ai désormais un besoin absolu.* Je n'en peux plus. »

La réponse tombe le 23 janvier 1953 : « *Mon Père, votre coup de téléphone l'autre jour, votre lettre le lendemain, la rencontre avec le père Daniélou* (le futur cardinal a été ordonné prêtre le même jour que l'abbé Pierre) *m'ont montré le problème dans lequel vous vous débattez... Si je n'avais écouté l'autre jour que mon sentiment, j'aurais immédiatement, toutes affaires cessantes, mis le cap sur Neuilly-Plaisance, pour venir vous voir et vous réconforter. Mais je ne suis pas un être tout à fait libre. Ma présence en amène une autre, celle de l'autorité que je représente et dont je dois bien tenir compte... Vous me demandez si je puis vous aider pour empêcher la maladie de porter préjudice à votre œuvre. Encore une fois, je ne demande qu'à vous dépanner ; mais je ne puis le faire que sur un mode tout à fait privé et en passant, sans engager le moins du monde mon ordre dans l'affaire. Et ceci, non parce que je crois que des orientations de ce genre sont mauvaises, mais parce que je dois veiller à la sauvegarde de ce qui existe et à la santé minima des Pères... Et puis, ne nous illusionnons pas : peu sont susceptibles de s'atteler à une tâche comme celle que vous avez entreprise. Il y faut un ensemble de dispositions qu'on ne rencontre pas chez tous...* »

Autour de Pierre ne se trouvent pour l'heure que quelques rares séminaristes. Peu de prêtres. Cependant, les plus belles figures de l'Église préconciliaire, « ceux qui pressentent le concile et le préparent humblement, à leur façon » sont ses amis, comme le père Épagneul, fondateur des Frères missionnaires des campagnes, ou les frères Voillaume de l'ordre des Petits Frères de Foucauld. Ils viennent souvent le voir, l'encouragent. « Ta mission dans l'Église, lui dit Épagneul, c'est de fonder un ordre équivalent au mien pour les missions prolétariennes. » Mais si ne se dément pas, avant 1954, la fidélité de « ces humbles, ces priants, ces silencieux, ces adorants, ces actifs, ces fondateurs d'ordres », ils ne peuvent l'assister au quotidien. Parmi eux, un seul, un intime de Pierre, le père Norbert, père général des Prémontrés, le rejoint la même année à Neuilly-Plaisance, après avoir pris sa retraite, en 1953. « Je m'installe là-dedans... Et je serai la petite goutte d'huile pour les rouages qui grincent. »

Le père Norbert sera adoré des gars d'Emmaüs jusqu'à sa mort. « Quand il arrive, on l'écoute et... tout se tasse. » Hélas ! il n'y a alors à Emmaüs qu'un seul père Norbert.

À côté des séminaristes, les laïcs volontaires, en majorité, séjournent quelques semaines, quelques mois, pas davantage. Cette difficulté de recruter des cadres compétents continuera à se poser de façon lancinante pendant plusieurs années, malgré la célébrité de 1954. Mais Pierre ne se décourage pas. La « troupe » — ces cent cinquante types — est difficile à contenir : « L'alcoolisme, entre autres plaies, sévit encore. Et aussi, les fausses illusions, le chagrin, l'ostracisme, l'insociabilité, la maladie. Elle offre toujours "ses fesses aux ruades sauvages des chevaux du malheur [1]". »

1. J. Grenier, « Emmaüs », document ronéotypé, 1969, p. 5.

3

Prophètes, mystiques et truands

Emmaüs — Neuilly-Plaisance. Un écriteau, rédigé en trois langues, signale le réfectoire sur lequel règne César. Derrière la cuisine, les moteurs de trois vieux tacots ronflent grâce à l'ingénieux Marcel, chef mécano. Dans le fond du parc, une cabane arbore l'enseigne luxueuse d'un bottier : là, André veille sur des centaines de godillots. Dans les hangars, Louis, ex-administrateur colonial, choisit parmi les meubles ruinés les trésors qui iront à la brocante. Fernand trie la ferraille. Maurice peint. Sous une tente, les vieux classent les papiers usagés. Une activité grouillante. La porte s'ouvre sur une famille sans toit, un groupe d'étudiants, un clochard vacillant, les « biffins » juchés sur un teuf-teuf brinquebalant. Suivront des apprentis-clochards, des ouvriers sans travail, de vrais alcooliques, des femmes enceintes qui ont hésité entre le suicide et l'avortement. Dans un vieux fauteuil, un jeune ouvrier pleure : sa femme vient d'être internée, elle n'a pas pu résister à trois ans de cohabitation avec deux autres couples dans une pièce de douze mètres carrés.

Cent cinquante convives au réfectoire Emmaüs ! Impossible de distinguer l'ex-bagnard du jeune ingénieur venu pour deux jours et qui restera un an, l'ex-clochard aviné, du séminariste. Ils communient ensemble à la même espérance.

Gérard Marin, du *Figaro*, a vu cela : « *Le chandail kaki ou le bleu délavé cache, outre le toubib et un évêque, devenu moine-ouvrier, un architecte, des ingénieurs, un clerc de notaire, des artisans, un ancien percepteur ! Fantômes dans l'aube blafarde, ces hommes s'en vont au coude à coude, avec des réfugiés politiques de tous pays, des vagabonds, des repris de justice, explorer poubelles, caves et greniers et décharges de détritus. Au coude à coude, et cœur à cœur ; de même qu'Antonio, qu'on fusillerait à Madrid, est le meilleur copain de Vladimir, qu'on pendrait à Varsovie, l'aristocratique Jean-Yves, diplômé des TP et "P'tit Louis", un pauvre type rescapé du bagne, forment une paire inséparable d'amis... Par quel miracle ?... Le plaisir de jouer au chiffonnier ? Non... J'entends encore ce mot magnifique commun à Tonio, l'Espagnol rouge, et à Vlad, le Polonais antimarxiste : "Ici, on ne peut pas se tromper !" m'ont dit ces deux potes. Construisant des maisons pour les mamans et les bébés qui n'en ont pas, on travaille dans l'infaillible !... Pierre par pierre, depuis deux ans, ils ont tiré des poubelles et des décharges cent dix maisons, sauvant ainsi cent dix familles*[1] ! »

Les « communautés de l'Espoir »...

Dans ce travail de « re-création » d'hommes à partir de l'anéantissement, un jour arrive pour eux la crise ; la lassitude, le dégoût, le découragement. Il faut pouvoir les muter d'une communauté à l'autre. Dès qu'il y eut deux communautés, les transferts furent envisageables. Tant qu'il n'y en eut qu'une, c'était impossible ; alors, quand ça allait trop mal, le Pèrc était obligé de dire à l'homme : « Attention ! Tu vas devoir partir. Ce n'est plus tenable. Tu empoisonnes la vie de tout le monde. » Dès que deux communautés ont existé, il fut plus facile de dire : « Tu as fait l'âne ! Nous sommes obligés de

1. Gérard Marin, *Le Figaro*, 5 décembre 1953.

marquer le coup pour tous les autres. Comme sanction, tu vas repartir là-bas à zéro, comme un nouveau ; et tâche de te tenir d'aplomb. »

Alphonse le séminariste ? Ils ne l'oublieront jamais. Alphonse a tant œuvré pour l'« esprit des gadoues » ! Il s'est donné à fond. Quand il est parti, il a confié à Pierre :

— Père, vous savez, j'ai redécouvert ici le sens de la prière. Entre des hommes de désespoir, de violence, j'ai retrouvé la présence de Dieu.

Tous les matins, à cinq heures, Alphonse est debout, fait une demi-heure à pied pour aller à la messe à Chennevières, se trouve sur le chantier à six heures et demie. A son départ, les gars se cotisent sur les 300 francs du dimanche pour lui offrir un stylo : « Pour que tu nous écrives !... » Et à Pierre, ils disent :

— Père, démerdez-vous comme vous voulez, c'est votre boulot, mais arrangez-vous pour qu'il y ait toujours parmi nous des hommes comme Alphonse.

Pierre répond :

— Je comprends. Mais, voyez-vous, il va être prêtre. Il lui faut de longues années de formation. Je ne peux pas insister et le retenir.

Silence. Puis l'un d'eux reprend :

— Père, on veut bien qu'il devienne curé si, une fois prêtre, il revient parmi nous. S'il le faut, on travaillera plus pour payer ses études.

Ces mécréants, qui ne pratiquent pas, ignorent pour quoi ils parlent ainsi. Simplement, ils sentent une immense présence dont la disparition les laissera totalement désemparés.

L'abbé Pierre leur parle-t-il de Dieu ? À un ami qui lui pose la question, il répond :

— Moi jamais, mais eux souvent...

Alors qu'ils ne sont encore que dix ou vingt et que

Pierre travaille tout le temps avec eux, du lever au coucher, chacun en est venu un jour à prononcer ces mots, ceux-là mêmes qui viennent à chaque fois sur leurs lèvres. Avec un accent inimitable, ces ivrognes et ces batailleurs disent :

— Ça, c'est sincère !

« Chaque fois que j'entends ces épaves dire cela, avec un tel accent, j'ai l'impression de percevoir, venu du fond du gouffre, un écho de la parole du Jugement Dernier, ces mots du Créateur face à la créature libre qui vient vers Lui : "J'ai eu faim, j'ai eu froid. Qu'as-tu fait ?" J'entends alors cet absolu chez des hommes qui ont perdu le respect de tout, qui ne croient plus à la religion, ni à l'Église. J'ai l'impression, quand ils disent cela, qu'ils se retrouvent face à face avec le sacré, avec l'Infini. »

La Fraternité ? Chacun, dans un moment d'émotion, lorsqu'il a bu un petit coup et que les bons sentiments affleurent à la surface, en vient à pleurer et à dire :

— Père, comment vous remercier ?

Lui leur fait cette réponse qui les déroute, pourtant si vraie :

— Faut pas parler ainsi. Il ne faut pas que toi, tu me dises merci. C'est vrai que, sans moi, tu serais un gueux : tu te serais peut-être jeté dans la Seine ou sous le métro ; ou bien tu serais en taule. Mais sans toi, moi, je ne serais qu'un bavard. Notre force, c'est d'être ensemble ; notre force invincible.

Ce travail de la gadoue, n'importe quel homme, professeur d'Université ou médecin, analphabète ou inculte, homme réduit au néant, est capable de le faire. Il n'est pas d'homme qui ne puisse rapporter pour manger quelques dizaines de francs par jour en ramassant bouteilles, chiffons, boîtes de conserve. Cet homme que l'on cueille à la petite cuillère, à zéro, il faut, pour le « refaire », lui donner la conviction que, loin d'être un assisté, il peut gagner son pain. C'est dans la gadoue que l'homme humilié, amer, aigri, retrouve le mieux sa paix. Regardez-les. Ils parlent peu. Ils semblent taciturnes mais ne le sont pas ; simplement, ces hommes ont trouvé la paix et n'ont pas envie qu'on la trouble. Est-il meilleure clinique pour l'homme meurtri et humilié ? Le symbole est si fort : c'est avec des déchets de choses qu'on refait des déchets d'hommes.

Parmi ces hommes brisés, certains rêvent de repartir. L'erreur serait de se prêter à ce rêve. Car si l'homme est trop disloqué, privé de femme, d'enfants, de logis, neuf fois sur dix, il « cassera ». Au bout de combien de temps ? Huit jours ? Deux mois ? Mais il « cassera ». On retrouva un jour, au pont Sully, un gars d'Emmaüs qui s'en était allé. Fataliste, il déclara :

— J'étais à la cloche et j'y retourne.

Ils n'ont plus d'enracinement. Un premier coup de cafard et, sans amis, ils redeviennent des chiens crevés. « Père, on me propose du travail dehors. Aidez-moi. » On ne s'y oppose pas. Mais, presque toujours, on les retrouve en prison, délinquants, alcooliques, désespérés. Pourquoi ? Emmaüs leur sert de substitut de famille. Sortez-les de là, ils se perdent. Ils perdent camaraderie, sécurité, idéal... Non pas seulement de quoi vivre, mais des raisons de vivre. Et l'alcool, de nouveau, leur sert d'exutoire.

« L'alcool est une plaie, dit l'abbé Pierre. Au début, moi, le gosse de riche, je n'avais aucune idée de ce qui convient ou non. On mettait du vin sur la table, comme à l'armée ; un quart de vin ! Les samedis et dimanches soir, jusqu'à deux heures du matin, jusqu'à la fermeture des cafés, je sillonnais l'avenue Paul-Doumer, pour attendre les derniers rentrés. Ils buvaient et je ne voyais aucune solution. Un de nos camarades avait un visage couturé à faire peur. Il buvait comme un trou. Jusqu'à tout casser. Un jour, ivre, il en blessa un autre. On refusa d'appeler le commissariat et on en vint à bout en le "fourrant" dans un placard fermé à clef. "Père, me dirent les autres, ou il s'en va ou nous partons. On a peur. Le type qu'il a blessé est à l'hôpital." On l'a sorti, dessaoulé, du placard. "Tu sais, on t'aime bien, tu travailles de tout ton cœur, tu es un bon ami pour tout le monde, mais ce n'est plus possible ! Tiens, prends ces adresses ; ce sont des centres d'accueil !" Soudain, l'homme tombe à genoux, et sa gueule d'homme à faire peur implore. Il éclate en sanglots : "Père, battez-moi ; laissez-moi sans manger, mais jamais plus ne me dites de partir." »

— L'explication de son drame est simple. Depuis 1939, cet homme n'avait pas cessé de faire la guerre. Il revenait d'Indochine, réformé, paludéen, alcoolique.

— Père, je n'ai appris qu'une seule chose : à tuer. Les Viets, on leur crevait les yeux ; sinon c'étaient eux. Moi, je ne savais que tuer ; depuis que je suis ici, je commence à me dire que peut-être, moi aussi, je serais capable d'aimer.

— Père, rétorquèrent les autres, on veut bien qu'il reste. Mais faut qu'il guérisse, il lui faut une cure.

L'homme était alcoolique au dernier degré. Le médecin confia au prêtre :

— Vous savez, il est impossible qu'il ne rechute pas, et de pire en pire, jusqu'à la folie. À moins qu'il soit entouré d'un groupe où il ne puisse même pas respirer l'odeur de l'alcool. L'odeur, pour ces types, c'est comme l'allumette devant le tonneau d'essence.

Alors tous, unanimes, ont tranché :

— Père, il est le plus malheureux de nous tous, on ne veut pas lui dire de s'en aller. Donc, il n'y aura plus une goutte d'alcool dans la communauté !

Lulu, alias Pellati, un jour de grisaille de 1952, apprend que l'abbé Pierre reçoit tous les déchets de la vie. Il lui offre ses services. Gratis. C'est un dur, qui en met un coup et qui sait commander. On en fait un responsable. Son équipe de la gadoue travaille à merveille. Quand le travail a bien marché, Lulu invite ses gars au restaurant du coin et ils font la bombe. Lulu vient du fond de l'abîme ; produit du malheur, de la malchance, de parents imprudents. Le foyer se ruine ; le gosse est confié à l'Assistance, élevé à la diable, sans joie... Une vie sans soleil, dans la brume et le crachin de l'âme. Devenu grand, Lulu jalouse les gars qui ont une maman, un chez-soi... Il est toujours chez les autres, lui, le bon à rien, toujours houspillé, grondé, querellé, avec tout juste la becquée suffisante pour ne pas crever de faim... Il grandit, tout comme la haine qu'il voua à cette société qui, pour s'en débarrasser, place les assistés comme ouvriers dans les fermes, sans métier dans les mains, pauvres types qui n'arriveront jamais à fonder un foyer...

Lulu sera un des premiers responsables d'Emmaüs.

Roland, à son arrivée, a déjà bien roulé sa bosse. Ni gueux, ni sans-emploi, ni sans-logis, ni mystique avide d'aider son prochain. Il n'a pas fait de taule, n'est pas un veuf inconsolable, ni un affairiste malchanceux, ni un médecin avorteur, ni un apatride, ni un ancien légionnaire brisé par l'alcool et les milliers de trouilles connues au combat. Simplement, il connaît René Pouchno, un « pilier » de la Pépinière, un ancien camarade de « promotion » à l'école communale.

La Pépinière est alors un État dans l'État, un monde de durs à cuire. Chaque dimanche, Roland vient donner la main à Pouchno pour l'aider à cogner sur les gars devenus teigneux, parce qu'imbibés d'alcool. C'est ce western, cette rude vie qui le séduit. Pas autre chose. Petit à petit, les gars s'habituent au nouveau, se confient à lui. Parlent-ils de l'abbé Pierre ? Ils ne sont plus les mêmes. Le Père, Roland l'a vu une première fois en janvier 1953 ; malade, fiévreux. Roland se montre dubitatif. Encore un illuminé qui veut faire tourner la terre dans l'autre sens ! Deux mois plus tard, il l'entend en conférence, dans une paroisse minable de banlieue.

— Ce type a du poil au cœur ! corrige-t-il.

Alors il lui confie :

— Père, je vis au centre d'un univers triangulaire. D'un côté les « croyants » qui attendent et espèrent tout de Dieu, de l'autre les « scientistes » qui croient uniquement aux miracles de la science, et, au sommet, les « moutons » préoccupés uniquement de leur week-end, leur voiture, leurs vacances, leur réfrigérateur, leur cuisine automatique et autres « idoles ». Je ne me sens à l'aise ni avec les « moutons », ni avec les « croyants », ni avec les « scientistes ». Ce que je sais, c'est que je vis dans un monde sans âme où la dignité humaine est bafouée. C'est tout.

— Ce que tu ressens, c'est *le néant d'être seul* ! répond Pierre.

Ces quatre mots, suffisent. Roland quitte sa vie modeste et assurée pour se lancer dans ce qu'il considère, sans hésitation, comme une histoire de fous !

Une histoire de fous ? Écoutons le vieux Jules...

« Moi, avant de venir à Emmaüs, raconte Jules, j'ai fait sept ou huit fois le tour de France. Je peux pas rester en place, j'ai la bougeotte. J'étais jeune, beau, fort et distingué. Ma fortune tenait dans mon sac. Pas gros, le sac. À Paris, j'avais retrouvé un camarade de Rouen à la ferroviaire. On ramassait la ferraille mais ça ne plaisait pas au contremaître du chantier, qui l'a renvoyé. Je lui ai dit : "Si tu renvoies mon camarade, je m'en vais avec." Mais une fois à la porte, notre paie en poche, on s'est dit :

— Où qu'on va aller ?

— Je connais l'abbé Pierre, tu as entendu parler de l'abbé Pierre ?

— Qu'est-ce que c'est que ce truc-là ?

— C'est des hommes qui travaillent ensemble et qui étaient perdus.

— C'est bon.

« J'étais ferrailleur, j'avais fait trente-six métiers... J'étais adroit de mes mains. Je suis rentré au 38, avenue Paul-Doumer, à Neuilly-Plaisance, le 9 décembre 1952. Comment ? On a été à Vincennes, on a pris le 113, on a atterri au lieu-dit La Maltournée. On s'est tapé les deux kilomètres à pied, on a demandé notre chemin car on ne savait pas où c'était. Arrivé là, mon pote n'a pas voulu aller plus loin. Alors moi j'ai dit :

— Si tu veux pas y aller, c'est ton affaire. Moi, je redescends pas.

« Il est parti de son côté. J'ai vu le docteur Rebuffat (c'est un ancien médecin de la Coloniale), il m'a dit :

— L'abbé n'est pas là, revenez demain.

— Oh ! non, je ne redescends pas à Paris, moi !

— Alors, tu n'as qu'à attendre là.

« J'ai attendu là une heure, une heure et demie, et j'ai vu l'abbé Pierre.

— Tiens, tu tombes bien, j'ai besoin de quelqu'un à la Pépinière, à Pontault-Combault.

« On était trois, cantonnés là. On est montés dans une guimbarde, c'était une Ford V8. Il en est descendu un à Bois-l'Abbé, c'était une décharge pour les repris de justice. L'abbé en a laissé un autre à la Queue-en-Brie, et moi il m'a mis à Pontault-Combault. On m'a fait manger un peu puis j'ai dormi sous une tente. On a étalé de la paille, on m'a donné trois pardessus comme couverture et bonne nuit ! J'ai pas vu grand-chose. Mais le lendemain matin, quand je me suis réveillé, j'ai vu des gosses éparpillés dans tous les sens, une cinquantaine de chiens, des cabanes de bambou, des tentes. Il y avait trente à quarante familles qui vivaient sous ces tentes, dans des roulottes ou des cabanes de bambou.

« J'ai demandé à un gus :

— Qu'est-ce qu'on fait comme métier, ici ?

— On fait les chiffonniers, on travaille sur les décharges.

« Je m'attendais pas à ce bazar, je savais pas du tout ce que c'était. J'avais entendu parler vaguement de l'abbé Pierre mais j'ai su ce que c'était quand je suis venu là. C'est là que j'ai vu les familles sous les tentes. C'étaient des ouvriers, tous les matins ils partaient, ils se tapaient la route pour aller travailler à Paris ou ailleurs. A Pontault-Combault, il n'y avait rien. C'était une pépinière désaffectée, sinistre. Une pépinière où tous les arbres avaient crevé. Le premier jour, j'ai eu le cafard et ils m'ont donné du travail sur la décharge.

« On ramassait les vieilles godasses, les os (pour faire de la colle), les peaux de lapin, les papiers, le carton ; tout ce qu'on trouvait. Des saucissons entiers, des conserves. On pouvait vivre en mangeant ce qu'elles contenaient. Elles étaient bonnes. On trouvait même des jambonneaux pas abîmés, juste un petit peu piqués. Parce qu'ils étaient piqués, les gens les jetaient. On ramassait tout.

« Je dis toujours : "C'est bien, maintenant, responsable d'Emmaüs, c'est bien, c'est distingué, tout, mais j'aimerais que ça revienne comme au début. Chaque responsable stagiaire qui veut devenir responsable, qu'il travaille six mois sur la décharge ! S'il reste six mois, c'est qu'il est bon."

« Quand j'ai vu ces familles, ces gosses dans la boue, la boue partout... C'est peut-être ce qui m'a fait rester. Les gars qui vivaient là m'ont dit :

— On part tous les matins à cinq heures et on revient vers les six heures du soir. On voit presque pas nos femmes et nos mouflets. Juste le dimanche. On ne demande pas mieux de payer un loyer, on a de l'argent ; mais on n'en a pas assez pour acheter un terrain et bâtir notre maison. On loge là parce que c'est l'abbé Pierre qui nous a amenés ici. Sans ça, on vivrait dehors.

« Oui, c'est ça qui m'a fait rester.

« Ah, les décharges ! Il y avait Bois-l'Abbé, Pontault, La Queue-en-Brie, cinq ou six en Seine-et-Marne. Près de cent cinquante, deux cent bonshommes vivaient dessus. Parmi eux, des repris de justice qui n'avaient pas le droit de rentrer à Paris. C'est pourquoi l'abbé Pierre a trouvé beaucoup de décharges en Seine-et-Marne. La vie n'était pas rose : l'hiver, on avait froid, et l'été, c'était pire, à cause des mouches.

« Un jour, je suis parti. J'ai trouvé un travail à Pontault-Combault chez Armand, un ferrailleur. Je suis pas resté longtemps. J'avais la nostalgie. Je suis revenu à Emmaüs. Là-bas, j'étais utile. On n'était pas payés. On avait cinq francs par semaine et encore on oubliait parfois de nous les donner. On nous donnait rien du tout, alors il fallait bien travailler. Et puis, on aidait les familles à faire leur petite baraque. On trimait toute la journée. On faisait quinze ou seize heures par jour, la première année, pour à peine cinq francs la semaine. Y avait pas de fric. Mais, avec toutes les familles qui arrivaient, il fallait bien acheter un peu de matériel quand même. Alors c'était un travail fou, quoi ! C'est ça qui m'a motivé, c'est pour ça que je suis resté si longtemps. Ah ! c'était vraiment extraordinaire...

« Il fallait savoir tout faire. Il fallait savoir être ferrailleur. Il fallait savoir faire la nounou parce que, dans ces familles-là, les parents étaient souvent poivrots. C'était pas de leur faute. Il faut les comprendre, avec la fatigue... Ils buvaient un coup de rouge pour se remettre.

« Les tentes s'envolaient avec l'hiver. Alors il fallait les remettre en place, changer les lits, étaler les matelas, rhabiller les gosses. Le Far West à vingt kilomètres de Paris ! Il y avait une trentaine de familles. Et puis à Pomponne, une quarantaine. Et à côté de Lagny, y en avait partout. À l'époque, l'abbé Pierre avait au moins cinq ou six cents familles à loger comme ça, sous des tentes.

« Pour organiser tout ça, le Père nous a demandé de l'aider, alors on l'a aidé. Et de plus en plus, ça nous a révoltés, nous qu'on était des pauvres types, parce qu'on voyait que les pouvoirs publics, ils faisaient rien du tout. Ça nous a révoltés, c'est peut-être pour ça que, pour beaucoup, on est restés. On s'est donné du mal pour que, comme on dit, les autres aient moins de mal. Mais c'était très difficile.

« Ces types-là, légionnaires, anciens de la division Leclerc ou gars de la LVF, ceux qu'on avait envoyés combattre sur le front russe contre les Soviets, sans compter les repris de justice. C'étaient pas des enfants de chœur. Des bons types, mais quand ils étaient bourrés, ils étaient cons. Moi, j'étais pas un ivrogne, mais j'aimais bien boire un coup de temps en temps. Tous les jours, il y avait des bagarres, c'était effroyable !

« On m'appelait Jules. C'est pas mon nom ; mon nom, c'est Joffrin, Alexandre. On m'a baptisé Jules, sans doute à cause de la place Jules-Joffrin à Paris, de la station Jules-Joffrin et de la statue de ce Jules Joffrin, un imprimeur, à laquelle les protestants ont foutu le feu, autrefois.

« Dans la journée, ça allait. Moi, j'étais fauché. Mais les trois quarts, c'étaient des légionnaires et des pensionnés. Ils n'avaient pas assez d'argent pour survivre dehors, mais trop pour vivre à la communauté. Il n'y avait pas encore de responsable, pas de règlement. L'abbé était seul avec Mlle Coutaz et quelques hommes de bonne volonté. Le samedi et le dimanche, c'était infernal. Au minimum, sept à huit litres de pinard par jour. Faut comprendre ! On n'avait presque rien à manger, fallait bien qu'on tienne pour travailler quinze heures. C'était pas avec des cacahuètes qu'on pouvait tenir, alors on s'envoyait un coup de rouge avec un bout de pain. Et on cognait pour un oui, pour un non.

Le lendemain, tout le monde regrettait. Mais certains étaient sonnés pendant deux ou trois jours. Ils ne pouvaient plus travailler. Il fallait les soigner. Excédés, on leur disait :

— On veut bien te garder, mais arrête un peu de boire quand même.

« Ils répondaient :

— C'est difficile de faire ça. Je peux pas m'en passer, moi. J'ai toujours bu. J'ai fait la guerre, j'ai fait ceci, j'ai fait cela. Je peux pas m'en passer, de boire. Le pinard, c'est mon Dieu.

— C'est ton Dieu, c'est ton Dieu ; eh bien, adore-le un peu moins, ton Dieu ! »

Paul arrive à Emmaüs le Mercredi saint 1953. Lui est un enfant de bourgeois. Dans sa famille, originaire de Lille, on est banquier de père en fils depuis Napoléon. Paul étudie chez les Jésuites, se passionne pour le piano, la peinture. Une jeunesse heureuse mais taciturne. Par la suite, il traîne du côté des Beaux-Arts tout en travaillant à la banque de son père. Ensuite, il se lance dans l'aventure. Régiment au Maroc ; retour à la banque ; nouveau départ pour le Maroc comme employé dans une fabrique de tapis, un mariage ; la Légion étrangère ; mort de son père. Mauvaises affaires, premières inculpations. À la Libération, il se retrouve dans le Sud de la France et se lance dans des transactions qui tournent mal. Deux ans de prison. En 1953, ce Mercredi saint, il rencontre Emmaüs. Pour cet homme de quarante-cinq ans, c'est une rupture décisive. Mais il ne le sait pas.

« Ce Mercredi saint, le matin, je suis allé à Saint-Sulpice, chez un de mes frères. J'ai consulté l'annuaire.

— Monsieur l'Abbé, je veux venir faire une retraite chez vous.

L'abbé répond :

— Jadis, du temps de l'auberge de jeunesse, on faisait des retraites, mais maintenant, c'est plein de chiffons, de ferraille, et je n'ai plus le temps...

— Monsieur l'Abbé, c'est tout de suite ou jamais !

— Eh bien, venez, on verra bien.

« L'après-midi, je monte dans l'autobus de Neuilly-Plaisance. Au petit café, à l'angle, je prends un verre et je me dis : Ou tu reprends le bus pour Paris, ou bien tu vas là. Que s'est-il passé dans ma tête ? Je ne sais pas. Sûrement un faux sentiment de Mercredi saint... Un Mardi saint ou huit jours plus tôt, cela ne se serait pas joué comme ça. Je suis très sensible aux symboles. On ne fait pas n'importe quoi un Mercredi saint. Pourquoi ai-je pris cet autobus ? L'abbé Pierre était alors un parfait inconnu. Mais j'avais l'habitude de faire de temps en temps des retraites, pour prier. Un gars m'a suggéré un jour :

— Va donc à Emmaüs, c'est à côté !

« Que vois-je en arrivant ? Une maison à l'aspect misérable, avec un petit balcon ratatiné, une fenêtre de chaque côté, sale, délabrée. Un monsieur s'approche — c'est René Marque, une "figure" — et me demande, peu amène :

— Que voulez-vous ?

— Voir l'abbé Pierre.

— Il faut attendre.

« Il bruine, tout est laid, j'attends dehors, le cœur me manque : "Je ne vais pas rester, je m'excuserai..." Soudain :

— Vous, là, vous pouvez venir.

Je monte un escalier encombré de paquets, j'entre dans une pièce minuscule. Il est là, debout, dans sa soutane. Je ne me souviens plus de ce que j'ai pu lui dire. Mais il m'a écouté avec son visage sérieux, profond, pas engageant.

— Il serait peut-être bon que vous passiez la nuit ici.

Je vais demander à Mlle Coutaz de vous faire monter une assiette de soupe.

« J'ai dû ne répondre ni oui ni non. Tout est accablant, triste, en ce soir de Mercredi saint. L'homme n'est pas gai, le bureau est en planches. Je mange seul mon assiette de soupe.

— Je vais vous conduire à l'auberge.

« J'ignore ce qu'est l'auberge — l'auberge de jeunesse —, je ne l'ai su qu'après. Je le suis. A côté de la maison, une espèce de pavillon, en forme de trapèze, fait de matériaux de récupération : l'auberge ! Huit à dix places, pas plus, avec des châlits à trois étages de l'armée allemande.

— Voilà, me dit-il gentiment, bonne nuit !

« "Peut-être va-t-il venir me voir", ai-je pensé à mon réveil. Mais non. C'est le cuisinier qui arrive, un barbu, un frère renvoyé de son monastère pour des problèmes de mœurs.

— Voilà votre petit déjeuner. Le Père m'a demandé de vous servir là.

« Je lève les yeux. J'aperçois un clocher, celui de l'église du patelin. Le Père n'est toujours pas là :

— Écoutez, dis-je au cuisinier frère barbichon, si le Père reviens, dites-lui que j'ai fait un saut à l'église.

— Bien, bien.

« Curé, confession, messe, communion. Pâques à la sauvette. Je retourne dare-dare à l'auberge. Toujours pas de Père. J'attends. Je n'ose pas bouger, pas même aller pisser. Fin de l'après-midi, arrive Mlle Coutaz :

— Vous ne verrez pas le Père aujourd'hui. Il est parti. Si vous avez besoin de quoi que ce soit, si vous voulez qu'on parle, je suis là... N'hésitez pas. Vous vous appelez comment ? Paul ? Permettez que je vous appelle comme ça.

« "Bonne et sévère, me dis-je. Bonne, mais terrible..." Je songerai plus tard : Elle est l'homme d'Emmaüs ! Vendredi saint, *idem*. Samedi soir, toc, toc.

— Qu'est-ce que c'est ?

Une petite voix fluette :

— Vous savez chanter ?

— Pardon ?

— Je vous demande si vous savez chanter parce que le Père m'a demandé d'organiser la messe de demain.

— Non, je ne sais pas chanter, mais je suis à votre service !

« Au fond du jardin, une chapelle, tapie derrière deux tentes qui abritent des journaux et parfois, la nuit, des hommes. Drôle de chapelle avec cinq, six paumés, où l'on répète le *Kyrie*. Le séminariste à la voix fluette s'appelle Raymond Douais. Quatre ou cinq sièges minables, pas de livres. On répète la *Messe des Anges*, car Douais n'en sait pas davantage.

« Le dimanche matin, de la rue, des environs, arrivent des gens, Mlle Coutaz, quelques communautaires, une minuscule chorale. L'abbé Pierre n'a pas de sacristie. Il s'habille et se déshabille devant une table, près de la porte.

— Je vous remercie d'être resté. Excusez-moi, je vous ai laissé tomber.

Messe, homélie, communion.

— Si vous voulez, dans un quart d'heure, au réfectoire...

« Il me faut une demi-heure pour trouver, dans ce capharnaüm, ce maudit réfectoire. Là, un homme me guide jusqu'au Père.

— Ah, vous voilà ! Venez, me dit-il. Nous allons visiter les communautés.

« Je me retrouve perché sur un tacot invraisemblable, une espèce de plateau avec un moteur, une Citroën en ruine de 5 ou 6 chevaux. Première étape : Bois-l'Abbé. Il s'agit d'une décharge monumentale où une poignée d'hommes, sous les directives d'un gars qui boite comme un pirate, vivent dans des baraques faites de bouts de tôle et de ferraille...

— Mlle Coutaz m'a dit que vous étiez à l'église ; c'est bien.

« L'abbé parle sans prétention, avec le souci constant de me mettre à l'aise. Nous reprenons la route à bord de l'affreuse guimbarde.

« Pontault-Combault, jour de Pâques. Déferlent vers nous des femmes en haillons, des enfants sales qui fouillaient des paquets, des sacs. Dans un wagon de chemin de fer, le public se presse près d'une table : l'abbé célèbre la messe, servie par un séminariste ; un séminariste torse nu, en slip ! Peut-être est-ce sa façon d'être élégant, ou de fêter Pâques, ou de plaire à une petite femme... »

« Je célébrais la messe, se souvient Pierre... Et lui, Paul, était assis dans l'ombre, au fond du wagon éclairé par des bougies. »

La messe achevée, le séminariste Daniel se précipite vers Paul, le bourre de grandes claques dans le dos :

— Ah, t'es un pote, t'es un pote, m'a dit le Père. Tu bectes avec nous ?

« À ses côtés, je me sens soudain très bien vêtu. Le Père s'est éclipsé ; il est allé rendre visite aux familles.

« Le réfectoire ? Un ancien autobus de la ville de Paris posé sur la ligne de chemin de fer. La cuisine ? Elle est logée à la place du moteur, tout simplement. Mon premier repas communautaire, en compagnie d'une douzaine de gars assis autour de leur chef, un grand diable, casquette sur la tête et mégot au bec, René Pouchno, qui trône en compagnie de sa femme, une petite ronde, très bonne et caressante. À la fin du repas, éméchés, ils se font menaçants.

— On va te casser la gueule !

« Puis ils se radoucissent :

— Non, on va plutôt aller voir les familles...

« Les familles ? Des tentes, des huttes, le Far West. Stupeur ! Tous les hommes sont en train de prendre des bains de pieds dans des bassines cabossées. Le séminariste beugle :

— Je vous amène l'ami du Père !

— Ben, il va p'têt boire un coup ?

« Soudain retentissent des cris.

— Le Père cherche son ami, on cherche l'ami du Père.

— Mon Père, lui dis-je, j'étais venu chez vous pour deux ou trois jours, mais je n'imaginais pas qu'il puisse exister des conditions de vie pareilles. Je voudrais bien vous aider.

— Venez, me répond l'abbé ; vous allez ramener ces gens-là à Neuilly-Plaisance. Non, ne vous mettez pas avec le chauffeur. Mettez-vous plutôt avec eux, à l'arrière !

« Drôle de voyage, ce retour, dans ce drôle de camion qui brinquebale ; mon baptême, en quelque sorte... Insultes et vomissures. « Capitaliste ! Buveur de sang ! C'est à cause de saloperies comme toi que nous sommes dans la mouise ! » Je dois supporter tous les noms d'oiseaux... À Neuilly, exaspéré, je laisse tomber :

— Je ne comprends pas... Aider tous ces gens ? Mais ça n'en vaut pas la peine. »

Pierre regarde Paul droit dans les yeux.

— C'est vous qui dites ça ? Vous êtes venu en pleine Semaine sainte. Vous vouliez m'aider. Ces pauvres vous choquent ? Mais de leur situation vous êtes vous aussi responsable. Ils blessent votre regard, souillent votre costume ? Mais vous vomissez sur eux comme ils ont vomi sur vous.

« Je me souviens de sa voix. Il m'aimait, en disant cela. Il m'aimait mais ne m'épargnait pas.

— La vérité, vous la voulez ? C'est vous qui n'êtes pas intéressant, pas eux ! Si l'on voit cela, c'est à cause de types comme vous !

« Mortifié, je cherche un moyen subtil de m'en sortir poliment. Après tout, j'avais été accueilli, logé, nourri. »

— Si vous n'avez pas de projet, lui dit avec douceur Pierre le lendemain, comme si rien ne s'était passé, je vous embauche. Mettez ça, c'est un bleu.

Un bleu de travail pour un fils de banquier... L'abbé sourit, se radoucit encore, tutoie Paul pour la première fois.

— Tu vas aller avec l'équipe d'Abraham dans le passage Félix, à la communauté de Neuilly-sur-Marne. Il faut amener là deux roulottes pour deux familles algériennes, et construire des appentis tout autour pour les cousins des cousins de ces Algériens.

Le soir même, deux roulottes sont aménagées avec maestria pour des Nord-Africains, entre la maison mère et la Réserve, sous la direction de Paul.

— Il est pas con, le gars, conclut Abraham, un ancien d'Indo.

« Pendant une semaine, on travaille pour que ces roulottes soient belles ; on y met du cœur ; on se prête au jeu, puis le Père les bénit. On improvise une petite fête avec un peu de vin blanc, des biscuits. Soudain, une femme, énorme, fend la petite foule, se dirige vers le Père.

— Maintenant, c'est mon tour ; j'attends depuis assez longtemps avec mes morveux !

— Ça ne dépend plus tout à fait de moi, réplique-t-il, mais de notre ami Paul, s'il reste quelques jours de plus.

Et la grosse femme de se fendre d'un : « Oh merci, monsieur », à l'adresse de Paul.

Le Père vient de dénicher un lot important de baraques suédoises. Avec elles, grâce à Pouchno et à ses gars de la « Pep », on va refaire un deuxième visage à la Réserve... Le matériel roulant d'Emmaüs ! Un poème ! Les baraques en pièces détachées sont trimbalées sur une prolonge d'artillerie, dans un boucan d'enfer, si fort qu'il faut s'arrêter parfois, par pudeur.

Paul devient Paul d'Emmaüs. Comme les autres, les anciens : frère Jean, le moine-cuisinier, Daniel, le séminariste en slip ; sans oublier le père Norbert, « révérentissime père abbé », qui a rang d'évêque... « évêque moine-ouvrier », supérieur des Prémontrés. Lassé par un père abbé qui fréquentait trop les salons, attitude indigne, selon lui, d'un monastère pauvre, il s'est réfugié à Emmaüs... un peu comme un prêtre en second, aux côtés de l'abbé Pierre, « animateur spirituel » et... serrurier à ses heures. Si affable, bon, tolérant, dans une communauté de brigands.

Paul, progressivement, fait la connaissance des compagnons, de Lulu Pelatti, figure d'ange, gentil, délicat, mais qui, soudain, casse tout, de Philibert, boiteux à la belle figure burinée marquée par toutes les douleurs, toutes les rigolades, bon vivant et grande gueule.

Autre nouveau compagnon de Paul, René Marque, qui fait fonction de majordome cravaté. Installé au rez-de-chaussée de la maison, il barre la route du premier étage, où logent le Père et Lucie Coutaz. Il fait « cultivé » par rapport aux autres. Fonctionnaire de la Préfectorale, sans doute chef de cabinet d'un sous-préfet, ce n'est pas rien. Affable, mais bourru, il remplit avec conscience son rôle de garde du corps de l'abbé Pierre. Il lui arrive de se muer en prosélyte. Lorsque des gens viennent se renseigner sur Emmaüs, il ne résiste pas au plaisir de leur faire une petite conférence. Il s'exprime bien et a belle allure. Il partage le rez-de-chaussée avec un couple, le secrétaire de mairie de Neuilly-Plaisance, un échalas de deux mètres, maigre comme un fil, et sa femme, jolie de figure, toute ronde, tout sourire, qui ne refuse rien...

Chacun, à Emmaüs, a son originalité. Poret, un gars d'Amiens qui grogne tout le temps, « chef de cour » chargé des produits de la chine, n'a pas son pareil pour repérer en un clin d'œil les bonnes pièces qu'il va vendre aux puces de Montreuil en compagnie de son ami

Betbeze. Quant au grand et gros Gibus, c'est un spécialiste des réveils, dont il remplit des casiers entiers. On a calculé un jour son chiffre d'affaires ; jamais un riche n'aurait donné autant que ce qu'il a rapporté.

À Emmaüs, l'esprit de la Légion prend le pas sur le laisser-aller des clochards. Au bout de quelques jours, on y devient méconnaissable ; les hommes mettent un point d'honneur à être propres, rasés. Une mise pauvre, mais qui a un certain chic... On dort sur des grabats, des matelas avec des couvertures sans draps. On trime dur, et on est fier. Fiers d'être avec lui, là-haut.

Lui, c'est l'abbé Pierre. Il travaille debout à son bureau, une planche posée sur deux tréteaux, tard dans la nuit, devant une immense carte du monde qui lui rappelle qu'il est aussi président du Comité exécutif pour une Confédération mondiale.

Tout à côté, dans une petite chambre, veille Lucie Coutaz. « Un cœur et une tête », pleine de vertu et affligée « de défauts énormes, au point d'en être parfois insupportable ». Les compagnons l'appellent : « Lulu la Terreur », mais ils l'aiment.

— La Lulu est une emmerdeuse, mais pour un chef, c'est un chef !

Elle et le père forment avec Georges, le suicidé raté, la Trinité d'Emmaüs. D'ailleurs, lorsqu'on lui demande quand elle est arrivée, elle répond, excédée :

— Avant que tout n'existe !

Ce qui a fait l'unité d'Emmaüs naissant, ce qui a fait la vérité, c'est cette cohabitation à trois, du fou — fou de la folie et du cœur, de la réaliste et du soi-disant indésirable.

« L'héroïsme de Lucie Coutaz, dira l'Abbé, c'est, avec un caractère de chef, d'avoir passé quarante ans dans l'ombre d'un autre ; on peut dire que tout Emmaüs s'est fait contre son gré et avec son concours. Elle avait les pieds sur terre. À chaque action que j'entreprenais, elle répétait : "Vous n'y pensez pas, c'est fou !" Elle avait raison, mais je le faisais quand même. Alors elle se disait : "Je ne vais pas le laisser tout seul !" »

Les grandes gueules ne l'impressionnent nullement. Souvent, elle s'interpose résolument entre deux hommes qui, échauffés par les vapeurs du vin, veulent s'étriper. Elle se met en colère sans retenue, casse des assiettes, s'emporte contre l'un ou l'autre, et même contre Pierre si nécessaire. Elle est vraiment « Lulu la Terreur ». Pellati (autre Lulu) s'en aperçoit le jour où il ose prendre pour maîtresse une fille des environs, peu appréciée de « Mademoiselle ». « Mademoiselle » désapprouve et le fait savoir. L'autre est bonne fille ; peu rancunière, elle barre l'escalier du premier étage à son amant qui veut tout casser et hurle :

— Eh ben vous, la Coutaz, la réussite, ça vous réussit pas !

Atteinte dans sa jeunesse d'un mal incurable dont elle a réchappé, vieille fille ayant choisi de l'être, Mademoiselle la cofondatrice se présente comme l'irremplaçable appui du Père qu'elle vénère et malmène au besoin. Paul, de son côté, en devient très vite l'irremplaçable adjoint.

L'âme des communautés naissantes doit beaucoup à la bonté, au magnétisme de Pierre, à la merveilleuse douceur du père Norbert. Leur bonne marche, en revanche, est à mettre au crédit de Paul. C'est lui qui établit les listes quotidiennes attribuant à tour de rôle leurs tâches aux communautaires : intérieur, chine, mécanique, conduite des véhicules, vente, ateliers, cuisine, chantiers. Son rôle de « directeur » soulage Pierre, Mlle Coutaz et le docteur Rebuffat, ancien médecin colonial, toubib attitré du 38, avenue Paul-Doumer.

Rebuffat a entendu l'abbé en conférence à Bruxelles

et, tout aussitôt, lui a écrit : « *Je n'ai jamais réussi à avoir la foi, je me dis que si le salut existe et que je ne suis pas foutu de l'atteindre par la foi, je vais peut-être essayer par la charité. Je suis ancien médecin colonial au Congo belge.* »

Pierre répond : « *Votre forme d'incrédulité ne m'inquiète pas beaucoup. Venez.* »

Rebuffat assurera l'organisation jusqu'à l'arrivée de Paul qui, progressivement, le privera de toute fonction administrative. Ils s'engueulent mais sont en même temps réellement attachés l'un à l'autre.

Parmi les familiers de Neuilly-Plaisance se trouvent aussi Daniel et Alphonse, deux des premiers séminaristes ; Henri Camus, ami de la première heure, jeune économiste de talent, expert en « accession à la propriété », si nécessaire alors qu'on songe fortement, en 1953, à bâtir cette cité future, en dur, sur les terrains de Pontault.

Bientôt arrivera Jean-Yves. Paul, lui, est désormais unanimement désigné comme « l'adjoint ».

Il importe ici de souligner un fait lourd de conséquences. Dès 1953, s'effectue déjà, parmi les « cadres » de l'abbé, une séparation entre les « tordus » et les « gens honnêtes ». Le patron a tendance à donner, par principe, raison aux « tordus ». Attitude évangélique mais pas forcément économique. Bientôt, on laissera courir la rumeur que, pour devenir « responsable », « il faut avoir piqué dans la caisse au moins une fois »... C'est naturellement exagéré ! L'abbé Pierre reconnaît qu'en réunissant mystiques, pragmatiques et durs à moitié truands, il crée un cocktail explosif. Mais il affirme : « Ceux que l'on appelle truands ne sont pas que truands. Ils sont aussi géniaux et généreux. »

Escroqueries ? Bien sûr ! De là viendront les premiers orages.

Le chanoine Brun, « un type extraordinaire, intelligent, humble et efficace », responsable de toute l'action populaire et sociale dans la Seine-et-Oise, envoie très tôt à Pierre de précieux collaborateurs, parmi lesquels Camus et l'abbé Duvallet.

Duvallet, une de ces figures étonnantes de prêtre de choc...

« Je venais d'être ordonné lorsque j'ai fondé à Conflans une petite communauté d'accueil pour enfants sans famille. Le procureur de Pontoise me dit alors :

— Vous vous occupez d'enfants, lui s'occupe d'adultes. Pourquoi ne pas unir vos efforts ?

« Par ailleurs, comme Pierre cherchait un type sûr en matière de logement, le chanoine Brun lui avait envoyé Camus, un surdoué en économie capable de s'engager pour le Christ et pour les pauvres. Voilà comment nous nous sommes rencontrés. »

Yves Goussault est un jeune homme très brillant qui vient de terminer son noviciat chez les Jésuites. Son frère, provincial des Jésuites, l'a envoyé auprès de Pierre, en stage :

« Au cours de cette année, raconte l'abbé, j'ai eu l'espoir de voir venir la grâce, c'est-à-dire quelqu'un de notablement apte, par sa capacité humaine, le réalisme de son esprit et de son abnégation évangélique, à me seconder... L'arrivée d'Yves a été l'un de ces espoirs les plus forts. »

Yves se passionnera très vite pour les cités d'urgence, puis deviendra l'animateur d'un Institut de recherches et d'action contre la misère du monde, l'IRAM.

On peut comprendre que ces cadres de haute valeur aient eu du mal à cohabiter, voire à dialoguer, avec les Paul et les Jean-Yves. Ils n'apprécient guère que Pierre s'entoure ainsi de « forbans », même si ceux-ci manifestent « poigne et génie ». Ces deux mondes se toisent, s'affrontent ; les « tordus » montrent les dents. Pierre ne peut trancher, choisir, donner raison ou tort.

« Quand le Père rentre, nous l'attendons. Nous nous consultons du regard ; c'est à celui qui va annoncer les catastrophes. Il nous faut une demi-heure de politesses avant de cracher le morceau. »

Les catastrophes ? La boisson, les bagarres, la plupart du temps liées à l'ivresse. Très peu de questions de femmes. Certains vivent comme des moines ; d'autres ont leur concubine. Sur les petites incartades, Lulu la Terreur se montre inflexible. Avec elle, il faut que ça tourne. Quand un camion part pour la chine, il faut qu'il revienne plein. Les types n'ont qu'à bien se tenir. Ni « pause », ni alcool, ni virées. Elle guette chaque retour. Emmaüs vit de l'addition de minuscules ramassages, ce qui requiert une vigilance sans faille.

Cependant, rien ne pose d'aussi graves difficultés que l'accueil de ces familles jetées à la rue et qui arrivent toujours plus nombreuses. Dame ! Quand on apprend que ce curé-là loge des familles ! Le ciel au-dessus de Neuilly-Plaisance semble soudain abriter l'étoile de Bethléem. Maires, conseillers généraux, parlementaires se fendent d'un mot de recommandation pour ces familles à la bonne adresse de leur « ami » Pierre.

Que faire ? Bâtir ne suffit plus. Il faut abriter les sans-abri.

Été 1953. Paul suggère : « Il nous faut un terrain de dégagement. Si nous accolons ces familles à une communauté, nous connaîtrons les mêmes problèmes qu'à Champfleuris ! » Champfleuris, collée à la Réserve, où des mères de famille se sont laissé séduire par le charme de ces anciens légionnaires au verbe haut, la tête remplie d'histoires et d'aventures... « Si l'on se crève à bâtir, et que l'on casse la famille pour laquelle on a sué, à quoi bon ? A la Pépinière, le couple Pouchno veille à interdire ces accouplements-là, mais ailleurs ? »

On déniche un bout de terrain dans la forêt de Pomponne, près de Lagny. Ainsi naît la « Pomponette », dont les débuts sont homériques. La première roulotte arrive, juchée sur la prolonge d'artillerie tirée par un camion. Comment entrer dans le bois ? Impossible ; il faudrait abattre des arbres... autorisation qui viendra plus tard. Pour l'heure, on couche sous la bâche. Quinze familles sont bientôt là. Il faut les ravitailler, les nourrir ; elles n'ont rien. Paul et ses gars bâtissent à la hâte la Pomponette avec un bric-à-brac de portes, fenêtres, poutres, tables, couvertures, fruit de la chine. C'est de la hutte, mais c'est l'été ; on n'ose même pas penser à l'hiver. Il faut répondre aujourd'hui même à une foule de cas dramatiques, comme celui-ci. Une femme attend dans la détresse absolue. Elle a sept enfants. Son ménage a été brisé par le chômage et la violence de son homme. Depuis, elle vit dans une cabane, près d'une décharge. Désespérée, elle s'est jetée dans la Seine, au pont d'Austerlitz. On la repêche. Aucune assistante sociale ne s'interroge sur les causes de son geste. Chagrin d'amour, tranche-t-on. C'est tellement plus commode ! Huit jours plus tard, elle se jette à nouveau dans le fleuve, au même endroit. Cette fois, une assistante sociale, bienveillante, lui dit :

— Mais il y a la Pomponette !

Les chiffonniers sont allés trouver la maman et ses enfants dans sa cabane ; l'horreur.

— Madame, dans huit jours, je vous loge, a promis Paul.

— T'as bien fait, approuve Pierre.

Paul et un charpentier du nom de Léchelle travaillent jour et nuit pour bâtir à la malheureuse une petite maison en bois à la Pomponette. Le samedi suivant, c'est terminé ; Lucie Coutaz a même mis des rideaux aux fenêtres durant la nuit, elle adore faire cela. La maman n'y croit pas :

— Écoutez, non, vous comprenez, j'ai déjà trop traîné avec mes enfants, non, c'est peut-être vrai ce que vous dites, mais non...

Alors Paul prend par la main la petite dernière, Mireille :

— Viens...

Et, devant la maison, il dit à l'enfant de regarder. Mireille regarde et pleure.

— Maman, il y a même des rideaux !

Tout se termine par une fête et le Père bénit la maison.

On loge ainsi des familles un peu partout : deux ici, dans un appartement squatté, quinze dans la forêt, trente ailleurs... Il faut les visiter tous les jours, ces gens de bric et de broc, ne pas imaginer qu'il suffit de leur trouver une maison, un abri.

L'abbé Duvallet reste proche de ces êtres disloqués. Il en est un peu l'âme, le « pacificateur ». Dans ces familles, un bon père, qui travaille, une vraie maman sont rares. La Pomponette devient une cour des Miracles. Les hommes rentrent le soir, soit du travail pour ceux qui en ont, soit du bistrot pour ceux qui n'en ont pas. Charlot essaie de mettre un peu d'ordre, sans succès. Lulu Pellati, pas davantage. De toute façon, il passe sans cesse d'un camp à l'autre. Il a vraiment la bougeotte.

Emmaüs, en ce temps-là, c'est ce tas de petites choses, de petits soucis acceptés sans se lasser... Ce sont des boîtes d'allumettes, de l'eau, des clous, des portes, des fenêtres, et... beaucoup d'amour. Dans le jardin de Neuilly-Plaisance, un ex-ambassadeur, violoniste de surcroît, détord les clous, en gants blancs, parce qu'on n'a pas les moyens d'en acheter. Tout ce que l'on fait, c'est du petit, mais on le fait avec amour. On mange une mauvaise soupe, on porte de méchants habits, mais le soir on peut dormir tranquille parce qu'il y a une bâche au-dessus de la tête des gosses... Même si la Pomponette est un chantier de misère, la plupart de ces familles seront sauvées après être passées par cette forme d'enfer.

Un des traits de grandeur de Pierre, c'est de ne pas craindre de choisir ses « cadres » parmi ceux que les bien-pensants qualifient de brigands. Jean-Yves, comme Paul, sort de prison... Emmaüs, sans eux, aurait-il traversé ces années terribles où il fallait de l'audace, de la trempe et parfois du génie ? Ces hommes-là sont des larrons, mais aussi des apôtres. Pierre, pourtant, s'impatiente : ses chantiers de bâtisseurs n'avancent pas assez vite.

— Ce qu'il me faut, c'est un type à qui je puisse confier dix sacs de ciment, deux cent cinquante briques, en toute confiance, et qui sache bâtir !

Il n'a personne sous la main ; ce labeur n'est ni de sa compétence, ni de celle de Paul, du comptable Lavergne, de René Marque, ni même de Lulu Pellati, même si ce dernier sait casser les briques avec le poing.

Un jour de l'été 1953 survient un gars, bien découplé, belle gueule, avec un beau sourire :

— Voilà, je viens vous demander de l'aide.

Paul lui offre repas, café, et s'éclipse, le laissant seul face à son déjeuner qu'il savoure en paix, sans avoir l'impression qu'on lui fait la « charité ». Rassasié, mis en confiance, l'homme avoue ensuite, sans honte :

— Je sors de prison.

— Que sais-tu faire ?

— Je suis maître de chantier.

— Prison, nous, on ne veut pas le savoir. Ce qui compte c'est que tu sois dans la maçonnerie... Je connais quelqu'un qui va être fou de joie.

Paul grimpe l'escalier quatre à quatre et hurle :

— L'architecte, il est là !

— Qu'est-ce que tu dis ?

— Il est là.

— Où ?

— Dans mon bureau, en bas... Jean-Yves, tu peux monter !

Une heure plus tard, juste le temps nécessaire pour se rendre à Pontault, rassembler les hommes, Jean-Yves est sur son chantier :

— Les gars, voilà le copain, il connaît le ciment.

Jean-Yves n'est pas architecte, mais, à Emmaüs, un maître d'ouvrage, c'est la Providence. Il y fera des miracles.

« La beauté d'Emmaüs, ce sont ces petites choses qui s'accrochent ainsi les unes aux autres, ces arrivées avec le discours le soir, la petite fête où l'on mendie au Père une chopine et un peu de tabac, cette joie d'être ensemble. On s'insulte, on se bat parfois, mais on est digne, on est pur. Il existe entre nous une sorte de pudeur. Personne, chez nous, n'est vulgaire. Nos propos sont propres, jamais rien de sordide. Juste, de temps en temps, des coups de gueule.

« Il suffit que Pierre parle pour que tout rentre dans l'ordre. Pierre, on l'admire. Ce n'est pas de la vénération, de l'adoration, un sentiment excessif et déplaisant. On le trouve vrai, sincère... Ni sanctifié, ni inaccessible. Il fait bien quelques incursions à l'extérieur pour rencontrer des grands, des députés, des ministres, des évêques, ou pour quelques séances de son "fédéralisme mondial", mais il est parmi nous, à nous ; c'est notre Père. Père, parce qu'il est curé, mais surtout parce qu'il protège. Nous sommes des durs, des couturés, des sortis de prison, des repris de justice ; il est l'homme sûr, qui nous abrite, ne nous trahit pas ; l'ami des flics qui ne nous touchent pas ; Emmaüs, c'est tabou.

« Nous avons un copain, inspecteur de police à Neuilly-Plaisance. Il vient chez nous regarder la télé... Car on a la télé, nous, dès 1953, alors que seuls les riches l'ont. Ainsi en a décidé le Père en disant : "Nos compagnons n'ont pas de vie de famille, ni femme ni enfants, aucune distraction ; et puis, pour cinquante types, ce n'est pas si cher, la télévision." Alors le flic vient regarder le match du soir "à la télévision des chiffonniers". Cela crée des liens... Un jour, il s'est trouvé lui aussi sans logis, avec ses six gosses, expulsé ; on l'a logé. Depuis, il rend des services inappréciables. »

Le Père est souvent physiquement et nerveusement à bout. Il dort très peu, ou dort beaucoup... deux jours d'affilée. Il est harcelé, conscient de porter quelque chose qui l'écrase... Les compagnons sont un peu plus favorisés. Ils ne portent pas, comme lui, toute une mystique.

« Nous, dit l'un d'eux, on veut bien ne pas casser les portes, on veut bien ne pas casser les meubles, ne pas piquer dans la caisse, ne pas faire d'âneries avec les camions. Mais on est loin de ce qu'il vit, lui ; de sa passion dans l'Eucharistie, quand il la célèbre, seul la plupart du temps, dès l'aube, parce qu'il ne veut pas nous influencer spirituellement. Sa solitude, il l'assume. Et nous la respectons. »

Paul a donné instruction à l'abbé Ferrier, qui remplace René Marque le dimanche, de n'introduire personne. Un dimanche, Ferrier passe outre, frappe à la porte de Paul.

— Qu'est-ce que c'est ?

— Il y a Notre Seigneur...

— Comment ?

— Il y a le Christ.

Bon, Ferrier est certes assez démonstratif, même un peu exubérant...

— Quel Seigneur ?

— Lui, le Christ... Il veut voir le Père.

— Le Père n'est pas là.

— C'est qu'il insiste.

— Il commence à nous casser les pieds, celui-là ; qu'est-ce qu'il veut ?

Paul sort. Un homme est là, en soutane, flanqué de deux filles superbes.

— Je suis le Christ de Montfavet... Je voudrais voir le Père... j'ai su, je connais... Je viens de la Réserve, de Pontault-Combault. Je n'ai pas encore rencontré l'abbé Pierre.

— Écoutez, le Père est absent aujourd'hui, vous avez un téléphone, vous êtes de passage ?

Le téléphone intérieur sonne ; Pierre a été informé par l'abbé Ferrier :

— Écoute, Paul, nous on a le temps, puisqu'il a l'éternité pour lui. Alors laissons-le poireauter.

Lassé, le Christ tourne talons et s'en va avec ses deux compagnes superbes, imposer les mains à la cité des Bâtisseurs, à Pontault. Jean-Yves téléphone, s'informe et vire ce beau monde.

Ces épisodes cocasses font rire le Père. Mais son existence continue à l'épuiser. Il est de plus en plus souvent abattu, effondré. Certains soirs, après une journée harassante, il fond en larmes.

Lucie Coutaz n'hésite pas à s'opposer à lui lorsqu'elle estime qu'il va trop loin, avec ses « folies ». Sa solitude, alors, l'accable.

Que se serait-il passé pour Emmaüs si les « cadres » de ce temps-là, bons apôtres et vrais brigands, avaient cédé à leur tentation de porter ailleurs leur route d'aventure ? Paul avoue avoir éprouvé ce désir et l'avoir avoué au Père :

« Dans une conversation, je lui ai laissé entendre que je partirais. Trois mois, je pensais que trois mois d'« œuvres » suffisaient, que je n'irais pas au-delà. J'étais persuadé de rester jusqu'au bout marqué par mon éducation de gosse de riche, de bourgeois, par cet oripeau dont on ne se débarrasse pas. J'avais donné un coup de balai, j'avais mis un peu d'ordre. On se levait à l'heure, on mangeait à l'heure, les hommes étaient propres, lavés, rasés. Ils étaient presque des messieurs. Il était temps de m'en aller. »

Pourtant, Paul se ravise. Un autre désir le tenaille : accomplir une mission dont il sent confusément la nature, là, en second, derrière un prêtre, qui peut lui aussi l'aider à dompter peut-être ses propres démons.

« Si tu pars maintenant, se dit-il, demain le Père sera accablé davantage ; Mlle Coutaz de même. À qui pourra-t-on dire : « Il y a le Lulu qui a bu un coup ? » À Poret ? Poret le foutra dehors. Au père Norbert ? Il ne sent pas le vin, tandis que moi je le sens de l'autre côté de la porte. »

Paul réunit alors les quatre ou cinq gars de sa trempe :

— Ce qu'il faut, c'est assurer au Père, pour quelques mois, un engagement de stabilité de la part de quelques-uns, pas trop tordus, moins tordus en tout cas que les autres, et qui exécuteront ses ordres.

Tout est dit. Pour que l'abbé ne s'écroule pas, ne cède pas à la fatigue, ils décident de former un groupe soudé, homogène, solidaire : les Compagnons.

Lorsque Paul le lui annonce, Pierre ouvre de grands yeux.

— Tu parles sérieusement ?

— Mais oui, et pour dire vrai, c'est pour me permettre, à moi, par la suite, de me retirer.

— Tu vois, ce que tu viens de m'annoncer, j'en rêve depuis toujours. Jamais je n'aurais imaginé que cela puisse arriver. Ne pars pas.

— Parfait, Paul, ont répliqué les gars. Si tu le fais avec nous, on marche.

Ils sont là, quatre ou cinq : Poret, Jean-Yves, Boutonnet, Lulu... les premiers Compagnons. Ils s'engagent à se voir tous les jours, à tenir conseil pour éviter que les risques ne s'aggravent dans ce bazar, à respecter, d'un accord tacite, une discipline commune. Un engagement d'un an. Ils sont là, dans le bureau de Pierre, qui porte son blouson marron et sa grosse ceinture, en arc de cercle autour de lui... Il les embrasse, et pleure, pleure... Une émotion inouïe.

En 1953, Emmaüs frôle l'abîme. Ils sont cent quatre-vingts, divisés en trois équipes ; autant de bouches à nourrir. Sans parler des familles qui frappent à la porte par centaines. Les journalistes, avides de romanesque, ont commencé à s'intéresser à ce curieux prêtre et à ses compagnons. Pierre leur ouvre grandes les portes du royaume biffin. Mais il précise :

— Je vous avertis, ce n'est pas le zoo.

Stratégie ? Opportunité ? Désir de bâtir sa légende ? Inutile d'ergoter. Il s'agit d'abord de révéler à l'opinion ce cancer qu'elle ignore : le drame des sans-logis.

Pierre se livre donc en pâture à la presse, devient le « curé-biffin », le « Christ sur la gadoue », le patron de « Notre-Dame-des-Sans-Logis ». Pourquoi pas ? Son image prend forme, notamment grâce au portrait que trace de lui Sacha Simon de *L'Est républicain* [1], et que reprendront tous les autres, avec de menues variantes :

« *Une barbe noire, le regard fiévreux. Un visage qui, sans la soutane, pourrait être aussi bien celui d'un mystique que d'un* condottiere. *Mais qu'on ne s'y trompe pas ; il y a la soutane, il y a la veste de cuir au revers de laquelle l'aumônier du Vercors porte les plus belles décorations françaises. Il y a aussi la sourde flamme d'une révolte généreuse qui perce parfois dans les phrases d'une dialectique extrêmement lucide et ardente.* ».

L'accuse-t-on de crypto-communisme ? Il répond :

« Mais il n'en est rien ! Ou du moins, il faut bien comprendre que le communisme est à la fois une

1. *L'Est républicain*, du 16 avril 1952.

doctrine impérative que je n'accepte à aucun prix et une mystique... Car je sens bien que l'ouvrier ne se sent pas à l'aise à l'église. Perdu dans la foule bourgeoise, entouré de gens qui n'ont pas la même vie que lui, il est tout aussi gêné devant l'autel que dans un salon mondain... Je suis fermement persuadé de la nécessité impérieuse de porter la présence de Dieu et l'idéal chrétien dans les masses ouvrières. Comprenez bien : il ne s'agit pas d'essayer d'attirer les ouvriers vers soi, mais d'aller au-devant d'eux... Il faut à la religion des avant-gardes : prêtres-ouvriers, moines-ouvriers, qui, avec tout leur cœur, avec toute leur foi et leur abnégation, se mesurent avec les réalités. »

L'Église est-elle gênée par son action ?

« J'ai eu l'occasion, à quatre reprises, d'expliquer longuement à Sa Sainteté les raisons qui me font croire à l'utilité de mes activités présentes... D'ailleurs, Mgr Feltin (l'archevêque de Paris) rend parfois visite au Foyer Emmaüs et s'intéresse beaucoup au problème des sans-abri. »

En tout cas, il ne cédera pas devant la « fatalité » de cette misère. Il se débrouillera, se démènera, continuera par exemple d'arracher à la SNCF des wagons déclassés, des roulottes, des autobus en retraite. Il rêve que les constructions en dur remplacent les baraques en planches de Champfleuris, qu'une cité en dur à Pontault, « Le Bouquet », à la Pépinière, s'élève en plein cœur du « royaume biffin ».

Architectes et urbanistes en col blanc font-ils la moue devant ces plans qu'ils jugent souvent laids ? Peu importe : des gens souffrent, avec, pour seul horizon, les hôpitaux, les prisons, les cimetières ! L'accuse-t-on d'avoir élevé ce bidonville, la Pomponette, dans la forêt de Pomponne, près de Lagny ? Mais il est seul, sans la moindre aide des autorités ! Ses bâtisseurs, ses « castors » comme il les appelle, font ce qu'ils peuvent pour bâtir, « pour ne plus voir ça »... « Les campements misérables doivent disparaître ! » clame-t-on. Soit ! « Les supprimer, réplique-t-il, c'est une tâche relativement aisée. Mais les empêcher de renaître ? Notre camp de dépannage de la Pomponette devrait être vide à la fin de l'année : les familles qu'il abrite seront recasées dans cinquante-cinq logements construits à Pontault par nos équipes. Quatre-vingt-cinq autres seront entrepris l'an prochain. Mais, à cette date, hélas ! la Pomponette sera toujours habitée ; les autres campements de fortune aussi. D'autres familles auront remplacé les familles relogées. Car, chaque jour, il m'arrive de nouveaux expulsés, chaque jour des assistantes sociales viennent, des quatre coins de la région parisienne, me signaler de nouveaux cas. »

« Ce que je demande, en attendant la vraie solution d'un problème qu'il ne m'appartient pas de résoudre (parce qu'il faudrait aussi vider les dizaines de milliers de taudis moins spectaculaires, ceux que cachent les façades lézardées !), ce sont d'abord les moyens de remplacer les cabanes et les tentes de secours par des baraquements provisoires décents [1] ! »

« Je viens de faire une expérience. Récemment, nous avons trouvé un terrain. Nous avons convaincu les Allocations familiales qu'il fallait élever là d'urgence des logements, à transformer plus tard en logements perfectionnés. On nous donne un accord immédiat, mais nous en sommes à la troisième ou quatrième commission... Sous prétexte de ne pas consentir, comme on le dira dans un discours ministériel du dimanche, à ce qu'il n'y ait pas un logement ouvrier sans l'eau chaude, on laissera encore pendant dix ou vingt ans des dizaines de milliers de familles crever dans une cave, sans eau, sans WC... Il faut crier assez fort pour que ça devienne une conviction : il ne s'agit pas de faire des cages à lapins, des bidonvilles... Si nous obtenions un

---

1. Interview au *Figaro*, le 8 décembre 1953.

peu d'aide, nous pourrions, avec nos hommes, bâtir mille logements au lieu de deux cents et établir, dans la ceinture de Paris, quinze à vingt cités... Les familles sortiraient de ce provisoire — nécessaire —, pour rentrer dans des petits pavillons en dur... L'autre jour, à Pomponne, le directeur de l'hygiène m'a fait sortir de mes gonds : "Toutes vos remarques, lui ai-je dit, c'est très gentil, mais vous vous trompez d'adresse. Ces familles ne sont pas à moi, elles sont à vous, Administration. Je ne suis qu'un pauvre type qui a trouvé un bout de forêt et qui a affirmé à des gars : — Vous pouvez planter là votre tente. Vous protestez parce qu'il n'y a pas l'eau chaude, l'eau froide, le tout-à-l'égout... Mais est-ce que cela me regarde ? Je n'ai jamais eu la prétention de faire là une cité. Interrogez ces familles ! Dans l'une, un bébé est mort l'hiver précédent ; dans l'autre, ils ont dépensé cent mille francs de médecin et de pharmacien... Aujourd'hui, il n'y a pas un enfant malade... A la vérité, vous ne pouvez plus dormir parce que, grâce à nous, tout le monde sait, dans un rayon de vingt à quarante kilomètres, que, dans le bois de Pomponne, il y a soixante-neuf petits enfants qui sont là à l'approche de l'hiver. Mais ces soixante-neuf petits enfants vivaient dans des conditions pires. Ils auraient passé l'hiver, et encore bien d'autres hivers, sans que personne ne s'en soit activement inquiété, si on n'avait pas fait en sorte, en les groupant, que le scandale devienne public" [1]. »

En novembre 1953, les conditions empirent. L'argent manque cruellement.

« Pour Noël, on n'a rien... Rien... Nous avons coupé les sardines dans le sens de la longueur pour faire de vrais plats agrémentés de quelques feuilles de salade. Un

1. *L'abbé Pierre vous parle*, Le Centurion, Paris, 1955, p. 45.

repas de Noël de pauvre, devant une petite crèche... » La première crèche d'Emmaüs...

A l'expiration du bail de six ans, la maison mère du 38, avenue Paul-Doumer, qu'Emmaüs loue, est mise en vente. Inutile de chercher les millions : on ne les a pas. Pierre, qui se rend ce jour-là à la gare de Lyon, affiche un visage contrarié. En grimpant dans le train, il lance à Paul :

— Tu ne m'as pas donné de réponse au sujet de l'achat de la maison !

— De quel achat parlez-vous ?

— Notre maison !

— Vous ne m'en avez jamais parlé.

— Écoute bien, si on ne trouve pas l'argent, on se retrouve dehors, c'est clair. Va voir Robert Comte.

Robert Comte, l'ami du temps de la résistance à l'Allemand, le complice de l'évasion par la frontière des Pyrénées, à Cambo, est devenu le premier président des « Amis d'Emmaüs ». Paul l'appelle.

— Je voudrais vous voir.

— Qu'est-ce qui ne va pas ?

— Moi je vais bien. Lui, je ne sais pas. Il ne décloue pas les dents, il est tourmenté, il m'engueule parce que je ne comprends rien à son histoire... Le pire, c'est qu'il a signé, sans rien dire, une promesse d'achat chez le notaire... On est coincés. Que faire ?

Le lendemain, le téléphone sonne. C'est Gilbert Cesbron, auteur déjà célèbre, et soutien de Pierre depuis le début.

— Paul, c'est vous ? Le Père est-il là ?

— Non, il est à Bruxelles pour une semaine.

— Écoutez, Paul, j'ai besoin d'un service urgent, sortir de prison un type...

— D'accord, j'essaierai. Mais à votre tour de me rendre un service. Il nous faut de l'argent, et vite, pour acheter notre maison. Plusieurs millions... Vous pouvez trouver ça ?

— Laissez-moi quelques heures.

— Bien sûr, mais faites vite, car je crois bien qu'il a signé une promesse.

Rendez-vous est pris avenue de l'Opéra, à la Banque des intérêts français ; Cesbron en est conseiller. Il présente à Paul, Edmond de Rothschild et Pierre Leroy, industriel en papiers peints. Paul s'explique :

— Messieurs, j'ai eu le privilège de rencontrer un homme extraordinaire, l'abbé Pierre...

Suit toute l'histoire d'Emmaüs. L'exposé s'achève.

— Est-ce que je considère la somme que vous demandez comme un don ? Un prêt ? demande Rothschild. Je pense qu'il serait plus honorable que ce soit un prêt, oui, un prêt consenti à des travailleurs...

À Pierre, qui descend du train, Paul peut lancer crânement :

— Vous ne m'aviez pas parlé de cette histoire et vous le saviez !

— Que veux-tu que je fasse ? répond l'abbé, radouci.

Paul sourit.

— J'ai l'argent... Il en manque un petit peu, mais il doit arriver.

Deux jours avant la date de la signature de l'acte d'achat devant notaire, un motocycliste s'arrête devant le 38, avenue Paul-Doumer et jette un paquet à René Marque, éberlué : la somme manquante.

Rothschild et Leroy ne sont pas les seuls puissants « amis » d'Emmaüs. Jean Bouchy, chef d'entreprise, disciple de Gustave Eiffel, s'est intéressé à la Pomponette. Georges Lillaz, patron du Bazar de l'Hôtel-de-Ville, grand bourgeois très modeste, très droit, nourrissant une très authentique spiritualité, davantage bouddhiste que chrétienne, se rapproche rapidement de l'action de l'abbé Pierre. Avide de générosité, maître conseiller, il deviendra vite l'Ami par excellence, puissant, discret, diplomate. Une association et une société immobilière sont créées pour recevoir des dons, gérer le patrimoine immobilier. Le temps de la vie hors-la-loi semble devoir s'achever en ces derniers jours de 1953, alors même qu'Emmaüs est ruiné. En témoigne le cri de détresse lancé alors par Pierre :

« Il faudrait que mes gars, mes cent quarante chiffonniers, mes quarante-cinq bâtisseurs, soient puissamment soutenus. Les bâtisseurs ont déjà aidé cent dix familles à avoir un toit. Ils s'attaquent à une nouvelle cité sur le terrain du Bouquet, à la Pépinière de Pontault : cent logements ! Un plan de cent dix-huit logements est à l'étude sur le terrain que nous venons d'acquérir au parc de Torcy. Ces gars-là sont de vrais professionnels du bâtiment ; leur équipe, tenue par Jean-Yves, comprend tous les corps de métier. Mais nos camions sont des ruines qui nous coûtent une fortune en essence et en réparations. Pas plus pour nos hommes, que pour les familles, nous ne disposons d'un nombre suffisant de bonnes couvertures. Rendez-vous compte des conditions terribles dans lesquelles vivent les gars qui sont sur les gadoues. Nous voulons faire de la ferme des Bordes, à Plessis-Trévise, une usine de traitement des ordures, de triage scientifique, y établir une décharge permanente. Mais nous manquons de bon outillage et nous n'avons pas un sou pour remplacer l'ancien. Nos hommes ont le goût du travail dans la mesure où on leur donne les moyens de travailler. Plusieurs sont des as qui étaient tombés dans la débine...

« Pour les familles, il faut que nous puissions continuer à bâtir ; premièrement des cités en dur, comme la Pépinière à Pontault, avec ses trente-trois logements achevés, ses quatre-vingt-trois pavillons engagés, ou la cité de Torcy, avec ses cent dix-huit logements. Mais ne nous leurrons pas ; ce pavillon coûtera cher, ne touchera qu'un petit nombre de familles et laissera en panne une multitude d'autres qu'il faut dépanner d'urgence. Notre coin de Pomponne est plein. Par ailleurs, c'est un terrain qui n'a pas d'évacuation d'eau et qui, l'hiver, peut devenir un horrible marécage. Nous avons plusieurs autres terrains en vue, mais il faudrait plusieurs millions et nous ne les avons pas[1] ! »

En 1953, Pierre n'est toujours pas parvenu à briser l'indifférence du pouvoir devant le drame des sans-logis. Alors, il n'a cure des reproches touchant son « goût pour des solutions illégales ».

« Rien de ce qui était légal ne se trouvait à notre portée. Pour avoir droit aux prêts de l'État, il fallait répondre à un certain nombre de conditions absolument inaccessibles aux gens qui venaient nous demander secours. Il fallait posséder un terrain ou pouvoir l'acheter ; il fallait que ce terrain ait la viabilité requise pour obtenir un permis de construire, ce qui augmentait considérablement son prix. Il fallait surtout disposer d'une assez forte somme pour compléter le prêt : les 30 % que n'avançait pas l'État. Bref, si une famille ne pouvait produire presque immédiatement une réserve de trois à quatre mille francs, elle était irrémédiablement exclue.

« Ce n'est pas par plaisir et par je ne sais pas quel esprit de contradiction que nous avons fait des choses illégales ! Le « permis de vivre » est antérieur au « permis de construire ». Il est préférable de voir les pauvres vivre illégalement que de les voir mourir légalement[2]. »

Cette indécence, il l'a criée aux préfets, aux plus hautes autorités, mais aussi depuis les chaires d'Église et dans les salles de conférence de la banlieue.

« Il n'en est pas un seul ici qui n'ait dormi dans un

---

1. Interview au *Figaro*, 8 décembre 1953.
2. Y. Goussault, « Chiffonniers-bâtisseurs », *in Esprit*, 1955, p. 516.

lit, cette nuit. Et les pauvres de Jésus-Christ, où sont-ils, eux ? Vous qui êtes ici, vous seriez incapables d'accepter parmi vous l'un de ces misérables. D'ailleurs, ces misérables ne viendraient pas parmi vous. Ils ne se sentiraient pas chez eux. Vous avez fait de la Maison de Dieu un temple où les déshérités de la vie ne sont pas chez eux. Vous qui êtes ici, vous avez des logements confortables, et quelques-uns somptueux... Vous posez-vous la question de savoir ce que deviennent ceux qui n'ont pas de logement... Vous méprisez l'ivrogne qui titube dans la rue et la prostituée qui fait le trottoir ? Vous avez tort [1]. »

---

1. Abbé Pierre, sermon prononcé à Argenteuil.

Deuxième partie

LA COLÈRE D'AMOUR

1

Le défi des gueux

Aux premiers jours de la nouvelle année, le froid, durablement installé sur la France, rend plus dramatique encore le dénuement des sans-logis — et plus angoissant, pour l'abbé Pierre, le manque de moyens pour les secourir. Le dévouement des compagnons, la générosité des amis de la première heure ne suffisent plus. Victime d'une popularité dont le premier effet est de faire affluer vers lui des cohortes de miséreux, Emmaüs arrive à un tournant de son existence. « Comme le jour où j'ai renoncé à mon indemnité parlementaire, j'aurais pu, par cent coups de téléphone, obtenir de quoi tenir encore. J'ai préféré jeter dans la balance mes titres d'ancien parlementaire et d'ancien résistant, mes décorations, ma soutane, mes amitiés personnelles, pour attirer l'attention de la presse et des « grands » sur les détresses qu'ils ignoraient. »

L'hiver est si rude pour les plus pauvres que le silence n'est plus possible. Comment se taire quand on dénombre, en janvier 1954, six bébés morts de froid dans les taudis sans chauffage ? Quand des familles entières sont impitoyablement jetées à la rue, conformément aux arrêtés d'expulsion par moins quinze degrés ? Quand des vieillards, des ouvriers, des jeunes couples passent des nuits glaciales sous les ponts ou sur les bouches de métro, cachant leur désespoir et leurs corps frigorifiés sous des amas de chiffons ?

Il ne suffit pas de savoir que la crise du logement en France, dix ans après la fin de la guerre, est un drame national. Il faut *voir*, montrer du doigt cette tragédie et faire en sorte qu'elle devienne la cause de tous. Pierre, dans le désarroi de ces jours où le fardeau paraît si lourd, la mission si impossible à poursuivre, « jette tout dans la balance » une nouvelle fois, pour que chacun relève ce défi. « En réalité, dit-il aujourd'hui, je n'ai jamais eu qu'une véritable aptitude, un certain don, pour flairer d'instant en instant la détresse qui passait, le possible, quitte à braver et à prendre des risques. Flair et audace[1]. »

Le budget de 1953 consacre 52 milliards aux HLM, celui de 1954, 90 : 1 % à peine de la richesse nationale !

Léo Hamon propose au Conseil de la République[2], un amendement rédigé avec l'abbé pour que, sur cette somme, un milliard soit alloué à la construction de logements de première nécessité. Logements d'urgence, sommaires mais en dur, fabriqués avec des matériaux légers et constitués d'une pièce unique, dont des architectes amis et un technicien du ministère ont réalisé le modèle.

Un milliard, c'est ce que coûte *chaque jour* à l'État la guerre d'Indochine ! Léo Hamon, l'ami de l'époque du MRP, déclare au Conseil, dans la nuit du 3 au 4 janvier : « Cette situation dont nous sommes les témoins, il ne faudrait pas, monsieur le Ministre, que l'habitude nous en fasse oublier le tragique. Comment évoquer ce qu'est le logement dans ces conditions de surpeuplement et ce que cela entraîne de désastres physiques et moraux... La nation qui supporte cet état

1. *Faim et Soif*, n°s 100-101, 1991.
2. Le Sénat d'aujourd'hui.

de chose pour des centaines de milliers de ses ménages (...) est en état de "péché permanent" vis-à-vis de ceux à qui elle devrait assurer à tout le moins le droit au foyer, le droit au bonheur. »

On écoute distraitement sous les ors du palais du Luxembourg, on applaudit mollement à gauche et au centre. Il est 2 heures du matin. L'amendement défendu par Léo Hamon est le dernier d'une longue litanie de propositions, bourrées de chiffres et de considérations techniques, comme il est d'usage en matière de logement. Les sénateurs, peu nombreux, sont fatigués. Dehors, il fait moins dix. La neige tombe sur Paris.

Léo Hamon cite l'abbé Pierre : « Un prêtre qui fut parlementaire prononçait cette phrase sévère que je voudrais reprendre à mon compte comme une interrogation adressée personnellement à chacun de vous : "Quel est celui d'entre nous, qui avons une certaine satisfaction de nous-même et de nos vertus... quel est celui qui, s'il vivait dans les mêmes conditions, garderait ce que beaucoup de ces malheureux ont gardé encore de dignité, de vie et de vertu ?" »

On écoute dans les travées, malgré la lassitude de cette fin de nuit ordinaire au Conseil. Il neige sur les gadoues gelées de la grande banlieue, sur les maisons de Champfleuris et des Coquelicots ; on grelotte dans les huttes et les abris de fortune de la Pomponette. Et des centaines d'ombres transies errent dans les rues de la capitale, en quête d'un refuge, d'un peu de chaleur humaine.

Léo Hamon poursuit, avec toute sa conviction : « Je ne dis pas cela pour la satisfaction morose de rappeler des choses tristes, mais parce qu'il faut, au moment où nous délibérons dans la majesté de ce palais, que nous ayons conscience du drame humain vécu à des millions d'exemplaires, qui est l'enjeu quotidien de nos délibérations, et, parce que, l'ayant évoqué, nous devons chercher des solutions à la mesure de l'urgence ! »

Urgence des initiatives à prendre, des cités à construire, des consciences à éveiller ! Le président presse Léo Hamon d'en finir. Il est si tard...

« Plus on construit — et on construit si peu —, plus les constructions passent au-dessus des moyens de paiement des plus misérables. Je dis que nos assemblées encourraient la condamnation civique et morale la plus terrible si elles cessaient de se préoccuper d'un ménage à partir du moment où il n'a pas 200 000 francs à décaisser. »

Et Léo Hamon conclut en réclamant un programme de logements transitoires, immédiatement accessibles à tous. Il cite à nouveau Pierre, avec force : « À côté du permis de construire, il doit y avoir pour les hommes le permis de vivre. » Le ministre Lemaire reconnaît dans sa réponse qu'« on a fait trop peu », et « qu'il faut maintenant aller vite ».

— En conscience, lui répond Léo Hamon, ils ne peuvent pas attendre davantage.

La forêt de Pomponne et son bidonville disparaissent sous la neige. Les carcasses de wagons et de bus, les tentes, les cabanes au toit de tôle hantent les paysages désolés de Seine-et-Oise. On tâche de survivre, une nuit de plus. Au palais du Luxembourg, on s'engage à faire une étude sérieuse, à trouver la formule adéquate pour réaliser ces logements d'urgence qui échappent à la norme. Mais le ministre prie Léo Hamon de retirer son amendement contre la garantie que ses observations ne resteront pas lettre morte. Le 73ᵉ amendement de cette séance législative est donc retiré, avec l'espoir que, le cas échéant, une initiative législative intégrera ses recommandations.

Dans un vieux car du camp des Coquelicots, le petit Marc meurt de froid, cette nuit même où le gouvernement décide qu'il est urgent d'attendre.

La lettre de Pierre au ministre Lemaire paraît dans le

Figaro du 7 janvier : « *Cela fut bouleversant, cette coïncidence entre le rejet de notre proposition et la mort de cet innocent.* »

Sous le coup de l'émotion, Pierre a décidé d'envoyer cette lettre ouverte, destinée à choquer. Le défi lancé aux pouvoirs publics s'étale sur les trois colonnes du journal de ceux qui, le matin, « se réveillent dans un appartement chaud », et ne savent rien du monde, parce que « les conditions dans lesquelles ils vivent, leurs privilèges, les isolent de la souffrance des autres ».

Le quotidien de Pierre Brisson a déjà publié, après d'autres organes de presse plus populaires, un reportage de Gérard Marin sur « Notre-Dame des Sans-Logis », l'abbé Pierre et ses chiffonniers-bâtisseurs. Il s'est fait l'écho des réactions suscitées par sa campagne « Un toit pour chaque Français ».

« *La misère des sans-logis est un problème national. Les infortunés ont davantage besoin de logements que de pitié* », a écrit Marin, avant de commencer, le 4 janvier, une série d'articles sur « la merveilleuse aventure des compagnons d'Emmaüs ». Les lecteurs réagissent par un cri du cœur unanime. Ne plus voir cela ! Mobiliser les bonnes volontés et, par tous les moyens, provoquer un élan national, « une sorte de croisade semblable à celle qui a permis de sauver le château de Versailles ».

Avec cette lettre ouverte au ministre, cri de colère d'un ton inusité, Pierre fait mouche. À Lemaire, qui a déclaré « Dans trois ans, nous reverrons à Paris des pancartes *À louer* », l'abbé lance : « *Dire une telle parole, c'est briser l'élan. (...) C'est mal d'avoir balayé, comme vous l'avez fait, de quelques phrases faciles, l'espérance qui naissait d'un secours d'urgence pour les plus désespérés. (...) Pour nous les travailleurs (car on n'est pas des mendiants, on gagne son pain, on veut bien payer son loyer), pour nous, tout de suite, faites un programme d'urgence, (...) donnez-nous le moyen, tout de suite, de ne plus crever, en attendant vos trois ans.* »

Le petit bébé est mort de froid cette nuit-là, entre ses parents qui n'étaient pas des vagabonds mais des ouvriers. Pierre a rappelé leur drame, puis il a l'audace, en annonçant l'enterrement de Marc, d'écrire :

« *Ce serait bien si vous veniez parmi nous à cette heure-là. On n'est pas des gens méchants. (...) On dirait : "Après qu'il saura, il deviendra autre ; il mettra son intelligence et son pouvoir à la recherche des moyens de rattraper ce rêve. Quand elle le veut, l'Administration a tant de moyens de rendre possible l'impossible." On se dirait : "Ce chagrin-là, au moins, n'aura pas été humainement stérile."* »

« Ça m'est venu au bout de la plume. Je bénis Dieu de m'avoir donné cette idée », dira plus tard l'abbé.

Ce 7 janvier, à Neuilly-Plaisance, sous un ciel funèbre, un triste cortège accompagne le petit cercueil sur un chemin défoncé et durci par le gel. Derrière l'abbé et la famille viennent tous ceux de la Réserve. Ils récitent après Paul des prières qu'ils croyaient oubliées. Tout au long des deux kilomètres menant de la cité à la petite ville, les chiffonniers se demandent qui est cet homme corpulent mais élégant qui marche en retrait de la famille, tête nue, le visage rougi par le froid et le regard brouillé par l'émotion. Ce bourgeois, s'aventurant dans les ornières de l'usine à gaz sans se soucier de la boue qui maculait ses chaussures, est allé voir l'autobus où le gosse a succombé. À présent, il suit le corbillard tiré par deux chevaux. Avec son pardessus noir, il paraît en deuil plus que tous les autres. Deux hommes l'ont rejoint et une Traction noire roule au pas à distance du cortège. Les gars de la Réserve chuchotent. Est-ce le maire, le préfet ? Quel responsable se serait déplacé aux Coquelicots ?

L'attitude de l'inconnu les impressionne. Les « gibiers de flics » de la communauté s'inquiètent — mais a-t-on déjà vu des policiers assister avec tant d'humilité à un enterrement avant de chercher noise à un interdit de séjour ? Cet homme défait et cette voiture à l'allure officielle qui ferme le cortège ne sont tout de même pas là pour les piéger...

On arrive à l'église. Apparaissent des reporters, des photographes. Le corbillard, le Père, l'étranger... Les journalistes sont là pour témoigner de la présence incongrue d'une personnalité à ces obsèques de pauvres, ouvriers accablés par le malheur et chiffonniers. Ce n'est qu'après l'absoute, lorsque le gros homme serre la main du Père et demande pardon, parce qu'il ne savait pas, et promet de visiter les chantiers, de faire ce qu'il pourra, que les compagnons comprennent.

— Merci, monsieur le Ministre, nous comptons sur vous, répond Pierre.

Les gars de la Réserve ne sont pas seulement surpris, rassurés ou fiers. Ils sentent que, si le ministre Lemaire est venu jusqu'à eux, a eu ce geste d'homme de cœur et a su prendre ce risque, reconnaissant publiquement sa responsabilité et celle du pouvoir politique dans le drame des Coquelicots, tout espoir n'est pas perdu. « Voilà qui était si nouveau, si important... Cela nous bouleversait. On pouvait espérer. Tout devenait possible, nous n'étions plus seuls [1]. »

Le ministre Lemaire a répondu par sa présence à la lettre ouverte de l'abbé. Après la courte et poignante cérémonie, il déclare aux journalistes que l'amendement Hamon sur les cités d'urgence ne restera pas lettre morte. Il a donné la preuve d'un sincère repentir. Comment douter de son engagement à agir sans délai pour les sans-logis ?

---

1. Boris Simon, *Le Poids des autres*, Seuil, 1955.

À la même heure, cet après-midi-là, le cardinal Feltin inaugure, à Choisy-le-Roi, les six premiers immeubles, soit quatre-vingt-un logements, construits par le Mouvement d'aide au logement, grâce à des souscriptions d'actions offertes au public. Le ministre s'est fait excuser à Choisy pour se rendre à Neuilly-Plaisance. À force de cris et de malheur, quelque chose est-il enfin en train de bouger ?

Quatre jours plus tard, une première tranche de logements d'urgence est mise à l'étude par le ministre de la Reconstruction et du Logement. « *La tragique leçon de Neuilly-Plaisance a porté*, écrit *Le Figaro. Les pouvoirs publics sortent enfin de leur torpeur.* »

« Nous tenons le bon bout », a dit le ministre à Pierre. Mais l'abbé sait mieux que quiconque à quel point le temps presse, et combien est lourde l'Administration. Qui saura faire éclater ses compartiments, remettre en cause ses lenteurs et lui permettre d'improviser, c'est là une nécessité, au nom de la valeur infinie de la vie humaine ? Le courage et la volonté de Lemaire, son souci de *voir*, aux Coquelicots, puis à la Pomponette, à la Pépinière, et d'*agir*, ne peuvent balayer d'un coup les obstacles, le carcan des règlements. Plus que jamais, il faut braver, provoquer, pour que s'amplifie l'élan naissant. Les pouvoirs publics, en la personne du ministre, sont certes touchés au cœur, mais le salut ne peut venir que de l'opinion, de la collectivité tout entière mobilisée. Que le gouvernement s'en mêle, et les gens « s'en retourneront à leur somnolence de bien-nourris ». Que le peuple se réveille, « et l'État nous laissera nous débrouiller ». Il faut qu'un choc, un souffle contagieux, fusionne les énergies pour réaliser ce miracle : un soulèvement de bonté au service du plus souffrant.

Il fait de plus en plus froid. Les vieux camions

d'Emmaüs ne roulent plus, la machine à parpaings des bâtisseurs de Jean-Yves s'est arrêtée; les chantiers n'avancent plus et la récupération est en sommeil. La mer gèle à Dunkerque, la Seine charrie des glaçons. Le pays vit au ralenti. Tous les moyens de transport sont perturbés, la fourniture d'énergie est désorganisée, la vie quotidienne bouleversée. L'hiver 1954 bat des records de froid qui le font entrer dans la chronique des saisons terribles, des « fléaux » dont la mémoire conserve longtemps le souvenir : celui d'une menace, d'un incompréhensible écart de la nature qui met à nu les plaies d'une société, accentue la faiblesse de ses rouages. Mais ce peut être aussi, plus forte que la peur devant cette soudaine fragilité, l'union des volontés ravivées par l'adversité, un sursaut au coude à coude, la conscience d'une solidarité qui saurait faire face aux épreuves.

La France de ces années vit encore son après-guerre, soulagée d'avoir survécu, mais partagée entre la nostalgie du rêve épique de la Libération et l'incertitude d'un monde bouleversé où elle ne sait au juste quelle sera sa place. Nation victorieuse grâce à une de ces résurrections dont elle a le secret, épuisée, meurtrie, elle se tourne, par crainte de l'avenir, vers son passé de grande puissance. Elle semble plus encline à renouer avec son lustre d'antan qu'à protéger ses enfants. Rongée par l'inquiétude, doutant de la mission morale qui a toujours été la sienne, elle poursuit d'autres guerres inavouées, en Indochine et bientôt en Afrique du Nord, pour oublier ses déchirements. Une grandeur sans dessein, une prospérité honteuse, une belle âme racornie ; telle est la France de 1954 qui trouve dans un curé au visage de crucifié et à la parole brûlante un exutoire à sa mauvaise conscience.

Plus le thermomètre descend et plus la popularité de l'abbé Pierre grandit. Bousculée par son inlassable harcèlement, la frilosité se découvre, avoue son remords et, par une réaction de chimie humaine, se précipite dans son contraire, cette générosité aussi spontanée qu'imprévisible, exaltée, avide de se consumer dans un geste anonyme et gratuit.

Fallait-il tant de froid, de douleur et de morts pour que l'indifférence se craquèle et que se fissure la glace des égoïsmes ? Dans la multiplication des dons, des indignations et des initiatives de ces semaines de janvier, la générosité tout à coup débridée fait de l'abbé Pierre, de sa figure et de sa voix, son emblème. En reconnaissant dans sa manière, son ton, ses mots, leur propre réalité, la vérité de leurs propres sentiments, de généreux inconnus expriment une révolte, une protestation enfouie, ignorée : la haine de ce qui fait souffrir et mourir, le refus d'avoir faim et froid, d'être seul et bafoué, le refus de l'indignité. Dès lors, la générosité est indissociable de la colère, et le besoin de charité de l'exigence de justice.

« La vraie charité affirme la parenté charnelle des vivants. » Au-delà des mots vidés de leur sens concret (la charité dans ses œuvres, la bienfaisance), « elle tend, comme la justice, à réparer un désordre et à remettre les choses en place, à restaurer la loi de la vie ».

Après les « funérailles de honte nationale » du petit Marc, tandis que se cristallise autour de sa personne et de son action ce frémissement populaire qui porte tous ses espoirs, Pierre redouble d'audace. On le voit aux Champs-Élysées, devant la presse, ou face à l'élégant parterre d'une première de cinéma. Il mendiait là, sur le trottoir, deux ans auparavant, seul et ignoré, réclamant dans un tract « Pitié et Justice ! » À présent sous les flashes, il répète : « Aidez-moi ! Mais ne soyez pas satisfaits de votre générosité d'un soir. C'est maintenant que commence notre véritable action de salut. Soyons unis pour qu'enfin tant d'injustice cesse ! »

En même temps qu'il interpelle, il organise chaque nuit, avec Paul et ses gars, le secours aux miséreux, dans les rues de Paris où souffle la bise. Distribuant de la soupe, du café chaud et du pain, ils effectuent chaque nuit la tournée de l'horreur sous les ponts et dans les recoins de la ville ; voyage harassant et toujours recommencé au bout du désespoir.

Tant de corps invisibles, transis, guettés par la mort... De leur camion poussif, les compagnons savent les repérer, dans l'enfilade des rues à première vue désertes, le long des quais désolés. Ils sont des centaines à grelotter dehors. En chacun d'eux, les gars de la Réserve ou des Peupliers reconnaissent ce qu'ils ont été, ce que la « malchance » sociale aurait fait d'eux-mêmes, cet hiver-là, s'ils n'avaient, un jour pas si lointain, franchi la porte de la communauté. C'est leur propre malheur qu'ils affrontent chaque nuit au détour des ruelles, sous ces tas de chiffons d'où émergent des regards sans lumière et des membres raidis par le froid. C'est leur propre réhabilitation qu'ils entrevoient en tendant la main pour proposer un casse-croûte, un gobelet de café.

Les asiles de nuit sont pleins, les tentes trop petites. Le réconfort prodigué lors de ces tournées nocturnes paraît bien dérisoire. D'autant que le ministre de l'Intérieur choisit ce moment pour conseiller aux préfets la plus grande sévérité dans l'application des arrêtés d'expulsion. « *Aucune considération de maintien de l'ordre public n'autorise l'Administration à différer son intervention au-delà d'un délai raisonnable. L'impossibilité de reloger les personnes à expulser ne doit pas constituer un élément déterminant de votre attitude* », a écrit le zélé Martinaud-Déplat dans une circulaire, le jour où son collègue Lemaire visitait le campement de la forêt de Pomponne.

Une semaine plus tard, un échotier légende ainsi une photo de l'abbé Pierre au bar de Ledoyen, où il vient de tenir une conférence de presse : « *Un verre de champagne en main, l'abbé Pierre parle de la misère.* » Cette ignominie, dérisoire en soi et qui déshonore son auteur, n'est qu'une goutte d'eau. À peine l'espoir est-il revenu que des obstacles paraissent s'élever à nouveau, et avec eux le sentiment d'impuissance. Un autre gosse, le petit Marcel, meurt dans une cabane de la Pomponette. Le ministre Lemaire s'en indigne auprès de l'abbé :

— Il aurait mieux valu mettre l'enfant à l'Assistance publique ! Les conditions de vie des familles dans ce campement sont abominables !

— Serait-ce la faute d'Emmaüs ? bouillonne Pierre, ulcéré.

Avenue Paul-Doumer, le terrain est envahi, Lucie Coutaz ne sait plus où donner de la tête pour faire face à l'afflux des sans-logis. Et ces journalistes avides de sensationnel par déformation professionnelle, et qui se croient spirituels.

Les cent quatre-vingts compagnons travaillent jour et nuit. L'abbé se rend partout où cela peut être utile. Paul est sur la brèche, sans relâche, organisant les tâches sur le terrain et réclamant lui aussi, auprès de ceux qui ont l'influence et le pouvoir, que les choses s'accélèrent, que l'urgence prime.

Il est, un soir, invité à la table de Robert Buron. Répondant à ceux que les camps de toile scandalisent, il s'écrie :

— Il faut des maisons, bien sûr, mais pour construire des maisons, il faut de l'argent, du temps !

Il enrage d'entendre ces prétendus étonnements, ces tièdes indignations, qui feraient passer le moindre des remèdes pour un poison pire que le mal. La tranquille et humiliante assurance de ces responsables, jamais coupables, le met en fureur. L'abbé arrive et le chef de cabinet de Buron, se mettant de la partie, en rajoute à propos de la Pomponette. Pierre sort de ses gonds.

— Des enfants qui meurent, il y en a plusieurs par jour ! Pas la peine d'aller à la Pomponette. Je vais vous en montrer tout près d'ici, aux Halles, aux

Champs, à deux pas de l'Élysée ! Prenez vos voitures, venez ! Venez voir !

Quant aux journalistes, ils veulent du pittoresque ? Qu'ils viennent aussi ! Qu'ils le suivent dans la nuit ! Il y aura un député, en effet, des hauts fonctionnaires, des journalistes et caméramen pour faire avec l'abbé, avec Paul, cette tournée de la grande détresse que certains croyaient celle des « clochards de l'abbé Pierre ». Ces reporters endurcis d'une presse flairant les bons coups, accrochés depuis quelques semaines aux basques de l'abbé, auront, soir après soir, leur ration de pittoresque ! Jusqu'à l'écœurement, jusqu'à la honte. Comment mieux les convaincre qu'en leur mettant le nez sur cette misère recroquevillée, non dans la forêt de Pomponne ou dans les sinistres plaines de la région parisienne, mais dans Paris même, au cœur des quartiers cossus qu'ils sillonnent chaque jour, dans la lueur des vitrines et sous les enseignes des théâtres, à l'entrée des restaurants où ils s'empiffrent !

Croient-ils ramasser quelques spécimens gelés de ces authentiques clodos parisiens, hauts en couleur et truculents quand les beaux jours les font danser, litrons brandis, devant l'objectif des touristes ? Ils vont découvrir, en avant-première, ceux qui forment, en cette fin janvier, la déprimante cohorte des couche-dehors de la capitale, plus d'un millier de personnes, quinze cents à deux mille peut-être, qu'une troupe de gibiers de potence réunis en communauté s'acharne à soulager jour après jour. Les « vrais clochards » ne sont parmi eux qu'une poignée. Du Panthéon au Jardin des plantes, des Grands Boulevards à l'Hôtel de Ville, seuls ou en grappes, ce sont des vieux, artisans ou ouvriers aux retraites trop maigres pour payer un loyer ; des mères de famille expulsées avec leurs enfants, de jeunes hommes au chômage, correctement habillés, rognant sur leurs maigres ressources, économisant les nuits d'hôtel en attendant que la chance tourne ; des jeunes ménages en quête d'un logement introuvable, ruinés par les garnis aux tarifs exorbitants ; et des familles qui ont fui les taudis surpeuplés, la promiscuité des soupentes et des arrière-cours ; des ouvriers agricoles montés du Sud à la fin des récoltes, des Nord-Africains désemparés. Toute une population de déclassés provisoires, de malchanceux, rejetée dans les égouts de la société. Pour les montrer, les faire voir, Pierre ne recule pas devant les moyens, quand bien même ces visites guidées du désespoir, à l'usage de la presse et des actualités cinématographiques, ces flashes qui crépitent et ces caméras braquées sur la misère laisseraient au petit matin un atroce sentiment de honte. Sa conviction est inébranlable. Tout ce qui peut servir les plus souffrants doit être entrepris. La passion de l'Amour justifie tous les consentements et Dieu sera seul juge. La mission assignée se situe au-delà de la notion de péché. Cette foi qui le guide balaie toutes les réserves.

Il en était ainsi quand il allait mendier dans les beaux quartiers, avant de cacher ses sanglots humiliés dans l'ombre d'un porche. Il en fut ainsi au printemps de 1952 lorsqu'il s'exposa sous un chapiteau aux cris de la foule et aux facéties de Zappy Max, l'animateur du célèbre « Quitte ou Double ». Il se prêta au jeu des questions, des gains doublés à chaque bonne réponse, des encouragements du public conquis par ce « curé fortiche ». Jusqu'à ce que sa tension intérieure, son tourment, détournent le jeu de ses habituelles joyeusetés pour imposer à l'assistance un silence inquiet, propice à l'écoute. Alors, mettant fin au divertissement, il prit la parole pour parler des sans-logis et d'Emmaüs. « Ce n'est pas pour m'amuser que je suis venu... » Puis, après ce fervent message, il repartit, emportant 250 000 francs, de quoi faire rouler les camions et donner à manger aux compagnons. Peut-être une goutte d'eau quand il aurait fallu des millions, mais l'espoir renouvelé d'avoir touché le cœur des auditeurs. Nulle improvisation dans ce passage à l'antenne, favorisé par son amitié avec Gilbert Cesbron, en poste à Radio-Luxembourg, mais l'acceptation de se pousser au-devant de la scène, d'utiliser tous les moyens à sa portée pour faire entendre son appel.

Sur les mêmes ondes, durant cet hiver où les médias lui sont acquis, il lance ce qui devient la campagne des billets de cent francs.

— Vous êtes des millions d'auditeurs et si chacun de vous envoyait un billet de cent francs…

Le résultat, inespéré, justifie une idée au départ improvisée. En quelques jours, c'est un million qui parvient à Emmaüs. Radio-Luxembourg, fin janvier, ouvre son antenne à l'abbé, lui permettant de passer à plusieurs reprises son message d'entraide aux sans-logis. Le retentissement de sa croisade, amplifié par la presse et les ondes, est déjà national. La force qui anime l'abbé l'entraîne plus loin encore. Les reporters ne le lâchent plus.

C'est à la montagne Sainte-Geneviève, entre le Paris étudiant du quartier Latin et le Paris populaire de la Maub', qu'il va les faire courir.

À l'angle de deux ruelles, sur un terrain vague où son propriétaire n'a pas les moyens de construire, l'abbé, Paul et leurs camarades installent en quelques heures, le 29 janvier, une grande tente fournie par Mendelovitz, un revendeur de surplus américain habitué de Pontault. À la nuit tombante, elle devient le phare du quartier, tandis que les gars y disposent des bottes de paille.

« À midi ce vendredi-là, on ne savait pas ce qu'on allait faire, se souvient Paul. À quatre heures, on avait la tente, à cinq, elle était dressée et les gens venaient voir, intrigués, tout prêts à se rendre utiles. Le commissaire du

Panthéon est venu aux nouvelles. L'abbé lui a expliqué que, cette nuit-là, on pourrait proposer aux malheureux un peu plus que du café et un peu d'argent : un abri pour la nuit. L'essentiel, quoi... Quand Buron et d'autres sont arrivés, une foule de pauvres était déjà là, rappliquant de partout. C'était de l'improvisation en grand, une autre idée un peu folle de Pierre, exécutée sur-le-champ et à laquelle personne n'aurait pu s'opposer. On avait déjà bien écorné la légalité, n'est-ce pas ? »

À l'angle de la rue Laplace, la tente d'Emmaüs devient en une nuit le point de ralliement de la misère et des bonnes volontés qui veulent la secourir. De la paille, de la lumière, des poêles catalytiques et, au fond du terrain, des tinettes creusées à la hâte. Le refuge pourra contenir une soixantaine de personnes. Il y aurait eu de quoi remplir dix tentes comme celle-là avec tous ceux que la rumeur avait rameutés, de la Maub' à la Mouff'.

Cette nuit-là, le Père dort sur la paille, parmi ses rescapés. Le lendemain, parvient à Emmaüs une lettre de Mme Larmier, propriétaire de l'hôtel Rochester, rue La Boétie. Elle ne dort plus depuis qu'elle sait que des enfants meurent de froid et que des familles couchent dans les rues. Son établissement, à cette saison, est peu fréquenté. Elle met des chambres vides à la disposition de l'abbé, pour qu'y soient hébergés des sans-logis.

« *Vous pouvez les envoyer, je leur ouvre mon hôtel* », conclut-elle.

Comme l'ancien magistrat qui prête son terrain de la montagne Sainte-Geneviève, Mme Larmier est de ces êtres en qui Pierre met tout son espoir, ceux qui, sans avoir souffert, se sentent insatisfaits et « sautent le pas » pour partager leur bien-être avec les plus souffrants. L'enchaînement des faits, entre le vendredi 29 janvier et le lundi 1er février, donne toute sa signification à leur geste. La tente de la montagne Sainte-Geneviève et l'hôtel Rochester vont devenir les deux hauts lieux de ce qui couve depuis des semaines : la mobilisation de l'opinion publique en faveur des sans-logis.

Le dimanche, Pierre prêche à Courbevoie. Ou plutôt, en guise de sermon, il raconte longuement aux paroissiens de cette commune de la proche banlieue, mi-ouvrière, mi-résidentielle, ce qu'il fait quotidiennement, ce qu'il montre aux gens de pouvoir, ce qu'est Emmaüs et ce qu'il attend. Dans l'église bondée, on l'écoute gravement, on oublie l'office et l'heure, et on donne : 750 000 francs en une matinée ! Mais au-delà, on veut agir, on demande quoi faire. Et l'abbé, entraîné à la mairie, devant les responsables locaux réunis sans distinction d'appartenance politique, devant les membres de toutes les associations locales, depuis les bonnes œuvres jusqu'aux boulistes, répète :

— Qu'est-ce qu'on peut faire tout de suite ?

Les habitants de Courbevoie répondent. Ils créent sur-le-champ le premier Comité d'aide d'urgence aux sans-logis et, le soir même, ouvrent dans une salle de patronage un Centre fraternel de dépannage.

En voitures, par dizaines, ils font eux-mêmes, dans la nuit, la tournée de « ramassage » des malheureux. Ils leur offrent un toit, de la chaleur, du réconfort. Ils ont insisté pour que l'abbé, épuisé, aille se coucher. Cette nuit-là, l'exemple de Courbevoie permet d'imaginer ce que pourrait être, à l'échelle de tout Paris, de toute la France, la réaction populaire à cette catastrophe nationale qu'il dénonce depuis des semaines. Et il se prend à rêver que l'élan de Courbevoie, par contagion, gagne tout le pays, pour parer au plus pressé et forcer les pouvoirs publics à saisir à bras-le-corps la question du logement...

Le lendemain, alors qu'on prévoit que la vague de froid exceptionnel va durer, il apprend qu'une vieille femme expulsée quelques jours auparavant de sa mansarde est morte sur le boulevard de Sébastopol. Ses chiffonniers, les gens de Courbevoie n'ont rien pu pour elle. Nul secours n'a pu la sauver. « On bricole, on ramasse une poignée de gens et on laisse les autres ! explose-t-il. Nous ne sommes que de pauvres artisans alors qu'il faudrait une véritable chaîne contre la misère ! »

Appeler tout le monde à l'effort, susciter un soulèvement, c'est toujours la même et unique solution qui s'impose. Les pouvoirs publics, depuis longtemps alertés, ont les moyens d'agir, une volonté affichée d'entreprendre enfin quelque chose, mais l'hiver passera et il y aura d'innombrables morts avant que l'État ne mette en branle tous ses rouages. L'opinion publique, elle, est déjà mobilisée, mais il manque l'étincelle qui transformera la solidarité naissante en grand mouvement collectif.

Cette étincelle jaillit le jour même sur les ondes.

— Criez carrément au secours ! C'est un SOS qu'il faut lancer ! lui a dit Georges Verpraet, l'ami journaliste qui l'aide à rédiger à la hâte un message radiodiffusé.

À treize heures, les mots de l'abbé passent à l'antenne, au journal parlé de la Radiodiffusion française où Verpraet a, en quelques minutes, bousculé toutes les réticences. Un speaker lit le texte.

— Recommandez-lui d'y mettre le ton !

À Radio-Luxembourg, un quart d'heure plus tard, la voix de l'abbé lui-même martèle le message. Grâce notamment à Gilbert Cesbron, la station de la rue Bayard, tout comme *Le Figaro*, s'est fait l'écho, depuis longtemps, de son action et du travail d'Emmaüs. Elle offre ce jour-là, tout naturellement, son antenne.

— Mes amis, au secours !...

Lorsque Pierre sort du studio où tous les techniciens sont saisis, le standard saute déjà.

L'appel du 1er février déclenche instantanément ce

qui sera baptisé l'« insurrection de la bonté », « les barricades » ou la « croisade de la charité » et deviendra dans la mystique d'Emmaüs le « miracle de la bonté ». Ce texte court et griffonné dans l'urgence contient toute la philosophie fondatrice d'Emmaüs [1]. La désillusion devant l'horreur d'un drame concret, récent : « Une femme vient de mourir gelée, cette nuit, sur le trottoir... » La dénonciation des causes de cette horreur : « On l'avait expulsée avant-hier... » L'appel à agir, à se convertir : « Chacun de nous peut venir en aide... » L'enthousiasme après la désillusion : « Que tant de douleurs nous aient rendu cette chose merveilleuse... » Le salut exprimé à la fois par le prêtre et le résistant : « L'Ame commune de la France. »

Pour Pierre, « il s'est produit quelque chose d'extraordinaire parce que quelques phrases ont été lancées, comme ça, à la radio, à l'improviste, par surprise. Ces paroles étaient banales, ordinaires. Quand on les relit, on s'étonne de leur simplicité. Des paroles cent fois répétées par d'autres, autrement qualifiés, autrement placés, mais qui n'avaient pas eu d'écho [2] ! » Ces dix phrases, elles, ont déchaîné une tempête qui « secoua l'opinion inerte, réveilla les pouvoirs endormis [3] ».

L'ouragan qui se déclenche à 13 heures 25, le 1er février, faisant accourir des milliers de personnes de toutes conditions, de toutes opinions, à l'hôtel Rochester, puis le soir au Panthéon, tiendrait-il du miracle ? L'abbé Pierre concède « qu'une succession d'incidents, en quelques semaines, frappa progressivement l'opinion » et « finit par l'appel à la radio ». Mais dans

1. Bertrand Bergier, « Emmaüs : Les "droits" de succession », thèse, université Paris VII, novembre 1990.

2. *L'abbé Pierre vous parle*, Le Centurion, p. 55.

3. *Fêtes et Saisons*, *op. cit.*, p. 54.

tous ses textes, toutes ses conférences, à partir de cette date cruciale, il répète invariablement l'explication et le sens de cet « événement aux proportions véritablement fantastiques » ; il fournit ainsi lui-même, une fois pour toutes, la clef de sa compréhension.

« Toute cette action, assure-t-il, ne fut en rien l'application d'un plan plus ou moins remarquablement préparé, puis méthodiquement exécuté. En vérité, elle fut, pour ceux qui y ont participé, ce qui leur est arrivé, beaucoup plus qu'elle ne fut ce qu'ils ont fait. Ce n'est que maintenant [1959] que, regardant derrière soi, l'on constate comme dans une logique vitale, quasi irrésistible, l'enchaînement de ce qui suivit. Ceux qui le vivaient, douloureusement, jour après jour, n'y voyaient qu'une suite de faits disparates. Il est indispensable, pour ne pas rendre impossible toute compréhension d'Emmaüs, de ne jamais cesser de se souvenir que ce n'est pas dans la notoriété de février 1954 que tout commença. En vérité, l'événement du 1er février n'aurait jamais existé, dans sa grandeur voyante puis la plénitude de ses répercussions, si n'avaient pas préexisté, quasi secrets et inconnus, mais portant en soit les germes de toute cette grandeur, les tout premiers débuts d'Emmaüs. »

Sauveurs d'eux-mêmes, les chiffonniers de la période héroïque ont déjà leur propre histoire, l'histoire de leur réhabilitation dans Emmaüs. C'est l'histoire naïve et belle de leur vraie naissance, « parce que la maison était trop grande ». Le 1er février ajoute une page vibrante à cette imagerie, qui unit plus que tout ceux qui viennent grossir « la pousse jaillie du sol de notre douloureuse banlieue ». Ils se fondent dans Emmaüs, oublient leur propre passé pour épouser un mouvement préexistant qui les dépasse mais les sauve. À la lumière de cette genèse établie par le fondateur, et qui a déjà force d'Évangile, on comprend que l'interprétation par l'abbé des événements de 1954 privilégie cette vérité d'ordre mystique qui contient en elle-même, dès l'origine, la totalité de ses possibles développements. L'« insurrection de la bonté » en est la vérification providentielle. La succession des « incidents », l'enchaînement des faits confirment la mission légitime d'Emmaüs. L'histoire sans cesse rappelée des débuts et l'invariable référence à la naissance subordonnent l'analyse à la conviction. La réalité est au service de la mystique, et la mystique d'Emmaüs se confond avec le projet du père fondateur.

L'explication du « retentissement inouï » de l'appel trouve alors tout son sens : « Lorsque nous avons crié "au secours !", ça n'a pas été une parole qui venait d'en haut, des gens officiels qui avaient de l'autorité. Ça n'a même pas été une parole qui venait d'un comité de dames ou de messieurs, peut-être très chics et admirables, mais qui, lorsqu'ils sont appelés à venir au secours de la misère, en parlent comme de quelque chose qu'ils voient du haut d'un balcon, parce qu'ils ne sont pas dedans. Ils disent : « Ces gens sont si malheureux ! Il faut qu'on les aide ! » Mais ils le disent du dehors ; ils le disent d'au-dessus... Lorsque cet appel a été lancé cet hiver, il n'a pas été lancé d'au-dessus de la misère, ni par un seul homme ! Cette parole avait derrière elle quelque chose qui lui donnait une résonance extraordinaire. C'était la parole de quelqu'un qui parlait au nom d'une étrange communauté d'hommes, la Communauté des chiffonniers d'Emmaüs [1]. »

Incapacité des autorités, extériorité des « gens bien » et authenticité provocatrice de la parole qui vient d'en bas, portée par l'expérience d'hommes qui sont « au-dedans » de la misère... Leur parole de chiffonniers s'exprime par la voix de Pierre. Cette « voix des hommes sans voix » ne porte pas le message des plus pauvres,

1. *L'abbé Pierre vous parle, op. cit.*, p. 124.

mais la vérité du projet qui contient leur revendication. La mystique d'Emmaüs (« On ne donne rien à celui qui souffre, si ce n'est la possibilité de venir soutenir une amitié offerte à lui, et vouée au service des autres ») renverse la hiérarchie sociale et redistribue les rôles, au nom d'un idéal utopique qui prend donc corps en février 1954. Si « miracle » il y a à ce moment, c'est dans la réalisation de ce modèle, qui devient concret avant d'avoir été véritablement formulé ou expérimenté. Durant quelques semaines, l'utopie a raison contre ce qui existe. Ce qui semblait irréalisable devient possible, ce qu'on ne faisait qu'imaginer se produit. Pour sauver les autres, ceux qui se sont sauvés eux-mêmes font descendre les « gens bien » de leur balcon et forcent les pouvoirs à agir selon leur volonté.

Peu de compagnons ont entendu l'appel à la radio et nombre d'entre eux restent à l'écart, dans les jours qui suivent. Ils continuent dans les communautés, hors de l'agitation parisienne, leur travail habituel. Selon le désir du Père et la volonté de Jean-Yves, ceux de Pontault, notamment, poursuivent leur tâche dans la discrétion. Les hommes du secours d'urgence sont en revanche emportés dans le tourbillon qui s'est saisi de la capitale. Le dimanche soir déjà, Paul a téléphoné à Mme Larmier, à l'hôtel Rochester.

— J'ai sept familles sur les bras, près de trente personnes qui se sont présentées à Neuilly-Plaisance... Je suis seul, écrasé, alors ces chambres vides que vous proposez...

— Amenez ces familles ici, dites-moi combien il y a d'enfants, qu'on puisse les grouper... Je donne des ordres en cuisine et je vous attends.

De Neuilly-Plaisance à la rue La Boétie, Paul ne sait comment transporter tout ce monde. Il appelle « son » commissaire de police, un « homme en or », qui se souvient qu'Emmaüs l'a dépanné.

— Il arrive avec le panier à salade, sa propre voiture,

et on va en cortège jusqu'à l'hôtel Rochester. Un trois étoiles ! Mme Larmier nous attendait, souriante, et moi, un peu gêné d'amener cette population minable, je me disais : « Pourvu qu'ils ne cassent pas la vaisselle et ne boivent pas la cave »...

Le lendemain après-midi, quand le Père l'appelle et lui donne rendez-vous à Saint-Philippe-du-Roule, c'est encore le commissaire de Neuilly-Plaisance qui conduit Paul. Ils trouvent le quartier sens dessus dessous, débordant d'une foule de gens, de voitures. En deux heures, l'hôtel de Mme Larmier s'est transformé en entrepôt. Tout s'improvise : on installe des lignes téléphoniques, on réclame l'ouverture des stations de métro, des églises. Dans une chambre, le Père écrit, reçoit, contacte, trace des plans. Des centres d'accueil naissent partout, on dresse cinq cents lits à la Mutualité...

Le ralliement du soir est fixé au Panthéon. En attendant, Pierre et Paul se répartissent la ville, tentent de coordonner ce raz de marée de dons et de services offerts. Les salles qu'on croyait inaccessibles, les asiles de fortune qu'on refusait aux couche-dehors, tous les locaux que l'administration, les municipalités, les associations prétendaient introuvables se révèlent soudain disponibles pour les sans-logis. Tout de suite, le Père s'est inquiété de trouver un endroit suffisamment vaste pour faire face à l'afflux des dons. Un coup de téléphone à Mme Lucie Roche et l'époux de celle-ci, Émile Roche, président du Conseil économique et social, offre la gare d'Orsay, promue « gare de l'espoir », centre de stockage à la mesure des quantités de couvertures, vêtements et colis en tout genre proposés de partout.

Le premier soir après l'appel, à la montagne Sainte-Geneviève, se tient le grand meeting de la charité, vaste rassemblement où les mots sont capables d'entraîner des actes, de susciter immédiatement l'initiative. Toutes bonnes volontés réunies, chacun selon ses moyens, on organise dans Paris et sa banlieue de véritables patrouilles de secours. Aux heures froides de la nuit, la tournée des miséreux doit permettre que « personne ne passe la nuit dehors ». Paul et son équipe voient alors les autres, la multitude des gens, bourgeois et gens du peuple, pour une fois au coude à coude, prendre le relais de leur terrible labeur nocturne.

Depuis des jours, ils descendent chaque soir à Paris pour apporter de la soupe et du café à ceux qui gèlent dans les rues.

— Un travail de fous après une journée de boulot ordinaire, qui par ce froid n'était déjà pas si ordinaire, dit Jules. Et là, tout à coup, alors qu'on n'était pas du tout préparés à ça, on a l'impression que c'est le monde à l'envers. Ça nous tombe dessus et on fonce. Tout le monde veut faire ce que nous, les pauvres types, nous faisons dans l'indifférence. Une aventure extraordinaire.

Jules est aux Peupliers quand survient l'inimaginable. À la gare d'Orsay, chaque jour, il voit rentrer par camions entiers des tonnes de matériel et d'objets. Les gars avec lui travaillent sans relâche, réceptionnent, trient, entassent, sous la direction d'un industriel du Nord et capitaine de réserve, Jean de Roubaix, qui entre en quelques heures dans la légende d'Emmaüs. Les hommes ne dorment guère, les incessantes allées et venues des camions du BHV — prêtés par Lillaz — et des camions de l'armée les occupent trop ; on transporte jusqu'à eux un « trésor » dont aucun chineur ou biffin n'aurait osé rêver. Plus que cela, on leur apporte de quoi être fiers : le travail qu'ils ont inventé au bénéfice des plus démunis, ce boulot ingrat et éreintant qui est leur lot quotidien, semble être devenu soudain celui auquel tout le monde aspire. En même temps qu'ils s'affairent, ils savourent cette reconnaissance de leur utilité sociale. Ils sentent la part de revanche qu'elle signifie.

Quel étonnant spectacle de voir toute la capitale, par ses dons spontanés puis par les opérations de débarras, pratiquer un temps leur métier ! Producteurs et consommateurs ignoraient leur activité, l'économie la méprisait, et tout à coup la société en découvre les vertus, s'y investit sur un coup de cœur, cherche à travers elle à restaurer sa propre image vertueuse.

Au-delà de la brusque fièvre charitable, les dons massifs, la récupération et la redistribution gratuite de biens inutilisés accusent l'absurdité d'un système qui gaspille la richesse et oublie les plus pauvres. Emmaüs conteste cette logique. L'« insurrection de la bonté » est la première victoire de son utopie. L'élan de générosité de l'hiver 1954 réalise l'ambition des chiffonniers de mettre le travail au service de la solidarité. Leur « boulot » est réhabilité, reconnu comme œuvre utile, comme métier. C'est toute leur existence qui devient digne de considération.

On les fait riches, c'est-à-dire qu'on leur donne les moyens de continuer Emmaüs, de développer le service des plus souffrants. C'est le résultat concret et immédiat des événements de février : le soulagement de la plus grande détresse. Des vêtements, de la nourriture, des abris pour ceux que le froid menace de mort.

Plus importante encore est la deuxième victoire : contraindre ceux qui gouvernent à agir. Un mois exactement après la désolante séance du 3 janvier, les mêmes représentants de la nation qui avaient refusé d'accorder un milliard au secours des sans-logis votent, sous la pression populaire, un programme de 12 000 logements de première nécessité. En un mois, on passe des stations de métro et des centres fraternels de dépannage aux cités d'urgence réclamées par l'abbé Pierre. Quelques jours plus tard, deux chantiers sont commencés, à Plessis-Trévise et à Torcy. À la revanche des chineurs s'ajoute celle des bâtisseurs, lancés dans la construction de centaines de logements.

Pierre en demandait 1 000, l'État s'engage à en bâtir 12 000 ! À la tribune, le ministre Lemaire déclare : « Le gouvernement n'est pas resté insensible aux appels qui montent de toutes parts ; il s'associe, lui aussi, à l'"insurrection de la bonté". »

Redoutable cadeau, en réalité, mais l'enthousiasme du moment cache sa véritable nature.

Le sentiment d'une victoire remportée de haute lutte contre l'inertie des pouvoirs publics fait croire à tous les miracles, et même à la sincérité des politiques. Pourtant, dès le 16 février, Robert Buron s'interroge, au sujet de son ami l'abbé Pierre : « Comment peut-il, comment va-t-il coopérer avec les pouvoirs publics sans compromettre pour autant l'action qu'il mène ? » Mais l'euphorie de l'utopie généreuse est plus forte que la méfiance, malgré les premiers signes d'un essoufflement de l'élan populaire. L'opération « chambres de bonne », saluée par François Mauriac comme une idée de génie, tourne court. Elle consistait à faire débarrasser par les chiffonniers les nombreuses chambres de service inoccupées — mais encombrées — des beaux quartiers, pour que leurs propriétaires les offrent aux sans-logis. La générosité des nantis ne va pas, sauf notables exceptions, jusqu'à cette remise en cause volontaire du droit de propriété. Dès lors, c'est dans le face-à-face avec l'autorité publique, à propos des cités d'urgence et de la politique de construction du pays, que se cristallise pour l'opinion l'action d'Emmaüs.

Mais en attendant les premières difficultés, l'abbé Pierre remporte une troisième victoire, qui confirme l'ambition de son projet.

Dans la foulée de son succès, Emmaüs devient une force d'attraction qui fait descendre de leur balcon les gens aisés et les incite à rejoindre les éclaireurs d'un autre chemin. Ceux qui ne se contentent pas de donner viennent se mettre au service de ceux-ci. La contagion tant de fois invoquée par Pierre produit dans la fièvre de la « croisade » des effets innombrables. Les plus voyants sont aussi les plus éphémères ; ils font, lors des premiers jours, le bonheur des échotiers avides de croquer les oripeaux de la charité. La mode est alors au dévouement, au ramassage des épaves humaines, à leur hébergement par des bourgeois en quête de bonne action. Mais des volontés moins soucieuses d'éclat se rallient, dans le feu de l'action, à l'occasion du grand brassage social qui accompagne la « tempête charitable ». Des volontés insatisfaites, prêtes à s'investir, à connaître la misère « par en dedans » et à lutter contre elle. La force d'attraction se mue pour certains en force de conversion.

Avant l'appel du 1er février, les Amis d'Emmaüs, séduits par Pierre au cours de ses conférences, constituaient une troupe informelle de douze mille sympathisants-cotisants. En mars 1954 se constitue officiellement l'Association Emmaüs, dont le siège est à Neuilly-Plaisance et les statuts déposés à la préfecture de Seine-et-Oise. Le bureau comprend l'abbé Pierre, le journaliste Verpraet et Jean Bouchy, industriel. Le conseil d'administration qui l'a élu rassemble « les amis qui ont apporté, au cours des semaines précédentes, l'aide de leur expérience ».

Journalistes (Verpraet, Barrat), avocats (Budin, Chaumié) ou notaire (de la Marnière), hommes d'affaires (Lillaz, Bercher) ou de finances (Mourral, Denis), membres du Conseil économique ou conseiller d'État (Houist, Join-Lambert), responsables du secteur associatif (Cruziat, Villot), ou capitaine de vaisseau en retraite (Boulat), ces hommes constituent l'ossature d'une équipe d'abord chargée, autour de l'abbé, de faire face à l'afflux des dons, mettre un peu d'ordre dans le tourbillon, et tenir les comptes. La fidèle Lucie Coutaz, secrétaire de l'Association, le marquis d'Argent, secrétaire général chargé de la gestion, d'autres responsables de secteurs particuliers (Thorel, Dauphin pour le logement, Henri Camus pour l'accession à la propriété, Dony pour la HLM) complètent avec Paul et Jean-Yves, responsables des communautés, cette première structure née dans l'urgence. Un immeuble de la rue des Bourdonnais, dans le quartier des Halles, l'abrite à partir de l'été 1954, en même temps que toutes les branches issues d'Emmaüs. À la fois, maison du logement, état-major et QG, les « Bourdonnais », comme on dira bientôt, est encore une auberge, un asile de nuit qui peut accueillir cent vingt personnes. À côté d'une quarantaine d'employés, viennent se mettre au service des nécessiteux, d'autres bonnes volontés, plus anonymes et tout aussi bénévoles que les premiers amis.

Ainsi, en moins de six mois, les cent quatre-vingts communautaires se retrouvent huit cents, et Emmaüs, association d'Auberge de jeunesse et de rencontres internationales, se transforme en vaisseau abritant, sur quatre étages, au 32, rue des Bourdonnais : des services administratifs centraux, une revue *(Faim et Soif)*, trois associations de construction et de gestion d'immeubles (HLM/ Accession à la propriété/Société des bâtisseurs), l'Union nationale d'aide aux sans-logis (chargée du secours d'urgence et de l'asile de nuit), le bureau central des communautés, l'Association Emmaüs et la société civile immobilière propriétaire et gérante des biens immobiliers de cette dernière...

L'éruption du 1er février a donné lieu à une formidable éclosion. Le succès matériel de l'« insurrection », quantifiable en millions et en tonnes (au total, avec les dons en nature et les débarras, un milliard de francs), en nombre de personnes secourues, de logements d'urgence mis en chantier, a fait sortir des catacombes l'« étrange communauté des chiffonniers » et l'a grossie de multiples prolongements, dans le désordre d'un printemps prodigieux.

Ceux qui ont rejoint Emmaüs viennent d'horizons divers, majoritairement issus des milieux catholiques progressistes. L'hiver terminé, le secours à la grande détresse semblant assuré, beaucoup partent. D'autres restent, disciples, collaborateurs permanents, « fortement impressionnés par la personnalité de l'abbé Pierre... Quelques-uns voyaient en lui l'apôtre de la charité, d'autres le prophète dénonciateur d'injustices, mais il n'en manquait pas pour le considérer aussi comme un revendicateur de droits populaires et même comme un réformateur religieux et pourquoi pas politique [1] ».

Dix phrases jetées à la va-vite sur les ondes ont produit, en même temps qu'un « soulèvement de bonté », ces conversions. Mais la variété de leurs motivations montre aussi la part de flou qui entoure le défi lancé par Emmaüs à la société.

Ce qui vient à la lumière après cinq années de douloureuse obscurité, est-ce Emmaüs, ou l'abbé Pierre ? Emmaüs est l'abbé Pierre bien plus que celui-ci n'est Emmaüs. Le flou est dans cette confusion, source de malentendus.

Le Père s'efface devant son œuvre, il n'a fait que consentir à ce qui s'est produit, « voile tendue appelant le vent qui la gonfle », selon son habituelle métaphore. Cette humilité semble laisser la meilleure part à la communauté des compagnons, qui a su déclencher un mouvement. Elle a en réalité une autre signification. Dans l'utopie mystique, la croyance l'emporte sur la réalité, la conviction se veut assez puissante pour ignorer la contingence des faits et des acteurs.

Le « germe fondamental d'Emmaüs » est au-delà de ce que les compagnons peuvent connaître du sens de

1. José Balista, « Emmaüs et l'abbé Pierre », thèse de l'École des hautes études en sciences sociales, 1976.

leur propre existence. « Ils vivent une réalité, mais sans se demander en quoi elle consiste. »

L'hiver 1954, ils foncent dans le brouillard. Le Père est moins souvent parmi eux ; il harcèle les ministres, explique son action aux journalistes, interpelle les riches. Ils travaillent donc dans l'ombre et la discrétion, faisant plus que jamais ce que le drame des sans-logis exige d'eux. Ils sont contents, eux les pauvres types, « d'embêter le gouvernement, d'emmerder le pouvoir ». Tous ont quelque chose contre lui parce que, personnellement, ils ont souffert de ses lois, de sa police, de sa justice, ou simplement de son indifférence à leurs malheurs. Mais tous éprouvent à travers Emmaüs une révolte d'« hommes relevés » face à l'injustice qui frappe leurs frères de misère. « Ils avaient tous les moyens et ne faisaient rien ! C'était nous, les lampistes, qui les poussions au derrière ! »

Avec quelle jubilation « emmerdent-ils le gouvernement » au nom du droit d'asile ! Et le préfet de police Baylot au nom de la dignité des hommes sans toit, qui n'ont pas à produire de papiers d'identité pour dormir à l'abri ! Quelle griserie de voir tant de volontaires leur donner la main pour que s'ouvrent des dizaines de centres fraternels de dépannage, des policiers les aider et le préfet de la Seine qui vient en personne prendre leur parti contre le préfet de police...

L'abbé Pierre est l'homme de l'année, la coqueluche du Tout-Paris, et eux, les hommes du Père, deviennent les rois du pavé.

Les gars de Jean-Yves sont sur les chantiers, ils défrichent en quatre jours le terrain du Plessis-Trévise ; ceux des Bordes sont sur les gadoues de l'Est parisien, avec leur nouveau responsable, Paul Beaudoin ; une vingtaine est restée derrière Paul, au secours d'urgence ; d'autres sont à Orsay. À la montagne Sainte-Geneviève, ils sont une poignée, qui ont entrepris de déblayer les salles des sous-sols, transformant la première crypte en cuisine et la seconde, plus basse encore, en oratoire. Malgré la cohue, quand l'entassement des colis menace de transformer l'abri de toile en entrepôt, ils ont, avec pelles et pioches, mis au jour les vieilles pierres oubliées sous le terrain vague, dégagé les voûtes et nettoyé les dalles. Sur un autel, ils ont installé *leur* Vierge en plâtre, la Vierge des pauvres de la montagne Sainte-Geneviève. Abraham et ses gars l'ont déménagée de l'église Saint-Étienne toute proche, prenant aussi les cierges pour lui faire un bel autel illuminé, égayé, fin février, par les premières violettes du printemps. L'archevêché s'est plaint à l'abbé de ce détournement.

— Rendez la statue de sainte Anne !

Paul, mandaté par l'abbé qui le charge d'éclaircir cette affaire, doit faire la queue, comme tout le monde, pour gagner, de la tente en surface, la crypte supérieure où les compagnons sont installés, puis la chapelle des pauvres, en dessous, où, par groupes de dix, les « messieurs-dames » viennent se recueillir, prier sous l'œil d'Abraham, sentinelle vigilante. Il lui dit :

— Le curé d'à côté n'est pas content ! La statue de sainte Anne, les cierges...

— C'est pas la Vierge ?

— Non, et le curé n'apprécie pas cette concurrence.

Abraham tâche de se souvenir.

— Sainte Anne, c'est la mère de la Sainte Vierge, non ? C'est pas grave, c'est notre Vierge à nous !

Abraham fait dire les prières et montre à chacun où déposer son obole, avant de remonter à la surface.

— Pourquoi avez-vous fait cela ? demande Paul.

— Parce que c'est la Vierge miraculeuse qui rapporte !

Le soir venu, adossé à l'entrée de la tente qui nargue pendant cinq semaines la bonne société et ses lois, Abraham voit venir à lui les donateurs prêts à se muer en adorateurs. Il garde ses mains au chaud dans un pardessus, et on le regarde autrement. Il a oublié l'armée, le dur retour à la vie civile, l'errance sans un sou, la tentation du vol. Ce qu'il n'oublie pas, ses mains abîmées par le tri du verre dans les décharges suffiraient à le lui rappeler, ce sont les mois de dur boulot et de vaches maigres et la confiance du Père, qui a fait de lui le responsable de la tente. Des gens descendent en voiture et apportent des vêtements, des chaussures, des couvertures, de l'argent dans des enveloppes et s'adressent à lui. Il fait son travail, consciencieusement. Veulent-ils voir « la Vierge » dans la crypte souterraine ? Qu'ils fassent la queue et payent ! L'argent qu'il a en vrac dans ses poches, les billets débordant des boîtes et des caisses, tout sera remis au Père, une fois prélevé le pécule habituel de chacun. Et sainte Anne que nul ne reconnaît rapportera, pour les miséreux qui dorment sur la paille, dans la grande tente, trois ou quatre millions de plus...

Abraham ne sait trop s'il est réconcilié avec le monde ou si cette fichue société est en train de changer, mais il savoure sa revanche. Il rigole quand Jules lui raconte comment, avec Lulu, Charlot l'ancien légionnaire et une paire d'autres, ils ont squatté des maisons vides dûment repérées. Un hôtel désaffecté, vers la gare du Nord, une fabrique de poêles Godin dans le XIe...

— On amène une première famille avant six heures du matin, l'heure légale, et on repart à Neuilly-Plaisance charger le camion. Le coin était tranquille, mais au troisième voyage, une dame bien habillée, distinguée et tout, se pointe...

— C'est les mômes qui faisaient du raffut ?

— Même pas, mais trois camions dans ce coin, avant l'aube, ça l'avait intriguée. Une rue si calme... "Toutes ces allées et venues, qu'elle fait, qu'est-ce qui se passe ?" Alors je lui dis : "C'est pour l'abbé Pierre, y a une maison vide et des familles à loger." On les installe, on nettoie, on apporte des meubles, on commence par aménager une espèce de nursery pour les gosses, des berceaux pour que les flics, s'ils débarquent, voient d'abord ça, des gosses dans des berceaux... Alors la bonne dame nous dit bravo, c'est admirable... elle causait comme ça : admirable ! L'abbé Pierre est un saint homme, il en faudrait d'autres, des hommes comme lui ! Il fait des choses si fantastiques ! Puis tout à coup, comme on commence à décharger, elle s'inquiète : "Mais où est-ce que vous squattez, comme vous dites, mes amis ?" Alors je lui montre la maison vide, à côté de la fabrique.

— Et elle fait la gueule parce que tous ces pouilleux et leur marmaille dans le voisinage, ça va la déranger ?

— Pire que ça ! "Bande de salauds, c'est à moi, cette maison ! qu'elle crie. Et vous installez ces gens-là sans me prévenir ? C'est parfaitement illégal ! Si l'abbé Pierre m'avait demandé la permission, encore ! C'est insensé !"

— Il saura bien s'arranger avec elle ! conclut Abraham dans un grand rire.

Si d'autres racontent les vols, les petits malins qui viennent se servir à Orsay, les boîtes à chaussures pleines de billets et de bijoux qui s'égarent et se volatilisent, Abraham et Jules haussent les épaules.

— Y' avait des requins, forcément. Y a bien eu des escrocs, des faux abbés Pierre, alors des requins, des voleurs, bien sûr. On le voyait bien, mais bon... On n'était pas responsables, on était trop paumés. Tout ce fric, ces camions pleins, on ne pensait même pas à ce que ça représentait vraiment, c'était juste de quoi habiller et nourrir les pauvres types, et permettre au Père de réaliser ce qu'il avait en tête. Nous, on faisait notre boulot, et les responsables s'occupaient du reste. Moi, j'allais à Pigalle avec une lessiveuse au couvercle grillagé, pour que personne ne mette la main dedans. Les gens glissaient des pièces, des billets, entre les mailles. "Pour l'abbé Pierre, pour ceux qui meurent de froid !" On allait sur les boulevards, les places ; on faisait la quête avec nos lessiveuses ; tout le monde avait entendu parler de la campagne des billets de cent francs et les gens donnaient. À Pigalle, même les putes donnaient. Après chaque passe, elles mettaient une pièce... Pas un billet, quand même, une pièce ! L'abbé, pour elles, c'était quelque chose ! Les femmes à la rue avec des gosses, elles comprenaient, les tapineuses ! Le Père, elles n'auraient pas supporté qu'on en dise du mal ! Et aux types qui montaient avec elles, elles montraient la lessiveuse. Ils se sentaient obligés et glissaient un biffeton...

Et Jules, amer, de conclure à propos de ces temps héroïques :

— Les journalistes couraient après le Père. Or, il était partout à la fois ; pour eux, c'était crevant. Alors ils se rabattaient sur nous. Mais est-ce que ça les intéressait, ce qu'on faisait, nous ? Rien du tout ! Leurs questions, c'étaient toujours les mêmes : qu'est-ce que vous pensez de l'abbé ? Son béret, sa barbe, sa houppelande... ? Jamais ils ne demandaient ce qu'on faisait pour lui, ce qu'on faisait tous ensemble. Alors on devenait sourds. On marchait comme un seul homme avec le Père et le reste, on le gardait pour nous, pour nos souvenirs. On se sentait utiles et fiers et c'était tout.

De l'utopie d'Emmaüs, de la graine qui a germé grâce à eux sans qu'ils le sachent et le comprennent, les chiffonniers retiennent l'aventure, le défi à la société, à la loi, et l'attachement au Père. « Emmaüs ne se définit pas, il se vit », disent-ils tous depuis quarante ans, exprimant ainsi à leur manière leur adhésion sentimentale, affective, à l'œuvre et à celui qui l'incarne.

Le charisme, cette « qualité insolite d'une personne qui semble faire preuve d'un pouvoir surnaturel, surhumain ou du moins inaccoutumé, de sorte qu'elle apparaît comme un être providentiel, exemplaire ou hors du commun, et pour cette raison groupe autour d'elle des disciples ou des partisans[1] », n'a pas d'autre ressort que cet abandon irrationnel à une aventure subversive, menée par un chef dont la vocation personnelle est une fois pour toutes reconnue comme légitime et juste.

La domination charismatique de l'abbé Pierre sur les chiffonniers emporte leur adhésion parce que, sans réfléchir, ils lui font une confiance aveugle, la même qu'en retour il leur accorde dans un élan sans calcul. Elle implique de leur côté un renoncement au contrôle et à la critique, une part d'aliénation consentie. En échange, les disciples arrachés à la déchéance et à sa routine vivent une aventure hors norme, avec le sentiment d'agir au jour le jour pour une bonne cause, contre les règles injustes d'une société qui les a condamnés par le passé au malheur et à l'échec. Pour les chiffonniers, la fidélité au Père est alors le gage de leur propre existence — au point que quitter Emmaüs ou en être exclu est vécu comme une question de vie ou de mort. L'effet de cette domination, du point de vue des compagnons, est de les rendre silencieux sur le sens de leur adhésion. Ils se nourrissent de la légende qui leur fournit ce sens et l'alimentent à leur tour des anecdotes qui forment leur propre histoire d'hommes rescapés. L'épisode de 1954 s'inscrit alors dans leur mémoire comme la fin d'une époque héroïque et pure, davantage que comme un commencement. Pour ceux du temps des catacombes, il y a, à partir de 1954, vis-à-vis du Père, le pressentiment que rien ne sera plus tout à fait comme avant ; que le succès, la célébrité, qui les privent déjà de sa présence, vont le leur enlever. À cette déception s'ajoute l'incertitude devant l'inconnu. « Que va-t-on devenir ? » L'insistance de Pierre à toujours

1. Max Weber, *Économie et Société*, Plon, 1971.

rappeler la période des catacombes, à ne pas confondre 1954 et la naissance d'Emmaüs, a pour eux l'accent de la gratitude, en même temps qu'elle est l'aveu d'une nostalgie : celle d'un temps d'innocence qui ne reviendra pas.

À contre-courant, dans le dénuement et l'indifférence, la communauté demeurait à l'abri des contradictions, réglant ses conflits selon ses propre règles. Maintenant qu'elle est le point de mire d'une société qui découvre ses tares, elle s'expose. Le vent appelé et provoqué par la « voile tendue » annonce une tempête incontrôlable, pour le meilleur et pour le pire. L'utopie, quand elle est reconnue et paraît capable de porter une aspiration collective, est aussitôt menacée par la réalité qu'elle conteste. Dans une société pluraliste et relativement démocratique, elle doit gagner sa place ou disparaître, négocier avec les différents pouvoirs ou se voir rejetée dans la marginalité. L'authenticité de son projet risque alors de s'en trouver altérée. Quand, de surcroît, elle s'identifie avec une personnalité charismatique, c'est l'identité même de son guide-fondateur qui se trouve directement visée. Ailleurs, dans les sociétés dictatoriales, le chef charismatique risque sa vie. En France, il encourt de perdre son âme. Quoi qu'il fasse, son intention, si bonne soit-elle, ne peut engendrer seulement du bien. « Les conséquences, et les conséquences des conséquences, ne cessent pas sur commande ou selon [son] bon vouloir [1]. »

Avant d'être confronté à l'ensemble d'une réalité sociale qui charrie « le bon et le mauvais », Emmaüs subit un brouillage. La communauté s'identifie complètement à l'abbé Pierre, mais celui-ci devient, au cours de l'« insurrection de la bonté », plus qu'une célébrité ou une vedette : un mythe.

1. Julien Freund, *Sociologie de Max Weber*, PUF p. 68.

La foule qui se presse à l'hôtel Rochester ou à la montagne Saint-Geneviève, pour donner et secourir les sans-logis, voit en lui une part d'elle-même où elle contemple avidement ce qu'elle a trop longtemps oublié : les vertus chrétiennes. À ses yeux, l'abbé Pierre les incarne toutes. Ce qu'il a été jusque-là, résistant, député, se sublime dans la sainteté. Il en offre tous les signes et se prête de lui-même, par sa façon d'apparaître, à cette projection. Il « consent » à cette représentation et les détails de la « succession d'incidents » qui prélude au 1er février montre qu'il y « consent » activement.

Pour alerter l'opinion publique et forcer les autorités à agir, l'abbé Pierre a, dès 1952, utilisé la presse comme levier. « Il faut crier, hurler cette scandaleuse crise du logement. Il faut qu'elle devienne un scandale public, une honte nationale, une affaire d'État. Pour secouer les grands, réveiller les riches, alerter l'opinion, l'appui de la grande presse nous est indispensable [1] », disait-il alors. Le recours à la presse, à la radio, paraît bien, deux ans avant l'appel de 1954, l'élément d'une stratégie d'interpellation qui ne veut pas faire le tri. S'il est une constante dans l'action de l'abbé, c'est qu'il n'a jamais voulu trier, ni parmi les moyens, ni parmi les hommes. Tout est bon pour la cause des pauvres ! Sa mythification par la presse, puis par l'opinion, n'est qu'une autre manifestation de la Providence divine l'appelant à une mission. Le mythe est un argument de plus pour le leader charismatique. À l'égard de son groupe, qui en tire un avantage matériel et moral et se soude davantage encore à son fondateur, mais aussi à l'égard d'autres mouvements qui opèrent dans le même sens du mouvement « squatter », éminemment subversif, aux associations d'aide au logement soutenues par l'Église, qui ont préparé le terrain en même temps qu'Emmaüs.

1. Marin et Bonnet, *La Grande aventure d'Emmaüs*, Grasset, 1969.

Grâce à l'appui de la presse et à son charisme personnel, l'abbé, et donc Emmaüs, cristallise sur lui la revendication populaire d'un logement pour tous, capte à son profit le flot d'indignation qui monte. Mythifié, l'abbé Pierre porte alors sur ses épaules un ensemble de significations concurrentes, voire contradictoires. Il est à la fois le saint charitable, le prophète d'une « tribu », le médiateur d'une aspiration collective. Il s'agit bien d'un fardeau, d'une source de tensions intérieures et de déchirements, pour celui que sa vocation pousse de l'avant sans regarder aux moyens, mais qui en même temps se sent comptable de tout ce qui advient par lui, même s'il ne l'a pas voulu. « Et alors les bonnes intentions et les cœurs purs ne suffisent pas à justifier les acteurs [1]. »

Le formidable succès de février s'achève. Tout reste à faire. Vient l'heure de la confrontation de l'utopie avec le réel, du chef charismatique avec la foule qui s'est reconnue en lui, de l'homme de chair avec le mythe qu'il a engendré. De cet affrontement, de cette succession de chocs naîtront les plus grandes souffrances.

1. Raymond Aron dans son introduction au livre de Max Weber, *Le Savant et le politique*, Plon, 1959.

2
La désillusion

« Il n'en est pas un seul ici qui n'ait dormi dans un lit cette nuit. Et les pauvres de Jésus-Christ, où sont-ils ? Vous qui êtes ici, vous seriez incapables d'accepter parmi vous l'un de ces misérables. D'ailleurs, ces misérables ne viendraient pas parmi vous. Ils ne s'y sentiraient pas chez eux. Vous avez fait de la maison du Bon Dieu un temple où les déshérités de la vie ne sont pas chez eux… »

Cette interpellation en forme de leitmotiv, les paroissiens d'Argenteuil l'entendent pendant le carême de 1954. Pierre insiste, martèle ses mots. Les pauvres sont toujours dans les cabanes de la Pomponette et dans les camps de la lointaine banlieue. Ceux qu'abritait la tente de la montagne Sainte-Geneviève et les rescapés du grand froid ont trouvé refuge sous d'autres tentes prêtées par l'EDF et dressées aux portes de Paris. Plus d'un millier de sans-logis. Le camp de la porte de Vanves en accueille la moitié, dont deux cents ménages et cent dix enfants. Quatre hébergés sur dix ont un travail stable, quatre autres veulent et peuvent être reclassés. Seuls deux sur dix ne sont pas récupérables. Ceux-là ne peuvent payer les 150 francs acquittés par les autres pour la nourriture et la place. Les centres d'hébergement doivent disparaître fin mai et il n'est plus question d'y admettre une seule recrue supplémentaire, quelle qu'en soit la détresse. Ces familles, avant l'été, seront dirigées vers Noisy-le-Grand, où un terrain jouxtant le château de France est transformé en « hameau de détresse ». En attendant la construction d'abris en dur, on essaie de remplacer les vastes tentes-dortoirs par des tentes familiales. Les cars de touristes étrangers, dont le programme de découverte de Paris incluait depuis quelques mois la « visite aux clochards de l'abbé Pierre », ne feront plus le détour par la porte de Vanves.

« Vous méprisez l'ivrogne qui titube dans la rue et la prostituée qui fait le trottoir. Vous avez tort ! » répète Pierre à Argenteuil. Aux bons chrétiens, cinglés par la virulence de son propos, il explique comment le jeune couple qui rêvait d'un foyer en est venu là : « Ils n'ont pas de logement, mais un taudis. L'enfant qu'ils ont eu ne résiste pas à la misère, au froid... il meurt. L'homme se détourne, amer et déçu, il boit. La mère, abandonnée, solitaire, sombre elle aussi. Le chômage vient et leur vie est abjecte, pleine d'amertume et de dégoût. Ils avaient pourtant le cœur pur, ils croyaient à la loi, à leur patrie, aux hommes de leur temps, après toute la souffrance de la guerre. Et autour d'eux, parmi les bien-pensants, pas un seul qui aurait laissé sa voiture dans la rue pour leur offrir l'abri de son garage. Alors, à qui la faute ? Vous avez bâti un monde où la multitude ne peut aspirer au bonheur. Que dis-je, au bonheur ? Elle ne peut aspirer au minimum vital, au minimum d'un logement. »

Cette famille-là, encore unie malgré tout, a échoué à la Pomponette, ce bout du monde de la misère. Elle est choisie parmi tant d'autres pour s'installer au Plessis-Trévise, dans les premiers logements d'urgence inaugurés par l'abbé et le ministre Lemaire, trois mois après l'appel du 1er février. La femme écrit à Pierre *(Faim et Soif*, n° 1) : « *Mon père, on m'a dit que je pouvais emménager immédiatement, je ne pouvais d'abord y croire et puis la fièvre m'a pris, je suis allée chercher les enfants, quelques bricoles, et nous nous sommes très sommairement installés. J'ai peine à m'imaginer que c'est vraiment vrai et pourtant les enfants dorment là-bas cette nuit et j'ai mes clés à portée de la main. C'est merveilleux, un conte de fées au sortir d'un cauchemar sans fin.* »

C'est le printemps et sur le terrain de cinq hectares défriché au lendemain du vote du 3 février, les petites maisons blanches se réchauffent sous le soleil, premières constructions d'un hameau à la campagne, un mirage pour ceux qui, depuis des mois, survivent dans la forêt de Pomponne, sous la tôle et la toile goudronnée, au milieu des carcasses rouillées.

— Je fais du logement ! a dit Lemaire au palais du Luxembourg. Ceux-ci ne seront ni des baraques ni de nouveaux taudis, c'est promis !

Aux premières critiques, il répond :

— Voyez le chemin parcouru depuis six mois !

Et Pierre renchérit :

— Ces logements d'urgence sont, pour moins de 800 000 francs, des maisons de « bon départ » et de « bonne arrivée », pour les jeunes foyers et les vieux ménages. On rêve du jour où un conseil municipal offrira aux jeunes mariés, en même temps que leur livret de mariage, un ticket de location pour un tel logement.

Sur les 6 000 premières habitations du programme, les bâtisseurs de Jean-Yves — il en a à présent deux cents sous ses ordres — se sont vu attribuer par les municipalités cinq chantiers, pour un total de quatre cents logements. Avant Aulnay-sous-Bois, Pontoise ou Chaville, la « cité de la joie » du Plessis-Trévise sert d'exemple.

— Construire par nous-même, en cette année 1954, est nécessaire pour nous donner l'autorité de parler, pour nous permettre de dire : nous avons fait cela ! Notre rôle est de provoquer à bâtir et d'y aider, dit Pierre avec confiance.

Près de Mulhouse, l'architecte Spoerry a déjà réalisé des logements de première nécessité faits pour durer, mais où les familles doivent en principe tourner, ne restant que deux ou trois ans avant d'être — les enfants venant — mieux logées, en HLM ou grâce à l'accession à la propriété. L'architecte, dont le projet a été retenu par le ministère, explique que le logement est définitif dans sa structure, mais temporaire dans son usage. La disposition en épi permet que l'eau, le tout-à-l'égout et le chauffage demeurent communs. Les maisonnettes de 38 mètres carrés, comprenant un séjour et une grande chambre divisible en deux, une cuisine et une salle d'eau indépendante, coûtaient un million à Mulhouse. En dessous de ce prix, on doit rogner. « Pour 800 000 francs, on n'a plus l'eau chaude ni le chauffage. Pour les 650 000 francs demandés par l'abbé Pierre comme maximum, j'ai rogné sur tous les détails. » Plus de parquet en chêne ni d'ouvertures assez grandes pour donner le maximum de lumière. « Il faut le plus de logements possible et seul le minimum de confort a été retenu, mais ce minimum est absolument nécessaire. » Le propos de l'architecte Spoerry traduit l'ambiguïté du discours officiel à propos des « cités d'urgence de l'abbé Pierre ».

La cité du Plessis-Trévise a été réalisée sans concours ni adjudication régulière, avec des entrepreneurs choisis par le ministère, appliquant des solutions techniques préconisées par celui-ci. L'abbé Pierre avait souhaité qu'un prix modique marque la volonté gouvernementale d'offrir tout de suite aux sans-logis des logements en dur, au confort certes sommaire, mais suffisant pour que les familles en transit reprennent espoir. Dans un délai record, en faisant une confiance totale aux techniciens et à l'administration, des bâtisseurs d'Emmaüs édifient une première tranche de 48 logements, inaugurés le 30 avril, puis 200 autres livrés à l'automne. Mais les hommes de l'art n'ont pas seulement « rogné sur les détails ». En construisant sans vide sanitaire et en ignorant complètement l'isolation thermique des murs extérieurs, ils ont fait bâtir par les hommes d'Emmaüs de futurs taudis. Pis encore : ils en ont fait endosser la responsabilité juridique à l'abbé, qui a signé les accords avec les entreprises.

— Fin janvier 1954, j'ai fait visiter au ministre Lemaire le terrain de Torcy, puis celui du Plessis-Trévise, rappelle Pierre. Il a trouvé Torcy trop beau et choisi Le Plessis-Trévise pour les logements d'urgence, affirmant aux journalistes présents : « J'en fais mon affaire. » C'est lui qui a envoyé les architectes, qui devaient contrôler les entrepreneurs. Mais à présent [février 1955], s'il y a un procès, c'est nous qui sommes responsables.

L'hiver arrive et le joli hameau blanc a perdu tout son charme, même pour les rescapés de Pomponne. Le terrain marécageux est devenu un bourbier à l'écart du village. Les routes s'effondrent, parfois ce sont les maisons qui s'affaissent : 250 fragiles abris bousculés par les intempéries, aux murs rongés de mousse et de champignons. Les plaques de Fibrociment ont été posées fendues, les cheminées fuient, l'intérieur est inondé. Impuissantes à lutter contre la moisissure, les familles se ruinent en chauffage pour obtenir 13°C, subissent l'humidité et la boue. Le travail est loin, il n'y a pas de transports, aucun équipement collectif, et les loyers sont chers (4 000 à 5 000 francs).

À peine entrevu, l'espoir s'est évanoui. On cherche à fuir la cité invivable, comme auparavant la forêt de Pomponne ou les taudis surpeuplés de Paris. La paie hebdomadaire permet au jour le jour de manger, la « caisse » (les allocations familiales) bouche les trous, rembourse les dettes, paie le loyer, quand il reste de quoi. Défauts de paiement, procédures d'expulsion, retours au camp de toile, au hameau de détresse de Noisy... C'est le cercle désespérant de la pauvreté. Il faut renoncer, toujours renoncer : aux vêtements, aux loisirs, à l'avenir surtout. Sinistrés de l'économie, les habitants du Plessis-Trévise restent des sinistrés du logement. Dans cette première cité d'urgence, « on peut vivre sans mourir », constate Yves Goussault après avoir dressé ce tableau sans complaisance *(Faim et Soif*, n° 9). Trop chers ou pas assez, trop confortables ou pas assez, ces logements d'urgence sont une solution bâtarde, le contraire de ce que voulait l'abbé Pierre.

Construire des logements, ce n'est pas seulement donner un toit. C'est affaire de politique d'urbanisme, d'aménagement du territoire, dira-t-on bientôt. Un État qui ne construit pas et n'a pas de politique globale en matière de logement n'a pu produire, dans l'improvisation, que ce gâchis. Mais comme il est plus facile pour lui d'en accuser le « provocateur à bâtir », assez naïf, assez confiant pour avoir accepté la responsabilité juridique de ce fiasco !

Les autres cités d'urgence bâties sous la responsabilité technique d'Emmaüs ont tenu le coup, tandis que celles réalisées ailleurs, sous l'égide directe du ministère, se sont révélées aussi désastreuses qu'au Plessis-Trévise. Mais qu'importe ! C'est Emmaüs qui doit « porter le chapeau » des taudis neufs. Qu'importe si, en trois années, la HLM d'Emmaüs a réalisé 1 500 logements décents et habitables, et les cités d'Emmaüs 400 autres en accession à la propriété. Qu'importent ces succès, puisqu'il fallait donner une leçon à l'abbé sur son terrain de prédilection.

Au printemps 1956, quand l'État doit affecter 1,5 milliard au sauvetage de ses cités d'urgence, la critique englobe l'action des pouvoirs publics et celle des chiffonniers. Elle exonère Pierre lui-même, taxé d'angélisme, de crédulité, mais pour mieux montrer du doigt ses compagnons-bâtisseurs. En fait, en prêtant la main à l'autorité politique, l'abbé Pierre s'est exposé au piège d'une collaboration qui, d'emblée, était biaisée.

Tout a commencé sous le signe de l'hypocrisie gouvernementale, en dépit des assurances du ministre Lemaire. Mis au défi par les « pauvres types » de faire cesser le scandale des sans-logis, l'État a promis 12 000 logements sans donner l'argent pour les construire. C'est Emmaüs, riche des 500 millions procurés par l'« insurrection de la bonté », qui a avancé au Crédit foncier les fonds nécessaires au financement de la première tranche de logements du Plessis-Trévise. Puis Pierre a accepté, après maintes hésitations et mises en garde, de promouvoir le fameux emprunt pour les cités d'urgence, lancé en mars. Il fallait 10 milliards, la moitié couverte par un emprunt national sans intérêts. Une magnifique première en matière de finances publiques, se réjouit-il ingénument, croyant durable le souffle généreux qui a balayé le pays en février. L'emprunt devient donc le sien ; son nom sera accolé aux cités d'urgence, dès lors qu'il accepte de cautionner cette supercherie. Car le grand emprunt de solidarité aux plus démunis, saboté par les pouvoirs publics, dédaigné par les nantis, est plus qu'un piège politique. C'est le début d'une désillusion.

Riches et pauvres avaient également répondu au SOS du 1er février. Quelques semaines plus tard, seules les petites gens répondent à l'appel de l'État, qui les représente pourtant si peu, et c'est l'abbé qu'ils soutiennent. Le Pouvoir, l'Argent, tournent le dos au provocateur. La blessure est cruelle, la réalité sociale se rappelle au bon souvenir de l'utopie. L'ordre des choses a repris son cours.

Deux jours avant la clôture de l'emprunt, qui ne rapporte que 2,250 milliards, Pierre s'indigne de cette dérobade dans un article au vitriol publié par *Le Franc-Tireur*, le plus anticlérical des journaux de l'époque. « Quand vous aurez fait votre boulot, nous reprendrons le nôtre ! » s'écrie-t-il, rompant là avec une bonne partie de la classe politique qu'il a jadis côtoyée. Plus tard, il commente : « Nous nous sommes trouvés devant la misérable manœuvre d'un gouvernement composé d'hommes d'affaires et représentatif d'hommes d'affaires. Après avoir promis un effort, il a cherché, comme de coutume, à faire porter cet effort sur les gens modestes... Stratagème malhonnête. » Et pourtant, ajoute-t-il, « nous ne refusons de coopérer avec aucune forme de pouvoir public, mais seulement pour une action réelle et honnête en faveur des sacrifiés de la politique ». Ce pouvoir-là, malgré le « maléfice » qui pèse sur lui, peut-il se trouver ? Et comment le contraindre à faire son devoir envers les plus souffrants ? Pierre avancera bientôt sa réponse.

Pour l'heure, il retient que le ministre des Finances, Edgar Faure, a su sortir des caisses de l'État les 8 milliards manquants de l'emprunt, et que le mérite en revient à son jeune et brillant directeur de cabinet, Valéry Giscard d'Estaing... Et il revient à l'urgence, pour justifier son choix de coopérer avec l'État, de payer par l'exemple, quitte à payer ensuite les pots cassés. La tragédie est trop grande pour qu'en matière de logement on abandonne un moyen au profit d'un autre, au nom de la prudence ou de l'efficacité. Il faut les utiliser tous pour qu'un sursaut national pousse le pays, jusqu'au sommet de l'État, à agir pour les sans-logis.

Pierre a vu trop d'exemples de familles détruites par l'existence dans les taudis. Dans l'inventaire de la misère cachée dans les soupentes, dans les cabanes au fond des arrière-cours et les chambres aveugles des garnis, le plus extraordinaire est la résistance dont font preuve d'innombrables foyers. Ces familles qui s'entassent dans

6 mètres carrés, dorment dans un seul lit ou par terre, s'accrochent envers et contre tout à un reste de dignité. L'hygiène la plus élémentaire fait défaut, la maladie frappe, la promiscuité est insupportable. Pourtant, toutes luttent contre la folie et le désespoir, et refusent l'abjection. Elles endurent, depuis souvent plusieurs années, l'enfer des garnis loués au prix fort par les marchands de sommeil, s'usant à préserver la parcelle d'humanité qui les sauve de l'horreur. Beaucoup basculent, brisées, mais beaucoup plus tiennent et luttent encore. Comment calculer quand subsiste cette mince lueur au sein de l'épouvantable gâchis humain ? Tout doit être fait pour repêcher ceux qui ont sombré, et sauver ceux qui survivent au bord de la déchéance.

Au nom d'eux tous, Pierre s'insurge, martèle l'accablante et implacable vérité des chiffres. Fin 1953, près d'un million de personnes vivent à l'hôtel, en garni, dont 400 000 en région parisienne ; plusieurs dizaines de milliers, non recensées, oubliées, survivent dans des bidonvilles ; un Français sur six est mal logé, près d'1 logement sur 3 est vétuste ou à réparer. Un tiers des constructions urbaines et plus de la moitié des habitations rurales ont plus d'un siècle. Dans les campagnes, la majorité des logements agricoles ne possèdent qu'un sol de terre battue — dont les deux tiers en Bretagne. À Paris, plus de la moitié des immeubles ne répondent pas aux normes de salubrité : 1 logement sur 5 n'a pas l'eau, 1 sur 2 pas de WC intérieurs. On n'a pratiquement pas construit entre les deux guerres, ou alors trop cher pour le plus grand nombre. Les capitaux se sont détournés de l'immobilier, trop peu lucratif, et le blocage des loyers a entravé la construction et découragé l'entretien du parc existant. Le marasme démographique a entraîné celui de l'industrie du bâtiment.

Depuis la guerre, tous ces retards se cumulent et s'aggravent. On indemnise mieux que nulle part ailleurs les dommages de guerre, mais on construit six fois moins qu'en Allemagne ! On estime déjà à 2 millions de logements le besoin immédiat, mais au rythme où l'on bâtit (40 000 constructions annuelles en moyenne de 1945 à 1953), on court à la catastrophe. Malgré l'effort commencé en 1954 — environ 300 000 logements mis en chantier chaque année —, une enquête de l'ONU réalisée en 1956 évalue à 4 millions le déficit d'habitations en France — et à 28 % le pourcentage de Français mal logés. Emiettée, manquant de main-d'œuvre et d'ouvriers qualifiés, techniquement inadaptée et beaucoup trop chère, l'industrie du bâtiment ne peut faire face aux impératifs de reconstruction, de rénovation et d'habitations neuves. Et que dire de la législation absurde, décourageante ?

Il aura fallu attendre neuf ans après la guerre pour que le pays prenne enfin conscience d'un drame national et découvre que l'exigence d'un toit pour tous est la grande cause urgente. Pour celui par qui le scandale arrive, cette cause justifie tous les efforts : à la fois dénoncer et construire, contester et coopérer, en appeler à la bonne volonté de tous et à la justice pour les plus déshérités. « Proclamer l'amour et manier le fouet. »

La vie prime le droit et Pierre, il l'a assez dit, préfère voir vivre dans l'illégalité que voir mourir dans la légalité. Un décret de 1945 prévoit la réquisition de locaux inoccupés au bénéfice des sans-logis. L'administration l'ignore, mais le mouvement « squatter » l'a invoqué pour procurer un toit à plus de 5 000 personnes, malgré les poursuites judiciaires. Après le 1er février, le squatt se développe de plus belle, hors d'Emmaüs et dans celui-ci. Les comités d'aide aux sans-logis se sont fédérés dans l'UNASL (Union nationale d'aide aux sans-logis) et c'est l'équipe du secours d'urgence, derrière Paul et avec la bénédiction de l'abbé, qui pratique ces opérations tout au long de l'année 1954. La technique est éprouvée, l'impunité quasi assurée, tant est forte la position de Pierre. Emmaüs a désormais ce double objectif : reloger des familles et harceler l'autorité. Jusqu'à l'occupation du viaduc d'Auteuil en janvier 1955, tout Emmaüs se reconnaît dans ce type d'action inauguré par Pierre et Paul, à Chelles, en 1953. Paul s'est, depuis, renseigné auprès d'un ami avocat, pour mettre de son côté tous les atouts juridiques, et il dirige la manœuvre de main de maître.

Ils sont une vingtaine de spécialistes de ces coups : Lulu Pellati, Jules, Charlot, le grand légionnaire revendeur de photos porno, qui s'est brièvement frotté aux responsabilités à la Pomponette, César, Roger Bigle, Jacques, fils de général, orfèvre des repérages et des plans... et Liliane, la grande amie de l'époque.

Liliane Benoît d'Azy, apparentée à la famille de Broglie, a débarqué le 1er février après avoir entendu, chez son coiffeur, l'appel à la radio. Elle ne sait rien faire, sinon conduire. On la recrute dans la seconde comme chauffeur. Depuis, elle vient chaque matin chercher les consignes. « Rien d'une pasionaria, mais une belle femme libre, intelligente, pleine de classe et de cœur. »

Les « squattages » se préparent et s'exécutent comme un hold-up, au lever du soleil. Ils concernent au moins trente personnes, familles amenées de Neuilly-Plaisance ou réunies rue des Bourdonnais. « On logeait ce qui se présentait, toutes sortes de gens, de vrais cas sociaux, des très désespérés et des simplement malchanceux. »

Au-dessus de trente personnes, la police ne peut faire évacuer. Il faut l'armée, des réquisitions, bref un long délai avant l'expulsion. Les maisons choisies sont vides et délabrées, ou seulement inoccupées, parfois rénovées mais pas encore en service, comme cette maison close de la rue Sainte-Anne qui n'attend, sans doute, que les beaux jours pour rouvrir. Elle offre ses appartements d'après-midi, petits salons et boudoirs douillets... Au rez-de-chaussée, une grande fresque détaille les divers services proposés par l'établissement. Arrivant avec Paul, l'abbé Duvallet s'écrie :

— Il vaut mieux cacher ça aux enfants !

On cherche des journaux, on les punaise rapidement aux murs, aux bons endroits. Les scènes de genre, délicatement croquées, sont dissimulées pour l'essentiel : on ne voit plus que des bras et des jambes ! Les familles entrent sans trop faire attention à ce décor insolite, tant elles sont surprises de se trouver là. Les journalistes qui surviennent, eux, rigolent franchement. Un coup de fil à l'Agence France-Presse ou aux rédactions amies les a prévenus.

— C'est Paul, on va squatter à cette adresse...

— Quand ?

— Tout de suite...

En les embarquant dans des voitures, on a donné aux familles quelques conseils :

— Tenez-vous bien, soyez propres et ne vous inquiétez pas.

Elles ignorent leur destination, s'introduisent dans les locaux et des camions arrivent, chargés de meubles, d'une batterie de cuisine sommaire, d'un réchaud ou d'une cuisinière. On les a garés la veille dans un lieu assez sûr, et proche. Devant la Préfecture de police, quai des Orfèvres, par exemple...

Tout est minuté avec précision, mais « il faut quand même faire gaffe », ne pas perdre de temps, éviter que le voisinage ne se précipite aux nouvelles. On s'occupe en priorité des gosses, rassemblés dans la première pièce où les forces de l'ordre pourraient faire irruption.

— La nursery d'abord ! répète Jules, tandis que Bigle, l'ancien flic, se charge des boîtes de lait et des biberons.

Les mères cajolent leurs bébés pour qu'ils ne pleurent pas, ce qui ameuterait le quartier ; les hommes s'affairent.

Les maisons squattées ne sont pas toutes, loin de là, des bonbonnières « prêtes à habiter ». Il faut, le plus souvent, déblayer les pièces, repousser les gravats, nettoyer puis emménager à la hâte. Parmi les familles présentes, Paul constitue tout de suite un petit conseil responsable. « Les gens prenaient la responsabilité de ce qu'ils faisaient. Nous, on était là pour les aider. On logeait, on secourait. C'était à la fois du paternalisme, une aventure et, à petite échelle, une solution à portée de main, la continuation du secours d'urgence de l'hiver. »

Quand survient la police, Paul fait immanquablement le même récit :

— Je suis chiffonnier, on m'a demandé mon camion, je n'allais pas refuser d'aider ces gens, non ? Regardez-les, de braves gens, leur seule tare est de ne pas avoir de logement !

Il n'y a pratiquement jamais de pépin. Chiffonniers de l'abbé Pierre et familles à la rue... Comment user de la force contre ces gens, en 1954 ? Quand, de surcroît, les journalistes sont sur les lieux, la loi et ses représentants s'accommodent de la vie qui passe outre les codes.

Durant ces mois, Paul et ses gars pratiquent leur « piraterie » d'un bout à l'autre de Paris, et quelquefois, comme rue Sainte-Anne, « dans du chic, du moelleux » !

« Le père ne m'avait jamais dit de squatter, je prenais ça sous mon bonnet. Je savais quand même où le joindre, au cas où... »

Le « cas où » survient un matin, dans le XVIIIe arrondissement, non loin du commissariat. Les pétarades d'un camion alertent les voisins. Les familles ont à peine le temps de pénétrer par les fenêtres dans la maison vide que les cars de police pilent devant la porte. Tout le monde est embarqué sur-le-champ, familles inquiètes, gosses effrayés et en pleurs. La cohue envahit le commissariat, tout à coup livré à la pagaille des miséreux. Après un moment de confusion, le commissaire arrive et demande le « responsable ». Paul se présente :

— Il n'y a pas de responsable, mais je veux bien passer pour tel.

Le commissaire regarde avec incrédulité les familles et demande d'où sort « tout ça ».

— D'Emmaüs...

Il comprend, fait la grimace et repart. Il téléphone, le temps passe, la troupe, plutôt misérable et bruyante, campe dans le vestibule. Quand il reparaît, le commissaire est tout sourire.

— C'est bon, vous pouvez filer, tous ! Il n'y aura pas de suites, mais c'est bien parce que c'est vous !

— Filer où ? répond Paul. Vous avez une solution ? Si ces gens sont là, c'est qu'ils n'en disposent pas...

— Mais moi non plus ! Vous n'allez pas rester ici ?

— Moi et mes gars, non, mais les familles, où voulez-vous qu'elles aillent ?

Le commissaire, affolé, reste pendu des heures au téléphone, impuissant dans son commissariat squatté. Quand enfin il revient, on a trouvé pour lui une solution.

— L'immeuble où vous comptiez les installer, ça ne va pas, dit-il à Paul en montrant les familles qui attendent ; mais la Préfecture met un immeuble vide à leur disposition... Attention, pour quelques jours seulement !

« Elles y sont restées vingt ans, je crois bien, et un autre bordel qu'on avait squatté a fini en accession à la propriété... »

Les squatters sont-ils des criminels ? La police et la justice prennent des gants avec Paul et ses sans-logis, parce que l'abbé Pierre reste intouchable. Mais ailleurs, on expulse, on juge, on condamne.

À Angers, une dame frêle et entêtée, qui a mis toute son énergie à secourir les mal-logés de sa ville, a réclamé en vain l'application du décret de 1945 sur les réquisitions. Elle passera quatre fois au tribunal en moins de deux ans pour avoir installé des squatters dans des locaux vacants. Condamnée chaque fois à de lourdes amendes, Christine Bisset plaide l'assistance à personnes en danger, et la non-application criminelle des lois existantes par l'administration. Le groupe auquel elle appartient a fait construire des centaines de logements ; l'illégalité n'est pas un choix, un dogme, mais la dernière solution avant le pire. La propriété est un service avant d'être un droit !

Défendue par Me Budin, soutenue par les militants de la CGL — ainsi s'est rebaptisée l'UNASL en 1956 —, Mme Bisset force la cour d'appel à la clémence, en attendant que le législateur intervienne. Mais pendant ce temps, d'autres squatters sont expulsés, poursuivis en justice.

Emmaüs les soutient et les défend devant les tribunaux, même si certains font la grimace tandis que d'autres préféreraient ne pas savoir. Il n'y a pas de crime, sans doute, mais la loi... Au rez-de-chaussée, rue des Bourdonnais, les dames du secours d'urgence, qui reçoivent, dans des boxes, les pauvres en quête d'une aide, ont plus d'indulgence à l'égard des gros bras qui, à côté d'elles, préparent leurs coups de main. Elles sont nombreuses à se relayer pour accueillir, orienter, allouer des subsides. Les responsables, respectables bourgeoises comme Mme Dian, dont le mari possède des brasseries, ou Mme Prouvost, de la grande famille des lainiers du Nord, veillent davantage à la bonne utilisation des fonds qu'au respect de la légalité. Et le bataillon de dames d'œuvres qui les seconde « à l'écoute de la veuve et de l'orphelin » a encore moins de prévention à l'égard de cette équipe de déménageurs et de brigands qui poursuit à sa manière l'« insurrection » de février.

Les spécialistes, les « commandos » comme on dit du bout des lèvres dans les étages, se lancent dans une autre forme de squattage au cours de l'été 1954. L'auberge des Bourdonnais accueille tous les soirs des couche-dehors, mais, l'été venu, ses cent vingt lits n'y suffisent pas. Les centres d'accueil et de dépannage ont fermé au moment où les consciences, réveillées en février, se sont assoupies. En août, on ravale les asiles de nuit et les pauvres peuvent coucher à la belle étoile, sur le carreau des Halles. Quelques dizaines d'entre eux assiègent l'immeuble d'Emmaüs, un soir, furieux que la charité les oublie. Le vin aidant, ils secouent les grilles, cassent des vitres. Le Père vient au-devant d'eux et, d'un mot, les calme.

— Vous avez raison, vous travaillez et vous payez pour dormir à l'abri, vous avez droit à un toit. La charité est partie en vacances, mais demain, vous aurez un endroit, je vous le promets.

« Trouve quelque chose, dit-il ensuite à Paul. Plutôt loin. »

— Plutôt près, transmet Paul à Bigle. Ce sera plus commode et ça se verra. Le Père a parlé de Bercy, mais il y a trop de pinard par là-bas. Pourquoi pas les ponts, pourvu que les arches soient étanches et qu'il y ait de l'espace alentour pour des tentes...

Bigle fait le tour des quais et revient avec la solution : le pont de Sully, une arche magnifique, un square attenant, une esplanade pour dresser les tentes grand modèle fournies par le fidèle Mendelovitz.

Le préfet de la Seine, Dubois, est mis au courant.

— Demain ? Je ne serai pas là, demain ; faites vos affaires. Ma juridiction, ce sont les trottoirs, pas les ponts ! Mais vous aurez le préfet de police sur le dos...

Raccompagnant Pierre, il ajoute en parlant de Paul :

— Ce que je préfère dans votre affaire de curés et

de chiffonniers, ce sont les types comme lui, les « tordus »...

Le lendemain, à l'aube, des camions et une cinquantaine de gars arrivent de Pontault avec Jean-Yves. Les panneaux de Novopan permettent de réaliser des boxes sous l'arche servant de toit. Trois grandes tentes sont dressées à côté du pont. Les fanions d'Emmaüs proclament : « Libres et Justes ». Une entreprise apporte des bacs de fleurs et des arbustes en pots, « pour faire plus joli ». On ajoute une pancarte : « Auberge ouvrière d'Emmaüs ». L'œil plein de malice, le Père suit les opérations. Il a alerté Mgr Rodhain, du Secours catholique, qui vient proposer des couvertures.

— Il nous en faut deux mille ! répond Paul, comme il aurait dit vingt-cinq.

Elles seront là avant le soir...

Quand le préfet de police Ague débarque d'une vedette, il se fait insulter par quelques clochards, puis constate l'ampleur de l'affront. Les journalistes, déjà, s'extasient : « Ils ont le téléphone, un poste de soins, des tracts... Ils servent la soupe... Quatre-vingts familles, quatre cents personnes ! Ils refont le coup du Panthéon, en grand ! » Le préfet de police repart, enragé, persuadé que l'opération a été préméditée de longue date, comme un coup de force des miséreux, avec la complicité de certains de ses pairs.

Les hommes de Paul et de Jean-Yves sont devenus des experts. Lucie Coutaz crie casse-cou, gronde affectueusement son monde et ajoute, admirative :

— Vous avez vu grand ! Vous en avez logé combien, là-bas ?

Aux Bourdonnais, on savoure le succès. L'opinion est conquise, l'autorité bousculée. Emmaüs est à nouveau le point de mire de la presse, le Père arrache encore une fois les détresses de l'ombre pour les jeter à la face du pouvoir.

Le préfet de police voit rouge et convoque Paul.

« Une engueulade incroyable : la loi et l'ordre bafoués, des truands alliés aux asociaux pour propager la révolution au cœur de Paris... » Mais Pierre Sudreau, haut commissaire à la Construction du département de la Seine, et le préfet Dubois soutiennent les fauteurs de désordre. L'opinion est émue et les pouvoirs publics bientôt divisés.

Les semaines passent. Les processions du 15 août viennent au pont de Sully. Le squattage pourrait se poursuivre des mois mais l'affront infligé à l'État ne saurait durer. On négocie le déménagement, en octobre. Sudreau tient tête au préfet de police qui voudrait envoyer les hommes à l'asile de Nanterre, les femmes chez les sœurs et les gosses à l'Assistance. Il dit à Paul :

— La solution, c'est vous ! Vos méthodes et vos communautés ! Nous, nous n'en avons pas. Mais ces familles auront accès à la propriété, je vous le promets, par écrit...

— Votre parole me suffit, crâne Paul. Mais avec ce genre de raisonnements, vous finirez mal ! Nous, on se crève à garder les familles *unies*, alors, ce que vous envisagez pour elles, venez le leur annoncer vous-même ! Vous n'en sortirez pas vivant !

Paul crâne, mais que faire des familles ? Elles iront à Noisy, l'État oubliera encore une fois ses promesses et Emmaüs se retrouvera avec un problème insoluble sur les bras...

« On avait raison, mille fois raison. Des gens comme Sudreau et Dubois le savaient, tout le monde le reconnaissait ou presque, mais on devait se débrouiller finalement tout seuls, parer au plus pressé, se défoncer et encourir les critiques... »

Paul ne désarme pas. Après l'évacuation du pont de Sully, fin octobre, le pont de Tolbiac est occupé. Aux Bourdonnais, les réticences sont plus marquées. Cette fuite en avant dans la provocation et l'affrontement avec le pouvoir mène-t-elle quelque part ? L'hiver suivant, c'est au tour du viaduc désaffecté d'Auteuil d'être squatté, toujours avec le même objectif : « étaler le scandale et crier au mensonge » *(Faim et Soif*, n° 11).

Il a fallu, de longue date, faire occuper une à une les places de stationnement proches, pour que, au jour dit, les camions puissent accéder à l'ouvrage. Techniquement, l'opération est parfaite, rondement menée. Les ouvertures sont masquées, on « monte le décor » avec des palans, on pose du Balatum sur le sol. On aménage en quelques heures l'abri provisoire. Les familles — une demi-douzaine — sont rassemblées ; les vivres, les bougies leur permettront de tenir quelque temps. Après avoir prévenu les journalistes, on attend, espérant un choc dans l'opinion, l'émotion et la solidarité, la visite des autorités, leur réaction. Et des solutions, dans cette période qui marque le premier anniversaire de l'appel du 1er février.

Or, l'opération tourne court. Le viaduc, dès le lendemain, est évacué par la police. Le retentissant succès de l'été précédent se transforme en demi-échec, en « succès de façade »...

En informant comme à l'habitude l'état-major de la rue des Bourdonnais, Paul a senti que le vent avait tourné. On fait à peine semblant de l'encourager, dans les étages. Il se heurte à des visages fermés, hostiles. Le Père n'est pas là. Le marquis d'Argent, qui quittera bientôt Emmaüs, lui dit que personne n'ira à Auteuil, « pour laisser tout l'honneur de la réussite aux compagnons » ! Seul Yves Goussault est là, en ce moment de lâchage manifeste. La tolérance à l'égard de Paul et de ses « bandits » est passée de mode, l'adhésion unanime qu'avait forcée l'occupation des ponts est mise à mal.

À l'intérieur d'Emmaüs, le divorce couve. Le désaveu encore implicite des méthodes de Paul, des squatts provocateurs et de l'affrontement direct avec l'autorité en constitue la première manifestation.

1954 a été l'année de « l'éruption », des excès et d'un activisme frénétique. Avec la constitution de l'Association et la centralisation, rue des Bourdonnais, de toutes les initiatives nées de l'appel, Pierre s'est engagé dans une première tentative d'organisation. Autant que la coordination, est apparue la nécessité d'un véritable contrôle. Le fantastique succès matériel de « l'insurrection » a provoqué dès le printemps des questions, dans l'opinion et la presse, sur le « trésor » d'Emmaüs, son utilisation ; et des insinuations : sur des détournements supposés, des malversations et des gaspillages.

Pierre répond, justifie. A l'intérieur d'Emmaüs, les amis ont naturellement, par leurs origines et leurs positions sociales, des préoccupations de gestion, un souci de légalisme, de transparence comptable et d'efficacité. Il y va de la réputation du mouvement, de sa crédibilité. Ils se sentent investis à son égard d'une responsabilité qui doit compenser les excès de l'utopie généreuse : au côté du Père, agitateur social et mystique, et des « tordus », ils incarnent le réalisme. Ces convertis sont, au sein d'Emmaüs, les défenseurs de la norme, morale et économique.

Lillaz admet, devant le conseil d'administration (juillet 1954) qu'ils « ne sont pas dans une affaire commerciale au sens normal », donc « qu'il y a des difficultés d'établir une comptabilité à jour ». Mais Boulat s'inquiète quelques mois plus tard auprès de lui : les comptes de l'automne semblent déficitaires, « la situation paraît d'autant plus grave qu'elle ne représente pas un véritable compte d'exploitation ». Les chiffonniers perdent de l'argent. « Le plus grave, c'est que, avant l'afflux massif de l'argent en 1954, c'étaient eux qui finançaient la construction pour les sans-logis. Il serait dramatique que l'abondance financière ait pu compromettre la mystique de base du mouvement. » Boulat ajoute que, pour ne pas chagriner le Père qui a besoin de repos, il n'a pas voulu soulever cette question publiquement...

Pierre n'ignore pourtant pas ces réalités, au contraire. Il sait que les problèmes financiers sont imputables à des gaspillages plus qu'à des malversations, à des investissements lourds à long terme (constructions, prêts, achat et aménagement des Bourdonnais, etc.), aux subsides du secours d'urgence, à la désorganisation du travail dans les communautés. Son hospitalisation, à l'automne, coïncide avec l'arrivée au secrétariat de l'Association de Jacques Robine, ingénieur, « qui n'est pas de la maison » et vient « bénévolement et en toute indépendance » mettre de l'ordre dans Emmaüs.

Se présentant le 23 novembre 1954, il affirme : « La règle absolue de mon métier est de jouer cartes sur table... Tout ce que je ferai sera guidé par les instructions du Père et par les impératifs d'une entreprise industrielle : rentabilité, efficacité, productivité. » Le rôle de Robine concerne prioritairement le fonctionnement de la rue des Bourdonnais, mais on ne saurait mieux indiquer quel tournant est pris par tout Emmaüs en cette fin d'année 1954.

Les squattages par l'équipe du secours d'urgence ne correspondent pas à cette nouvelle orientation. Au conseil d'administration qui suit l'occupation controversée du viaduc d'Auteuil, Join-Lambert s'inquiète d'une politique générale d'Emmaüs qui consiste à vouloir faire face, toujours, à *toutes* les détresses qui se présentent, ce qui lui paraît irréalisable. Pierre, revenu de sa retraite à Notre-Dame de Laghet, répond :

— Notre tâche doit être strictement fixée à trois objets. Premièrement, un minimum de moyens d'accueil immédiat : camps comme celui de Noisy et auberges ouvrières rentables, puisque l'utilisateur paie sa nuit. Deuxièmement, les communautés, notre formule strictement originale. Troisièmement, l'industrie de la construction (HLM, accession à la propriété), qui doit progressivement nous échapper pour s'autofinancer. Il nous reste donc en charge les communautés, qui doivent être rentables, et le secours d'urgence, qui ne peut absolument pas l'être.

— Il faut se débarrasser de ce qui peut être assuré par d'autres, répond Join-Lambert. Même pour l'urgence : si d'autres peuvent le faire, il faut le leur laisser.

La rue des Bourdonnais continue d'accueillir et d'aider les sans-logis, mais c'en est fini des squatts et des coups d'éclat de Paul et de sa bande. Yves Goussault, qui les a soutenus quasiment jusqu'au bout, écrit en 1957 *(Faim et Soif*, n° 17) : « Refaire l'union autour des coups de main et des opérations commandos, c'est ignorer que ceux-ci ne peuvent être que l'effet, et non la cause, d'une cohésion. » On y a vu « le remède à la sclérose », mais Emmaüs doit chercher ailleurs la solution à ses divisions : dans la reprise « d'une activité quotidienne d'oubli et de désintéressement ».

Pour Paul, partout présent, qui a un lit aux Peupliers et un autre — un tiroir-lit pas plus confortable — aux Bourdonnais, l'aventure style Far West est terminée, provisoirement. Quant à Jules, l'éternel « lampiste » qui ne veut pas devenir responsable, il se retrouve balayeur rue des Bourdonnais, en attendant un autre départ. Un retour aux sources.

En matière de logement, Emmaüs poursuit son œuvre de constructeur et d'incitateur, utilisant parfois les méthodes qui ont fait leurs preuves en 1954. En février 1956, un modèle de maison préfabriquée et préconditionnée est monté en quelques heures sur le quai Alexandre-III, en présence des journalistes. Le prix de revient (1,5 million) en est moins élevé que celui des maisons les moins chères bâties alors par l'État. Il est toujours possible de faire vite et bien pour les plus modestes, mais il faut que le bâtiment s'adapte, innove. Tel est le sens de cette démonstration publicitaire.

On abandonne des squattages, mais le harcèlement des pouvoirs publics continue. Même en se cantonnant dans un type d'action « raisonnable », Pierre ne cesse de crier au scandale et à l'urgence. Et il donne l'exemple.

La création du hameau de détresse de Noisy est la conséquence de cet engagement. Comme les cités d'urgence et la promotion de l'emprunt, cette démarche expose Emmaüs et son fondateur aux critiques, les enferme dans une logique où ils prennent durablement en charge un problème qui relève de la nation et de son gouvernement. À propos de Noisy tout spécialement, la tentation pour l'abbé de jouer les apprentis sorciers l'emporte sur celle du compromis. L'État l'a piégé avec l'emprunt, lui a fait porter la responsabilité des cités d'urgence, a donné de la voix pour faire cesser l'occupation du pont de Sully, a agité la figure de l'abbé Pierre comme un épouvantail avide de pouvoir. Mais le camp de Noisy sera un tel abcès, énorme, scandaleux cancer purulent aux portes de la cité, que l'État devra réagir, cesser de promettre et de se défausser sur d'autres des vrais problèmes du logement.

Au printemps 1954, il ne s'agit pourtant pas d'une stratégie mais encore et toujours d'une urgence. En première ligne, face à la marée des sans-logis, Emmaüs a le devoir de faire face. On doit démonter les camps de toile de la porte de Vanves, les centres de dépannage ferment. Les familles iront à Noisy. Celles de la Pomponette qui ne peuvent accéder aux cités d'urgence ? Elles iront aussi à Noisy. Les « mauvais payeurs » du Plessis-Trévise et des cités HLM ? À Noisy. « Pour ces derniers cas, dit Pierre, quand ils sont irrémédiables et commandent l'expulsion, cette solution n'est pas inhumaine, puisque nous sommes les seuls propriétaires à offrir ce recours : les toiles de Noisy. » Des toiles puis des abris en dur, baptisés igloos en raison de leur forme, parce qu'un vrai toit aurait fait confondre le hameau de détresse avec les cités d'urgence. Le hameau n'est à l'origine qu'une solution de dépannage en dur, rien de plus.

Dans les tentes et les igloos de Fibrociment qui, progressivement, les remplacent, deux cent cinquante familles, près d'un millier de personnes, sont regroupées à la hâte, pour la seule raison que le terrain est là, à côté du château de France où la petite communauté de femmes de Mme Renard s'est installée au début de l'année. On déménage ensuite « l'usine à parpaings » de Pontault sur le même site. Mais celui-ci, à l'écart du village, totalement dépourvu d'équipement, n'est en aucune façon préparé à recevoir cette population.

Ceux qu'on y « loge » sont les plus démunis, les moins reclassables parmi les secourus de l'hiver. Des familles françaises de souche, héritières de la plus grande pauvreté et qui en portent la malédiction.

Les familles ouvrières « repêchées » l'hiver précédent étaient condamnées aux taudis, aux hôtels meublés ou à la rue, faute de logements. Elles pouvaient les payer, accéder aux HLM ou même à la propriété, mais on ne construisait pas pour elles. Sans logis ou mal logées, elles réclamaient le droit à l'habitat. Les familles de Noisy sans ressources, sans métier ni qualification, sans travail ni instruction, ne disposent d'aucun moyen d'accès à quoi que ce soit. Elles sont déshéritées en tout. Elles ne revendiquent pas un droit d'être logées : elles n'en ont et n'en exercent aucun autre. La solution de leur drame ne saurait consister uniquement en un toit.

Les rapports du printemps 1954 pressentaient la difficulté pour Emmaüs de les prendre en charge. Mais leur dispersion n'a pas semblé judicieuse, et les petits regroupements de dix ou quinze familles ont fait craindre que naissent autant de ghettos. D'où le choix d'un grand village de transit.

« De Pomponne à Noisy-le-Grand »... Gérard Marin, sous ce titre *(Faim et Soif*, n° 4), s'émerveille avec une inconscience naïve — ou criminelle, diront certains — de « l'exemple fécond [...] d'une cité de l'espoir où on vivra humainement ». Pomponne, cette « plaie gangreneuse », offrait déjà un mieux-être, préférable au trou du troglodyte. Les « légionnaires de l'aventure utile », grâce au « centre d'hébergement de l'extrême urgence », proposent aux familles qui « croupissaient comme des bêtes en de misérables tanières [...] des conditions normales en attendant un vrai logis ». Mille ouvriers du Nord n'ont-ils pas bénévolement fourni la matière première des igloos, en attendant que l'usine à parpaings donne aux hôtes de Noisy « l'insigne réconfort de voir fabriquer sous leurs yeux » les plaques de leurs futures maisons ? « Noisy ne sera pas le campement de la désolation » mais le lieu d'un « humble bonheur [...] pour ces déshérités de France qui, sans le sursaut d'indignation de quelques centaines de pauvres hommes, n'eussent reçu d'elle d'autre gîte que la tombe ».

Au-delà de la pompe (... honnête !), l'idolâtrie aveugle n'exerce pas ses ravages uniquement dans l'opinion populaire... Mais à l'époque, les plus lucides ne sont pas en mesure de peser sur le cours des choses. L'heure est à l'improvisation, à la lutte quotidienne pour offrir aux hébergés de Noisy un minimum de confort.

Il a fallu ratisser le terrain couvert de tessons de bouteilles et de déchets industriels de l'entreprise qui possédait le site. Puis, tout en montant les tentes et en assemblant les premiers igloos, tracer des routes, installer des sanitaires. Les familles sont là, avec des nuées de gosses dépenaillés, enfants des rues, des taudis ; certains nés à Pomponne, dans la forêt, d'autres qui n'ont connu que des carcasses de bus et des tentes pour logement.

Les gens d'Emmaüs sont nombreux et débordés : bâtisseurs de Pontault et du Bouquet, chiffonniers de la Réserve, et les gars du secours d'urgence, toujours sur la brèche. Tantôt creusant, tantôt charriant le mobilier offert par les communautés, souvent remplaçant les mères absentes, les pères égarés dans la nature. Jules, orphelin des squatts, a délaissé son balai de la rue des Bourdonnais pour « donner la main » à Noisy, terrassier le jour, le soir cuisinier ou nounou. Communautaires, volontaires, bénévoles de passage, amis de toutes sortes : le camp de Noisy, dans les premiers mois, est une ruche en effervescence continuelle. Jules y travaille trois mois sous les directives de Marcel, un médecin révoqué par l'Ordre pour avoir pratiqué des avortements clandestins. Abandonné par sa femme, le toubib voulait se suicider. Pierre lui a dit d'aller plutôt dans la plaine de Noisy où ses compétences seraient utiles. Une vocation sauvée, une de plus, dans le service des plus malheureux...

D'autres sont des employés au chômage, des artisans sans travail, des saisonniers sans embauche. Une vraie cour des Miracles qui se bat contre le temps et l'hiver qui approche. On s'éclaire au gaz ou à la bougie, on va chercher l'eau dans des citernes à des centaines de mètres, on tâche d'achever les routes malgré les pluies d'automne. Des armées de scouts et d'étudiants catholiques débarquent le week-end. On aurait davantage besoin de techniciens, mais on accueille toutes les bonnes volontés et chaque progrès tient du miracle : les petites choses accumulées débouchent sur des grandes, alors qu'ailleurs, bien souvent, de grands projets s'achèvent en médiocres réalisations.

Les tentes individuelles souhaitées au printemps n'ont pu, évidemment, être fournies en assez grand nombre. Cinq ou six familles sont obligées de partager la même, impatientes d'en sortir pour s'installer dans les igloos qui tardent trop à se multiplier. On fabrique les abris d'éternit en série, mais les tôles cintrées qui les couvrent, les huisseries, portes et fenêtres posent des problèmes techniques mal maîtrisés. Et plus que d'autres chantiers, Noisy favorise, par son impréparation, le gonflement des commandes, la disparition du matériel, le coulage et les détournements...

N'empêche, à force de bricolage et de dévouement, les familles prennent peu à peu possession de leur « maison ». Pour la plupart, c'est la première. Le premier logement qui ressemble à une vraie maison, même si, de l'extérieur, les igloos ne sont qu'un pis-aller.

Les gars d'Emmaüs connaissent le prix de ces sauvetages, ils l'éprouvent chaque fois qu'un jeune ménage et des gosses passent le pas d'une porte. Il y a quelques meubles, un minimum d'équipement, des cloisons peintes en blanc et de petits rideaux aux fenêtres. Comme le dit Pierre aux habitants de Noisy en novembre 1954, c'est mieux que les tentes, qui valaient elles-mêmes mieux que les caves ou les poulaillers des cours de fermes.

Les chocolats Meunier ont-ils « sponsorisé » une série de maisonnettes ? Le chèque du prix de la Paix, remis par Charlie Chaplin à l'abbé, a-t-il servi à financer ces rangées d'igloos ? Et alors ? Fallait-il se croiser les bras et ne rien faire pour éviter les critiques des uns, qui hurlent contre la racaille pullulante, ivrogne et fainéante rassemblée là, des autres, qui crient à la duperie, aux faux espoirs entretenus chez les miséreux ? Que font-ils, les uns et les autres ? Les premiers se bouchent les oreilles et le nez : il faudrait, murmurent-ils, que cette « lie » disparaisse, regagne les trous d'ombre où elle restait ignorée. Les seconds défendent la classe ouvrière, les producteurs qui votent et revendiquent. Mais l'inframonde de Noisy leur échappe : hors norme, hors classe. S'il n'y a qu'Emmaüs pour se pencher sur lui, se mêler à lui et y reconnaître son double fraternel, alors Emmaüs ne fait que son devoir et n'a pas à regretter de s'être lancé dans cette aventure.

Le préfet est venu se rendre compte sur place.

Une haute responsable du Parti communiste est venue également, pour pouvoir témoigner « du pire ». Ils ont vu, l'un et l'autre ! Pareillement embourbés dans les ornières du camp, obligés d'abandonner leur voiture et leurs chaussures, pour s'entendre apostropher :

— Vous avez vu vos administrés sur notre terrain, monsieur le Préfet !

— Vous avez vu le pire, madame la Militante !

Mais le pire est encore à venir.

Noisy tient, six mois, un an, malgré les difficultés du premier hiver, l'exaspération latente, le manque de moyens et de plan d'ensemble. Noisy tient par le dévouement, la chaîne des solidarités et l'espoir de n'être pas l'avenir, le seul avenir, des gens qui y vivent. Noisy tient grâce à Jules, grâce à Marcel le toubib, grâce à Paul et à l'abbé Duvallet, grâce à l'addition de compétences limitées et des bonnes volontés inépuisables. Les familles, elles, n'ont qu'un credo : la confiance dans l'abbé ; lui seul peut les sauver. Pour les compagnons, le hameau constitue un autre défi à relever ; il s'agit d'un abcès, d'un gouffre d'énergie et d'argent, mais aussi, peut-être, d'une expérience de relèvement social à grande échelle.

Robert Peyronnet y croit, sans aucun doute. Son inlassable action à Noisy, la première année, témoigne de sa foi dans la réhabilitation des déshérités du camp et de la quête de sa propre réhabilitation. Peyronnet, ancien ministre sous Pétain, condamné à la Libération, sortant de prison pour se jeter dans le rachat de toutes les indignités, à Noisy. Le parallèle avec les communautés de chiffonniers est tentant : l'application des principes fondamentaux d'Emmaüs dans le hameau de détresse serait une formidable démonstration, à l'échelle d'une micro-société d'un millier de personnes, d'efficacité sociale. Peyronnet parmi d'autres, mais plus qu'aucun, s'y emploie des mois durant.

Les communautaires vaquent au plus pressé : les

gros travaux de construction, la voirie, l'équipement sanitaire. Puis c'est l'approvisionnement alimentaire, le ramassage des ordures ; et encore la mise en place d'un service de transport pour que les gosses aillent à l'école, d'un centre de soins, d'une assistance sanitaire et sociale... Mais la première leçon d'Emmaüs est le travail de chacun, premier pas du relèvement. Peyronnet pousse les habitants de Noisy à s'organiser, à devenir les premiers responsables de leur sort. Assurer soi-même les tâches collectives, se choisir par tente ou rangées d'igloos des responsables, régler soi-même les différends, pour sortir du cercle vicieux du désœuvrement, de la passivité, de l'égoïsme et de la violence. Sous Vichy, Peyronnet était ministre de l'Information. Par une étonnante continuité, il mène à Noisy une action psychologique qui a pour objectif d'amener les déshérités du camp à ne plus subir leur destin d'hommes voués à l'assistance. Sa propre rédemption au sein d'Emmaüs passe par ce renversement.

Tout le temps de son séjour à Noisy, des responsables de tous les aspects de la vie quotidienne du camp forment des commissions d'usagers. À chaque réunion, on prend des décisions que les délégués se chargent de faire appliquer. Pour l'abbé Duvallet, Peyronnet a été sans nul doute le grand homme des débuts de Noisy, celui qui tenait le camp à bout de bras, capable, « en homme d'État véritable », d'indiquer par l'exemple une voie de sauvetage, une issue vers le relèvement de ces familles qu'on dira plus tard « lourdes », en même temps qu'on inventera pour elles la notion de quart monde.

La voie était-elle trop étroite, trop utopique ou au contraire trop réaliste au sein d'une utopie mystique à laquelle elle opposait un correctif « politique » ? L'ambition de voir les habitants de Noisy autogérer leur camp allait peut-être au-delà de leurs compétences, mais dépassait aussi la capacité des communautaires, des volontaires extérieurs, à apporter leurs solutions, à prendre en charge le sauvetage des autres. Le défi d'Emmaüs, où les hommes « remis debout » ne vont pas « jusqu'à avoir conscience de ce qu'ils sont [1] », rencontre peut-être dans le Noisy esquissé alors par Peyronnet sa principale limite. Et, avant le père Wrezinski, sa critique la plus radicale. « Tout échappait aux communautaires pour être transmis aux familles par les commissions d'usagers, et cela énervait un peu l'abbé Pierre », dit l'abbé Duvallet.

Noisy n'est pas une communauté où un individu se sauve lui-même en devenant sauveur des autres, mais une société qui craque sous les tensions, sous le nombre des familles qui affluent de la campagne, en quête d'un mirage et d'un miracle : à Noisy, l'abbé Pierre loge ceux qui n'ont rien, et l'État leur promet mieux encore... Noisy déborde d'enfants des rues de Paris, à bout de solitude et de résignation, qui cherchent aux portes de la ville l'image d'une famille, le réconfort d'un foyer.

Peyronnet part. Jusqu'à sa mort, en 1958, il s'occupera d'une petite communauté d'enfants débiles mentaux, à Hérouville, près de Pontoise. Noisy développe un cancer galopant, à force de surpopulation, de promiscuité et de violence. Le camp ne souhaitait que sa propre disparition après un vrai relogement. Au lieu de quoi il enfle, charrie le pire après avoir rêvé du meilleur. Pierre a rédigé un texte placardé à l'entrée : « *N'oublions jamais que si une telle réalisation est à l'honneur de ceux qui l'ont généreusement rendue possible, elle est la honte d'un monde où on a laissé la spéculation faire proliférer les logis de luxe, tandis qu'on laissait sans toit la multitude des travailleurs modestes.* »

Noisy devient une plaie vive, une cité ingérable, sans électricité, sans équipement. Le relais de l'État ne vient

1. José Balista, *op. cit.* p. 373.

pas, l'espoir s'envole, l'abcès s'incruste durablement. Les bonnes volontés se mobilisent toujours davantage mais s'épuisent dans une tâche insurmontable. Les communautaires s'échinent à doter le camp de bornes d'eau, de sanitaires adaptés, de vraies rues avec des trottoirs. Les volontaires viennent de l'étranger, pour voir, pour aider, comme Moulay Hassan, le futur roi Hassan II du Maroc, qui, en stage durant quelque temps, invite des enfants du camp dans son pays. Les dames d'œuvres et d'assistance se dévouent plus que jamais auprès des familles. Le premier essai de Fraternité Emmaüs, émanation de la communauté des femmes de Sainte-Marie, au Plessis-Trévise, est bien, fin 1957, la Fraternité de Noisy, chargée de l'aide morale aux familles et plus spécialement de l'aide médicale à domicile. Des amis d'Emmaüs constituent une association spécifique, les Amis du hameau de Château-de-France, pour venir en aide à l'assistante sociale et développer des services sociaux. À ce moment, le père Joseph Wrezinski, envoyé par son évêque pour prendre la direction du camp, arrive à Noisy.

Deux ans ont passé depuis l'installation des premières familles dans les igloos. Noisy est devenu l'exemple dramatique du bidonville à la française, témoin d'une crise du logement permanente.

Pierre continue de tonner contre l'indifférence. Quand le Gaz de France se vante de chauffer la rue Tronchet en plein hiver, il hurle son indignation, au nom des oubliés de Noisy. L'établissement public livre des tonnes de coke au hameau de détresse. Mais le coke ne brûle pas dans des petits poêles avec des tuyaux d'un mètre cinquante ! Il servira à encaisser les routes de la cité...

Qu'advient-il de la conviction du Père qu'un abcès aussi purulent que Noisy forcerait l'État à employer les grands moyens pour secourir les sans-logis ? Comme pour les cités d'urgence, l'inertie et la rouerie des pouvoirs publics ont eu raison de l'agitateur, la provocation s'est retournée contre son héraut. Noisy s'est installé durablement — pour dix ans ! On a abouti au contraire de ce qu'on souhaitait. Acculé à traîner longtemps ce boulet, son poids de misère et de drame humain, Emmaüs doit reconnaître les limites de l'engagement charitable et exemplaire en matière de logement. Le secours d'urgence à tout prix est une impasse, le toit pour chacun relève de la politique nationale. Prétendre fournir des solutions sans plan d'ensemble, sans experts, sans connaissance profonde des populations à loger est un leurre... Certes, tous ces jugements *a posteriori* sont fondés. Ils concluent à l'erreur, à la faute. L'abbé Pierre n'a pas attendu qu'ils s'expriment pour les reconnaître.

« On sait, on commence à savoir, et chaque jour il faudra l'apprendre et le vivre davantage, que rien n'aboutit, parmi les humains, qu'au prix de patiences sans fin... Patiences tendues et soudain secouées par les explosions fiévreuses de colères, d'exigences, d'impatiences, d'absolu, certes mêlées de bien des fautes, mais manifestant la volonté franche de toucher le but d'un coup, réaffirmant ce pour quoi on lutte, cette soif d'infinie vérité, d'équité, et de bonté, que l'on a acceptée, par quoi, en fait, on s'est laissé saisir... Patiences et impatiences manifestant une seule réalité, la réalité de ce que sont tous les êtres qui commencent à aimer... Sous les épines, dans les tristesses et parmi les poussières de tous les jours, c'est cela qui se fait [...] par nous comme par des instruments tordus, défectueux, et pourtant réalisateurs. » *(Faim et Soif*, n° 19.)

« Émeute ou mobilisation ? » lançait-il auparavant *(Faim et Soif*, n° 5), menaçant d'une insurrection de la colère un pays incapable de se mobiliser tout entier en faveur des sans-logis. L'UNASL porte par le biais d'Emmaüs l'aspiration populaire des mal-logés, en même temps que le secours d'urgence invente des solutions pour les sans-logis. L'abbé est l'homme qui réunit et exprime toutes les volontés, le catalyseur d'une revendication et d'une indignation, à la fois dénonciateur, provocateur et promoteur. Il utilise tous les moyens qui s'offrent, n'en exclut aucun, et par conséquent endosse toutes les contradictions de ces diverses tactiques.

Un « Front du logement » se constitue autour de l'UNASL, qui réclame le droit au logement pour tous. Après plusieurs « journées d'alerte », une Charte du logement est soumise aux partis politiques à la veille des élections de 1956. Transformée en Confédération générale du logement, l'UNASL s'engage dans la voie syndicale, recourant aux squattages comme les syndicats professionnels recourent à la grève.

« *Nous n'en pouvons plus*, écrit Pierre au président Coty. *Les familles n'en peuvent plus !* »

Si ne vient pas la justice, viendra la colère. L'exigence de justice se décline sur tous les tons. La CGL milite pour une réforme fondamentale de la politique de construction et de logement en même temps que le Père exhorte à la fusion de toutes les bonnes volontés.

« Il faut la convergence de l'initiative privée et de l'action gouvernementale... Nous sommes une force de fermentation de la conscience civique... Il faut que nous nous fassions les éducateurs de nos gouvernants par l'opinion publique. » *(Faim et Soif*, n° 10.)

Seule la personnalité de Pierre permet que coexistent dans Emmaüs ces tendances divergentes, voire inconciliables, qui soufflent le chaud et le froid, annoncent la guerre et exhortent à la paix. On y voit habileté tactique, confusion des genres ou double langage. Il ne voit, lui, que la souffrance.

Il n'éprouve pas la fascination de certains, autour de lui, pour la misère étalée, propice à l'éclosion des saints.

Qu'on se passe plutôt des saints en faisant disparaître la pauvreté ! Que cette sainteté-là n'ait plus d'objet, parce que son terreau serait enfin dissous ! Pierre n'a pas pour vocation d'être saint Vincent parmi les pauvres, ni de justifier son action par leur misère. Il veut être au milieu d'eux pour supprimer leur misère : la soulager tout de suite et en combattre les causes. Il aime les pauvres mais les pauvres le gênent, lui donnent honte, font honte à l'humain. Son amour est une colère, une offrande et un cri de révolte, la confusion d'un service au plus souffrant et d'un appel à éradiquer cette souffrance, le double langage de l'Amour et de la Vengeance. « Venger l'homme et venger Dieu en aimant. »

Venger ces gosses livrés à la loi des rues, aux bandes, à l'horizon amer de la délinquance ; arracher d'eux le pavé dur et sans joie qui écrase le cœur et tue la tendresse, parce que là-haut, dans la chambre unique, la mère vend son corps et qu'on ne peut voir ça. Venger ces jeunes hommes las de rentrer chaque soir dans une chambre d'hôtel minuscule où il faut manger, s'occuper des enfants et dormir dans le même espace de trois mètres sur deux. Venger ces mères accablées par la promiscuité, l'intimité impossible, l'hygiène interdite, les maladies sans cesse renaissantes.

Emmaüs recense huit cents cas dramatiques de familles condamnées, par la misère des taudis, au désespoir. Pierre ressent dans sa chair, au-delà des cas et des chiffres, l'épouvantable gâchis subi par l'être qui souffre, le poids de cette indignité, de l'espérance bannie. Il l'éprouve jusqu'au déraisonnable, mais cette folie est nécessaire, elle est « *le plus fort des moyens (et peut-être l'unique) de sauver la famille humaine de cette décomposition. Le raisonnable face à l'excès ne peut suffire* » (*Faim et Soif*, n° 56). Il est malgré les échecs, les erreurs et les fautes, voué à l'excès.

L'excès prodigieux de l'Amour qui veut être aimé.

3

Humain, trop humain

« Le mythe de l'abbé Pierre dispose d'un atout précieux : la tête de l'abbé. C'est une belle tête, qui présente clairement tous les signes de l'apostolat : le regard bon, la coupe franciscaine, la barbe missionnaire, tout cela complété par la canadienne du prêtre-ouvrier et la canne du pèlerin. Ainsi sont réunis les chiffres de la légende et ceux de la modernité.

« La coupe de cheveux, par exemple, à moitié rase, sans apprêt et surtout sans forme, prétend certainement accomplir une coiffure entièrement abstraite de l'art et même de la technique, une sorte d'état zéro de la coupe ; il faut bien se faire couper les cheveux, mais que cette opération nécessaire n'implique au moins aucun mode particulier d'existence : qu'elle soit, sans pourtant être quelque chose. La coupe de l'abbé Pierre, conçue visiblement pour atteindre un équilibre neutre entre le cheveu court (convention indispensable pour ne pas se faire remarquer) et le cheveu négligé (état propre à manifester le mépris des autres conventions), rejoint ainsi l'archétype capillaire de la sainteté : le saint est avant tout un être sans contexte formel ; l'idée de mode est antipathique à l'idée de sainteté.

« Mais où les choses se compliquent — à l'insu de l'abbé, il faut le souhaiter — c'est qu'ici comme ailleurs, la neutralité finit par fonctionner comme signe *de la*

neutralité, et si l'on voulait vraiment passer inaperçu, tout serait à recommencer. La coupe zéro, elle, affiche tout simplement le franciscanisme ; conçue d'abord négativement pour ne pas contrarier l'apparence de la sainteté, bien vite elle passe à un mode superlatif de signification, elle déguise l'abbé en saint François. D'où la foisonnante fortune iconographique de cette coupe dans les illustrés et au cinéma (où il suffira à l'acteur Reybaz de la porter pour se confondre absolument avec l'abbé).

« Même circuit mythologique pour la barbe : sans doute peut-elle être simplement l'attribut d'un homme libre, détaché des conventions quotidiennes de notre monde et qui répugne à perdre le temps de se raser : la fascination de la charité peut avoir raisonnablement ces sortes de mépris ; mais il faut bien constater que la barbe ecclésiastique a elle aussi sa petite mythologie. On n'est point barbu au hasard, parmi les prêtres ; la barbe y est surtout attribut missionnaire ou capucin, elle ne peut faire autrement que de signifier *apostolat et pauvreté ; elle abstrait un peu son porteur du clergé séculier ; les prêtres glabres sont censés plus temporels, les barbus plus évangéliques : l'horrible Frolo était rasé, le bon Père de Foucauld barbu ; derrière la barbe, on appartient un peu moins à son évêque, à la hiérarchie, à l'Église politique ; on semble plus libre, un peu franc-tireur, en un mot plus primitif, bénéficiant du prestige des premiers solitaires, disposant de la rude franchise des fondateurs du monachisme, dépositaires de l'esprit contre la lettre : porter la barbe, c'est explorer d'un même cœur la Zone, la Britonnie ou le Nyassaland.*

« Évidemment, le problème n'est pas de savoir comment cette forêt de signes *a pu couvrir l'abbé Pierre (encore qu'il soit à vrai dire assez surprenant que les attributs de la bonté soient des sortes de pièces transportables, objets d'un échange facile entre la réalité, l'abbé Pierre de* Match, *et la fiction, l'abbé*

Pierre du film, et qu'en un mot l'apostolat se présente dès la première minute tout prêt, tout équipé pour le grand voyage des reconstitutions et des légendes). Je m'interroge seulement sur l'énorme consommation que le public fait de ces signes. Je le vois rassuré par l'identité spectaculaire d'une morphologie et d'une vocation ; ne doutant pas de l'une parce qu'il connaît l'autre ; n'ayant plus accès à l'expérience même de l'apostolat que par son bric-à-brac et s'habituant à prendre bonne conscience devant le seul magasin de la sainteté ; et je m'inquiète d'une société qui consomme si avidement l'affiche de la charité qu'elle en oublie de s'interroger sur ses conséquences, ses emplois et ses limites. J'en viens alors à me demander si la belle et touchante iconographie de l'abbé Pierre n'est pas l'alibi dont une bonne partie de la nation s'autorise, une fois de plus, pour substituer impunément les signes de la charité à la réalité de la justice. »

La France de 1954 aime son abbé, ainsi décrit par Roland Barthes dans ses *Mythologies*, parues au Seuil, en 1957. Quelques dizaines de compagnons le suivaient ; tout le monde à présent adhère à son personnage. Son prestige détourne la critique. L'action en faveur des sans-logis, bien qu'elle recouvre des réalités différentes, paraît à l'opinion directement inspirée par lui, mais la désillusion dans le domaine du logement est imputée à d'autres. Par la force du mythe, la part d'échec échappe à l'examen objectif.

La réflexion viendra plus tard, à propos des cités d'urgence et de Noisy. Emmaüs s'est aventuré en terrain inconnu et l'ignorance de la profondeur des problèmes rencontrés est partagée par tous. Il faut attendre et apprendre, aux côtés des populations déshéritées ; les accompagner pas à pas pour parvenir à les aider réellement. Le public préfère retenir que le saint a été victime du machiavélisme de l'État. L'idéaliste trop généreux n'a pu changer la boue en or. Ou bien l'apôtre trop confiant n'a pas eu autour de lui des gens à la hauteur.

Le mythe ne souffre pas de réserves, il fait de Pierre une figure irréprochable. Les voix discordantes seraient sacrilèges. Dans Emmaüs, la discussion des choix est impossible. La référence aux origines implique la révérence au fondateur. La CGL continue « dans le respect de la vocation d'Emmaüs », et avec la bénédiction du Père, une action que celui-ci a renoncé à incarner sur le terrain. Rue des Bourdonnais, le désaveu des « coups » et des pratiques illégales vise Paul et les siens ; la volonté de remise en ordre des communautés se heurte à l'indépendance des responsables, mais le débat a lieu, en coulisse et en sourdine. Pierre est le pivot d'une galaxie toute neuve et un peu folle qui cherche ses repères. Il les lui donne, mais le succès, la popularité et ses débordements les brouillent. Sur la défensive, Emmaüs se fond plus que jamais dans l'ombre de son chef. Le mythe offre un refuge commode, l'image d'une unanimité préservée.

La presse a fabriqué l'« affiche de la charité ». D'abord sollicitée comme levier d'une prise de conscience collective, elle va au-devant des attentes du public en privilégiant les aspects les plus « vendeurs » de l'action de l'abbé. Elle brosse de ce dernier le portrait désiré par la foule. « L'apôtre qui fait des miracles avec les épaves de la zone » correspond trait pour trait à la « belle et touchante iconographie » popularisée dès 1952. Héros de la charité, résistant, député et prêtre, il prend naturellement place dans la galerie des saints, au côté de Vincent de Paul et du père de Foucauld. *Les saints vont en enfer*, le roman de Gilbert Cesbron sur les prêtres-ouvriers, connaît en 1953 un énorme succès.

L'« enfer » de Pierre n'est pas celui du monde ouvrier et communiste, mais celui des bidonvilles, selon le mot inventé cette même année de l'autre côté de la Méditerranée. La grande misère des sans-logis choque le cœur mais rassure l'esprit parce qu'elle se soulage par la charité avant d'exiger la justice. Les catholiques rappelés à leur devoir chrétien y trouvent un dérivatif au profond débat qui divise l'Église en mal de rénovation et entachée par la collaboration. Emmaüs serait-il le remède ? Une fraction progressiste associe plutôt l'abbé aux prêtres-ouvriers, dans son ambition de retrouver le vrai sens de l'Évangile. Elle rejoint l'opinion de gauche qui voit dans cet écorché du « social » un saint à visage humain et ne lui ménage pas sa sympathie. La quasi-unanimité des louanges masque des divergences de fond, mais la presse n'en a cure. Elle tire ce consensus apparent dans le sens du plus grand conformisme et de la bonne conscience. Elle fait servir l'abbé après l'avoir servi.

Dans cette orchestration du mythe, les couacs sont admis, qu'ils viennent de *L'Observateur d'Aujourd'hui* ou même de *L'Humanité*, parce qu'ils ne contredisent pas le sens de la représentation. Le mythe unifie, se renforce même de ce qui paraît l'égratigner. La France aime l'abbé Pierre et veut se reconnaître tout entière en lui, oubliant ses divisions, ses inégalités, ses guerres honteuses...

Une jeune instituteur du Doubs, d'ascendance russe, écrivain et peintre à ses heures, relate sous la signature de Sacha Simon sa « Visite au château de la Purée ». *L'Est républicain* publie en avril 1952 son récit. Le jeune reporter a fait le voyage de Neuilly-Plaisance pour rencontrer le « curé fortiche » du « Quitte ou Double » de Zappy Max. Il est en quête de pittoresque, de trognes et de langue verte, chez le « curé-chiffonnier » et sa « grande famille de biffins ». En quête de miracle au cœur de la zone, à dix kilomètres de Paris.

Une journée à Emmaüs lui apporte la révélation

« d'un combat contre la misère et l'injustice sociale ». Converti, il relève le défi de faire publier par son journal la « vérité bouleversante d'Emmaüs ». L'année suivante, dans *Les Chiffonniers d'Emmaüs*[1], Boris Simon raconte l'aventure des catacombes, et comment Emmaüs a fait lever depuis cinq ans la pâte humaine rassemblée autour de l'abbé Pierre, rachetée par le service des plus souffrants. Il relate sa propre conversion au contact du Père. « Visage ascétique, au long nez droit, une barbe noire, des yeux sombres, fiévreux », note son double au pseudonyme transparent de Chassat. Celui-ci flaire, s'imprègne, découvre une aventure à l'arrière-plan « si dense, si enchevêtré, si riche d'humanité et de spiritualité » qu'il se sent bientôt « découragé... parfaitement inutile... dans un sentiment d'infériorité très déconcertant ». Son rôle de témoin n'a plus aucun sens, s'il ne sert « à aider pratiquement au salut d'Emmaüs ». Il rêve d'abandonner son métier pour prendre sa part de « ce boulot constructif, quelque chose de vrai, enfin... »

Plutôt qu'à Gilbert Cesbron qui en avait le projet, c'est à Boris-Sacha Simon que Pierre fait confiance pour écrire la genèse d'Emmaüs, la naissance du mythe vécue de l'intérieur. Simon récidive l'année suivante avec *Le Poids des autres*, récit romancé de la saga de l'« insurrection de la bonté ». Georges Verpraet, l'ami journaliste, si précieux au moment de l'appel, lui aussi engagé derrière le Père en tant que vice-président de l'Association Emmaüs durant les deux premières années, en écrit, lui, dans *Fêtes et Saisons*, la version officielle, « contaminée par l'enthousiasme du moment et d'un subjectivisme compréhensible », relève José Balista :

« Tout cela a éclaté comme le tonnerre à l'appel d'un homme, d'un inconnu ou presque du grand public, non

1. Éditions du Seuil, 1954, réédité en 1971.

d'une autorité en place ni même d'un comité de bienfaisance, si édifiant soit-il.

« Du jour au lendemain, c'est l'ascension éclair de l'obscurité à la célébrité. Aux actualités, à la télévision, on voit apparaître sur tous les écrans la mince silhouette un peu voûtée de ce prêtre quadragénaire et chétif, devenu soudain un personnage de légende, l'une des figures les plus populaires du pays.

« Cette semaine-là, les grands magazines : *Match, Semaine du monde, Point de vue-Images du monde*, étalent tous la même couverture aux couleurs hurlantes : le visage crucifié de l'abbé Pierre, avec sa barbe hirsute, sa moustache maigrichonne, sa mâchoire édentée, ses joues creusées par l'épuisement, son œil fiévreux et étincelant, à la fois doux et volontaire. Une mèche de cheveux courts descend sur le front en un triangle aigu.

« *Samedi-Soir* titre en gros caractères rouges : "L'abbé Pierre redonne un cœur à la France." Mettant sous le boisseau ses brocards anticléricaux, *Le Canard enchaîné* lui consacre toute sa première page, dont un article intitulé "Au pouvoir, l'abbé !"

« Je n'ai rien fait pour désirer cette publicité, remarque le Père, je n'ai rien fait non plus pour l'empêcher. J'ai pensé que je n'avais pas le droit de m'y opposer si cela pouvait servir à émouvoir les autres et à faire que, tous ensemble, nous puissions empêcher que cela dure.

« De mémoire de journaliste, il y a longtemps qu'on n'avait pas vu un simple citoyen tenir si longtemps la vedette "à la une" des grands journaux qui lui ont certainement consacré, au total, des centaines de mètres de colonnes. Avec le général de Castries et Dominici, il est un des trois hommes qui, à des titres divers, ont passionné l'opinion française en 1954.

« Du sentiment, tout cela ?... Et pourquoi pas ? Cette générosité spontanée, cette vague de solidarité à la mesure de l'offensive du froid, tout cela ne s'est fait que parce que le cœur était atteint. Parce que le sentiment a servi de levier, comme dans toutes les grandes choses. Et aussi parce que les paroles, qui atteignirent les cœurs, ne sonnaient pas faux.

« *L'Osservatore romano* lui-même rendra un vif hommage à "l'animateur des nuits de charité". L'organe officieux du Vatican publie même une grande photographie en première page de "celui qui a contribué à arracher une certaine France à son égoïsme".

« Ce qu'il y a de plus étonnant, à cette époque, c'est, sans orchestration, l'unanimité de la presse, de *L'Aurore* à *Franc-Tireur*, d'un bord à l'autre de l'éventail politique et des croyances religieuses.

« Seule *L'Humanité* fait entendre un son discordant dans ce concert. Mme Jeannette Vermeersch blâme « le gouvernement d'avoir mis à la disposition d'un abbé sa radio, sa presse, ses locaux pour l'appel à la charité publique ». Cette initiative est pour elle « une infâme manœuvre de diversion » grâce à laquelle « on espère détourner l'indignation et la colère ».

« — Bah ! ça ne durera pas !... observe le Père sans s'émouvoir à la lecture de l'article.

« On note cependant dans quelques feuilles un lyrisme quelque peu outrancier. On va jusqu'à faire de l'abbé un thaumaturge du XXe siècle, un saint moderne qu'on compare — parfois avec photos à l'appui — à saint Vincent de Paul, à saint François d'Assise, au Père de Foucauld. Ceux qui connaissent bien le Père et admirent son œuvre savent qu'il n'a pas toujours que de saintes colères. Lui-même sourit de ce style laudatif :

« — Les journalistes, qui sont de braves types, se sont pris tout à coup, je ne vois pas pourquoi, d'un béguin pour moi. Certains ne se sont pas cassé la tête : "Il faut canoniser l'abbé Pierre", écrivent-ils. Cela m'inquiète un peu. J'aime mieux m'en remettre au Bon Dieu pour un peu plus tard...

« À la longue, ce culte personnel, maladroitement

entretenu par certains, finit par irriter le Père. À juste raison, il se fâche :

« — Foutez-moi la paix ! On se gargarise avec le "formidable" abbé Pierre et on s'en contente. Le reste ? On ne fait rien... Voyez ce qui m'intéresse et pas moi. Car vous provoquez une sorte de stérilisation : un détournement de but... On crée un culte et, à l'occasion de ce culte, on oublie le plus important : les familles et les gosses sous la tente... Que demain je casse ma pipe, si les choses sont axées sur l'homme et non sur le boulot, qu'est-ce qui arrivera ? »

Emmaüs apporte ainsi sa pierre au mythe déjà constitué, tout en écrivant sa légende. Quinze ans plus tard, elle est inchangée sous la plume de Gérard Marin et Roland Bonnet, eux aussi convertis de la première heure. Ils écrivent *La Grande Aventure d'Emmaüs* qui paraît chez Grasset en 1969, « grand western moderne aux prolongements spirituels » dominé par un abbé « sosie de saint Vincent de Paul... figure légendaire et bientôt mythique, victime d'une idolâtrie qu'il n'avait pas recherchée, puis de manœuvres sournoises de tartuffes et de profiteurs » qui n'ont pas hésité à « salir ignoblement son action ».

L'« affiche de la charité » décrite par Barthes reste celle que la presse des années cinquante a façonnée. La panoplie, indépendante de la réalité des actions et des prises de position de Pierre, est immuable, figée une fois pour toutes dans la conscience collective. Sa permanence assure la pérennité du mythe, aussi vivace qu'inaltérable.

L'abbé s'agace, proteste, tente d'échapper à leur emprise, dans un premier temps. « L'admiration, j'en ai soupé ! s'écrie-t-il. J'ai d'abord trouvé, bien sûr, que ce n'était pas désagréable... Mais l'expérience m'a révélé qu'à partir d'un certain degré, c'est insupportable. » Le public à qui il fait cette confidence, celui de Genève, en juin 1955, par exemple, rit de sa franchise. Il ignore quelle épreuve se cache sous cette « prière ».

Le mythe qui s'est emparé de Pierre impose sa loi et exige sacrifice. Au lieu de s'y soustraire, l'homme de chair et de sang l'affronte. Il reste fidèle au portrait, assume jusqu'au bout l'iconographie du saint, mais aussi son image morale et sa mission apostolique. Survivre est à ce prix : surmonter la désillusion en matière de logement, réaliser sa vocation prophétique et sauvegarder l'avenir d'Emmaüs.

Pendant l'été 1954, le camion de l'exposition itinérante d'Emmaüs parcourt la France et attire les foules. Mais c'est l'abbé Pierre que les gens veulent voir, entendre, et plus encore approcher, toucher. Reconnu comme saint, il est sommé d'accomplir des miracles. Non pas en construisant des logements pour les plus pauvres, mais en rendant la vue aux aveugles et la santé aux malades ! Les foules le poursuivent, les militants dont on a besoin pour mener campagne en faveur du logement se muent en adorateurs en quête de signes divins. Ils se pressent aux conférences, aux réceptions, aux inaugurations. C'est l'abbé vivant, parlant, souffrant pour les plus souffrants qu'ils veulent s'approprier. Il a failli leur faire si peur, avec sa troupe patibulaire et ses mots qui dérangent... À présent que la charité s'est racheté une bonne conscience, le public s'y vautre jusqu'au délire. Remis du grand frisson de l'hiver, il consomme avidement le « bric-à-brac de l'apostolat » et le grand « magasin de la sainteté ». Après la mobilisation généreuse vient le temps du commerce, après le sursaut de solidarité vient le folklore de la charité.

L'idolâtrie altère pour le moins le sens de l'élan de février et la portée des paroles de Pierre. La campagne d'Unilever, qui associe son nom à une marque de lessive — « Persil, la lessive de l'abbé Pierre ! » raille *Le*

Canard enchaîné, moins tendre qu'au lendemain de l'appel — n'est qu'un excès de plus, mais qui résume tous les autres.

Face au déferlement de l'irrationnel, Pierre n'a pas le choix. Il lui faut se multiplier, répéter en cent lieux bondés son message. Sa parole invariable devient un signe de plus, accolé au disque fabriqué dans la foulée de l'« insurrection », en attendant le film qui doit parachever la mythification. Celle-ci agit aussi comme un philtre, une drogue douce d'abord, puis un poison. Pierre s'y adonne sans compter, sillonne la France pour porter partout la parole qui a déclenché la « croisade ».

Le calendrier d'Emmaüs tel que le publie *Faim et Soif* suit pour une large part l'agenda infernal du Père. Il recense par exemple, pour le début de l'année 1957 : le 13 janvier, une émission de télévision en Eurovision, le 16, une émission à Radio-Luxembourg, le 20, une visite au comité de sans-logis de Sannois, du 22 au 25, des conférences à Charleroi et Bruxelles, le 27, l'inauguration d'une cité de logements, le 30, une réunion à Genève ; le 1er février, une conférence à Rome, le 3, une autre à Fribourg, le 7 une visite à Lyon, le 8 une réunion à Paris, le 10 une conférence dans l'Orne, le 11 une émission de radio, puis un colloque à Paris, des conférences au Mans et à Tours, à Brest, à Morlaix, à Cambridge et à Houille... le tout en un peu moins de deux mois ! Et ce rythme est maintenu depuis trois ans, sans autre répit que la maladie et les séjours en clinique des hivers 1955 et 1956 !

L'adhésion à l'abbé Pierre est affective, plus impulsive que réfléchie. Elle passe par les mots investis de la force d'une expérience et d'une espérance. A Roland Bonnet qui lui confie, désabusé, ses tourments, Pierre dit simplement, en 1953 : « Ce que tu ressens, c'est le néant d'être seul ! » Et Bonnet écrit :

« En quatre mots, il avait défini cet horrible malaise

qui m'assaillait si souvent. Pour ces quatre mots, j'ai accepté de quitter la vie modeste et assurée que je menais pour me lancer dans ce que je considérais, sans hésitation, comme une histoire de fous. »

Toutes les relations des rencontres de Pierre avec le public font d'abord état de l'impression profonde et bouleversante qui saisit l'assistance, transforme l'écoute en communion, la curiosité en enthousiasme. Les propos les plus simples, des vérités vieilles comme le monde se chargent d'une épaisseur de vie, d'un poids de vérité. L'histoire se raconte par l'anecdote, le dessin recourt à la métaphore et la conviction se transmet par la dramatisation. Des figures si figées que l'abbé Duvallet peut remplacer Pierre au pied levé et replacer ses tics, ses mots, « ces phrases qu'on sait par cœur — on se les redit encore entre nous ! — et qui font crouler les foules ». Paul le félicite :

— Tu es doué, c'est merveilleux, ça a aussi bien marché que si c'était lui !

L'abbé Duvallet n'est qu'à moitié dupe :

— J'ai une grande gueule, et je suis assez mimétique, mais son magnétisme... on a beau le singer, il n'y a que lui qui le possède.

A-t-il conscience de ce don particulier ? Il ne s'en rend peut-être pas compte, mais constate ses effets sur les publics les plus divers. Il est homme de parole, de geste, de rencontre émotionnelle avec un auditoire. Une seule fois, il transmet une cassette enregistrée aux communautaires de Pontault qu'il n'a plus guère le temps de visiter. « On m'a raconté qu'aux premiers mots, ils avaient tous ôté leur casquette... que c'était très émouvant ; mais j'étais malade, sans force, c'était le seul moyen. » La voix seule ne suffit pas, il faut être là pour éprouver le contact direct avec l'autre. Combien de fois cette nécessité l'a-t-elle fait s'échapper de clinique, ne serait-ce qu'une heure, pour être là où on l'attend, même s'il est trop malade pour sortir de la voiture qui l'a transporté, comme au Plessis-Trévise, en novembre 1954 ?

La misère juge le monde, le livre qu'il projette alors d'écrire, restera une ébauche. Il faudrait plus de temps, certes, la solitude et le recueillement, mais le prophétisme contenu dans ce programme se passe de la médiation du livre. Les prophètes brûlent souvent leurs premiers écrits. Pierre se brûle, lui, en une incroyable dépense physique et mentale, pour être présent au monde, à la planète entière qui le requiert. Emmaüs a germé avant d'avoir été enfermé dans une doctrine. Mais le message du Père, prophétique, ne peut être doctrinaire : vibrant dans une parole dispersée, jetée avec la profusion du semeur prodigue, puis ramassé et comme adouci, mûri dans des articles, lettres ou entretiens. Aux autres la tâche d'écrire, pour forger la légende et approfondir les principes, exprimer l'allégeance ou endosser la responsabilité du conflit...

Le 8 février 1954, Pierre lance à six mille personnes rassemblées au cinéma Gaumont-Palace, place Clichy, son troisième appel, après la lettre au ministre et le SOS à la radio. La communion charnelle avec l'auditoire se révèle, ce soir-là, dans le chavirement d'une foule conquise au cœur, dans l'émotion d'une *Marseillaise* spontanée. La puissance surnaturelle de celui qui sait et peut faire agir les autres est ressentie comme un choc, un mystère, à la fois par le public et par l'orateur. Ce que le livre rejette dans l'imaginaire, la parole le fait vivre dans l'instant, dans la brutale étreinte du sentiment partagé.

Peu importe alors la mécanique du discours, rodé jusqu'aux silences. Peu importe la répétition de ses figures. Seule compte la magie du verbe. La parole consume l'énergie et veut ignorer toutes les limites — celles de l'espace et du temps, celles de la résistance physique. Le repos est négligeable, le sommeil superflu.

Pierre est partout à la fois, s'endort en conduisant sa voiture, épuise ceux qui tentent de le suivre.

Que poursuit-il à ce rythme inhumain ? Une mission pour laquelle il a, tôt dans sa vie, accepté le renoncement matériel. Un enthousiasme né de la désillusion vécue jusqu'en ses plus extrêmes conséquences. Le service premier du plus souffrant, auprès de qui l'abaissement matériel ne suffit pas. Encore faut-il se reconnaître soi-même comme aussi imparfait que lui. Le relèvement n'est possible que dans cette fraternité des faiblesses partagées, qui fait sœurs la charité et la justice.

Mais le don personnel, charisme d'un chef ou magnétisme particulier d'un individu, procure un pouvoir hors du commun. Entre l'ascèse et cette puissance, la tension intérieure, ressentie comme un déchirement, engendre une souffrance perpétuelle. Son fardeau pèse sur celui qui est appelé.

Le mythe, à cette douleur, ajoute son tribut. Ce qu'il unifie dans l'apparence, il le dissocie dans la réalité. Il impose l'image de la sainteté achevée, déjà canonisée ; il est l'image de la perfection, un mensonge sans démenti. Confronté à elle, l'homme ne se sent plus seulement écartelé et malheureux, mais seul et nu, dépossédé de son existence. Lui seul connaît cette vérité, indicible parce que personne ne veut l'entendre : la vérité de sa propre faiblesse, de sa « défectuosité », qui le rend aussi misérable que le plus « tordu » de ses frères.

Le salut réside dans la fuite en avant, le contraire de l'abandon : le consentement à tout, au-delà du raisonnement. Pierre consent à payer toutes les rançons sur les deniers de sa propre vie, au risque de s'effondrer pour de bon.

« Il ne faut pas attendre d'être parfait pour commencer à faire quelque chose de bien », a-t-il prévenu. Ce que la petite communauté d'Emmaüs a réalisé au temps des catacombes est tout à coup multiplié, livré aux yeux de tous, au feu des critiques, aux jugements sommaires et à l'adoration béate. Le chemin de l'ascèse est trop étroit pour les multitudes, trop escarpé pour les tièdes. La capacité à entraîner, à émouvoir, peut étourdir, mais après chaque conférence, le don de soi total et épuisant laisse au bord du vide, dans ce lieu « à l'abri des courants d'air et des sollicitations », comme précise le programme adressé aux organisateurs, où l'étreinte de la solitude succède à l'ivresse du partage. Là se ressent l'humiliation intime qu'inflige le mythe.

« Si on n'est pas idiot, puisqu'on sait tout ce par quoi on pêche, qu'on connaît ses fautes, ses défauts, alors on mesure l'immensité de l'écart entre soi et ce qui est ainsi admiré. Mais si on le dit, si on crie : "C'est humiliant !", les braves gens répondent en chœur : "Et en plus, quelle humilité !" C'est sans issue. »

À qui confier cette humiliation ? Comment s'évader de cette prison pour se retrouver tel qu'en soi-même, redevenir, le temps d'un réconfort, semblable aux hommes qui, les premiers, se sont joints à lui et à qui nul ne demande de comptes ? Le besoin de tendresse pousse l'homme à certains abandons. Car, lorsque la foule s'est dispersée, lorsque l'affection des amis a procuré ce qu'elle pouvait de soulagement, l'être est seul comme jamais. En Pierre, le prêtre et l'homme deviennent frères dans la douleur, également désarmés, endossant face à Dieu le remords de leur excès commun.

La prière, alors, doit se lire au pied de la lettre : faible et lâche et misérable, avide de pardon...

... Il faut que j'aime
cent et mile fois davantage
et que je serve [...]
et que je cache mes larmes
et la confusion de mon remords

et le brisement de tant de confusion
au plus profond de moi.

Mais la terrible solitude de Pierre n'est plus seulement affaire de conscience et de tête-à-tête avec Dieu. Elle devient l'affaire des autres, le grand motif inexpliqué de tant de jugements et d'attitudes.

Des proches l'ont pressenti et tâchent de l'adoucir, quand d'autres, vertueux, s'offusquent et se détournent. Les idolâtres deviennent blasphémateurs en découvrant que leur idole a failli. Ceux qui se croient justes s'estiment trahis. La peur des conséquences est la plus forte chez presque tous. Elle commande le secret, et comme toujours, celui-ci nourrit les rumeurs, porte aux exagérations et attise les passions. Le poison est-il dans les « égarements » du Père, ou davantage encore dans les dissimulations dont on les entoure ? Le silence altère les relations entre les hommes. Le non-dit déstabilise Emmaüs à son sommet, alors que la critique, quand elle s'exprime, met en cause sa base.

Robert Barrat, grand bourgeois chrétien, secrétaire de François Mauriac et du mouvement des intellectuels catholiques, s'émeut dès février 1954: des femmes harcèlent le Père. Prétendant veiller sur lui, elles lui imposent leur envahissant dévouement. Sa popularité foudroyante les attire, son apparente fragilité et sa tension perpétuelle les fascinent, leur dévotion à son égard dépasse les bornes... Barrat s'inquiète auprès de Paul. Les faits sont peut-être insignifiants, mais le spectre du qu'en-dira-t-on déclenche parmi les amis de l'Association Emmaüs les premiers tumultes, dans la coulisse de l'« insurrection de la bonté ».

Abasourdi, Paul se fait conduire par Liliane Benoît d'Azy au Sacré-Cœur. Il prie. Se peut-il que l'élan qui soulève le pays derrière le Père paraisse corrompu aux yeux de certains par la « folie » tout à coup imputée à celui-ci ? Qu'au sein de tant de générosité, le soupçon puisse tout emporter ?

Paul se rend ensuite à Neuilly-Plaisance où il a rendez-vous le soir même avec Pierre. Il guette son arrivée, embarrassé par la présence de Lucie Coutaz. Le raidissement vertueux de Barrat n'a pas de sens pour lui. Encore moins cette morale campée sur ses certitudes et qui donne volontiers des leçons. C'est à lui, pourtant, que revient la tâche d'adresser au Père une mise en garde. Dès qu'il arrive, Pierre devine sa gêne. Il l'invite à monter dans son bureau et prend les devants.

— Tu veux me parler, n'est-ce pas ?

— Voilà. Barrat, et d'autres sans doute, s'effraient. Ils ont peur...

Paul cherche ses mots, puis livre son sentiment personnel, son remords :

— Je crois qu'on n'est pas assez proches de vous, que vous êtes trop seul dans ces moments difficiles. Tout dépend de vous, tout repose sur vos épaules et on vous laisse tout supporter. Pardon...

Pierre sait déjà que le poids de la célébrité, le fardeau de la sainteté ne se partagent pas.

— Que faut-il faire ? Tout arrêter... ?

— Non, Père, il faut continuer, je suis votre ami, je le resterai.

De cette première fêlure date le clivage, dans l'entourage de Pierre, entre ceux qui comprennent et ceux qui jugent, ceux qui aident et ceux qui condamnent. Les amis de l'homme et les dévots du mythe...

Envers ces derniers, l'abbé Pierre aura parfois des mots blessants, de ces phrases qui font mal et entretiennent la rancune. Mais il comprend quelle est la limite du tolérable pour ces gens bien-pensants, quelle « claque » représente pour eux la révélation de sa possible « inconduite ». Pour un Lillaz, un Budin, hommes pétris de tolérance, pour une Lucie Coutaz, débordante de compassion, combien d'autres restent engoncés dans leur étroit conformisme bourgeois, alors qu'Emmaüs autour d'eux leur ouvre d'abord les yeux sur la vérité des êtres ? À ceux-là, Pierre ne reproche pas leurs illusions, ni même la part d'hypocrisie que recouvrent leurs grands principes. Que ces perfections affichées, si elles ne peuvent jusqu'au bout connaître la désillusion, servent du moins, à travers lui, le plus souffrant ! Mais qu'elles ne croient pas en être quittes en le servant lui, l'abbé Pierre, à travers l'image qu'elles s'en font. « Être ami sans être idolâtre, écrit-il, combien rares sont ceux qui y réussissent... L'amitié qui sait censurer est plus sûre que les admirations béates, inutiles, et toujours sources d'égarement, par démesure et perte du sens critique. »

Souhaiter cette sérénité, c'est à cette époque beaucoup demander, et d'abord pour soi-même, quand l'excès est partout : dans le malheur qui demande à être secouru, dans l'énergie employée à la soulager ; dans l'espérance qu'on incarne seul, dans le sacrifice de soi qu'exige cette mission. Avec une telle fièvre contagieuse, la déraison ne se mesure pas, ni dans l'attente avide des foules, ni dans le don de soi par lequel on les entraîne. L'exaltation passe outre les garde-fous et la lucidité se perd, comme la conscience d'un danger. Tout paraît asservi à la passion exclusive d'un Amour qui ne se nuance pas. Seule la foi permet de garder pied, mais dans une « confusion » et un « brisement » qui menacent à chaque instant de tout détruire.

La censure franche et sereine des amis est impossible, parce que la paix est absente, le retour sur soi toujours différé. Seraient-ils assez lucides, ces amis, que la franchise espérée demeurerait au-dessus de leurs forces. Ils assument dans une présence de tous les instants leur devoir d'assistance et de réconfort. Ils s'en veulent, comme Paul, de n'être jamais assez proches. Mais leur vigilance est sans cesse prise en défaut, le Père est trop insaisissable. Ils s'épuisent à le suivre, à encadrer ses déplacements, pour le protéger contre lui-même. Ce qui-vive permanent prend vite des allures de surveillance policière et d'inquisition morale, sous le prétexte de veiller à sa santé. Les admirateurs béats sont sources d'égarement, mais le zèle des fidèles amis est source d'équivoque. Paul le déploie dans une complicité active qui fait fi de la morale pour diminuer les risques de scandale. D'autres « paient les pots cassés », au sens propre, et ont le sentiment d'en être mal récompensés. Certains n'ont que la foi pour apaiser leurs scrupules. Ils ne doutent pas de celle de Pierre. L'Amour de Dieu vaincra...

Quarante ans plus tard, les passions apaisées, sinon les ressentiments, la médiation de la sagesse permet d'avancer quelques convictions.

« Mes neveux m'ont demandé de quoi j'avais le plus souffert : la pauvreté, l'obéissance ou la chasteté ? Je dis sans hésiter la chasteté, le renoncement volontaire à la tendresse. Car le renoncement ne fait pas disparaître le plaisir, et la chasteté paraît alors une injure à l'être humain. D'une part il est faux, et cela offense le Créateur, d'associer plaisir et culpabilité, et d'autre part le plaisir est d'une nature telle que celui qui en deviendrait l'esclave serait aussi pitoyable que celui qui en est privé [1]. »

Pierre se souvient de la question de son père à sa mère, le jour de l'enterrement de sa grand-mère :

— Est-ce que tu lui pardonneras ?

« Pour avoir été trop présente, ma grand-mère avait disparu : jamais nous n'avons vu une photo d'elle. Elle avait voulu interdire le plaisir à son fils et à sa belle-fille... J'ai, moi, vécu le plaisir mentalement. La joie du plaisir donné, ces moments rares, ont tenu une place considérable dans mon imaginaire. En fait, je n'ai jamais eu de liaisons. Être entièrement occupé par les besoins des autres était une dérivation. Ce n'était pas

1. Entretien avec l'auteur.

transcendé dans le spirituel, dans l'Adoration, mais dans l'action, la compassion : la charité d'amour, la joie donnée, l'arrachement à la misère. "Humain, trop humain", disait Nietzsche. Personne ne naît saint... »

Déterminantes dans l'histoire d'Emmaüs, ces conceptions sont inexprimables en 1954, et pour longtemps encore. À l'intérieur du groupe, entre ceux qui savent et ceux qui ignorent la souffrance intime du Père, entre ceux qui veulent sauver Emmaüs malgré, voire contre lui, et ceux qui ne voient de salut qu'avec et par lui, les éléments d'une crise sont déjà réunis, mais encore inexprimables, condamnés à la clandestinité et au mûrissement souterrain. À tous cependant, le secret sur ces questions paraît le plus important, quelles que soient les passions et même les haines en gestation. Nul n'ose encore blâmer ouvertement le Père, ni amicalement le « censurer ». Le silence, s'il rend plus vulnérable aux rumeurs et aux exagérations, s'impose comme le seul moyen de préserver l'avenir et, sinon l'unité, du moins la survie du mouvement.

Il porte sa part de faiblesse, mais témoigne aussi que la passion d'Emmaüs est plus forte que les déchirements personnels. L'image du saint a pu se fracasser, l'aura du fondateur peut se lézarder, c'est l'idée d'Emmaüs qui émerge et commande de faire bloc pour sauvegarder l'espérance, et d'abord son socle, les communautés.

« Le dévouement à Emmaüs l'a emporté sur la haine et la division, dit l'abbé Duvallet. Le mythe du "pauvre premier servi" s'est révélé plus fort parmi nous que le mythe de l'abbé Pierre. Le désarroi, le dépit, le ressentiment ont été surpassés par la foi dans l'idéal. »

Emmaüs est à la merci de la moindre révélation, mais la force du mythe assure le respect, à l'extérieur, de la loi du silence observée parmi les proches. La presse a trop contribué à édifier la statue de l'abbé pour se renier en la brisant. Elle se condamnerait elle-même en déboulonnant l'idole qu'elle a forgée. Son ridicule serait pire que le soi-disant « déshonneur » auquel elle vouerait le « saint de la zone ». Au-delà des précautions prises à son égard, sa solidarité est remarquable. Le calcul cynique y a sa part, mais tout autant, parfois, la sincère conviction que l'essentiel, qui réside au cœur d'Emmaüs, mérite d'être préservé.

Pour les institutions que l'« éruption » de février a bousculées, les motifs peuvent être différents, le résultat est le même.

L'État s'est remis de sa frayeur, réelle ou feinte. « L'insurrection » est restée celle de la bonté, la dénonciation du scandale des sans-logis n'a pas dépassé les limites de la charité. La crise du logement se perpétue et a encore de beaux jours devant elle, mais le drame s'est estompé, et avec lui la vérité profonde de la misère des classes populaires, de ses causes économiques et politiques.

« Quelques mois après cet énorme mouvement d'opinion, que restait-il ? Quelques milliers de logements d'urgence... Malgré tout le respect et l'admiration que nous avons pour le travail qu'ils ont accompli, nous avons conscience, quatorze ans après, que l'abbé Pierre et ses compagnons ont laissé passer une chance historique en ne posant pas le problème du logement en termes de structures économiques, de budget de l'État et de rapports sociaux [1]. »

Le ministre Lemaire l'avouait, il aimait bien qu'on l'« asticote ». Plus tard, il rendra hommage à la salutaire provocation de l'abbé Pierre. Mais l'État s'accommode d'une puce « sautée de la poubelle du chiffonnier », qui vient le mordre en disant : « Fais ton boulot, réveille-toi. » Il s'en accommode d'autant mieux si la charité prend en charge ce qui incombe aux pouvoirs publics ; si l'opinion oublie que la puce s'élevait aussi,

1. Houdeville, *Pour une civilisation de l'habitat*, Éditions ouvrières, 1969.

jusque-là, contre la guerre en Indochine, militait pour la paix et l'amitié franco-allemande. Piégé par l'emprunt, déçu par les cités d'urgence, enferré dans l'impasse du camp de Noisy, l'abbé Pierre s'est ligoté lui-même. Bien sûr, Emmaüs est devenu un interlocuteur respectable en matière de logement social, utile quand il s'agit d'endosser les responsabilités et d'essuyer les critiques. Mais l'État, pour contrôler les possibles et redoutables appels du trublion « empêcheur de danser en rond », s'est prémuni. Le ministère de l'Intérieur s'est tôt intéressé à lui. Il a eu la prévoyance de constituer à son endroit, en toute discrétion, un dossier. Pour garantir la tranquillité du pouvoir face à l'imprévisible activiste, la police a donné à l'État un moyen de pression imparable. Fort de cette assurance dont il ne demande qu'à se dispenser de faire usage, l'État peut accorder sa neutralité, et même enjoindre à ses services la bienveillance. Il est maître du jeu ; il a lui-même défini les limites à ne pas franchir.

Pierre fait-il peur à l'Église ? La dangereuse dérive des prêtres-ouvriers, immergés dans le prolétariat et suspectés d'être trop perméables à la contamination communiste, mine l'Église depuis la fin de la guerre, alarme sa hiérarchie et divise les fidèles. Le cardinal Suhard, archevêque de Paris et apôtre des nouvelles méthodes apostoliques, meurt en 1949. Le cardinal Feltin le remplace. La pression de Rome et des milieux conservateurs bride l'essor de la Mission de France, pourvoyeuse de ces émissaires qui, au contact du monde ouvrier, « risquent de perdre leur âme » au lieu, justement, de ramener vers l'Église les brebis égarées du marxisme.

Ils sont peu nombreux, mais l'ampleur du débat qu'ils suscitent démontre la gravité du malaise. Après avoir louvoyé, l'Église se résout à trancher dans le vif pour mettre un terme à ce « dévoiement » et stopper l'hémorragie de ses forces vives.

En octobre 1953, Mgr Feltin annonce ce désaveu, entériné le 15 novembre. Coïncidence, c'est le 2 février 1954, en plein déclenchement de la « croisade de la bonté », que les prêtres-ouvriers sommés de rentrer au bercail s'élèvent par un communiqué contre leur mise au pas. Pour nombre de leurs détracteurs, leur opposer l'abbé Pierre constitue une tentation à laquelle ils ne résistent pas. Une partie de la presse a préparé le terrain en insistant sur la parfaite orthodoxie du curé-chiffonnier. Qu'importe si Pierre s'indigne de servir de caution au « lâchage » des prêtres-ouvriers : il n'étale pas ses sentiments à ce sujet sur la place publique. D'un autre côté, en se faisant élire député, n'a-t-il pas déjà servi une Église en quête de réhabilitation après ses compromissions avec Vichy ?

Soucieux de bonnes relations avec sa hiérarchie, il ne peut rien contre les amalgames et les simplifications qui rassurent une large fraction de l'opinion catholique, acquise aux sans-logis qui ne réclament qu'un toit, aux chiffonniers qui ne font pas de politique et à l'abbé, reçu au Vatican, salué par *L'Osservatore romano*. Entre deux mondes et deux périls, les « bien-pensants » n'hésitent pas. Ils encouragent l'action d'Emmaüs, considérée comme un moindre mal.

La conception de la charité et de la justice mise en pratique par les compagnons va pourtant à l'encontre du dogme, mais on est prêt à oublier l'infraction théologique tant qu'elle ne s'affirme pas comme telle. Le tapis rouge de la « bienfaisance » déroulé aux yeux de la France égoïste suffit à faire oublier l'épouvantail rouge auquel succombent les prêtres-ouvriers. Et qui se soucie vraiment d'entendre ce que le mot « charité » signifie pour le fondateur d'Emmaüs ?

L'Église peut se contenter, tout en restant vigilante, d'accorder une discrète bénédiction à l'action de Pierre. La lettre de Mgr Guerry, archevêque de Cambrai, secrétaire de l'assemblée des cardinaux et archevêques de France, résume ce prudent encouragement. Il écrit à l'abbé Pierre en 1954 :

« *Notre rôle d'évêques est de vous laisser entière liberté dans votre action qui atteint des milieux souvent très éloignés de l'Église ; un patronage qui cléricaliserait ou paraîtrait le faire paralyserait sans doute auprès de beaucoup de gens votre action de pénétration.* »

Le Père peut répondre, ravi :

« *Merci, cher père, de ce miracle : vous m'avez envoyé la bénédiction avec la liberté !* » L'avenir laïc, ou plutôt a-confessionnel, d'Emmaüs s'accommode bien volontiers de cette non-ingérence. Il en ira autrement de la liberté du fondateur, mais pour des questions de forme davantage que de fond.

Pierre est-il dupe de cette indépendance qu'on lui concède au plus fort de sa « sanctification » par la presse et l'opinion ? Il fait tout pour garder avec sa hiérarchie des relations normales, mais en même temps ne recule devant rien pour profiter de la liberté qu'elle prétend lui offrir. Ses manières abruptes et provocantes font plus de dégâts apparents que ses révisions doctrinales. Mais, justement, l'Église se soucie surtout des apparences. Pour avoir succombé à la gloire toute neuve de ce saint qui redore son blason, elle devra avaler les couleuvres, qu'« innocemment », au nom des pauvres et de l'Évangile, il lui jette à la face !

Mgr Feltin, qui coiffe le Mouvement d'aide au logement, manifeste-t-il le désir d'assister à l'inauguration d'une cité d'urgence ? Pierre lui lance : « Quand on n'est pas à la peine, on n'est pas à l'honneur ! Vous n'y seriez pas à votre place. »

Une communauté se fonde-t-elle à Rennes ? On oublie de prévenir le cardinal Roque, et lorsque l'abbé se rend là-bas, il néglige de l'avertir, l'ignore dans son discours. Lorsque, peu après, le scandale rennais éclabousse Emmaüs — le responsable nommé par Pierre s'est enfui avec la caisse et la femme de l'ami qui gérait les comptes —, c'est l'abbé Duvallet qui essuie la colère de l'évêque et lui rétorque :

— Les prisonniers de guerre qui n'ont pas retrouvé leurs femmes et se remarient que faites-vous pour eux dans votre diocèse, hormis les montrer du doigt en leur refusant la communion... ? Nous, on en a soixante-dix dans ce cas...

À un autre prélat dont il a froissé la susceptibilité, il envoie Roland Bonnet, le photographe aventurier, qui déclare d'entrée de jeu à son interlocuteur qu'il n'est pas croyant. Puis, comme l'évêque, outré, s'emporte contre les « soi-disant pauvres », Bonnet lui répond :

— Vous avez sûrement raison. S'il y avait des pauvres, ils seraient ici, dans votre palais, monsieur l'Évêque !

Au sein de l'Église, ces incartades répétées confortent l'image de perturbateur de Pierre. On préfère les mettre au compte de sa nature ou d'une célébrité qui lui aurait tourné la tête plutôt que d'y reconnaître une conviction qui ne supporte pas les faux-semblants. On tolère mal ces insolences mais, comparées au bénéfice tiré par l'Église de la gloire de l'abbé, elles sont encore supportables. Ce n'est pas tous les jours que cette Église accouche d'un apôtre, d'un saint, d'un prophète...

« Faut-il condamner l'abbé Pierre ? » Sous ce titre paraît en mai 1954 — au moment où Mgr Guerry envoie sa lettre de bénédiction à Pierre — un article du révérend père Rouquette dans la très sérieuse et très catholique revue *Études*.

L'auteur distingue d'abord nettement l'action de l'abbé — « manifestation efficace de charité chrétienne [...] activité essentiellement sacerdotale » — de celle des prêtres-ouvriers. Pour aussitôt en souligner les limites : « Certes, une action comme celle des chiffonniers n'est qu'un palliatif. Mais il est bon finalement que le Pouvoir soit secoué, bon, que, de temps en temps, un prophète crasseux et hirsute, brûlé jusqu'aux os par la douleur de ses frères humains, vienne lui rappeler qu'un remède insuffisant mais immédiatement efficace, appliqué à une scandaleuse misère, a sa valeur, en attendant des solutions rationnelles plus efficaces. »

L'abbé a donc son utilité, on le voit, une place assignée et un rôle bien précis. Qu'il s'y tienne ! À cette condition, l'Église s'en accommodera, tout « crasseux et hirsute » qu'il soit...

Pierre n'aurait-il dans l'Église que ce genre de partisans ? Non, il y compte même de vrais amis, mais ce sont des missionnaires, des fondateurs d'ordres, comme le père Norbert, présent à Emmaüs dès l'origine, le père Épagneul, les frères Voillaume. Des humbles à leur façon, mais non point obscurs. Ceux-là animent un mouvement qui réfléchit à l'avenir de l'Église et prépare son tournant conciliaire. Ils soutiennent les prêtres-ouvriers qui représentent à leurs yeux la jeunesse et le dynamisme, une voie rénovatrice que le cardinal Suhard, le dominicain Congar ont encouragée.

À l'époque des catacombes, Pierre a eu le temps de voir ces amis, d'échafauder avec eux le projet d'ordre auquel il songe toujours et qui enverrait vers les plus déshérités des « moines de la misère ». Comme les prêtres-ouvriers dans le monde du travail, ils s'immergeraient dans la grande pauvreté mais, à l'encontre des premiers, tireraient leur force de la communauté.

Le rêve de ces Fraternités n'a pas abandonné Pierre, mais à partir de 1954, il emprunte d'autres voies, et les amis peuvent croire qu'il y a renoncé. Il n'a plus le temps de leur en parler. Il ne sait pas se refuser aux sollicitations. Le service des pauvres l'accapare, l'exigence des adorateurs menace de l'engloutir. Plus de retraite ni de recueillement, plus de recul ; ni temps ni espace pour le ressourcement, quand on n'accorde même plus au corps le sommeil !

La célébrité trace une frontière, les excès du mythe dressent un mur. Le père Norbert est encore là, fidèle à son vœu « de mettre un peu d'huile dans les rouages », mais épuisé par ses « stages » aux Bordes, le travail dans les gadoues. Les autres ont le sentiment qu'on leur a enlevé Pierre, parti seul sur une « orbite médiatique » où ils ne peuvent le suivre.

Ils essaient pourtant de le retrouver, espérant le soustraire au tourbillon qui l'a happé. Mais comment le rencontrer, simplement ? Il n'est jamais là, jamais disponible, ou seulement deux heures volées au surmenage, pendant lesquelles il parle, parle… avant de fondre en larmes, épuisé. Ils pressentent alors le drame enfoui en lui. Leurs craintes n'étaient pas infondées. L'ivresse de la gloire leur répugnait naturellement, et à présent ils constatent, désemparés, les ravages du remords. Pierre préfère fuir, incapable moralement de les affronter, plus seul et coupable que jamais, et eux, pareillement, le fuient, trop désarmés pour prétendre l'aider, trop étrangers à son destin pour le rejoindre.

D'autres restent, comme l'abbé Duvallet, le père Barral, le père Norbert jusqu'à sa mort. Emmaüs les a retenus. Ils s'acharnent à y colmater les brèches, dont les plus visibles, dues au désordre, au gaspillage et à l'impréparation, couronnées parfois par un scandale, comme à Rennes, réclament autorité, organisation. L'état-major de la rue des Bourdonnais s'y emploie. Le Père lui-même reconnaît qu'il faut enrayer la dérive financière et le gâchis humain qui risquent de faire sombrer les communautés.

Les hommes d'Église dans l'entourage du Père luttent sur deux fronts. Leur foi dans Emmaüs et leur attachement au fondateur sont mis à rude épreuve ici et là, quand il s'agit d'éteindre l'incendie qui couve entre les gestionnaires des Bourdonnais et les aventuriers des communautés — ou quand il faut entourer l'abbé d'un cordon de sécurité !

Le feu menace mais des renforts sont arrivés.

Comme Daniel Gigan, Paul Beaudoin est un jeune séminariste qui se trouve mal à l'aise dans l'Église et rue dans les brancards, au grand dam des directeurs de séminaires. Le sien paraît le comprendre, mais il doit compter avec un système qu'il ne peut réformer. « Être dans le monde comme un moine, ça ne peut pas coller », se répète le jeune sous-diacre. Il a vingt-deux ans en 1953. Cette année-là, on lui refuse la prêtrise... Mal vu, trop perturbateur ! Il reste toutefois dans l'Église. Envoyé dans une paroisse bourgeoise de la banlieue parisienne — « un curé bien assis, trois vicaires... l'étouffement garanti » —, il s'en échappe et s'en va respirer l'air du Sud. Du côté de Lyon, chez un ami missionnaire, il entend à la radio l'appel de l'abbé Pierre. Il fait sur-le-champ demi-tour.

Ce qu'il guettait depuis longtemps s'est produit, un déclic qui le pousse à se précipiter vers Neuilly-Plaisance, où le père Norbert le reçoit. Puis c'est Orsay, au cœur de l'ébullition de février, et peu après, un autre choc : les Bordes, la fameuse gadoue d'Emmaüs. Un champ d'épandage où sont déversées par tonnes, tous les matins, les ordures de Champigny et des communes environnantes. Deux cents hectares dans l'Est de Paris, les ordures à perte de vue qui fermentent, des baraquements gris et tristes, et un froid terrible, en attendant les chaleurs, les nuées de moustiques, la puanteur...

Un autre séminariste était à la tête de « ça ». Il vient d'avoir un accident. Pierre nomme le nouvel arrivant responsable de la ferme des Bordes.

— Mais je n'y connais rien !

— Tu te débrouilleras !

Paul Beaudoin entre ainsi de plain-pied dans la légende d'Emmaüs, bombardé du jour au lendemain responsable de quarante durs à cuire, isolés entre la nationale 4 et Le Plessis, rejetés au bout du monde et triant les ordures dix heures par jour. Des anciens d'Indo, des paumés, divorcés, bons à rien, crève-la-faim... Une sorte de Légion où la récupération a ses orfèvres, comme le maniement d'armes a ses spécialistes. Des dizaines de types affairés à extraire de l'énorme décharge les quignons de pain moisi, les bouts d'étoffe, les vieux os, le moindre morceau de fer ! Le bout de ferraille minuscule, de ceux qui cerclent les cols de bouteilles... Minuscule et brûlant, car la gadoue qui fermente, en plein hiver, c'est un chaudron étale qui fume en dégageant des gaz infects. Mais le moindre bout de ferraille s'en extirpe, même si on doit s'y reprendre à trois fois pour le saisir. Et les tas s'amoncellent, qui remettent de l'ordre dans le fouillis des déchets indistincts. Le tas de vieux pain qui paiera la miche fraîche chez le boulanger, le tas d'os qui, revendus pour être broyés, paieront le bifteck, les chiffons en balle dont le prix permettra d'acheter du linge ; et la ferraille, le papier, le verre consigné qui se reconnaît au toucher, les yeux fermés, le platin, cette tôle de la dernière qualité... Ces tas de rien qui rapportent, une fois amassés, de quoi faire vivre quarante bonshommes dont personne ne voudrait, et, plus que tout, valent le prix de la dignité retrouvée : une raison de vivre en même temps que les moyens de survivre. Une raison d'espérer. « Quand tu jettes le bout de ferraille, tu jettes l'homme ! Quand tu le récupères, tu crois en l'homme qui l'a extrait de la gadoue, même s'il n'est bon qu'à ça ! » Voilà ce qu'apprend, sur le tas, le jeune séminariste : le fondement d'Emmaüs, cette mystique où la récupération des déchets équivaut au relèvement des hommes.

Tout est sauvable, apprend la gadoue à Paul, devenu Paul des Bordes et qui, pas un seul jour, deux années durant, ne quittera ses hommes et sa tâche.

Tout est sauvable, veulent croire à l'autre bout d'Emmaüs ceux qui entourent le Père. Des renforts, là aussi, sont venus. Pierre les réclame. Il espère des volontaires, des animateurs spirituels. Les communautés en ont besoin. Mais après l'expérience des prêtres-ouvriers, l'Église répugne à laisser partir les siens. Les vannes se ferment.

Les séminaires ne fourniront pas à Emmaüs les fraternitaires escomptés. Les hommes d'Église qui rejoignent l'abbé Pierre sont dépêchés auprès de lui au coup par coup. L'abbé Leurent, par exemple, a connu Emmaüs à Wambrechies, dans le Nord, quand s'y est implantée, en 1954, une communauté. Pierre s'est adressé à Mgr Liénard, évêque de Lille, surnommé l'« évêque rouge » à cause de ses sympathies affichées à l'égard du Front populaire, puis des prêtres-ouvriers. Ainsi l'abbé Leurent vient-il à Emmaüs. Quelques autres l'imiteront, comme le père Wrezinski en 1956, plus tard l'abbé Lejeune, les pères Jacques Wreck et Godefroy.

Sans doute Pierre attendait-il davantage de l'Église, non seulement pour enrichir Emmaüs, mais pour l'aider personnellement. Dans la solitude où la mythification l'a projeté, espère-t-il le miracle d'un soutien neuf, plus décisif parce que moins marqué par une histoire commune ? Quel ami pourrait surgir et briser le cercle où il s'est enfermé, pour lui offrir le remède d'une « censure » apaisante ? Il en a auprès de lui, mais qui n'osent pas, ou si timidement, si maladroitement, qu'il les rabroue, les braque dans un réflexe blessant.

L'abbé Leurent n'est pas un idolâtre. C'est un disciple appliqué, qui prend des notes pour mieux se mouler dans le rôle du second... Une bonne volonté froide et limitée, douée d'un réel talent d'organisation et de gestion, pour qui le service des pauvres est affaire de raison plus que de tripes. Rapidement, Pierre lui bat froid. Pressent-il qu'à Lille on a mis en garde Leurent, qu'on lui a suggéré de ne pas trop se compromettre auprès de l'abbé, au cas où... ?

La méfiance est plus forte que la franchise, et elle est partagée. Elle force Pierre à endurer dans la solitude l'épreuve de la souffrance intime, à subir le reproche muet et l'inépuisable pitié de Lucie Coutaz, la sollicitude tantôt soupçonneuse, tantôt honteuse des autres ; à chercher toujours la connivence coupable avec Paul, l'ami qui ne censure pas, le double qui, seul entre tous, incarne la liberté affranchie de tous les obstacles : liberté de servir et de se servir, de déployer les talents d'un chef en restant un second, d'être l'âme damnée sans y perdre son âme...

Mais Paul est un laïc, un frère qui n'attend pas de l'Église-mère une bénédiction ou le pardon de ses fautes.

Fidèle envers et contre tout à cette Église-marâtre, Pierre se réjouit qu'on lui envoie un carme, à la fois aide et chaperon. Leurent peut-il échapper au rôle de « garde du corps » qu'on veut lui faire tenir ? En tout cas, il perd vite ses illusions, ses moyens et même son identité, car personne, semble-t-il, n'a gardé trace de son nom. Mais on se souvient qu'il a rendu les armes avant de les avoir étrennées, effrayé de les découvrir si dérisoires face à une tâche insurmontable.

Le père Monnier, jésuite âgé qui a l'expérience de la vie communautaire parmi les plus pauvres, est d'une autre trempe. Il arrive au pire moment, celui où les proches n'en peuvent plus de se relayer auprès du Père pour ne pas le laisser seul une minute, se demandant en tremblant quelle catastrophe va survenir et tout balayer.

A force de malmener sa santé et de flageller sa conscience, l'abbé est à bout, en pleine dépression. Envoyé par l'Église en « service commandé », le père Monnier enfonce d'emblée le doigt dans la plaie, appuie là où cela fait mal.

— Aidez-moi, facilitez-moi la tâche ! dit-il aux assemblées d'Emmaüs. Regardons les choses en face et organisons-nous sans nous voiler les yeux !

Dans le premier cercle d'Emmaüs, le pacte du silence vole en éclats. Les prudences cauteleuses et les vaines prières ne sont plus de mise.

— Il faut le sauver, répète le père Monnier. Tout est sauvable avec de l'Amour ! Prouvons-le ! Il est le plus pauvre de la famille, misérable comme le plus misérable de ceux que relève Emmaüs. On le sauvera en le considérant comme tel.

Ce petit homme frêle et féru de spiritualité a vécu parmi les chiffonniers de métier. Il parle sans détour et casse le miroir des idolâtres en revenant au principe fondamental d'Emmaüs : servir en premier ce plus souffrant-là, le Père lui-même… Le temps de l'« amicale censure » est-il venu ? L'Église maternelle a-t-elle enfin trouvé l'homme providentiel qui, tapi dans l'ombre du saint, corrigera l'enfant tremblant et brisé ?

Si Pierre a pu lui-même l'espérer, son vœu reste pieux. Le mythe, au-dessus de lui, n'a pas fini de produire ses effets, l'excès, au fond de lui, n'a pas renoncé à son tribut. Et la raison demeure impuissante à étreindre le mythe comme à contenir l'excès. Plus forte qu'elle, une voix résonne qui porte loin et force la marche, quel que soit le poids du fardeau. L'Amour veut être aimé, mais dans une dimension qui ignore les contingences humaines et l'étroite prison des sentiments.

Tant pis pour le père Monnier, chargé, pour prix de sa clairvoyance, du péché majeur de vouloir couper les ailes du prophète. De tous les filets tendus pour l'empêcher de chuter, Pierre s'échappe par le haut, le chemin du sommet, à la fois si redouté et si enivrant. Il incarne Emmaüs plus que jamais. Mais, dans la frayeur qu'il lui inflige en allant jusqu'au bout de sa vocation, Emmaüs s'est révélé à lui-même, assez vivant et enraciné pour affronter l'avenir. Tout l'enjeu se résume en une phrase : ce futur se bâtira-t-il avec le Père, contre lui ou sans lui ?

4

Les ailes du prophète

La maladie est un refuge, l'espace délivré du temps où l'esprit renoue avec le désir de solitude, de contemplation, d'adoration. Le corps, épuisé à force de privations, de surmenage, expie ses tourments dans les opérations ou les cures de repos imposées. Le sommeil chimique est proche de la mort, aussi accueillant qu'elle. Cet apaisement infini ressemble comme rien d'autre au bonheur. Mais la mort ne se donne à Pierre que comme un simulacre toujours recommencé, un hébergement provisoire qui repousse sans cesse l'Ultime Rencontre.

L'automne 1954 est l'heure du premier rendez-vous manqué, alors que tant de choses à peine nées requièrent ses efforts. Et pourtant, la coupe paraît pleine, déjà. Des années d'immersion dans la misère, le labeur ingrat et le dénuement matériel, suivies de mois de dévouement illimité, de tension nerveuse et de déplacements, quelle santé y résisterait ? En même temps, la conscience flanche face à un reflet où elle ne se reconnaît plus.

Suffirait-il de modifier les signes pour échapper à la représentation ? À bout de nerfs, Pierre voudrait changer de figure, se rendre méconnaissable, pour se retrouver. Se couper la barbe, se déguiser, quand des « abbés Pierre » surgissent, ici et là. Escrocs d'abord, profiteurs du défoulement charitable de l'hiver ; acteurs ensuite, quand le cinéma, après la littérature, le disque, la peinture, prend en charge la bonne cause des chiffonniers. On en a trouvé de très ressemblants, plus vrais que nature, comme Favières, pour un court métrage documentaire. On parle à présent d'un grand film sur Emmaüs. Qui aura le rôle ? Maurice Ronet ? Jean-Louis Barrault ? La presse, dès mars 1954, avance des noms. À mesure que la production se met en place, Pierre se sent un peu plus dépossédé. Il résiste, cède, et soudain se refuse, compromettant au dernier moment l'entreprise.

Il préférerait ne pas se voir à l'écran. Il rêve d'un film sans lui, où l'aventure collective le rejetterait dans l'ombre. Dans « le tintamarre de l'insurrection de la bonté », les visages « seraient dépouillés... plus des ombres que des figures, plus des murmures que des propos », note-t-il à propos du scénario des *Chiffonniers d'Emmaüs*. Il rêve de se soustraire à la logique économique, au mensonge des images et au mythe dévorant. Les réponses l'accablent.

— Changer de tête ? Mais ce serait pire ! Les journalistes vous traqueraient plus encore !

Soit, mais au moins, ce film...

— Un film sur Emmaüs sans l'abbé Pierre ? Personne n'y mettra d'argent !

Choisir un acteur qui ne soit pas ressemblant ?

— Un abbé Pierre que le public ne reconnaîtrait pas ? Mais les gens crieront au blasphème !

Il acquiesce, vaincu. Il n'a pas de prise sur ce qui se monte sur son nom et son image.

La maladie le frappe au Puy, après une de ces deux ou trois conférences hebdomadaires qu'il n'a pas su refuser, parce que le bon Mgr Martin, évêque du lieu, a insisté. Dans la nuit, alors qu'il rentre en train — on a comme à l'habitude obtenu de la SNCF qu'une voiture lui soit réservée, pour éviter que les voyageurs ne se ruent sur lui —, la douleur devient tout d'un coup intolérable. À l'hôpital où on le conduit dès son arrivée, le médecin diagnostique un abcès à une narine, une infection foudroyante qui, sans la pénicilline, provoquerait une embolie. On le soigne, mais d'autres abcès apparaissent, sous les yeux. Il est opéré de deux kystes sous les paupières. Dans les légendes des photos publiées dans la presse, on s'alarme des stigmates du saint martyr, on prétend qu'il restera aveugle. Son corps ne lui appartient même plus, sa souffrance physique devient l'affaire de tous. On sait que, pendant la guerre, il a perdu ses dents, à force de les planter dans des croûtons de pain trop durs. On n'ignore rien à présent des opérations de la mâchoire auxquelles il doit se résoudre.

À quelques chambres de la sienne, le général de Gaulle réussit mieux que lui à préserver son incognito après une opération de la cataracte. Il fait demander à Pierre de lui rendre visite. Puis le comte de Paris sollicite à son tour une « audience » à la clinique, sans autre motif que de rencontrer l'abbé : « Il est resté une demi-heure, on n'a pratiquement parlé de rien. » Et Pierre trouve encore la force de s'échapper de la clinique pour être présent, comme il l'a promis, au Salon de l'enfance, ou à l'inauguration de la cité du Plessis-Trévise, même s'il doit y assister de loin, dans une voiture.

On veut le forcer au repos, à l'isolement, mais on vient encore lui parler du film. Il craque :

— Arrêtez tout ce cirque ! Qu'on me laisse vivre, ou mourir, puisqu'on m'envoie au Ciel après m'avoir canonisé !

Il se braque sur le film, cette dernière expropriation de soi. Il explique :

— Ma vie est intenable, je ne peux pas faire un pas sans que les gens fondent sur moi. Dans la rue, ils m'arrêtent, s'attroupent pour me toucher, pour que je les bénisse. Impossible de voyager, de manger quelque part sans qu'on m'assaille, que les reporters m'épient.

Si vous me mettez à l'écran, ce sera encore pire, qu'est-ce que je deviendrai ?

Il croit à la parole, à la voix qui porte, fraternelle ou accusatrice, mais la seule image contient trop de ses hantises pour qu'il la supporte. Entre ses émissions télévisées du carême, causeries apostoliques vouées au prêche mobilisateur, et cet abandon à l'image sentimentale, charnelle, objet d'identification et de désir, la distance lui paraît effrayante. Elle souligne trop bien tout le chemin parcouru en quelques mois, l'humiliation imposée par le mythe, et le remords d'être plongé « dans la société sensuelle, hypocrite et lâche face à la misère ».

Lorsque l'abbé Duvallet évoque la volonté de Dieu, Pierre rétorque :

— Vous lui avez téléphoné ?

— Oui.

— Eh bien, coupez. Vous lui cassez les pieds !

Mais les larmes sont plus fréquentes que les boutades. Il arrive que le public les provoque, comme ce jour où il attend dans un taxi, sur les Champs-Élysées, le père Dewavrin, de la Centrale catholique du cinéma. On vient de l'opérer mais il s'est levé pour aller protester contre le choix d'André Reybaz pour incarner son personnage. Les gens l'ont reconnu dans la voiture. Ils entourent le véhicule, photographient l'abbé à travers les vitres. Et lui sanglote.

— Vous voyez ! dit-il au père qui le rejoint. Regardez-les... Vous m'aviez donné votre parole de ne pas choisir un acteur qui me ressemblerait... Qu'est-ce que ce sera après... ?

— Si vous n'êtes pas dans le film, les capitaux se retirent !

Angoissé, déprimé, Pierre s'effondre. Le père Dewavrin revient à la charge avec Darène, le réalisateur du film, René Barjavel, l'auteur des dialogues, et André Reybaz. Dans sa chambre d'hôpital, Pierre apparaît à celui-ci « affaissé, effroyablement las ». Il leur dit ce qu'il répète aux journalistes accrochés à sa feuille de température comme ils l'étaient dix mois plus tôt au dénombrement des sans-logis :

— Assez de ce mythe de l'abbé Pierre, de ce culte malsain ! Je ne suis pas une idole, j'en suis le premier blasphémateur ! Foutez-moi la paix ! J'en meurs de honte !

Révolte vaine, ultime et inutile crispation... La frontière que Pierre voudrait ne pas franchir est déjà dépassée. Les arguments rationnels l'emportent sur les dégoûts de l'homme meurtri. Cette dernière résistance passe même pour un caprice de « star », et le père Dewavrin rappelle Pierre à la modestie, à « un peu d'humilité ». Comment exprimer que l'acceptation du film n'est pas qu'une concession bénigne à la célébrité, mais une sorte de capitulation, la soumission, au-delà des mots et des images, à des démons intimes dont l'empire est indicible.

— Vous faites de moi Brigitte Bardot ! proteste Pierre, comme on avoue...

Cette digue rompue, son état s'aggrave et la médecine devient folle. On lui administre trois fois la dose de somnifères requise pour une cure de sommeil — et il dort une heure ! Pour le professeur Layani appelé à la rescousse, le diagnostic est alarmant :

— Il est physiquement et nerveusement dans un état épouvantable. Si on ne le soustrait pas de toute urgence à cette agitation pour le soigner dans le calme et le silence, il ne s'en sortira pas. Ses jours sont comptés !

Paul organise une fuite en catastrophe vers une retraite du Midi où le Père pourrait être isolé. Il s'adresse à des amis de Menton, voisins d'un petit couvent de Capucins.

— L'abbé Pierre, ici ? répondent-ils. Mais c'en est fini de notre tranquillité !

On lui indique cependant, dans l'arrière-pays niçois,

l'abbaye de Notre-Dame-de-Laghet. Assisté de son amie Liliane, il convainc le directeur :

— Pour sauver la vie de l'abbé Pierre, on arrêtera les pèlerinages...

Le départ de Paris s'organise dans la discrétion. La SNCF met un wagon entier à la disposition de l'abbé et de ses accompagnateurs, dont un cuistot-infirmier de Bougival promu garde du corps et chargé de s'opposer par tous les moyens aux journalistes qui tenteraient d'approcher le Père.

Le plus difficile reste finalement de persuader l'abbé de partir. Fuir ainsi, en catamini, alors que son devoir est de rester auprès des compagnons et des pauvres... ? Pierre s'y résout enfin, mais sous conditions. Comme une « colle », un défi lancé à Paul, il parle des familles encore sous la tente, à Noisy. Il irait sur la Côte d'Azur et ces familles devraient passer un hiver de plus sous des toiles... ? Et les enfants, ils n'auraient pas droit à des vacances, au soleil ?

Paul téléphone aussitôt à Jean-Yves. Comment réussir à loger avant Noël toutes les familles de Noisy dans les igloos ? Il faudrait en construire des dizaines en quelques semaines.

— Les entreprises qui travaillent pour nous à Pontault sont prêtes à mettre les bouchées doubles, mais il faut les payer, répond Jean-Yves.

— Qu'elles s'y mettent tout de suite, je trouverai de quoi !

Au chapitre de l'argent, Paul n'est jamais en peine, mais de surcroît la misère de Noisy, étalée au grand jour, réveille à la veille de Noël les générosités. La famille Rothschild et d'autres riverains apportent leurs dons, en même temps que la directrice du Théâtre des Champs-Élysées, rencontrée par Liliane au cours d'un dîner. Au hameau de détresse, on s'est mis à l'ouvrage à cadence redoublée. On fabrique les igloos au rythme d'un par jour, pour offrir au Père ce cadeau de Noël.

La télévision demande le concours de l'abbé pour la veillée de la Nativité.

— Il n'est pas là, il se repose, répond Paul, mais nous sommes là, nous.

Il parle donc, le 24 décembre, à la télévision, des sans-logis et d'Emmaüs, des familles de Noisy, toutes relogées dans des abris en dur. Du côté de Nice, il le sait, le Père l'écoute, apprenant ainsi qu'on a relevé le défi et réussi le pari. Il imagine l'émotion de ce premier Noël au sec et au chaud pour les déshérités du camp. Paul, le dernier igloo bâti, a fait rafler dans les communautés de quoi meubler et décorer. On a amené des sapins, rassemblé pour les gosses des cadeaux. Et célébré, avec toutes les familles réunies, une messe de Minuit extraordinairement émouvante, illuminée par la fierté des uns et la gratitude des autres. Une messe de l'espoir retrouvé.

On a cherché en même temps à offrir aux gosses de vraies vacances, pour combler le second vœu du Père.

Mme Larmier, la propriétaire de l'hôtel Rochester, fournit la solution, mettant à leur disposition une propriété qu'elle possède à la campagne, dans le Midi. Cinquante enfants de Noisy y passeront le gros de l'hiver, « pour faire plaisir au Père, et parce qu'Emmaüs, c'est aussi cela »...

Dans sa retraite de Notre-Dame-de-Laghet, où nul n'enfreint la consigne de solitude durant ces premières semaines, Pierre revient sur Emmaüs, sur le sens de l'aventure inouïe de l'année écoulée. Il travaille, amasse les notes, rencontre des séminaristes et sacrifie enfin à cette réflexion que la tempête de février et ses suites l'ont empêché d'approfondir. Il analyse les événements à partir de l'idéal d'Emmaüs, forgé au temps des catacombes. De ce projet tel qu'il l'a rêvé découle son interprétation des faits. Fidèle au mysticisme originel,

Pierre privilégie dans la réalité ce qui le justifie. Comme toujours, la vocation éclaire le chemin à suivre et la mission qu'elle indique ne s'embarrasse pas des obstacles objectifs qui pourraient la compromettre. La foi dans l'appel de la Providence est plus forte que tous les freins.

Tout est contenu dans la rencontre initiale avec Georges, dans la rencontre entre le « fou du cœur » et l'indésirable. Le premier, nanti désillusionné, a lancé au second :

— Tue-toi si tu veux, mais le chantier est là, tu peux être utile !

Et le paria a répondu :

— Chiche !

Emmaüs naît de ce oui.

— Qu'est-ce qu'on va faire ensemble, à présent ?

Le cœur a parlé ; reste le chantier. L'auberge de jeunesse des débuts devait accueillir des jeunes de tous les pays, et en premier lieu des Français et des Allemands, pour sortir de la guerre et édifier une Europe sans frontières, pour montrer l'exemple à la planète d'un monde en paix. Georges se moque peut-être de cela. C'est dans l'utilité de son travail qu'il trouve des raisons de vivre et dans la mise en commun de ce travail qu'il puise la force d'espérer. À l'autre, au « fou », au mystique, de poser les questions et de fournir les réponses, d'avoir l'audace de provoquer et l'humanité de servir. Le « chantier des sans-logis », la tragédie découverte et dénoncée en 1954, a accaparé le Père et Emmaüs. Les échecs, les limites, la déception n'ont pas contredit la leçon initiale. Simplement, le chantier ne s'arrête pas là ; il est à l'échelle du monde, comme l'indiquaient les ambitions de 1949.

Le combat pour le logement continue mais l'avenir va bien au-delà, parce que la misère est partout. Le germe d'Emmaüs a prouvé quelle méthode pouvait la combattre et comment le principe de servir d'abord le plus souffrant devait commander cette lutte. Ce que les pauvres types ont réalisé en France en 1954 fournit un modèle universel pour s'attaquer à la misère qui accable les trois quarts de l'humanité : « un milliard et demi d'êtres humains qui n'ont pas le minimum pour pouvoir vivre dans la dignité ». De leur sort dépend l'avenir de notre espèce. Ils n'ont pas de toit, pas de pain, ils sont privés d'instruction et de soins, mais ils décideront du destin du monde. Deux blocs s'affrontent dans une guerre froide et chacun prétend dominer la planète. Vers lequel des deux penchera la masse de ceux qui n'ont rien ? Leur misère nous juge, rappelle Pierre en renouant avec son engagement de l'après-guerre au sein du Mouvement fédéraliste mondial.

Le 24 juin 1955, à Genève, devant une salle bondée, il aborde ainsi le « problème central du monde présent ». Il avertit en préambule : « À la différence de l'an dernier, j'ai très peu de choses à vous *raconter*. » L'aventure de 1954 est désormais connue. Il s'agit maintenant de « réfléchir ensemble, tout simplement, à la vie du monde tout entier, pour aujourd'hui, et pour l'avenir » ; mais d'y réfléchir « à la lumière de cette histoire d'Emmaüs dont on a tant parlé ». Face à la misère des deux tiers de l'humanité, « l'avenir appartient à ceux qui sauront aller porter l'espérance au milieu du désespoir ».

Tous les sacrifices consentis jusqu'ici n'ont abouti « qu'à des résultats minuscules et dérisoires », jusqu'à aggraver parfois la situation qu'on veut combattre. La misère juge le monde et la Puissance reste impuissante. Or, qu'a fait Emmaüs ? Avec des petits moyens il a mené une action d'une efficacité formidable. Ce n'était ni hasard ni miracle, mais l'effet d'une découverte : Emmaüs a trouvé une « sorte de vaccin, une pénicilline contre l'impuissance et l'absurdité dans lesquelles s'enlisent nos sociétés ».

Ces sociétés se sont mutilées. Ceux qui les dirigent ont perdu la connaissance de la réalité, « la connaissance sanglante, tragique, de la douleur de ceux qui sont dans le besoin ». Même honnêtes et soucieux du bien public, les gouvernants sont aveugles. La nature du pouvoir les condamne à la cécité. Loin en dessous d'eux, ceux qui vivent dans la souffrance extrême « non seulement ne peuvent plus se défendre, lutter pour leurs droits, mais ils en arrivent à ne même plus être capables d'exprimer leurs besoins ». Ils sont paralysés, impuissants, sans recours et sans voix. « La souffrance est muette et le pouvoir aveugle. Voilà le drame. » Entre les deux, un mécanisme s'est perdu, « a disparu de nos sociétés, et tant qu'il ne se sera pas recréé, il n'y aura pas de remède, pas d'espoir ».

Le mécanisme dont Emmaüs a révélé la nécessité, pour arracher la société à la « décomposition, à l'angoisse et à la peur », c'est la « fonction prophétique », la médiation indispensable pour rétablir le lien entre le pouvoir aveugle et cette souffrance muette. Que des femmes et des hommes volontaires, « quelques fous », se plongent « au cœur de la société, au milieu des plus douloureux », pour devenir la « voix des hommes sans voix », et la fonction prophétique sera restaurée. Ces « excessifs d'amour » dont Emmaüs a donné l'exemple, groupés et indépendants grâce à leur travail, donc « intégralement libres », ont acquis le droit, par leur expérience, de blâmer la société, d'interpeller les puissants et d'exprimer la détresse des démunis. Leur communauté a repris le flambeau de la « folie d'amour » du temps de l'institution monastique primitive. Elle a renoué avec sa mission originelle.

À Genève ce soir-là, le prophète prend son envol. Le chef charismatique s'est révélé à tous en 1954, le prophète naît l'année suivante. Pierre était déjà l'un et l'autre, par vocation. Celle-ci manifeste désormais sa pleine dimension. En attendant que se lèvent les volontaires qui réinventeront le monachisme au service du plus souffrant, ces « moines de la misère » qu'il appelle de ses vœux, il est, lui, la voix des hommes sans voix, le prophète capable de « rendre croyable » ce qu'il fait. Remis sur pied, ressourcé, il est fidèle à ce qu'il sait depuis toujours devoir être. Il trace son avenir et celui d'Emmaüs. Son intuition mystique a précédé la « découverte sociologique » faite par Emmaüs dans le feu de l' « insurrection de la bonté ».

Dès son numéro 2, au printemps 1954, *Faim et Soif* devient l'organe privilégié du prophétisme en publiant, dans le cadre d'une enquête mondiale, sous le titre « L'offensive contre la misère », des réponses de Nehru, de Jean Rostand et surtout d'Albert Schweitzer à la « question centrale » posée par l'abbé Pierre.

Cécité du pouvoir ? « Il est vrai, me semble-t-il, déclare le pandit Nehru, président de l'Inde, que ceux qui détiennent le pouvoir ne sont pas toujours conscients du malheur et de la misère d'une grande masse d'individus... Tant que cette conscience n'existera pas, nos politiques manqueront, pour une grande part, de réalisme. »

Comment ouvrir les yeux des gouvernants, les toucher au cœur ? Le biologiste Jean Rostand ne croit pas « que les initiatives de la charité, si émouvantes qu'elles soient, puissent résoudre le terrible problème de l'inégalité sociale ».

Sans doute les familles de Noisy, quand elles découvrent quelques mois après leur installation la réalité de la boue et de l'humidité, du manque d'équipements collectifs de base, rejoignent-elles cet avis. « Notre désillusion a été plus forte qu'elle ne l'avait jamais été, disent-elles, épuisées par une lutte incessante et vaine. Comment croire encore à ce qu'on nous promettait ? » Mais Rostand estime « qu'il est bon de tenir en éveil le sentiment de la compassion humaine et d'entretenir chez les privilégiés un état permanent de mauvaise conscience à l'égard de leurs frères déshérités ». Par quels moyens ? Pourquoi pas un « comité d'hommes de science », avance Rostand, comprenant « des psychologues et des psychanalystes, car c'est à eux qu'il appartiendrait de nous doter d'une pédagogie capable de favoriser le développement des instincts humains dans le sens d'une fraternité accrue ».

Le salut dans la pédagogie ? Pierre répond par la grâce de l'Amour, par l'esprit de l'Évangile. Qu'importe si Albert Schweitzer le met longuement en garde contre l'ingénuité de cet évangélisme. Le docteur de Lambaréné se méfie des généralisations : « Comment apporter un message à des êtres humains qui vivent dans des conditions si différentes ? » N'a-t-il pas fait le contraire en Afrique, en partant des réalités et en s'y tenant, envers et contre tous ? « Plus un message reste dans les généralités, moins il est vivant et entraînant. Donc je ne crois pas que vous soyez bien conseillé en voulant vous adresser au monde, au genre humain comme tel... Donnant dans l'internationalisme, vous vous enlisez... La vérité est de toujours tenir compte de la réalité telle qu'elle se présente. »

À l'intuition mystique qui ordonne la vision du monde de Pierre, il oppose ce réalisme dans lequel il a puisé l'éthique du respect de la vie. L'abbé Pierre devrait-il s'en tenir au champ d'action concret découvert en 1954 ? « Votre mission est de faire comprendre aux Français : "Qui est mon prochain et qu'ai-je à faire pour lui ?" Vous avez le privilège de l'activité... gardez-le. »

Le débat et les dissensions autour de Noisy traduiront plus tard ce dilemme : qui sont les plus souffrants qu'il faut servir en premier ? Les habitants du bidonville de Noisy, ce quart monde à nos portes, « révélé » par le père Wrezinski et qui réclame des solutions immédiates ? Ces familles plus désespérées que jamais qui, fin 1954, se rendent salle Wagram pour alerter le Père en public ? Elles ont tenté en vain de le joindre, et se résolvent enfin à cette interpellation. « Nous étions décidés à lui dire nos ennuis, à lui ouvrir les yeux. Quand on l'a vu si seul, si malade, on n'a pas osé... »

La foi de Pierre dans l'idée d'Emmaüs écarte jusqu'à l'éventualité qu'on doive, à lui aussi, « ouvrir les yeux ». Les plus souffrants sont l'ensemble de l'humanité privée de tout et ils sont sans voix. Celui qui a vécu la désillusion est habilité à parler en leur nom sans rester cantonné à une spécialité ni à un aspect limité de la réalité. Emmaüs est une force d'éveil : ni un mouvement d'assistance au logement, ni une œuvre de bienfaisance, « mais le grain de sénevé, une école de conscience et d'action civique ».

Le drame du logement a été l'occasion d'un combat, « il ne peut être notre unique objet, qui est toutes inutiles et injustes souffrances » *(Faim et Soif*, n° 9).

Le champ d'action d'Emmaüs est universel. Il continue de secourir les sans-logis et n'abandonne pas les familles de Noisy ; mais il se voue en même temps à sa priorité « naturelle », « tout entière enracinée dans l'Évangile », qui est de transformer le monde au nom de la valeur sacrée de la charité chrétienne.

De sa lointaine Afrique, le docteur Schweitzer ne peut que relativiser cet absolu. Il montre, grâce, à l'exemple de sa propre existence et de sa philosophie, comment l'éthique ouvre la voie au mysticisme, à une communion mystérieuse avec Dieu qui se moque « de répandre des idées évangéliques comme telles, de par le monde », parce qu'elle se défie des certitudes doctrinales toutes faites. En Afrique notamment, Pierre sera forcé de tenir compte des prétentions indues d'une expérience communautaire à s'imposer comme le seul modèle possible. Mais la force d'Emmaüs est d'accepter pour lui-même la diversité et la laïcité des moyens, pour réaliser des fins chrétiennes.

Schweitzer écrit encore : « Ce que le monde attend, ce sont des idées agissantes. Il veut voir un travail qui se fait dans l'esprit de l'Évangile, et en même temps organisé et ordonné d'une façon appropriée et efficiente. Il veut voir l'Esprit aux prises avec la réalité, et transformer la réalité. »

Cette mise en garde faite, il rejoint, sur le sens ultime du projet d'Emmaüs, la conception de Pierre. Le choix prophétique va à l'encontre de son propre cheminement pour déboucher sur la même finalité : « Que Dieu vous donne la sagesse et l'énergie d'envoyer un rayon de clarté de l'Évangile dans les ténèbres du monde. »

« Ai-je le choix ? pourrait d'ailleurs répondre Pierre à celui qui deviendra un grand ami. Je ne serai ni l'apôtre de la charité, ni celui de la justice sociale, ni un réformateur politique, ni un théologien. Tant pis pour ceux qui auraient voulu que je sois l'un ou l'autre : ce n'est que l'image qu'ils se font de moi qui leur inspire ces rôles. Ma vocation est autre, sans quoi je resterais un mythe vivant, une coquille vide sous une auréole… »

Le prophète qui invite le public huppé de Genève à réfléchir à l'avenir du monde a fait ses premières armes, quelques semaines auparavant, aux États-Unis et au Canada, de manière fracassante.

Le retentissement international de l' « insurrection » de la bonté a en effet rendu l'abbé Pierre célèbre aux quatre coins du monde, mais c'est au cœur de la première puissance de la planète qu'il inaugure sa mission prophétique, devant cet « immense peuple marqué d'angoisse et de bonne volonté » à qui il déclare tout de go :

« Je ne suis pas venu vous demander de l'argent, mais beaucoup plus. Gardez cet argent qui pourrit tout, partout à travers le monde… parce que, tant qu'il n'est pas précédé du don de vous-mêmes, de votre présence parmi ceux qui souffrent, il est inutile, il gâche au lieu de sauver. » L'or face à la vie ! « Je suis allé expliquer à tout ce peuple d'Amérique le primat de l'Amour sur la monnaie. » La bonne volonté américaine de secourir les peuples « trop souvent ne fait que précipiter leur décomposition ». Pourquoi ? Parce que le mode d'emploi de l'univers s'est perdu.

Pierre parcourt l'Amérique « au sommet de la puissance universelle » et cependant « humiliée par son impuissance sur l'homme universel ». L'Amérique qui a peur, car « plus elle donne, plus on la déteste ». À New York, Washington, Los Angeles, San Francisco, partout il répète le même message, devant les publics les plus divers. Des assistances innombrables, stupéfaites puis enthousiastes, pour lesquelles, il recense les périls : l'idolâtrie de l'argent et de la technique, la détresse psychique des individus, l'ampleur de la violence, spécialement de la délinquance juvénile. Ce sont « les signes d'un peuple dont la puissance n'a pas encore su trouver comment ni à quoi s'appliquer ».

Et pourtant, la bonne volonté existe là-bas comme nulle part ailleurs. Un gigantesque gisement de bonne volonté qui demande : « Que faire ? Qui nous dira ce qu'il faut faire pour bien faire ? » Un trésor qui brûle de se convertir en action, « avec une telle fougue... grégaire, passionnée » que le péril est grand de le voir se dévoyer dans des aventures stupides.

À l'enthousiasme souvent délirant qui fait affluer vers lui des milliers de volontaires, Pierre répond « patience ». Il n'est pas venu organiser un mouvement international, « avec un état-major mondial », mais « faire éclater le cri qui rendra l'intelligence à ceux qui ont le pouvoir ». Il est venu, au nom d'Emmaüs, apporter le microbe et proposer le vaccin... Il dit aux Américains : « À vous de prendre vos propres responsabilités. » À New York, San Francisco, Montréal, des petites équipes se sont constituées, à partir desquelles Emmaüs essaimera sur le continent nord-américain. « Pour sauver le monde d'aujourd'hui, il nous faut des moines nouveaux... Il nous faut des gueux, ils sont la multitude, qui attendent la venue de notre amour... Il nous faut une poignée d'hommes au cœur d'enfant, pour venir, au coude à coude avec ces moines, parmi les gueux, pour en refaire des hommes, en reconstituer l'énergie qui jettera le défi à la société tout entière. »

Le prophète a refusé l'argent de l'Amérique, « parce qu'il fallait lui donner une leçon [...] montrer que nous voulions d'abord de l'humanité, de l'amour, le don de cœurs humains ». L'Europe, épuisée par la guerre, doit montrer l'exemple, indiquer le chemin à ses gouvernants trop vieux, apprendre à l'Amérique et lui offrir ce qui lui manque.

Au président Eisenhower, Pierre, en « pauvre prêtre », parle « franchement et un peu rudement ». Il lui dédicace un exemplaire des *Chiffonniers d'Emmaüs*, « ces quelques pages d'une humble histoire de France et d'Humanité... histoire de la guerre sacrée des temps de paix, la guerre qui se livre pour la justice, contre le désespoir et par l'amour... histoire des "volontaires au service de l'homme", de ceux qui sont prêts à mourir pour bâtir, nourrir, enseigner, embaucher, soigner... désespérés du chemin d'Emmaüs, devenus sauveurs au-delà de la désillusion. Que Dieu vous donne de susciter en votre grand peuple chaque jour plus d'hommes de ce cœur-là ».

Et il explique au Président des États-Unis pourquoi son pays n'est pas aimé. Aux puissants, le prophète décrit le désastre qui les guette, et leur offre le moyen de l'éviter. Il allie l'intuition politique — « une tension entre le Sud et le Nord est en train de l'emporter, pour l'avenir de l'univers entier, sur la tension entre l'Est et l'Ouest », écrira-t-il en 1959 — à la dénonciation du crime contre l'Homme.

Face aux détenteurs de l'autorité, le prophète fait preuve d'audace et de sérénité. L'ancien président du conseil exécutif de la Confédération mondiale est déjà familier des grands, chefs d'État, hauts fonctionnaires, sommités scientifiques ou philosophes. Le savoir des seconds nourrit sa réflexion, donne à ses arguments leur légitimité, pour affronter les premiers. Eisenhower écrit à l'abbé Pierre qu'il « se joint à l'admiration universelle qui [lui] est accordée ». Le prophète est dépositaire d'une part de la conscience universelle, par l'intermédiaire de ceux qui ont la connaissance, mais pas le pouvoir.

Cette sérénité justifie toutes les audaces. Veut-on empêcher le chauffeur de l'abbé d'entrer avec lui à l'Élysée parce qu'il est habillé « en mataf, avec son costume rayé et les bras nus » ?

— C'est un compagnon. S'il ne rentre pas, je ne rentre pas ! s'écrie Pierre.

Et au président Coty qui veut le décorer de la Légion d'honneur :

— Je la refuse, parce que vous faites mal votre travail. C'est moi qui suis obligé de le faire à votre place !

Le président reste abasourdi, « avec sa rondelle et son discours inutiles... Il lui offre quand même une coupe de champagne ».

À Noisy-le-Grand, Pierre fait attendre deux heures les élus communistes bien décidés à le mettre sur la sellette. L'abbé Duvallet voit « s'exciter » ces hommes d'appareil, rompus aux débats et résolus à en découdre. Pierre arrive enfin. Il leur parle, sans préambule ni fioritures, du hameau de détresse, du drame des familles qu'Emmaüs soutient à bout de bras. Et il s'en va. Les contradicteurs restent cois. « Il nous a encore bien couillonnés ! »

Les pauvres parlent, Dieu parle par la voix de l'abbé. Cette certitude le porte, l'élève à l'infaillible face à ceux qui subissent le « maléfice du pouvoir » et en sont aveuglés. Le prophète n'est plus à la merci de l'État, parce qu'il « n'a pas à se préparer à gouverner. Il n'est pas quelque leader d'une opposition. Il doit inquiéter aussi bien les oppositions que les pouvoirs en place. Malheur aux sociétés où les rares forces d'interpellation prophétiques deviennent politiciennes. Qui dira au prince son fait, si le prophète lui devient semblable[1] ? »

Au contraire, dans nos sociétés où le prophète ne risque pas sa vie, son aiguillon est bienvenu, sa force d'éveil est mise à contribution. Des thèmes développés par Pierre en Amérique, les technocrates du futur Président Kennedy retiendront la leçon en matière d'assistance au tiers monde et de corps de volontaires. Le prince est aveugle, peut-être, mais ni sourd ni sot. L'appel du prophète à la bonne volonté de tous et à la conversion des intelligences et des cœurs n'est pas une incitation à bouleverser les structures sociales ou à renverser l'ordre établi, mais une provocation à agir avant qu'il ne soit trop tard. Le pouvoir offre une place au prophète, se prête à son interpellation. En même temps, l'horizon du prophétisme est indéfini, son objet illimité. Son ambition de convertir la société tout entière, à l'échelle de la planète, assure à la voix des sans-voix un bail de longue durée dans sa fonction. Il est pour toujours le dénonciateur impavide qui se dresse face au puissant pour lui rappeler son devoir : « Ton pouvoir ne t'est pas donné pour servir le plaisir des heureux, mais pour la délivrance de ceux qui souffrent injustement. »

1. Abbé Pierre, *Venger l'homme*, Le Centurion, 1979.

L'Église peut-elle se montrer aussi bien disposée à l'égard de Pierre que l'État ? Il sollicite sa caution avant de partir en Amérique. Le nonce n'est plus son ami Mgr Roncalli, qui disait de lui « vous êtes mon charbon ardent », mais Mgr Marella, dont l'accueil est bien plus froid. L'abbé Duvallet, présenté par Pierre comme son successeur intérimaire, après que la presse l'a déjà désigné comme tel lors de l'hospitalisation de l'abbé, sent bien que le courant passe mal. Mais Pierre part avec la bénédiction vaticane, même accordée du bout des lèvres.

Les choses se gâtent ensuite. L'Église américaine est plus stupéfaite qu'enthousiaste de s'entendre dire ses quatre vérités. Pierre ne tient pas plus compte des réticences des évêques américains que des susceptibilités de leurs « collègues » français. Il les bouscule avec la même fougue. C'est aux jeunes, aux séminaristes qu'il fait confiance. Ceux-là sont conquis, tant pis pour la hiérarchie compassée et sourcilleuse qui s'étrangle à ses propos, et davantage encore à ses retards, à ses manquements aux convenances. Le prophète est au-dessus du protocole. Il visite les taudis de Chicago en oubliant l'heure ? Que les prélats l'attendent, ils entendront bientôt ses semonces ! Le comité d'organisation du voyage, présidé par le philosophe Jacques Maritain, peut bien s'arracher les cheveux, l'abbé prend sans cesse le contrepied de ce qu'il a prévu. Son pauvre secrétaire exécutif n'en finira pas de regretter que son « incontestable sincérité », s'autorise de « tant d'inconscience ». Provocation, versatilité, imprudence... les griefs ne manquent pas, qui découragent les amis américains non pas de travailler pour le Père, mais de le représenter outre-Atlantique. Sont-ils trop scrupuleux, trop froids et intellectuels, ou simplement dépassés par la phénoménale activité de l'abbé, par son incontrôlable boulimie de rencontres, de discussions, de découvertes et d'engagement ?

Le mythe est aussi vivace en Amérique du Nord qu'en France et l'ivresse qu'il procure conduit le Père aux mêmes excès. Ceux-ci commencent à sérieusement « échauffer » l'Église, tout en continuant à effrayer ses proches. Les voyages au loin, le tournant prophétique annoncé par les réflexions de Notre-Dame-du-Laghet, leur vaudraient-ils moins de soucis ? Certes non ! La vitalité retrouvée du Père, dès avant le départ de France, ravive leurs craintes. Certains ne prétendent-ils pas qu'un escroc de haut vol doit l'accompagner ? L'abbé Duvallet, prévenu in extremis, intervient en catastrophe. Me Budin a heureusement sous la main un fils de banquier qui a fait l'Indochine — et les quatre cents coups —, mais dont il garantit l'honnêteté. De plus, il parle anglais !

— Avec lui, on sera plus tranquille !

Le fils Calbert se retrouve donc aux côtés de Pierre qu'il n'a jamais vu, avec le titre de secrétaire et les billets destinés à l'aigrefin, que Duvallet n'a plus qu'à éviter comme la peste...

Tous les à-côtés du voyage triomphal sont de la même veine, depuis la traversée mouvementée en cargo jusqu'au retour en France. Mais le triomphe, justement, étouffe dans l'œuf le scandale qui, sans lui, aurait provoqué une catastrophe.

Les diplomates français aux États-Unis font preuve d'une grande compréhension, les évêques américains sont embarrassés en public et outrés en privé, mais c'est l'étape de Montréal qui va constituer pour l'Église le comble du scandale. Passe encore les infractions au protocole, les promesses de « sagesse » non tenues, et même les incartades privées, pourvu qu'elles restent dans l'ombre. Mais que dire de ce séjour éclair « qui laisse des traces impérissables » dans les mémoires de tous, relate *L'Oratoire* (juillet-août 1955), mais aussi le souvenir d'un affront public, pour l'Église.

Le compte rendu dithyrambique du très catholique journal relève déjà, au début de la visite de « l'homme qu'on attendait », une déclaration « presque brutale » à l'Université, puis un « petit incident » à la mairie, puis, lors d'une autre réunion, « le trouble de chacun à entendre fustiger les puissants, les habiles, les potentats de la finance, tous ceux qui spéculent sur la misère ou la secourent de façon intéressée ».

Mais que dire du sermon de l'abbé à la basilique Saint-Joseph, orgueil de l'Église locale, sujet de polémique au sein des catholiques de Montréal, parce qu'y ont été consacrées des sommes énormes, détournées, accusent certains, de leur destination première ? En tout cas, le luxe ostentatoire des lieux, le cortège des prélats arrivant dans leur limousine ne peuvent qu'exciter la verve du prophète, et l'inciter à une virulence de propos sans précédent.

Devant la gigantesque basilique, sur le mont où une foule de vingt mille personnes se presse, Pierre parle des sommes fantastiques englouties là, et des taudis innombrables dans la cité alentour. « Comprenez, ce n'est pas dans l'Eucharistie que Jésus a froid, ce n'est pas en multipliant l'or, le marbre et les somptuosités autour de lui que nous l'honorerons, mais c'est en le secourant dans les mains et les pieds des petits enfants qui, à travers le monde entier, meurent de froid parce que nous les abandonnons ! » Il faut des lieux de culte, mais tant qu'il y aura des taudis dans la ville, qu'on se contente de quatre murs et d'un toit !

Plus que jamais, les pauvres parlent et s'indignent par sa bouche, la charité du Christ s'emporte contre le vrai blasphème : « l'indifférence de nos cœurs de prétendus chrétiens ».

Les réactions sont unanimes : « *Un prophète nous a fait trembler, nous a assené sur la tête l'Évangile vrai... Propos incendiaires... Saisissement... Bouleversement profond...* » L'assistance du mont Royal, les auditeurs de la radio, les téléspectateurs lui font à Montréal, comme auparavant aux États-Unis, un triomphe. L'écho de son voyage sème le grain d'Emmaüs à travers tout le continent. La ferveur populaire balaie tous les obstacles. Le prophète a génialement transformé en prodigieux succès ce qui aurait pu devenir un désastre...

Le scandale au sein de l'épiscopat n'en est pas moins retentissant, même si l'archevêque de Montréal invite l'abbé à revenir. Mais l'affaire, à cause de ce succès, se cantonne à la coulisse. Pierre assume tranquillement sa provocation : « Je leur ai dit des choses qu'ils n'étaient pas habitués à entendre et dont j'aurais pu craindre qu'elles me fassent lapider ou pendre, mais c'était dans l'Évangile. » N'empêche, les retombées du voyage suscitent contre le prophète une cabale. L'Église ne lapide ni ne pend. Elle instruit, par son redoutable Saint-Office d'alors, un procès souterrain. Le dossier policier constitué en France à l'encontre de l'abbé peut bien dormir au ministère de l'Intérieur, il ne prend pas la poussière, et nul doute que ses pièces alimentent clandestinement, au Vatican, la vindicte de certains.

Fin 1955, au moment de rentrer à nouveau en clinique, Pierre doit se justifier longuement auprès du cardinal Feltin, alerté par un « message latin ». Il évoque la « machination... le sournois combat » des « rageurs » qui le « poursuivent d'une haine tenace ».

Laïcs et gens d'Église, ceux-là voudraient faire croire à l'origine communiste d'un éventuel scandale. « Allégation bouffonne... s'il y a un risque, il est exclusivement du côté inverse », prévient-il. Lui-même a toujours cherché « à obéir en tout à l'Église », mais cela « n'implique pas que je sois lâche ».

Que lui reproche-t-on ? Quel procès instruisent ces gens « dont j'ignore qui ils sont et quel est leur dessein ? S'il y a des erreurs de doctrine, qu'on les nomme enfin, face à face, à visage découvert... et non plus dans cette guerre d'ombres où vivre devient impossible, même pour les nerfs normalement solides ». L'affaire est assez grave pour qu'il soit résolu à aller à Rome — où d'ailleurs on le convoquera —, et jusque devant les tribunaux de l'Église.

Mais en épilogue d'un épais *curriculum vitae* qu'on lui a réclamé, il écrit encore, montrant le peu d'illusions qu'il se fait sur ce qui fonde cette cabale : « À quoi bon dire que j'ai mal ? Je n'ai jamais sollicité la célébrité... cette célébrité horrible que quelques aveugles poursuivent sans loyauté. Je ne sais presque rien de leurs acharnements. De temps à autre, tel ou tel, dont plusieurs évêques, m'en ont fait la révélation. Que le Bon Dieu pardonne, à moi et à eux. Et qu'il me délivre ! Depuis tant d'années je voudrais être mort... »

La délivrance sans cesse appelée ne viendra pas, mais seulement l'oubli trop bref où Pierre se plonge comme dans un ineffable bonheur : ces maladies à répétition.

« J'ai toujours trouvé que c'était très agréable d'être malade, c'étaient les seuls moments où je pouvais échapper aux responsabilités. C'est affreux, mais je n'ai pas de souvenir aussi heureux dans ma vie que chaque occasion d'anesthésie générale. C'est affreux... les seuls souvenirs heureux, c'est quand j'ai cessé d'être [1]... »

Sortant de l'épreuve de la maladie, Pierre rassure les communautaires.

— Je ne lâche pas encore, vous voyez ! leur dit-il à Pontault en février 1955. Je reprends un peu de « poil de la bête », je reviens et on continue.

Il les alerte aussi : ce serait trop triste que tout dépende de lui, de sa personne. Qu'il soit malade, qu'il disparaisse, Emmaüs doit lui survivre, « chacun doit devenir une lumière et une flamme pour que cela se développe ». Les communautés sont la base de tout,

1. Entretien avec l'auteur.

capables « d'embêter les pouvoirs publics » quels qu'ils soient, « à New York, à Moscou ou à Paris ». Hors d'elles, le prophète n'est rien « qu'un brave type, formidable, mais incapable à lui seul de changer le monde ». Les communautés demeurent le socle de l'action prophétique. Bien sûr, depuis plus d'un an, le Père a été « terriblement empêché de vivre comme autrefois » parmi eux. « Les plus anciens en ont souffert, les responsables en souffrent », ils ont l'impression d'être abandonnés et redoutent que le Père « s'embourgeoise, dans des bureaux, avec des techniciens ». Qu'ils se détrompent. Il n'a été que là où la « plus grande pagaille » l'appelait. Les communautés ont toute sa confiance. De moins de deux cents, les compagnons sont à présent passés à huit cents, Les cinq communautés de la fin 1953 sont maintenant dix-sept, dont une de femmes et deux d'adolescents, et « leur travail fournit les moyens d'aider un nombre sans cesse croissant de malheureux ».

Les anciens paraissent sensibles, malgré l'éloignement qui les prive de la présence du Père, à l'expansion d'Emmaüs, à la popularité qu'ils ont acquise grâce à lui dans le monde. Ils se souviennent, à la Réserve ou aux Peupliers, de ces cartes que Pierre accrochait aux murs. Il leur montrait les continents, les pays, et leur décrivait la situation, la misère qu'il avait vue lors de ses premiers voyages en Amérique, en Afrique et à travers toute l'Europe. Il était à cette époque parmi eux, et déjà présent aux nécessiteux de toute la planète. Malgré le regret ou la nostalgie qu'ils éprouvent en le voyant reprendre son bâton de pèlerin, ils ne sont pas surpris. Parlant au nom de tous les déshérités, il parle pour eux, témoigne auprès du président des États-Unis de ce qu'ils ont réussi, eux, dans les banlieues de la région parisienne. Au moment de se rendre en Amérique du Nord, Pierre peut dire que le mandat qu'ils lui ont donné est le plus sincère et le plus « contraignant » des mandats qu'il ait jamais remplis.

Les communautaires sont, il ne manque jamais de le répéter, « les racines, humbles, plongées dans le sol et les rebuts, et qui fertilisent le tout, racines desquelles dépend la totalité de la sève vitale des parties plus visibles de l'arbre ».

Auprès de la Fondation Ford, dont il sollicite l'aide en juin 1955, Pierre insiste sur le retentissement de l'action d'Emmaüs hors de France, sur les créations de nouvelles communautés en Belgique, en Suisse, aux États-Unis et au Canada. « Les méthodes que nous avons découvertes et éprouvées ici sont applicables dans d'autres pays que la France, et les appels qui viennent vers nous nous font une obligation d'augmenter nos moyens d'action. »

L'instrument privilégié de cette extension internationale d'Emmaüs est l'IRAM, Institut de recherche et d'action sur la misère du monde, dont les premiers travaux ont commencé au sein d'Emmaüs à l'automne 1954. En juin de l'année suivante, le bureau de l'Association Emmaüs décide la création d'une association selon la loi de 1901, chargée « de l'étude, de la documentation, de l'enseignement, d'essais de réalisation et de la vulgarisation de ceux-ci », dans le cadre de la lutte contre la misère.

Comme toujours dans Emmaüs, « l'action a précédé la prédication et tout un cycle d'expériences a été accompli avant que nous soyons sûrs de nos méthodes ». Le drame du logement en France exigeait de mieux connaître, à l'échelle du pays, la situation des sans-logis et des mal-logés. La tâche d'information n'était pas mieux assurée par les pouvoirs publics que la tâche de construction. Le secours d'urgence en a découvert l'ampleur en même temps qu'il proposait des remèdes. L'action des comités locaux, les enquêtes de *Faim et Soif* sur les taudis des grandes villes ont permis le recensement de la misère. Ainsi, la première action concrète de l'IRAM a-t-elle été d'établir, pour la seule région de Rennes, une carte précise des besoins en matière de logement. Le cadre légal de cette activité, saluée comme une première, n'a été fourni qu'après, à la suite des premiers contacts entre Emmaüs et le Maroc et du « stage » du prince héritier marocain à Noisy, des premiers films et conférences audiovisuelles sur les communautés, et surtout du voyage de l'abbé Pierre en Amérique du Nord. L'ambition de l'IRAM s'accorde naturellement à l'engagement prophétique du Père.

Officiellement déposé le 9 septembre 1955, l'IRAM est un outil de propagation des méthodes d'Emmaüs, de recensement, de diffusion de l'information sur la misère, et de formation de volontaires « aptes à partager l'effort des plus malheureux » et à décider « les diverses collectivités à assurer en premier le service des plus souffrants » (*Bulletin d'information*, n° 1, février 1956).

Yves Goussault, vice-président, Jacques Savary, secrétaire général, et Roland Bonnet constituent derrière l'abbé le premier comité directeur. Au côté de Liliane Benoît d'Azy, présente au secours d'urgence depuis le 1er février 1954, d'objecteurs de conscience dont *Faim et Soif* a soutenu dès sa création le combat, et de militants mondialistes, le Canadien Jean-Claude Arès, docteur ès sciences économiques, est l'un des principaux collaborateurs de l'Institut. Celui-ci affiche comme règle que tous ceux qui y travaillent « doivent périodiquement se replonger dans l'action concrète dans une communauté, sur un chantier ou dans une mission de lutte contre la misère ».

Les cartes sociales de la misère constituent toujours, après la première réalisation rennaise, un objectif prioritaire, parallèlement à la création d'une cinémathèque et d'une photothèque d'Emmaüs. La coopération avec d'autres organisations internationales d'aide au tiers monde et avec des personnalités engagées dans divers mouvements mondialistes (Conseil mondial pour l'Assemblée constituante des peuples, Union fédéraliste mondiale, Citoyens du monde, etc.) forme le deuxième volet de l'action de l'IRAM, qui préfigure la naissance, quelques années plus tard, de la Fondation mondiale contre la misère. Enfin, les missions d'aide dans les pays sous-développés assureront concrètement la mobilisation en faveur des plus souffrants. Réunir des compétences techniques, expérimenter des solutions généreuses et efficaces pour créer un choc qui poussera les détenteurs du pouvoir à s'attaquer aux causes de la misère...

L'IRAM ne correspond pas seulement à la pensée prophétique de Pierre. Il s'inscrit directement dans sa vision idéale d'Emmaüs.

L'action a précédé la prédication et fait fleurir, sous le nom d'Emmaüs, une kyrielle d'initiatives qu'il faut désormais structurer. Si les communautés sont les racines de l'arbre Emmaüs, le tronc, « qui, dans la plénitude de sa fonction, a pour mission de transformer, et de transporter, la sève venant des communautés jusqu'aux réalisations ultérieures des branches, est constitué par les groupes divers de l'IRAM », écrit-il en 1959. Les branches « multiples, aux formes les plus diverses », sont les organes spécialisés d'Emmaüs : le secours d'urgence, les Comités d'aide aux sans-logis, les sociétés de construction. *Faim et Soif*, organe d'information et d'éveil des consciences, en forme « l'écorce générale, enveloppant tout l'ensemble ».

Dans ce projet imaginé, les communautés et l'IRAM sont les deux éléments majeurs. Les communautés doivent inspirer l'IRAM, lui donner son âme. L'IRAM, en retour, sera le cerveau des communautés, leur extension à l'échelle de la planète, « pour que tous les deux donnent naissance à de multiples initiatives secondaires », écrivent Yves Goussault et Jean-Claude Arès, fidèles exégètes de la pensée du Père.

Condition de cet échange de sève entre les deux pôles du mouvement : le recrutement et la formation de volontaires responsables. Pierre imagine une sorte de Légion, issue du creuset d'Emmaüs, capable d'une part « de s'intégrer aux communautés, d'y travailler avec des malheureux », d'autre part, grâce à l'enseignement de l'IRAM, de se transformer partout dans le monde en « croisé de la lutte contre la misère ».

Le centre de formation des volontaires, qu'il appelle de ses vœux, est simplement mentionné dans le rapport moral de l'abbé Leurent sur Emmaüs, le 1er mars 1958. En fait, cette formation commune n'a jamais vraiment vu le jour. Manque de volontaires, définition trop imprécise de ce qu'on attendait d'eux ? « On a trop fait appel à la générosité et pas assez à la compétence », écrit Yves Goussault *(Faim et Soif*, n° 19), en réponse à l'exhortation de l'abbé Pierre : « Si cent hommes capables voulaient... » La « cohorte pacifique » appelée au secours des pays pauvres méconnaît trop leurs réalités et leurs besoins pour faire autre chose que du « bricolage ».

L'aventure marocaine de l'IRAM commence pourtant dans l'optimisme. La mission d'Emmaüs qui visite l'ancien protectorat français, à la toute récente indépendance, rapporte de son voyage dans les bidonvilles marocains la conviction que le jeune État chérifien peut surmonter son problème de logement. À la différence des sans-logis de France, les cent vingt mille habitants des bidonvilles de Casablanca ont préservé, « malgré les conditions primitives d'installation, une authentique atmosphère d'intérieur, un souci de bien habiter » leurs baraquements de fortune. Surtout, « dans ces cellules qui restent humaines, les relations sociales sont sauvegardées et il existe une vie collective très organisée ».

Le problème est quantitativement accablant, mais nullement insoluble, grâce à cette solidarité très active. Pourtant le volontarisme qui consiste à raser les bidonvilles et à construire des logements bon marché en nombre suffisant ne résout rien : l'afflux constant des familles quittant le bled pour la ville recrée aussitôt l'abcès à la périphérie des grandes cités industrielles.

Emmaüs ne peut faire état que de sa propre expérience concrète, susciter un mouvement populaire du logement, inviter l'État à la mobilisation ; et mettre en garde :

— Avec tout l'argent du monde, on ne peut rien faire sans les hommes, mais avec les hommes, on peut tout faire, y compris de l'argent, dit Pierre à Mohammed V, puis aux foules de Rabat.

En matière de logement, Emmaüs limite modestement son action à des conseils, d'ailleurs largement suivis, et à une assistance technique, à travers un groupe IRAM-Maroc.

Mais la formule de Pierre, « des communautés de chiffonniers aux chantiers de l'homme », a du mal à trouver sa traduction concrète. Il faudrait que les responsables des communautés restent en contact avec les réalités du monde, au travers de l'IRAM, et « nous ne sommes pas encore arrivés au jour où communautés d'Emmaüs et réalisations internationales parviendront à cette harmonieuse relation d'enrichissement réciproque ».

Ce regret d'Yves Goussault date des débuts de l'IRAM. Dès février 1956, il se plaint de la méfiance, voire de l'hostilité des communautés à l'égard de l'Institut. Le courant peut-il passer entre ceux de Pontault et les « intellectuels » de l'aide au développement ? Surtout lorsque ces derniers s'élèvent contre les pratiques en vigueur chez les Compagnons et semblent dénigrer leurs responsables...

L'IRAM se nourrit d'abord d'échanges, de séminaires et de contacts avec des experts. Le prestige de l'abbé lui ouvre les portes de l'ONU, de l'UNESCO, de la FAO. L'IRAM travaille à hauteur de son ambition en traitant avec « Économie et Humanisme », dirigé par le Père Lebret, avec le Fonds spécial des Nations unies pour le développement et Raymond Scheyven, avec Tibor Mende, Josué de Castro, François Perroux, du Collège de France... La distance est immense entre leurs débats et les « papotages » dont *La Ronde*, le modeste et émouvant bulletin de liaison des communautés, se fait l'écho. Les gars de la Réserve suivent le Père dans ses envolées prophétiques, et se montrent toujours prêts à rassembler, du jour au lendemain, les subsides dont a besoin le Père Valade, au Japon, pour acheter ce qui lui manque. Mais comment se retrouveraient-ils dans l'IRAM, dont les membres ont trop vite oublié leur ressourcement auprès d'eux, lors de séjours à la base, de « recollection dans la misère » ?

L'IRAM sait-il seulement ce qu'il doit être ? Faiblesse de son personnel, de ses moyens, imprécision des responsabilités et désordre financier sont les premières embûches. Organe de formation, d'information ou d'action sur le terrain ? Le Père en attend tout à la fois, au service d'Emmaüs, de son prophétisme et des plus souffrants du monde entier. La volonté de modestie et d'efficacité des responsables révèle l'irréalisme du projet.

Le rôle de formation à l'intérieur d'Emmaüs reste théorique, celui d'information recule au profit de l'action ponctuelle. Une fois Savary écarté, Yves Goussault spécialise la mission marocaine dans l'animation rurale. En amont de la crise du logement, l'IRAM œuvre pour stabiliser les populations du bled, former des animateurs locaux et réaliser des programmes spécifiques d'agriculture, afin d'endiguer l'afflux des fellahs vers les villes. Les réalités du tiers monde éloignent chaque jour davantage l'IRAM de la grande « croisade contre la misère » prêchée par le prophète. En privilégiant la compétence, la coopération avec les gouvernements, le travail en profondeur, l'IRAM et ses équipes connaissent le succès. *Faim et Soif* s'en fait le propagandiste assidu. Mais son lectorat change et se restreint. Si l'abbé Pierre et son mythe font « vendre » Emmaüs, le grand public boude l'action ponctuelle en faveur du tiers monde. Entre consommateurs de la charité et militants de l'aide au développement, le divorce s'accentue rapidement. Les premiers aiment le prophète mais se soucient peu des implications pratiques du prophétisme, les seconds se veulent fidèles à l'esprit du Père mais mettent en cause son amateurisme, ses interventions brouillonnes ou arbitraires. Le mythe leur sert, le personnage les encombre...

En janvier 1957, l'IRAM international naît à Genève, rebaptisé « Institut de recherches et d'action pour la promotion humaine ». Par le truchement de la dénomination anglaise, on préserve les initiales d'origine. La fidélité au projet de Pierre ne tient plus guère qu'en cela. L'IRAM obéit à sa propre logique et s'émancipe. Il signe des contrats avec le gouvernement marocain, embauche des contractuels pour qui la référence à Emmaüs reste abstraite, quand elle existe, envisage d'autres actions au Togo, au Sénégal, en Tunisie.

La transposition là-bas « des leçons fondamentales d'Emmaüs exige une extrême rigueur », écrit Yves Goussault. Bref, le réalisme pédagogique et technique a-t-il encore quelque chose à voir avec la mystique d'Emmaüs ?

Goussault n'a pas la franchise abrupte de répondre non. Il demande seulement au Père d'entériner la restructuration de l'IRAM, d'en laisser la présidence au juriste Casamayor et de se contenter de siéger dans un conseil d'orientation.

La vérité est que Pierre paie en Afrique l'évangélisme

auquel il a sacrifié, malgré les mises en garde. Emmaüs va-t-il exporter son modèle communautaire en Afrique ? C'est l'Afrique qui a tout à apprendre à l'Europe de ce point de vue ! L'Europe où l'idéal gréco-romain d'une société pyramidale et hiérarchisée a précisément cassé le sens de la communauté. Des communautés Emmaüs en Afrique ? Hormis quelques cas relevés de léproseries, « la transposition est grotesque et les Africains en rigolent ! » comme dit l'abbé Duvallet. En vaticinant sur l'Afrique, « le Père prend ses marottes pour la réalité »...

« L'année terrible », entre-temps, est passée. Pierre souscrit aux souhaits de Goussault. « Ne perds pas de temps à te demander si ce doit m'être une peine. » L'action de l'IRAM « est devenue grâce à toi une des meilleures », mais il en est d'autres, « les communautés le sont aussi... il leur serait bon de sentir que tu ne les ignores pas ». Elles refont, « dans l'entremêlement de leurs perpétuelles faiblesses, des hommes vrais qui auraient tant besoin de voir des hommes comme toi ». Mais « l'amour vrai manque, en moi et en toi », et trop de dédain, parfois « diffamant » et même « calomniateur » s'est accumulé. La rupture est consommée.

La Charte d'engagement à l'IRAM, en 1961, ne cite ni l'abbé ni Emmaüs. Goussault demande à Pierre, « qui participe plus à l'esprit de l'entreprise qu'à ses réalisations », de s'en retirer complètement. Fini « l'inconfortable attitude de silences entrecoupés d'échanges aigres-doux ». Pour se « libérer des tutelles passées de l'époque Emmaüs », l'auto-affirmation est nécessaire.

Le Père se range à cette « sagesse », mais les ressentiments ont encore de longs jours devant eux. « Vous êtes assurément majeurs... mais non enfants trouvés... À l'heure de la lumière du Jugement, les rencontres enfin seront justes, et cela permettra d'oublier tant d'autres, qui le sont si peu. »

De grands espoirs n'ont pas survécu aux réalités, conformément au pressentiment du docteur Schweitzer. Le tronc, chargé de transporter et transformer la sève, s'est mué en ramification lointaine, jusqu'à l'amputation volontaire.

De zélés disciples ont rompu l'amarre et le prophète reste seul sur ces sommets où l'air est trop rare pour vivifier d'autres hommes que lui. Dans ses ambitions planétaires de voir se lever l'armée des « croisés de la misère », le prophétisme se brise les reins. Demeure le prophète, la voix des hommes sans voix. Est-il si « exilé au-dessus des siens » que, sous l'aile paternelle, l'arbre d'Emmaüs se serait dispersé en une nébuleuse ?

La somme doctrinale promise, *La misère juge le monde*, ne voit pas plus le jour que le grand centre de formation des volontaires. L'extension aurait-elle définitivement compromis l'approfondissement ? « Il y a deux phénomènes, plaide le fondateur. Par l'extension, des ramifications originales naissent et des déviations s'accentuent ; mais en même temps, l'enracinement se développe autant que les ramures. On voit croître les branches, mais on ne voit pas que les racines simultanément se sont fortifiées. »

Plus forte que les ténèbres vit l'espérance. Elle est aux racines d'Emmaüs : dans ses communautés.

5

L'arbre de vie

Il suffit, pour que tout commence, que quatre compagnons dans un camion datant d'Hérode se mettent en tête d'aller ramasser le vieux papier hors de Paris et loin de la banlieue, berceau des communautés. La route les mène en Alsace, chez les parents de l'un d'eux, où ils trouvent refuge durant l'été 1955. Un copain séminariste les aide et le camion se remplit, rapportant chaque fois à Paris un chargement de papier trié pour le recyclage.

À la communauté de Bougival, une « ancienne » avec ses deux ans d'existence, on a appris la valeur du tri bien fait, qui sépare le papier glacé, traque l'agrafe et le carbone oublié qui fiche en l'air une coulée de papier blanc. Le redressement des comptes passe par la perfection dans la récupération. Le prix à la tonne des balles revendues dépasse de dix ou quinze centimes le tarif couramment proposé. Les gars se sont remis d'arrache-pied à la chine. En quelques mois, après les flottements de l'année 1954, le déficit d'un demi-million se trouve comblé au-delà de toute espérance : non seulement la communauté verse un million par mois à l'Association Emmaüs, mais elle a pu améliorer son ordinaire, installer l'électricité, des douches, un nouveau dortoir avec des chambres de quatre... Le plus humble des chiffonniers, qui piétine à longueur de journée le vieux papier pour le calibrer en balles, en tire sa fierté : pour lui, pour les camarades, pour le Père. L'estime de soi commence là, dans l'utilité du travail de chacun. On veut du boulot bien fait, être les meilleurs...

En Alsace, les quatre d'Emmaüs, débrouillards et obstinés, rêvent de fondation, à mesure que leur vieux camion s'essouffle en allers et retours. L'ami séminariste connaît le vicaire de Cernay, l'abbé Gaston Landwerlin, un jeune prêtre fonceur que le message de l'abbé Pierre a touché au cœur. Il a des amitiés à la JOC, chez les syndicalistes et les catholiques engagés ; et il existe à Mulhouse un comité local d'aide aux sans-logis, prêt à avancer des fonds pour que naisse une communauté en Alsace. L'abbé Gaston, lui, plaide auprès de la mairie de Cernay la cause de l'aide aux plus pauvres.

— Il y en a ici comme ailleurs ! Donnez un terrain aux gars d'Emmaüs, qu'ils puissent commencer quelque chose !

La mairie se souvient de l'hiver 1954. Aux émissaires de l'abbé, elle propose, comme il se doit, la décharge publique, à l'écart du bourg. La nouvelle communauté s'implante, entre les ordures et la voie de chemin de fer, dans un autobus hors d'âge. L'avant sert de cuisine. Le tuyau d'un poêle casé à la place du moteur en émerge et fume durant tout ce premier hiver. À l'arrière, des banquettes superposées tiennent lieu de dortoir. Alentour, des genêts et, pour tout horizon, les monceaux d'ordures, si proches, grouillants de rats, de chats errants...

Mais en quelques semaines, une autre forme de vie anime ce coin puant et désolé. Le camion de ramassage d'Emmaüs, un peu moins poussif que le précédent et acheté grâce aux fonds du comité mulhousien, devient familier aux gens des environs. Des hommes se présentent à la décharge, aussitôt enrôlés, sans avoir rien à justifier de leur passé. Pour la plupart, il est pourtant lourd, mais on ne veut pas le connaître. Hommes seuls, sans attaches, durs de la Légion, anciens volontaires de l'armée allemande et même ancien Waffen SS, ou « malgré-nous » incorporés de force par le IIIe Reich... Sans compter l'habituel lot d'ivrognes, de paumés, « bras-cassés » inaptes au travail, éternels déclassés qui ont tout perdu, tout raté.

Ils sont une douzaine, le premier automne, à travailler, cahin-caha, toute la semaine ; et, chaque samedi soir, chaque dimanche, à emplir le bourg et ses bistrots du bruit de leurs beuveries, du fracas de leurs engueulades. Leur existence calamiteuse les mène au comptoir, le passé remonte à la surface, souvenirs d'une guerre qui les a vus face à face, ou de campagnes coloniales où ils ont perdu leur amour-propre... Les bagarres éclatent pour un rien, envenimant les relations avec les gens du cru, attirant les gendarmes et excédant la mairie. Chaque lundi, les gars reviennent dégrisés et silencieux vers le vieil autobus. Le semainier d'Emmaüs, à Cernay comme ailleurs, est ainsi fait : samedi noir, dimanche d'enfer, lundi perdu à réparer les dégâts, plaies, bosses et gueules de bois.

De Paris, l'abbé Pierre envoie un responsable, Henri Dobigies, parachuté au milieu de cette bande de fortes têtes dont il ne comprend pas le dialecte avec, pour mission, de fermer sous huit jours la communauté dont la désastreuse réputation ternit Emmaüs et sape le bon travail du comité d'aide aux sans-logis.

Dobigies souffre d'une myopie aggravée, n'a rien d'un manuel ni d'un costaud. Il commence par s'adjoindre deux gardes du corps, dont l'un des quatre fondateurs, pour affronter les durs. Mais contre toute attente, il déclare viable la communauté, à condition de l'organiser. Sans perdre de temps, il récupère dans une commune voisine une baraque que les hommes remontent « chez eux » et transforment en quartier général et bureau d'accueil. Malgré ses handicaps, Dobigies tient bon, à force d'humanité, de scrupuleuse honnêteté et de patience. Il ramasse chaque semaine ses types dans les bistrots, aplanit les différends avec les autorités et tâche d'insuffler l'esprit d'Emmaüs à ses chiffonniers. Les possibilités de travail ne manquent pas dans la région, la bonne volonté de la population ne demande qu'à s'exprimer et le service au plus souffrant est là, à portée de main, avec toutes ces familles mal logées qui désespèrent d'être secourues.

Quatre hommes aident Dobigies à prouver que la communauté peut marcher. L'abbé Gaston, bien sûr, un de ses amis, Philippe, qui travaille aux mines de potasse, un collègue de ce dernier, communiste et « bouffeur de curé » mais admirateur inconditionnel de l'abbé Pierre, et enfin Marcel Montalbetti, militant à la JOC, curieux de voir de près ces « types un peu spéciaux » dont lui a parlé l'abbé Gaston ; curieux, puis dérouté, un peu effrayé même, et enfin convaincu quand il voit ces types, l'ancien SS et l'ex-légionnaire, la grande gueule d'ivrogne et le paumé souffreteux, tenter au coude à coude de remédier à la détresse de quelques familles.

Une « drôle d'équipe ». Mais eux-mêmes, ces quatre amis rassemblés sur le tas pour assister la communauté balbutiante, ne forment-ils pas un « drôle de comité », disparate et néanmoins solidaire, bien à l'image des engagements que l'action de l'abbé Pierre a suscités l'année précédente ?

Pour tous, communautaires et amis, le secours d'urgence est la clé de l'action. Le service des plus démunis doit souder les hommes, transformer la piètre image qu'on a d'eux à l'extérieur et donner à la communauté sa justification. Le travail est un préalable, le service une condition.

L'abbé Gaston et ses amis de Cernay connaissent autour d'eux des dizaines de familles mal logées, expulsées, accablées par le dénuement matériel. Ils en recensent une vingtaine à Cernay même, vivant en marge, dans des cabanes en planches. En accord avec la municipalité, ils entreprennent de les reloger. Les communautaires construisent pour elles des maisonnettes en bois, puis, de Neuilly-Plaisance, font venir cinq maisons en préfabriqué. Toute la communauté se met au travail et, bientôt, de nouvelles bonnes volontés se proposent. Le samedi, le dimanche, on vient donner un coup de main aux chiffonniers. On oublie leurs mines de brigands, leurs cuites, leurs rixes.

En relogeant cinq premières familles avant la Noël 1956, la communauté gagne son droit de continuer à exister, dans la ville et au sein d'Emmaüs. Elle en a secouru matériellement une vingtaine d'autres mais il en reste autant à aider dans les environs. De plus, la communauté « rend beaucoup de services à la population ouvrière, par son dépôt de vêtements, ainsi que par les ustensiles ménagers et autres qu'elle fournit à très bas prix ». Elle a pu faire l'achat de deux camions pour le ramassage-débarras et gagne environ cent mille francs par semaine. La récompense, pour les hommes, c'est l'amélioration de leurs conditions d'existence, l'installation de l'électricité, d'une salle commune. Henri Dobigies a eu raison de s'acharner. Surmontant ses premières difficultés, Cernay vit.

Bougival, redressé sous la houlette d'Émile Blutte, marche ; la Réserve, tout proche de la maison mère de Neuilly-Plaisance, améliore elle aussi son confort. On réussit, « à force d'ingéniosité », à transformer les locaux insalubres en « chambrettes », pour loger par quatre ces soixante-dix hommes ; et surtout, « cadeau le plus apprécié », on se dote de douches et de lavabos avec eau chaude. Tous ces frais sont payés au fur et à mesure par le quart des bénéfices affecté à la communauté — les trois autres quarts allant à parts égales à l'association locale, à Emmaüs-Paris et à l'aide aux sans-logis.

L'urgence reste identique : la construction, l'aide à ceux qui n'ont pas de toit. Le Père le rappelle à tous. Une communauté digne d'Emmaüs « doit être capable d'assurer sa subsistance et de prouver son utilité en relogeant au moins une famille dans les trois premiers mois. On n'est pas un asile, parce qu'on travaille. Mais on n'est pas non plus une affaire ordinaire. On veut bien être organisé dans l'ordre, et se perfectionner, mais à une condition : ne pas se couper du secours d'urgence ».

À Hazebrouck, on a vu trop grand. Une communauté s'est installée dans des blockhaus, sous la protection d'une « émouvante et jolie vierge » invoquée sous le nom « trop présomptueux de Notre-Dame de toutes les Victoires ». Trop d'aménagements à réaliser, trop de bouches à nourrir, « alors que, rapidement, la production de la chine se révèle insuffisante pour subvenir aux frais ».

La communauté ne parvient pas à vivre de son travail. Elle doit fermer, au moins provisoirement.

Au pied de leur Vierge, les communautaires laissent une pancarte : « *Pendant notre absence, nous mettons notre Vierge sous la bienveillante protection de la population de Hazebrouck* », avant de se recaser dans les communautés du Nord et de l'Ouest. « Et renaît l'espérance de victoires humbles et modestes, parce qu'elles procèdent d'une victoire sur soi-même », écrivent-ils en décrivant leur échec (*Et les autres ?* n° 1, Noël 1956).

À Brest, l'action du comité local d'aide aux sans-logis durant l'hiver 1955-1956 prélude à l'ouverture d'une communauté. Une vingtaine d'hommes multiplient les actions : relogements, hébergements et prises en charge de clandestins débarqués d'un bateau, squattages, collectes et distributions de pain dans toute la région pendant une grève des boulangers... En six mois, Paul Le Roch a mis sur pied une équipe forte, fin 1956, de quarante communautaires. Cette équipe ne chôme pas. Elle ouvre un centre de triage et une salle des ventes, un centre de dépannage, puis construit pour elle-même, avant l'hiver, un baraquement-dortoir. Le travail et le service aux plus souffrants, étroitement liés, conditionnent la survie du groupe initial des volontaires. Ensuite seulement, ceux-ci bâtissent pour eux-mêmes, puis se dotent d'un minimum d'équipement et de confort. Le camion de ramassage, dans la communauté qui démarre, précède l'électricité, le relogement des familles à la rue prime sur l'eau courante. Le travail du chiffonnier est le plus salissant qui soit. Pourtant, douches et eau chaude font figure de luxes, découverts la plupart du temps après des mois, voire des années d'existence et de consolidation, comme à la Réserve.

En cette époque héroïque, de toute façon, la question de l'eau, froide ou chaude, passe après celle du vin. De Cernay à Marseille, l'alcool fait plus de ravages que les poux. Ce n'est pas la crasse qui compromet la vie et la réputation d'Emmaüs, mais la cuite. Si le chiffonnier d'Emmaüs n'a pas de passé, il porte un encombrant fardeau : l'ivrogne qu'il a été et qu'il est toujours bien souvent.

À Cernay, l'ami toubib, le bon docteur Sutter qui, vingt-cinq années durant, soignera gratuitement les communautaires, dose chaque début de mois la ration collective : un demi-litre par jour et par homme. Mais à chaque 15 du mois, il constate, impuissant, la « fuite » qui a vidé le tonneau.

À Brest, dès le démarrage de la communauté, on interdit l'alcool. Dans l'Ouest où le fléau atteint des records nationaux, le combat exige des mesures drastiques. Charles Caillaux le sait bien, qui l'a entamé à Nantes avant 1954, parmi les clochards de la ville. Il consacre son énergie et sa pension de blessé de guerre à leur sauvetage, dans un vieil autobus, encore un, réchappé de la casse.

Début 1955, la communauté de Nantes, qui a une « succursale » à La Rochelle, fait irruption dans Emmaüs. « Elle a démarré sans rien nous demander et nous a considérablement aidés. Elle nous fait cadeau de 45 camarades », dit l'abbé Duvallet au conseil d'administration de l'Association. Il évoque ensuite « ce type pas comme les autres », Caillaux, ancien éthylique qui s'est sauvé de la boisson avec l'aide d'une association, la « Croix d'or », et, à Nantes, impose l'abstinence bien avant que cela ne devienne la règle dans Emmaüs, « avec ses méthodes pédagogiques particulières ».

L'urgence de prendre en charge un cas désespéré suffit à déclencher parfois ce qui deviendra une communauté. Dans les couloirs de l'hôtel Rochester, en février 1954, une femme s'incruste, hurlant, pleurant, « faisant les quatre cents coups ». Paul demande à Mme Renard de s'occuper d'elle, simplement parce qu'entre femmes, cela lui paraît plus facile.

L'acquisition de la villa de Mme Sans-Gêne au Plessis-Trévise a déjà fait germer l'idée d'un lieu d'accueil pour les femmes. En secourant la pauvresse de l'hôtel Rochester, Mme Renard crée la communauté de femmes de Sainte-Marie. Elle a l'habitude des fondations. Veuve d'un officier de Marine rallié à de Gaulle, elle vit à Alger pendant la guerre, elle-même officier, fondatrice de l'orphelinat des forces armées, responsable, avec le grade d'amiral, des auxiliaires féminines de la Marine. En 1944, à Casablanca, elle rencontre l'abbé Pierre, alors aumônier des écoles de la Marine. De retour à la vie civile, elle le rejoint auprès des compagnons de Neuilly-Plaisance et seconde ensuite Robert Comte à la tête du comité des Amis d'Emmaüs.

« Madame la Fondatrice » sera-t-elle l'alter ego de

Pierre auprès des femmes cassées par l'existence ? La volonté d'accueil des femmes bute sur des obstacles psychologiques, sociaux et économiques. La grande misère, pour les femmes, c'est la prostitution. Emmaüs n'a pas les moyens spécifiques d'agir dans ce milieu pour les en sortir. Lorsqu'elles s'en extraient de leur propre chef, elles sont plus brisées psychologiquement, plus usées physiquement et moralement qu'aucun des hommes qui rallient les communautés. Auprès d'elles, la mystique du travail se heurte aux rigidités des mentalités, parce que le travail des femmes dans les années cinquante n'est pas entré dans les mœurs. Des femmes doivent travailler, la solitude et la pauvreté des milieux ouvriers les y obligent, mais elles ne sont pas faites pour ça... La nature des activités d'Emmaüs les écarte de la biffe, de la chine ou du bâtiment. Ce qu'on peut leur proposer (le tri et le lavage des chiffons, la friperie, la réfection des matelas) les cantonne dans un rôle secondaire dominé par l'image des bonnes œuvres et les figures des dames patronnesses. Le relèvement des hommes « sauveurs d'eux-mêmes » se dilue pour les femmes en assistance charitable, au nom d'une bienfaisance très marquée par le prosélytisme religieux. La trilogie qui fonde la vie des communautés (accueil-travail-service) reste inopérante pour ces malheureuses détruites par la solitude, la violence subie dans la prostitution et la « relégation morale » que la société leur inflige.

Entre elles, la jalousie, la violence et l'individualisme sont plus forts que la solidarité. Quand Mme Renard, « ce monument de prestige et d'autorité », se heurte à leur refus de changer un seul tour de visite chez le coiffeur, pour qu'elle puisse aller au mariage de son neveu, elle doit capituler, ulcérée.

— Je ne les croyais pas capables de me faire ça...

Lorsque les femmes apprennent qu'elle a gardé un petit appartement pour son usage personnel, dans la villa du Plessis-Trévise, elles la somment de l'abandonner. La violence dans leurs rapports peut atteindre un degré incroyable, et aucune responsable autre que Mme Renard ne sera capable de l'endurer. Plusieurs essais de communautés féminines, à Brest et à Nantes, échouent. Les rares tentatives de communautés mixtes tournent court. La police intervient même pour faire fermer celle de Limoges.

Emmaüs, en France, reste une affaire d'hommes vivant en célibataires à l'intérieur des communautés. « Il faut maintenir vigoureusement que la communauté ne groupe que des gens sans ménage, affirme le Père. Si le responsable est marié et vit en couple, il ne peut pas être compagnon communautaire, mais ami d'Emmaüs, engagé, employé au travail communautaire, salarié... Il peut être responsable, mais il lui faut un adjoint qui soit intégralement communautaire, vivant avec les copains. » (*Fraternité catholique*, document n° 1, 13 février 1956.)

Cette limite, pour l'Union centrale des communautés alors en gestation, constitue la principale part d'échec dans Emmaüs. Les réalités de l'époque en sont la cause, comme la difficulté de trouver des responsables à la hauteur, mais aussi l'idée fondamentale que Pierre se fait de son œuvre.

L'empirisme rejoint et consolide l'intuition mystique d'un ordre de la misère, d'une communauté d'hommes calquée sur le modèle de celles du Xᵉ siècle, à l'époque où des frères pontifs allaient le long de la vallée du Rhône édifier des ponts avec une troupe de gueux. Ces frères n'étaient pas faits pour le recueillement des couvents, mais pour l'action au milieu des bandits qu'ils empêchaient, en leur faisant construire les ponts, de courir les forêts et de se faire pendre par les gens d'armes.

De même, les communautés bénédictines primitives rassemblaient une douzaine de mystiques, autant de seigneurs, veufs, dévoués et convertis à l'œuvre, plus quelques centaines de brigands libres d'échapper, grâce à eux, au cachot et à la corde, en devenant bâtisseurs.

Emmaüs, inspiré par Pierre, se base lui aussi sur cette réunion du « fou du cœur », mystique qui anime et prend l'initiative, du réaliste qui dirige, et des « indésirables » que l'alliance des trois rend « géniaux et généreux ». Aujourd'hui encore, Pierre examine Emmaüs à la lumière de cette cohabitation désirée : « Je ne suis pas un éducateur, sinon par la contagion de l'exemple... Méditatif, oui, mais incapable en même temps de tenir en place... Par tempérament, très vite, j'étais porté à faire confiance, pour partager le fardeau, et quelquefois d'une manière injuste. Je n'étais pas conscient que je demandais à des gens qui n'en avaient pas la force de partager une part de ce que moi je supportais à peine. » Injustice et imprudence : « Tel ou tel a été écrasé par la confiance que je lui faisais. » *(Faim et Soif*, n°s 100-101.)

En même temps, Pierre reconnaît aujourd'hui comme une autre injustice d'avoir volontairement oublié, dans la rencontre initiale et fondatrice entre lui et Georges, le forçat, la présence et le rôle de Lucie Coutaz :

« La vérité, c'est que tout a commencé à trois, car Mlle Coutaz était là. C'est elle, en réalité, qui a accueilli Georges. Il venait tous les jours travailler à la maison de la rue Paul-Doumer, mais il a fallu qu'elle s'absente un mois auprès de sa sœur accidentée pour qu'il vienne habiter dans la maison. »

Lucie Coutaz, la réaliste, « l'emmerdeuse, la terreur », et « le chef ». La gardienne du temple et de l'ordre, « héroïque parce que tout s'est fait contre son gré et avec son concours » ; la « casseuse d'assiettes » et l'ultime rempart du Père, pour que, dans sa folie du cœur, il n'aille pas jusqu'à donner son propre lit et son poêle à un pauvre, se condamnant ainsi à ne pouvoir sauver le suivant...

L'oubli du rôle fondateur de Lucie Coutaz, s'il n'est pas du tout l'oubli de sa personne, représente symboliquement l'oubli du « réaliste », et celui de la femme. Mais dans les rapports de Lucie Coutaz avec Emmaüs, « le chef » supplante la femme, et dans ses rapports avec le Père, elle est bien plus *animus* et lui *anima* que l'inverse. L'idéal d'Emmaüs reste ainsi une affaire masculine, fidèle à la vision monachique primitive. Le réalisme s'y impose par effraction, quand il s'agit de gérer les comptes, de former et de choisir les hommes, d'organiser des structures, à partir de 1954. Par tempérament, par volonté de préserver l'aventure des débuts et la relation affective qui entraîne les hommes dans son sillage, Pierre ne l'accepte, pour ainsi dire, qu'à contrecœur.

Il est, pour longtemps encore, le seul recours, le père qui aide, soutient, corrige ses enfants en les encourageant, un chef de famille qui incarne à la fois l'autorité et la tendresse, capable de « donner des baffes » aux fortes têtes, et même de « foutre le feu dans une baraque où les gars étaient saouls comme des Polonais, sur une gadoue », puis de pleurer comme une mère au milieu d'eux, en tâchant de les convaincre d'être sobres.

À Cernay, en 1956, on installe le téléphone avant l'électricité. On peut s'éclairer à la bougie, mais au moindre pépin, panne de voiture ou accident, il faut pouvoir joindre le Père. Quand Henri Dobigies propose de remplacer la guimbarde de la communauté, le comité ne veut pas entendre parler d'une voiture neuve : on roule d'occasion chez Emmaüs, et de préférence sur trois roues ! Pierre doit trancher ; ce sera une camionnette neuve, payée sur les 25 % des recettes destinés à Paris. Trancher, expliquer, réparer...

Paul envoie au curé de Valenton Jules, Abraham et deux autres gars, pour construire une maison en bois où on relogera deux familles jetées à la rue. Hébergés dans la salle paroissiale, les quatre boivent, mais la maison, au bout d'un mois, est presque terminée. Content, le curé les invite à déjeuner le dernier dimanche du chantier. Lorsqu'ils arrivent, la gouvernante les informe du contre-ordre : le curé avait oublié qu'il recevait ses confrères des environs.

— Revenez ce soir.

Le soir, le curé leur sert les restes du déjeuner, et de la piquette plutôt que ses bonnes bouteilles. Abraham voit rouge ! Pendant que les autres amusent la gouvernante, il rafle les bons crus dans la cave et toute l'équipe se venge de l'affront au cours d'une beuverie homérique où le sacristain prend sa part, finissant par sonner l'angélus à minuit ! Le lendemain, la bande boit partout à crédit sur le compte du curé qui hurle, insulte ces « bandits ». En représailles ils démolissent en quelques heures leur chantier d'un mois...

« La police nous a embarqués, Paul est venu nous chercher. Le Père a envoyé une autre équipe pour reconstruire la baraque et il s'est déplacé pour arranger les choses avec le curé. Il lui a peut-être fait comprendre que c'étaient pas des façons de nous traiter... »

Mais le temps des catacombes est révolu. Le Père ne peut tout résoudre, être là constamment. La famille est devenue trop grande et l'abbé se donne ailleurs, aux sans-logis, aux foules qui le réclament, aux pays étrangers qui l'attendent... La diversité des communautés, de toute façon, impose de déléguer la responsabilité pour mieux partager le fardeau. Il n'est plus possible de conserver le lien intime des débuts, alors qu'on est huit cents, voire un millier au moment de l'« inflation » spontanée des communautés surgies, ici et là, dans la foulée de l'hiver 1954.

À Cernay, on aspire d'ailleurs à davantage d'autonomie. L'équipe alsacienne, à présent que la communauté marche, réclame son indépendance. Le comité des quatre qui s'est spontanément formé à ses côtés veut bien assumer ses devoirs à condition de devenir soi-même responsable.

— Ce qui se passe ici, c'est notre affaire, pas celle de Paris, diront-ils aux instances dirigeantes après la crise de 1958.

Mais il aura fallu en passer par une épuration sévère. En attendant, la visite du Père consacre en 1956 leur existence un instant compromise, à la fois à leurs yeux et à ceux de la société. Une visite de l'abbé Pierre dans une petite ville, à l'époque déjà, ce n'est pas rien. Reçu en fanfare par la municipalité et les notables, Pierre ne néglige pas l'évêque. Les communautaires et le comité sont aux premières loges ; une petite fête couronne chez les familles relogées la victoire de l'esprit d'Emmaüs et l'intégration de ses membres à la vie locale.

La venue de Pierre, à Brest comme à Cernay, récompense les hommes d'Emmaüs, les intronise dans la cité et rappelle à celle-ci où est son devoir. Au Noël suivant, c'est Emmaüs qui organise en ville une fête pour les enfants pauvres, où tout le monde est réuni derrière les compagnons. Grâce au ramassage, les gosses reçoivent des cadeaux que jamais la mairie n'aurait pu leur offrir. Alors la mauvaise réputation s'envole. La communauté, enfin adulte, a trouvé sa voie.

Aux Bordes, en revanche, Paul regrette l'éloignement du père. La communauté des biffins, sur son champ de gadoue, entretient, à l'écart de tout, l'esprit pionnier d'Emmaüs. Il n'existe, à la ferme des Bordes, ni comité ni Amis, ni gratification ou reconnaissance publique. Dans l'isolement, au contact de la matière première de la récupération, la communauté poursuit dans l'obscurité sa vocation première. L'accueil y est parcimonieux : quand tant d'autres se précipitent en province pour édifier une communauté de chine, le travail sur les gadoues revêt soit un caractère de formation pour des volontaires désireux de comprendre, à la base, la vocation d'Emmaüs, soit un caractère disciplinaire pour les compagnons dont on ne veut plus ailleurs. Les volontaires « spirituels », du Père Norbert à l'abbé Duvallet ou à l'abbé Leurent, se replongent aux Bordes à la source d'Emmaüs : les ordures brûlantes et le crochet du biffin, le savoir-faire minuscule et infini du père « La Grogne », qui ne se trompe jamais en triant l'aluminium et l'inox, ou la tôle blanche et noire.

À l'abbé Duvallet, au terme d'une matinée de travail, il lance :

— T'as plus qu'à tout recommencer pendant l'heure du casse-croûte, parce que dans ton tas, là, y a des bouts de blanc dans le platin noir ! Notre boulot, ça se respecte, on fait le tri consciencieusement, nous autres.

Puis, quand l'abbé a tout trié à nouveau :

— Le platin blanc ou noir, on s'en fout, c'est le même prix ! Mais c'est le métier qui doit être bien fait, sinon, on est quoi, nous ?

Aux Bordes, La Grogne et « Finsoûl », experts à reconnaître les yeux fermés le verre consigné ou non, vivent dans les déchets gratuits et gagnent vingt francs par mois — plus leurs cigarettes. Ils représentent sans le savoir l'accomplissement de la conception mystique du travail à Emmaüs : l'antipode du salariat, la contestation la plus radicale de l'économie par l'utopie.

Quand le pire bon à rien travaille gratuitement sur la matière première gratuite, il n'est plus malheureux, parce qu'il ne se heurte pas à sa limite. « Dès qu'il s'aperçoit qu'il est con, parce qu'il ne sait pas mesurer, pas peser, dès qu'il se rend compte de ses déficiences, il devient malheureux. Quand il peut travailler sans se heurter à cette limite, c'est un homme, un manœuvre aussi digne que n'importe qui. Mais il faut autour de lui un autre monde, autrement organisé que le nôtre, qui jette à la figure des gens leur incapacité, alors qu'Emmaüs leur permet au contraire de prouver de quoi ils sont capables », dit l'abbé Duvallet.

Pour les communautaires envoyés aux Bordes par

mesure disciplinaire, l'équation, exprimée crûment par Paul Beaudoin, est plus simple :

— Pour manger, il faut travailler.

Et ceux qui travaillent mangent bien ! Leur responsable consacre tous ses soins à l'intendance. La nuit, après avoir terminé la journée de biffe, il court aux halles assurer le bifteck. À ce prix, l'autorité est assurée, en même temps que l'efficacité.

La chine est souvent trop désorganisée pour subvenir à elle-même. Quant à la construction, elle reste à la merci du gaspillage et de la concurrence de l'économie « normale ». Mais Les Bordes, elles, rapportent de l'argent. Car le service, pour les fouilleurs de gadoue, ne se traduit pas directement en logements bâtis et en familles relogées — d'autres s'en chargent —, mais en argent remis au Père, pour le père Vallade au Japon aussi bien que pour les sans-logis. L'égalité dans le travail va de pair avec l'égalité dans le service au plus souffrant, à travers l'action de Pierre : on lui fait confiance pour affecter au mieux ce qu'on a gagné. S'éloigne-t-il physiquement ? Aussitôt la confiance se dilue.

— À qui va l'argent qu'on gagne ? demandent alors les hommes. Aux gamins handicapés d'Hérouville, à nos frères de misère du Japon... ? Très bien. Aux Bourdonnais ? Non ! Quand vous nous direz quels services ils rendent, ceux-là, on leur paiera leur plumard !

Le malentendu commence là, au moment où l'obligation de partager la responsabilité distend le lien personnel entre Pierre et la base d'Emmaüs et, simultanément, brouille celui qui doit unir travail et service. Maintenir ce lien par le souci du secours d'urgence ne suffit pas à sauvegarder l'unité. Encore faut-il inventer une organisation qui respecte l'esprit premier d'Emmaüs, pour que, dans les communautés, « ceux qui se sauvent eux-mêmes » aient encore le sentiment d'être « sauveurs des autres ».

À la maison mère de l'avenue Paul-Doumer de Neuilly-Plaisance s'est substitué le siège du 32, rue des Bourdonnais, sorte d'auberge espagnole où se trouve rassemblé « tout Emmaüs » : l'asile de nuit, l'accueil et le secours d'urgence, la presse et les comités ; puis l'IRAM, les services techniques du logement, les services administratifs centraux et enfin le bureau du Père.

Autant de branches que d'étages : l'auberge du sous-sol, envahie le soir venu par les couche-dehors qu'on héberge mais où travaillent les gestionnaires ; l'effervescence du rez-de-chaussée où les bonnes dames reçoivent, écoutent, orientent, tandis que les gros bras déménagent du mobilier ; l'étage des relations publiques où on traite avec des personnalités ou de grandes signatures pour *Faim et Soif*, et les bureaux où on fait des plans pour les HLM, où on négocie avec les banques et les ministères. Ruche et capharnaüm, la rue des Bourdonnais a imposé son existence dans la fièvre de 1954, mais il lui reste à réaliser l'essentiel : refléter sans la trahir l'âme d'Emmaüs.

En janvier 1955, après sa première hospitalisation, le Père indique l'orientation nouvelle : « Notre devoir était de pratiquer jusqu'ici une politique de centralisation et d'autoritarisme à outrance, indispensable pour rassurer l'opinion publique. Cette phase s'achève. » Désormais, « la continuation de la croissance, la consolidation de l'avenir » passent par une phase de « décentralisation et de coordination ».

Parce qu'il est « impossible qu'un dirigeant ou un organisme central puisse tout voir », parce qu'il faut « mettre à l'épreuve les hommes pour dégager les plus capables », Pierre veut organiser Emmaüs en deux hiérarchies distinctes mais complémentaires, sous la même tête : « Une hiérarchie de décision et une hiérarchie d'action. » De part et d'autre du corps d'activités d'Emmaüs — divisé en cinq groupes : communautés, secours d'urgence, relations, technique, administration —, chacune de ces pyramides comprend quatre échelons aboutissant d'une part au président de l'Association Emmaüs, sur le versant « orientation » ; d'autre part à un comité de direction réunissant, sur le versant « action », des délégués des groupes d'activités et des personnalités, soit Amis, soit « fraternitaires ».

Autant dire qu'au foisonnement de ce qui existe déjà, c'est-à-dire les trois associations de service (auberge, communautés, secours d'urgence) et les six filiales autonomes spécialisées (dont CGL, construction, revue), Pierre ajoute un type d'organisation fondé sur les personnes. Au schéma fonctionnel déjà compliqué, il superpose une organisation des membres d'Emmaüs classés selon leur degré d'intégration à l'œuvre.

Les compagnons sont parmi les communautaires ceux qui s'engagent durablement dans Emmaüs, « sur un plan profane, comme le feraient des volontaires dans une sorte de Légion étrangère de la paix au secours de la misère ». Alors que les hommes accueillis ne sont souvent que des « passagers », ces compagnons, « aptes au commandement ou aux capacités plus modestes » expriment le meilleur de ce qu'on peut espérer d'hommes « refaits ».

À l'autre extrémité d'Emmaüs, les Amis sont des militants qui, tout en menant une vie normale, consacrent à l'œuvre leur temps libre. En plus de leur dévouement matériel, ils doivent se distinguer par leur communion avec la spiritualité d'Emmaüs. Convertis eux-mêmes, ils sont à l'extérieur les « contagieux », porteurs dans la société du défi d'Emmaüs et, plus prosaïquement, chargés d'attirer vers le mouvement les dons et aides financières. C'est au contact des Compagnons que les Amis doivent s'imprégner de l'esprit fondamental d'Emmaüs, dont la communauté est l'école.

Enfin, les Fraternités sont l'« âme de tout cela ». Elles rassemblent ceux qu'une vocation religieuse, quelle que soit leur confession, ou plus généralement une vocation spirituelle personnelle poussent à venir s'incorporer à l'ensemble.

Le terreau de ces Fraternités, ce sont les prêtres et séminaristes qui ont rejoint Emmaüs. « Dans cette espèce de primitivisme que représente la communauté », il s'agit de « faire pénétrer la vie intérieure », dit Pierre en parlant avec des religieux, au début de 1956, des Fraternités. « Nous avons un double rôle : un rôle de décrassage, enlever les ronces... et un deuxième : faire germer la Grâce de Dieu, fût-ce dans le cœur d'un seul de ces bandits. » Les Fraternités n'ont pas seulement pour ambition de rassembler autour des communautés des vocations venues de l'extérieur, mais de « dénicher à l'intérieur d'elles de véritables novices, à qui on ne demandera pas de la haute mystique, même pas de la pratique religieuse », mais à qui on offrira, régulièrement, une formation spirituelle, « dans une maison de solitude, de recueillement ».

Entre la nouvelle orientation de janvier 1955 et le projet des Fraternités de février 1956, le prophète a pris son essor, tandis que l'IRAM doit apporter à Emmaüs sa dimension mondialiste. Sortie des catacombes, l'œuvre s'élargit déjà aux dimensions de la planète, alors qu'elle se débat encore avec ses premiers problèmes de croissance. Mais l'urgence la stimule et l'abbé visionnaire va vite : il embrasse d'un coup tous les problèmes avant même d'en résoudre un seul. La misère juge le monde, il faut lancer une croisade contre elle et Pierre est persuadé « d'avancer vers une solution. Ça ne se fera pas sans que je sois obligé de mettre le poing sur la table, mais le moment approche parce que j'y vois clair ».

Un Grand Emmaüs inspiré par un esprit fédéral s'impose. Les prêtres à qui l'abbé décrit ses projets s'inquiètent : « Tout cela est un peu effrayant et déconcertant, et pourrait donner le vertige... » Mais non, assure-t-il, ce qui se fera sur le plan mondial sera pour la base un encouragement. « Il n'y a pas de confusion entre les deux niveaux. Les communautés n'ont rien à voir avec ce qui se met mondialement en place, mais ce qui se fait dans la plus petite d'entre elles, avec deux tordus, c'est la graine qui permettra peut-être de commencer quelque chose à l'autre bout du monde. »

Pierre a raison. À l'autre bout du monde, une graine jumelle a déjà germé qui n'attend que lui pour se reconnaître en Emmaüs.

Pourtant, même s'il voit juste, les hommes autour de lui s'alarment. Leur confiance n'est pas en cause. C'est sa santé qui les inquiète, cette dépense folle d'énergie qu'aucune discipline ne peut canaliser. Deux hospitalisations, des voyages à répétition, des projets chaque jour... Le rythme infernal du Père les laisse loin derrière lui, mais bien aux prises avec les réalités quotidiennes.

Rue des Bourdonnais, on fait et on refait les comptes, on bouche les trous financiers, on tâche de structurer la maison. On se perd autant dans les détails que le Père semble les négliger.

Il est en clinique. À peine sorti, il repart pour le Canada. Il semble pourtant à l'agonie, terrassé de fatigue, accablé de remords, de dégoût. L'instant d'après il reparaît, bouillonnant, incontrôlable, livrant en même temps la clef de l'avenir de l'humanité et des organigrammes d'Emmaüs qui ressemblent à des constellations, où chaque planète a son propre rôle et sa propre place dans la galaxie. Pendant ce temps, Robine s'acharne à organiser le vestiaire et le secrétariat de la rue des Bourdonnais, Paul fait le tour des communautés, Lillaz ou Budin, dans l'ombre et la discrétion, mettent de leurs poches pour combler les déficits ; et Paul des Bordes, en short et chapeau de cow boy, dans son Far West en bordure de la nationale 4, désarmorce avec une infinie patience, sans jamais donner un seul coup de poing, les tensions qui agitent périodiquement sa bande de fiers-à-bras.

À l'abbé Duvallet et aux Amis de la rue des Bourdonnais, le Père, rentrant de son voyage en Amérique, en juin 1955, apparaît en pleine forme. Eux n'ont cessé de trembler aux échos de son périple. Il leur dit qu'il est content de voir qu'en son absence, Emmaüs a continué ! Ils en restent cois...

Dans l'esprit de Pierre, les plus beaux organigrammes ne valent pas l'image de ces frères pontifs associés à quelques meneurs d'hommes et à une armée de gueux, construisant ensemble des ponts, d'une rive à l'autre du vaste monde. Le salut d'Emmaüs, il le sait depuis la rencontre avec Georges, est dans cette alliance : la trinité du Compagnon, de l'Ami et du Frère, autrement dit le mystique, l'aventurier et le réaliste.

Appliquée à Emmaüs, cette trinité doit assurer l'unité et la cohérence du tout, parce qu'elle résout la question du pouvoir. Le « maléfice » dont celui-ci frappe ses détenteurs, dans la société, ne doit pas corrompre Emmaüs, faute de quoi l'état-major de la rue des Bourdonnais apparaîtra de plus en plus aux communautaires comme un monstre étranger. Pierre a lui-même trop de prévention contre la bureaucratie et la déshumanisation des techniciens pour ne pas craindre qu'après les catacombes, Emmaüs ne succombe à la tentation de la « vaticanisation ».

L'épisode d'Abraham, le vigilant gardien de la tente de la montagne Sainte-Geneviève, la bête noire du curé de Valenton, poursuivant de sa vindicte le dévoué Robine dans les bureaux de la rue des Bourdonnais, et l'assommant d'un coup de poing vengeur, a dû le faire sourire. Ensuite, Abraham s'est saoulé et a démoli le portrait, au hasard de sa déambulation, de tous les Robine de Paris... du moins de tous ceux qui lui paraissaient trop ressemblants ! Le Père a dû alors se résoudre à signer son ordre d'exclusion. Mais le jour où Abraham a réintégré Emmaüs sous son vrai nom, c'est Robine qui en a été pour ses frais ! Ceux-là et tant d'autres sont le sel de la terre, sans qui le mystique n'aurait même pas de monastère pour abriter sa méditation, ni le chef de bras pour réaliser ses plans. Ils sont la sève d'Emmaüs. Seraient-ils meilleurs qu'Emmaüs n'aurait pas de sens.

La trinité signifie concrètement que le Compagnon dirige les hommes, que l'Ami gère les fonds et que le Frère est l'autorité morale qui anime. À côté des « cadres » laïcs, ceux qu'on a sous la main, c'est-à-dire les moins mauvais des responsables possibles, le Frère doit être un recours et un repère ; un aiguillon et un ferment. Dans le comité des quatre qui assiste la communauté — un second Ami grossit le trio dans un souci de meilleure gestion —, que le Frère n'intervienne pas dans les affaires d'argent ou les décisions quotidiennes, précise Pierre. Qu'il accepte, pour être mieux écouté quand il devra parler, de n'avoir pas la parole. Qu'il se réserve pour qu'après le « relèvement » des hommes puisse venir leur élévation...

D'humbles prêtres, comme le père Gaston, à Cernay, l'abbé et prêtre-ouvrier Pinatel, à Marseille, ou l'abbé Poncelet, à Mons et Charleroi, ont été à la base du démarrage ou du redressement des communautés. Certains en sont devenus les aumôniers, d'autres les conseils. Les fraternitaires imaginés par Pierre sont appelés à une tâche plus difficile, que peu d'entre eux sauront assumer, parmi les appelés peu nombreux dont il espérait tant. D'obscurs prêtres joueront à merveille ce rôle, avant que le Père Jacques Wreck ne devienne leur exemple à tous. Plus que toute approche doctrinale ou théologique, c'est la compréhension humaine qui compte, l'expérience vécue dans les communautés qui façonne le rôle.

Présent en permanence au sein de la communauté,

l'animateur gêne, comme un curé s'occupant des affaires d'un ménage, ou des grands-parents s'immisçant dans la vie d'un jeune couple. Le contact constant avec les petites misères, les petites combines, le rend au moindre problème soit complice, soit mouchard. Aussi l'animateur doit-il s'astreindre à n'être pas là tout le temps ; ni au réfectoire, ni dans le couloir où le type qui rentre saoul s'effondre. S'il doit intervenir et le ramasser, que le compagnon, le lendemain, ne puisse pas le soupçonner de l'avoir dénoncé au responsable. La conduite des hommes est l'affaire du responsable, pas la sienne. Et dans le domaine qui lui est « naturel », l'animateur ne doit pas se confondre avec l'aumônier ou le curé de la paroisse. Qu'il s'interdise tout prosélytisme, pour être respecté par tous, croyants et non-croyants.

À Bougival, sur soixante ou soixante-dix décès survenant pendant son long séjour, l'abbé Duvallet ne donne pas une fois les derniers sacrements, et ne confesse presque jamais. « D'autres prêtres sont là pour ça. L'animateur, lui, ne peut pas être le représentant d'un culte et susciter une démarche préférentielle. »

Les Fraternités devaient être de toutes confessions. En réalité, les vocations ne viennent pas les grossir. Emmaüs reste environné des prêtres et de séminaristes, mais en petit nombre, et l'animateur, venu à titre individuel, remplissant son rôle selon ses moyens, remplace dans le projet du fondateur la cohorte des frères convers espérés.

L'Église reste trop méfiante. Elle tolère un prophète mais s'inquiète d'une ambition qui pourrait faire tache d'huile et éveiller en son sein un mouvement de fond, où l'engagement dans la misère prendrait le relais de l'immersion dans le prolétariat. Après avoir mis fin à l'expérience des prêtres-ouvriers, elle ne veut pas encourager les moines de la misère.

Elle préfère s'en tenir à sa position initiale de 1954. Ses réticences à soutenir l'abbé Pierre, en cléricalisant son action, ont de multiples causes, mais certains faits justifient une telle prudence. Plusieurs cas montrent en effet que l'immersion dans la misère ne va pas de soi et que les vocations religieuses y affrontent une épreuve difficile, où parfois elles se perdent au lieu de s'épanouir. Venus à Emmaüs, des prêtres ou des séminaristes y restent, mais quittent l'Église. Ils ont commencé à dire la messe devant une poignée, seulement, de communautaires. Ensuite, leur rôle d'animateur, s'ils l'ont bien compris, les éloigne de leur mission sacerdotale. En se voulant non confessionnel, Emmaüs les oblige à la neutralité pour ne pas se détacher des hommes qui en sont la base. Ceux-ci reconnaissent les animateurs spirituels pour eux-mêmes, et non comme représentants d'une Église qu'ils rangent du côté des nantis et de la morale. Les animateurs n'ont pas de paroisse. La communauté leur en tient lieu. La misère est leur ministère, mais l'efficacité de leur rôle dépend en fait de leur discrétion sur leur vocation religieuse. Aussi, certains finissent-ils par se dépouiller de leur habit clérical pour mieux continuer à se battre au milieu des pauvres et pour eux, loin d'une Église qui les ignore. La foi personnelle et l'idéal chrétien d'Emmaüs y survivent, mais l'engagement dans la communauté a supplanté les vœux dans l'Église.

Quittant les Bordes pour la Réserve, Paul Beaudouin reste dans Emmaüs une année encore. Puis il se marie, et part pour de bon. Le Père célèbre son mariage. Paul confie à l'abbé Duvallet :

— Sans l'abbé Pierre, je serais prêtre.

Avec le recul, il écrit aujourd'hui (*Faim et Soif*, n° 104) que l'ordre souhaité, ou plutôt rêvé par le fondateur, était une mauvaise piste ; que son abandon « a été bénéfique au mouvement », lui permettant de sauvegarder sa capacité « à rassembler de par le monde sur le seul critère de la dignité humaine ».

À peine conçu, le projet des Fraternités avorte. La

maison mère de Neuilly-Plaisance ne sera pas le haut lieu espéré du noviciat d'Emmaüs. Au même moment, début 1956, les cabales vaticanes suspectent le prophète d'hérésie doctrinale. Quelle leçon Pierre voulait-il donner à l'Église à travers son appel à la création d'une armée de moines de la misère ? Les réalités, une fois encore, sont plus fortes que les rêves, mais en l'occurrence, elles épargnent au rêveur de se fourvoyer. Emmaüs grandira hors de l'Église, mais la même Église rappellera bientôt à Pierre qu'il lui « appartient » toujours...

D'autres voix se font entendre, à l'intérieur d'Emmaüs, cette fois, et le rappellent à l'ordre. Non pas l'ordre religieux, dont il cultive la nostalgie, mais l'ordre des choses profanes qui exige de toute entreprise soucieuse de durer un minimum de structures et d'autorité. Le maléfice du pouvoir qui aveugle serait-il conjuré que la question de l'autorité reste entière.

L'autorité à la base, c'est celle du responsable sur ses hommes. Emmaüs révèle de fortes personnalités. Dans le sillage du Père, Paul au secours d'urgence et Jean-Yves à la tête des bâtisseurs ont montré leurs qualités de chefs. Ils les expriment différemment : Paul par sa capacité d'entraînement, ses attentions, un pouvoir de séduction et de conviction qui en font plus qu'un bras droit, une réplique séculière du fondateur, un double intimement attaché à lui, doué d'un charisme qui ne puise pas aux mêmes sources mystiques, mais suscite chez tous — communautaires, Amis, personnalités extérieures — le même sentiment d'adhésion.

Complice du Père, solidaire de chaque instant dans sa mission, Paul réalise à ses côtés sa nature, « ne pas être le premier, mais le second, dans l'obéissance et le dévouement, pour atteindre un ''bonheur léger'' que je saurais porter »...

Jean-Yves, d'une trempe plus dure, est plus enclin à se colleter avec les hommes pour tirer d'eux le meilleur parti. Un meneur, un chef de bande, à la tête d'une légion conduite d'une main de fer. Aurait-on pu, autrement, faire construire par les fortes têtes de Pontault, rescapés de l'armée et orphelins de conquêtes, des logements pour les miséreux ? Les méthodes de Jean-Yves ne sont pas dans l'Évangile, mais elles seules conviennent.

D'autres responsables s'essaient à mener à la trique leur communauté, comme Albert, le premier successeur d'Henri Dobigies à Cernay. Ils doivent vite déchanter. Le groupe les rejette, les Amis les renient. Par son ancienneté, son caractère et ses compétences, Jean-Yves reste un cas à part, seigneur intouchable régnant sur son fief de bâtisseurs, complément de Paul dans le duo des « premiers larrons » encadrant le Père.

Sa façon de mener les hommes est pourtant contestée au moment où la priorité donnée à la construction d'urgence se fait moins pressante. Les sociétés « techniciennes » d'Emmaüs ont pris le relais en matière de logement, avec un sérieux et un rendement à long terme qui soulignent les lacunes et les erreurs des bâtisseurs de naguère. Le service dans Emmaüs s'élargit à d'autres catégories de personnes que les sans-logis, qu'il fallait, en 1954, secourir à tout prix, même en bafouant la loi. Par souci d'efficience, et sans tapage, on choisit d'aider, comme Peyronnet quittant Noisy pour Hérouville, des enfants handicapés mentaux, ou la communauté d'adolescents créée à Conflans-Sainte-Honorine par l'abbé Duvallet avant qu'il ne rejoigne l'abbé Pierre. L'attention portée par *Faim et Soif* à tous les problèmes sociaux — enfance abandonnée, délinquance juvénile, vieillesse, action sanitaire, travail féminin, école, etc. — montre assez que la question du logement ne constitue qu'une étape, même si elle reste prépondérante.

Avec l'action internationale entamée en 1955 par Pierre, Emmaüs sort des limites de l'hexagone. L'IRAM attire un autre type de militants, marqués par les besoins du tiers monde, l'engagement contre les guerres coloniales et un humanisme que heurtent certaines pratiques d'Emmaüs, incarnées surtout par Jean-Yves. Sans parler des Amis, deux mondes se croisent dans le sillage du Père au milieu des années cinquante. Celui de la Légion, des meurtris de la guerre, des soldats frustrés de victoires ; et celui d'une armée pacifique mobilisée en faveur du droit des peuples à « disposer d'eux-mêmes », à manger, à accéder au développement économique, à résister au pillage des nations riches.

Jean-Yves offre au premier l'occasion d'un rachat, d'une victoire au bout de la pioche et de la truelle, mais le second lui reproche d'employer les mêmes méthodes qu'au temps où on croyait cette victoire au bout du fusil.

Pierre Richard, de l'IRAM, vitupère contre le mitard de Pontault. À la même époque, un reporter décrit les manières de *condottiere* du chef des bâtisseurs. Yves Goussault, dans un texte sur les sanctions en communautés datant de février 1956, affirme que l'expérience d'Emmaüs doit, dans ses résultats et méthodes, se distinguer radicalement des « expériences classiques de répression de la délinquance ». Toute l'action doit « tendre à une diminution des contraintes arbitraires et s'orienter vers la notion de volontariat ». Pour faire régner la discipline dans les communautés et sur les chantiers, « ce n'est pas vers une imitation, même humanisée, des anciens régimes pénitentiaires que nous devons nous tourner ».

Emmaüs, par la voix de Goussault, désavoue le recours à la prison, au « cabanon », aux chambres pour « provisoirement fous » qui existent dans certaines communautés. L'esprit d'Emmaüs, l'accueil des rejetés, des asociaux, des éthyliques, et l'objectif de leur relèvement, est incompatible avec ces pratiques.

Corriger sans décourager, paternellement mais sans faiblesse, répète Pierre. Aux Bordes, Paul Beaudouin a sa façon de maintenir la discipline : il embarque les mauvais coucheurs, généralement ivres morts, dans son camion, et les largue en pleine nuit sur le carreau des Halles. Retour obligatoire à la « vie civile », le temps nécessaire à la « purge » !

— Reviens dans trois jours, si tu en as envie !

Généralement, les gars reviennent sur la gadoue, convaincus que la vie y est encore préférable à celle que leur « offre » la société. Mais à Pontault, la « caste des bâtisseurs », forte du prestige acquis sur les chantiers des cités d'urgence, obéit à ses propres règles, sous la férule d'un chef hors d'atteinte, Jean-Yves, fait pour les circonstances et les hommes d'une époque d'Emmaüs dont les années 1956-1957 sonnent le glas en France.

Charles Caillaux, croisé de la lutte antialcoolique à Nantes, est, si l'on peut dire, de la même eau. Ailleurs, parmi ces aventuriers qui fondent, foncent et enfoncent ou finalement renforcent Emmaüs, le bon, le moins bon et le pire sont indémêlables, au moins dans les premiers temps de cette « croissance sauvage ». Le Roch, à Brest, justifie son nom et son surnom d'« incorruptible », Dobigies sauve Cernay ; le bouillant capitaine Jean lance Wambrechies, dans le Nord, en squattant un terrain militaire interdit au public ! La télévision se déplace, puis Gilbert Bécaud, puis le cardinal Liénard... et le Père, bien sûr.

Pour Pierre, Paul des Bordes et Pierre Tarteau à Nice constituent des exceptions. Eux sont venus par vocation. Au sujet des autres, il ne se fait pas d'illusions : « On est obligés de prendre les moins mauvais comme responsables... On sait qu'ils sont insuffisants, venus neuf fois sur dix comme volontaires, mais volontaires pour ne pas crever. Le dévouement ne s'épanouit qu'après, plus ou moins, petit à petit. »

Partout, on répète le même credo : assainir.

— Qu'on vole moins, qu'on se saoule moins, qu'on se casse moins la gueule, clame Pierre. Sois sobre, propre, honnête, travailleur, pacifique... si tu respectes à peu près cela, chez nous tu es déjà à moitié canonisé...

Aux impatiences des gestionnaires, des réalistes de la rue des Bourdonnais qui veulent chercher à l'extérieur, en les salariant, des responsables à la hauteur, il répond, provocateur, en encourageant la promotion interne, en défendant les gars sortis du rang. Est-ce là un mythe, soutenu par Paul qui a la haute main sur les communautés ? Cette vision égalitaire et démocratique s'imposerait mieux dans le cadre des Fraternités. Il faudrait trier, éduquer, former. Faute de temps, faute d'hommes moins « insuffisants », les responsables valsent — une douzaine en deux ans à Cernay, après le rappel de Dobigies — ou « se font la valise avec la caisse », comme à Rennes. Une sorte de « légende noire » de l'argent envolé court les communautés, pendant de la « légende dorée » des « hommes refaits ». Elle nourrit la vie quotidienne, autorise les petites combines des équipes de ramassage : les objets « oubliés » mis en dépôt, de préférence dans l'arrière-cour d'un bistrot et revendus en douce, les pourboires et les mille astuces pour arrondir le pécule. Sur les chantiers, le détournement de matériel, le gonflement des effectifs et des factures s'ajoutent au « gaspillage naturel ». Ailleurs, c'est carrément l'escroquerie ; et les Méridionaux s'y taillent « forcément » une solide réputation quand, après bien d'autres villes, Marseille découvre Emmaüs.

Comment s'en étonner alors que depuis le premier jour de février 1954, l'argent afflue, et de préférence en liquide ? Les techniciens du logement travaillent avec les banques ; les banquiers et hommes d'affaires sont nombreux parmi les Amis ; mais Emmaüs, à sa base, ne connaît que les billets, le paiement de la main à la main. Le banquier de Paul des Bordes, c'est le ferrailleur voisin de la gadoue, et le banquier de l'autre Paul, le patron du secours d'urgence et des communautés, n'est autre que lui-même...

Mais il n'y a pas que les comptables de la rue des Bourdonnais qui s'impatientent. Des volontaires de conviction, déjà si rares, craquent et « repartent désespérés ». Que répondre à cet homme qui écrit, découragé : *« Père, j'irai au bout du monde pour vous, mais vous êtes malade, ça fait trop longtemps... Je n'en peux plus, je veux sauver mon âme, avoir une vie de prière, une vie intérieure. À Emmaüs, il n'y a pas moyen. Et pourtant, je voudrais rester* ».

Vieillissant, celui-là n'espère plus qu'une place dans un couvent, même comme « domestique ». Les Fraternités auraient pu lui apporter l'aide qui lui manque, comme à Paul des Bordes le soutien moral dont il est privé. Mais elles demeurent lettre morte, et les communautés bien souvent livrées à elles-mêmes, dont les responsables, qui prêchent la vertu, s'en tiennent quittes pour eux-mêmes, manient le gourdin et « travaillent au début à 100 % pour le Père, puis à 50 % et, le troisième mois, à 100 % pour eux ». Ces responsables oublient d'où ils viennent et se montrent arrogants avec ceux qui, hier, étaient leurs semblables.

— Celui-là, murmurent les gars, il faut le prendre entre quatre yeux et lui dire : « Tu es un salaud ! Tu oublies d'où tu sors, ce que tu dois à celui que tu engueules parce qu'il boit ! Hier, tu étais comme lui ! »

Former des cadres, corriger en encourageant. Emmaüs se heurte toujours à la même exigence, pour préserver son âme des dérives qui se font en son nom et menacent de le salir.

Le « manuel » longtemps remis sur l'ouvrage par Pierre paraît fin 1955, en même temps qu'est élaboré le projet des Fraternités. Mais, comme ces dernières, il reste à l'état d'ébauche.

À Emmaüs, que cherchent-ils ? Sous ce titre, le Père veut à la fois définir une règle pour les communautés, dresser un bilan et, la question de l'intimité en témoigne, tracer le chemin.

Le temps du « petit troupeau fraternel qui respirait si facilement d'une même âme » est révolu. Il éveille une « nostalgie douloureuse, parfois quasi intolérable », mais il faut justement « puiser à la source, dans l'âme primitive » pour affronter l'avenir. Parce qu'il est temps de codifier et d'organiser, le Père retourne à l'origine, retrace la genèse, propose un nouveau schéma d'organisation, un an après le premier. Tout Emmaüs y est inclus, depuis les « équipes des quatre », locales, régionales et centrales, jusqu'à une conférence nationale, elle-même membre de la Confédération mondiale d'Emmaüs.

« D'un nombre incroyable d'autres nations sont venues des enquêtes et des suppliques pour que nous aidions à de semblables initiatives. » Japon, Amérique latine, Indes et Philippines, Belgique, Canada : avant même de structurer efficacement le berceau d'Emmaüs, son chef prophétique lui assigne un destin planétaire. Mais le manuel, malgré son nom, n'apporte pas les réponses qu'attendent ceux qui, quotidiennement, font vivre et survivre le mouvement.

Huit mois plus tard, en août 1956, on tente à nouveau de codifier l'existence dans les communautés. La profusion et la confusion n'ont fait que s'accroître. « Un millier de communautaires dans une vingtaine de communautés en France, cela fait une telle dispersion qu'une direction centralisée est devenue impossible. Tout essai de contrôle précis et sûr, venant d'une autorité lointaine, ne peut être qu'inefficace et inutilement irritant... La seule solution est que, sur place, des personnes habilitées (communautaires et Amis) prennent ensemble et sous leur propre responsabilité, en adultes, la charge de l'action. »

Pour devenir adultes, les communautés doivent accéder à l'autonomie juridique et financière. Chacune, flanquée d'une équipe de quatre, confie sa gestion à une association soumise à la loi de 1901. Une Union nationale des associations est créée, un bureau central des communautés se met en place, qui a son siège, théoriquement, au 11, cité Prost, un immeuble du XIe arrondissement acquis en 1955 par Emmaüs pour servir de maison de retraite et de foyer communautaire.

Réunis à Limoges en mai 1956 sous la direction de Paul et de l'abbé Leurent, les responsables des communautés tentent de coordonner leur action et d'unifier le style de vie dans les différents groupes. Rapport hebdomadaire des effectifs, des recettes et dépenses, rapport moral... L'abbé Leurent prend la relève de Paul pour réclamer aux responsables un effort d'organisation. Le Père, « présent malgré sa fatigue », insiste sur le « retour à la source originelle d'Emmaüs », pour « réapprendre à la société la signification du sacrifice, du service volontaire et gratuit, de l'héroïsme et même du don de sa vie ».

Union nationale communautaire, conseil et bureau central : le foisonnement désordonné des communautés impose un mode fédéral d'organisation, où le principal service d'Emmaüs se transforme en première filiale. L'adhésion précède l'affiliation définitive, subordonnée à l'existence d'une association locale, au fonctionnement réel d'un comité communautaire, à une gestion équilibrée, etc. Une redevance (5 % du chiffre d'affaires) est versée mensuellement par la communauté à l'Association Emmaüs, tandis que sur les bénéfices, 25 % sont versés à l'Union nationale.

Ainsi, par la multiplication des associations locales, les coordinations régionales et la fédération nationale, Emmaüs se résout-il à faire le tri parmi ses forces vives. Entre l'arbre décrit par le Père et la « nébuleuse associative », c'est bien cette dernière qui paraît l'emporter. À Limoges, Pierre ne dit-il pas, parlant de l'« arbre Emmaüs », que les communautés en sont l'un des fruits, mais que les Fraternités doivent en constituer les « racines vivifiantes » ? Ce renversement symbolique exprime en fait une lutte âpre, déjà engagée entre le Père et l'Association des Amis. Objet de cette lutte : le pouvoir à l'intérieur d'Emmaüs.

Toutes les tentatives pour réaliser l'union trinitaire entre Compagnons, Amis et Frères débouchent sur un conflit au sommet, entre l'abbé Pierre et l'Association. Racines ou fruits, les communautés en sont l'enjeu.

Retour à la source originelle, dit le Père. « Retour aux origines », écrit Yves Goussault *(Faim et Soif,* n° 17). Dans un mouvement « dont la dispersion apparente et la multiplicité rendent difficile la compréhension », on ne peut plus seulement « faire confiance aux circonstances ». Goussault plaide, en fidèle émule du fondateur, pour l'« intériorité retrouvée », pour le resserrement spirituel sur le « noyau communautaire » dont tout est sorti.

Rue des Bourdonnais, on plaide pour un resserrement économique sur ce qui fonctionne. Au cours de l'assemblée générale du 19 janvier 1957, la première depuis deux ans, le divorce entre mystiques et réalistes est déjà patent. Avant de se cristalliser sur la personne même de l'abbé Pierre, et de mettre en cause sa domination sur l'ensemble d'Emmaüs, le conflit pour le pouvoir se focalise sur les « indésirables », les brigands. Régler le sort des « larrons » est le prélude obligé au « meurtre du père ».

La normalisation d'Emmaüs au sein de la société et son passage à l'âge adulte impliquent la mise à l'écart des aventuriers. Et donc le risque que soit mis fin à l'aventure.

6

« Le sage et le fou »

Printemps 1956. La gadoue des Bordes est condamnée à disparaître. En bordure de la nationale 4, l'immense champ d'épandage fait une vilaine tache dans le paysage qui ne demande qu'à s'urbaniser. La banlieue n'a pas encore gagné jusque-là, mais nul ne doute qu'elle proliférera bientôt dans les parages. Construire des maisons, des immeubles, n'est-ce pas ce que réclament les gens d'Emmaüs ? Le groupe, courbé sur les ordures par tous les temps, devrait savoir que l'avenir n'est pas de son côté, qu'il faudra remiser un jour ou l'autre le crochet du biffin.

En attendant de bâtir, on s'inquiète de la meilleure manière de traiter les ordures communales. Leur quantité s'accroît au rythme de la population et d'une consommation qui va devenir, en quelques années, le credo de toute la société. On ne peut plus se contenter de déverser ces tonnes de déchets dans les champs. D'un autre côté, les paysans auront bientôt d'autres engrais à leur disposition que ce compost jeté en vrac sur leurs terres. Les lois de l'urbanisation, de l'industrialisation et du profit économique condamnent de toute façon les gadoues. La gratuité des déchets doit disparaître avec elles ; et un pan entier d'Emmaüs, par la même occasion...

La direction départementale de l'équipement vient

inspecter les Bordes. Les techniciens élaborent des solutions plus propres et les municipalités rêvent de modernisation. Le maire de Champigny aime bien Paul Baudouin et Emmaüs, mais les réalités sont là...

— Je suis bien embêté, mais il faut que vous déménagiez...

Il propose à la communauté un terrain, au fort de Pontault, un endroit désolé, à l'écart de tout. Les gars des Bordes vont y poursuivre le même travail de récupération. Jean-Yves leur monte un igloo, les aide à transférer un de leurs baraquements. Mais le maire de Pontault se montre moins accueillant que celui de Champigny. L'arrivée de cette bande de biffins prématurément usés, forts en gueule et dépenaillés, ne lui dit rien qui vaille. Le jeune type débraillé qui est à leur tête ne lui inspire pas confiance. Emmaüs, à Pontault, on connaît, puisqu'on héberge déjà la Pépinière et ses bâtisseurs. Faut-il des biffins en plus ? Ceux-là, on n'a de cesse de les voir repartir, ils sont vraiment la lie de la terre.

L'exil au fort de Pontault ne dure donc que quelques mois. Avec leur crochet et leur savoir-faire inutile, les indésirables n'ont plus de place nulle part. Les plus jeunes partent, les vieux se recasent. À Bougival aussi, on sait reconnaître au toucher l'inox de l'aluminium et repêcher dans un monceau de déchets le plus petit bout de ferraille. Un Dédé Assier — ou Acier, on ne sait plus, à force, distinguer le nom du bonhomme de sa spécialité — en remontrerait, sur ce chapitre, au père La Grogne.

Paul, des défuntes Bordes, et la plupart des biffins s'intègrent à la Réserve, où une soixantaine d'hommes ont besoin d'un patron, capable de les entraîner à remonter le courant, à redevenir les meilleurs. Squattages — « dans le plus strict silence » —, relogement des familles déshéritées au fort de Pontault, justement ;

construction d'une route à la cité des Coquelicots, remise en état des locaux aux Peupliers...

Paul ne chôme pas durant l'année qu'il passe à Neuilly-sur-Marne.

L'amertume viendra plus tard, au moment de son mariage et de son départ d'Emmaüs, lorsqu'il tournera le dos à sa vocation de prêtre, à l'abbé Pierre et à l'aventure.

« Le vent souffle où il veut », écrit-il en juillet 1956 dans *La Ronde*, le journal des communautés de la région parisienne. « On a apposé des pancartes "Décharge interdite" à l'entrée de la gadoue et on a dû se replier, comme des soldats fatigués qui se regroupent sous le même drapeau de justice et de liberté. Les gars regrettent, ils savent la place que tenait leur travail dans le cœur du Père... Quelques vieux biffins sont restés sur la butte, gardant jalousement la mouscaille qui payait leur bifteck. Les mouches sympathiques et l'odeur sont les seuls vestiges de leur travail perdu... »

De toutes les racines d'Emmaüs, c'est la plus profonde, la plus authentique, qui s'engloutit dans la mémoire avec la fin des Bordes.

La Ronde, fidèle écho des « papotages des communautés », s'imprime à la Pépinière sous la responsabilité de Jean-Yves. Maintes fois, il y a répété, à propos de ses bâtisseurs, qu'ils ne sont pas des « ouvriers rentables », mais qu'Emmaüs « n'est pas une entreprise normale ». Début mai 1956, c'est aussi dans *La Ronde* qu'il explique le drame qui se noue autour de sa communauté et surtout de sa propre personne.

« *On ne mène pas cent hommes comme vingt*, écrit-il pour justifier la discipline. *Un camp aussi nombreux, c'est un petit État dans lequel l'ordre doit régner.* »

Plus de deux mille hommes sont passés à Pontault en deux ans, autour d'un noyau d'une centaine de permanents. Sous les ordres de Jean-Yves et de ses adjoints, ils sont couramment deux cents ou plus. Autant dire que « la vie y est devenue celle d'une entreprise quelconque... Combien se souviennent que, à Emmaüs, on s'engage d'abord à servir le plus malheureux ? »

Le moment est venu pour le chef de poser à ces hommes la « question de confiance » : rester moins nombreux, à raison d'un petit groupe par chantier, ou partir, « trouver du travail dans une entreprise ordinaire ». Pontault est devenu, au sein d'Emmaüs, un abcès qu'il est temps de crever. Les gestionnaires de la rue des Bourdonnais le réclament depuis des mois. Jean-Yves s'y est lui-même résolu au terme d'une autocritique sévère, dans un climat empoisonné par les rumeurs, les manœuvres, l'hostilité.

Jamais le fossé entre les Bourdonnais et les communautés n'a paru plus grand qu'au cours de l'hiver 1956 à propos des bâtisseurs. Jean-Yves, sous la pression, s'est remis en cause. Il accueille un nouveau chef de travaux en affichant la couleur :

— Je suis coléreux, orgueilleux, autoritaire et breton... Tu acceptes de venir ?

Il a admis la fin de son pouvoir sans partage, « en consultant, dans bien des cas, les uns et les autres ». Il est prêt à accepter la nouvelle structure d'équipe locale et régionale adoptée pour les communautés. « Il faut le prendre comme il est, il est faux qu'il soit impossible à approcher », insiste son second, Jean-Marie Quidet en le défendant auprès du Père. « S'il est fier de sa réalisation et de son autorité, c'est une satisfaction encore plus grande pour lui de savoir qu'on l'aime autant qu'on le craint. »

L'abbé Barral assiste la communauté depuis le début. Il décrit la déception de tous à la perspective de voir éclater Pontault. « Après de longs mois de lutte pour maintenir l'union entre nous, au prix de souffrances qui faillirent déclencher des catastrophes », c'est le dépit. Tout le monde a souhaité une intervention du Père en faveur de Pontault, « mais vous n'avez pas pu, sans doute », regrette l'abbé Barral. Faute de ce soutien, voilà les bâtisseurs à la merci des gestionnaires. Pour Quidet, le procès de l'ingénieur Robine, leur bête noire depuis que le Père l'a installé rue des Bourdonnais, est vite fait : « On ne peut plus continuer de collaborer avec une administration centrale dont l'esprit est semblable à celui de l'administration d'État, contre lequel Emmaüs s'est toujours élevé. » Les communautaires sont « qualité négligeable » pour ces gens qui n'ont jamais « daigné venir à la Pépinière ou sur un chantier ». À présent que l'épreuve de force est engagée, les gars « veulent plus de clarté et plus de franchise. Les comptes rendus de comptabilité qu'on nous envoie sont incompréhensibles, rien de vrai ne nous est communiqué, et nous ne pouvons plus supporter d'entendre dire que nous coûtons trop cher, bien que travaillant ; et d'être perpétuellement soupçonnés... »

Que répondent, rue des Bourdonnais, ces gens inutiles qui considèrent seulement Emmaüs comme une vache à lait ? Ils affirment que, sur un an seulement, Pontault accuse un déficit mensuel de 1,5 million de francs. Qu'il faut rendre la communauté indépendante, comme les autres, et que dès lors l'Association ne comblera plus ce déficit. Couplée à la communauté, une société anonyme, la SBR (Société des bâtisseurs du renouveau) a été créée pour traiter, dans un cadre légal, les activités de construction de la communauté. Société « officielle mais fictive », la SBR obéit aux règles de la concurrence et de la rentabilité. En réalité, elle sert à masquer les pertes des bâtisseurs. Il faut mettre de l'ordre dans la confusion et instaurer un strict contrôle en séparant la SBR de Pontault. Et casser l'« État dans l'État » que constitue la communauté.

Pour les bâtisseurs, à l'inverse, la SBR doit rester une « couverture » fictive, permettant d'être en règle avec les fournisseurs et le fisc. Les gens qui la dirigent aux Bourdonnais sont incompétents et « volent » les 16 % qu'on leur ristourne sur le prix de la main-d'œuvre facturé aux clients. Les chiffres de Robine sont truqués et on fait à Jean-Yves un mauvais procès...

Derrière l'affrontement technique et comptable à propos de normalisation économique, de rentabilité et de compétence, c'est bien le procès de Jean-Yves qu'on instruit. Jean-Yves l'ancien, le bras droit du Père, le pionnier des logements d'urgence ; l'homme sans qualification sorti du rang à la force du poignet et qui, maintenant, signe des plans comme un architecte, dirige ses chantiers comme un chef d'entreprise ; le meneur d'hommes qui mène ses troupes comme à la Légion, les casse, les use, les « colle au mitard » quand ils veulent s'en aller ; le seigneur féodal, l'autocrate qui prétend ignorer les lois de la société ; le dépositaire de l'esprit originel d'Emmaüs, qui construit pour les pauvres mais fait également restaurer par ses hommes, avec les matériaux et l'argent de la communauté, une propriété qu'il possède à Favières, où le mobilier est de style et le personnel en livrée...

Dans l'acharnement qu'on met à évincer Jean-Yves pour tous ces motifs plus ou moins avouables, on oublie évidemment l'importance de ce qu'il a fait dans Emmaüs, avec les hommes qui étaient là ; son dévouement sans borne à l'œuvre et au secours des familles, l'exemplarité de son travail vis-à-vis de la société et de ses normes. Bref, tout ce qu'Emmaüs lui doit ! En regard de cela, sa maison de Favières apparaît, aux yeux de ses hommes, comme une juste récompense personnelle. L'abbé Pierre, d'ailleurs, n'était-il pas au courant, n'a-t-il pas consenti à cette privauté ?

Dans cet affrontement, le Père se retrouve ligoté. Le leader charismatique devrait pouvoir trancher, préserver l'unité tout en décidant ; le prophète, au moins, devrait faire figure de recours ultime, d'arbitre. Or, au contraire, il est devenu, de son propre fait, l'otage des clans qui se déchirent en son nom. En assurant successivement de son soutien les uns puis les autres, il se prive des moyens de satisfaire quiconque.

Faut-il démanteler la forteresse de Jean-Yves ? Soit, il l'admet. Il y a trop d'hommes sous ses ordres, trop d'argent qui se perd. Au-delà de quelques dizaines de membres, cinquante au maximum, toute communauté est menacée — et Emmaüs y compromet son esprit et sa réputation. La construction ne peut en outre souffrir plus longtemps l'amateurisme des gars de la Pépinière. La HLM, la coopérative d'accession à la propriété dirigée par Henri Camus ont montré la voie du raisonnable et du professionnalisme.

Pierre cède à la pression de l'état-major des Bourdonnais. Il sait que les amis fidèles et généreux, Budin surtout, finiront par se lasser de devoir renflouer sans cesse, sur leur fortune personnelle, le puits sans fond des déficits. Il n'est plus possible de payer les charges sociales pour 600 hommes alors qu'on ne sait pas qui travaille effectivement pour Jean-Yves, à cent ou deux cents personnes près ! Pontault doit s'astreindre à la règle d'auto-suffisance financière, au contrôle de l'équipe des quatre et des services centraux. On ne parviendra à l'y forcer qu'en la scindant en plusieurs communautés.

Pourtant, jusqu'au dernier moment, le Père espère sauver son responsable. Et Jean-Yves y croit. Il est prêt à s'amender, à repartir sur des bases plus modestes, plus saines. Mais, à la mi-mai, les événements décident de son sort. Un accident de voiture de son adjoint, un camion esquinté, une accusation précise de vol contre un de ses hommes... La coupe est pleine. Tout le monde s'en mêle, accuse, réclame des sanctions. Selon le père Barral, qui s'en plaint amèrement à Pierre, on a pris des décisions « injustes et inopportunes », sans même entendre les accusés.

« Il est très possible, écrit-il, que, pour satisfaire "la raison et l'ordre", il faille écarter Jean-Yves, mais si ordre et raison avaient été l'étincelle qui a fait partir Emmaüs, les communautés n'auraient jamais existé ! »

La solution amiable conçue par Me Budin, l'ami dévoué de Pontault, est balayée du jour au lendemain. Ceux qui, rue des Bourdonnais, veulent le départ de Jean-Yves restent intransigeants. L'installation hors de la communauté, depuis quelque temps, du patron des bâtisseurs, qui vit avec sa future épouse et ne « tient » plus ses hommes, leur sert d'argument massue. On lui reprochait jusque-là ses méthodes dictatoriales ; des gens de l'IRAM menaçaient à cause d'elles d'abandonner Emmaüs... Prend-il un peu de distance pour bâtir son foyer avec Béatrix ? On l'accuse aussitôt de laisser sa troupe livrée à elle-même !

L'abbé Barral « ne s'associe pas du tout à ces décisions », mais s'incline, constatant avec amertume qu'Emmaüs, lui aussi, « broie les hommes ».

Le 19 mai, le Père se rend à la Pépinière et parle. Les fautes, les accidents... Tout cela ne peut durer. Le Père fond en larmes. Mais il ne prononce pas un mot sur les reproches adressés à Jean-Yves, sur son éviction ! Pas un mot de désaveu, pas une allusion à ce qui se trame en coulisse depuis des mois. Il ne faut pas désespérer Pontault !

La crise est pourtant trop profonde pour se résoudre par de pieux mensonges. René Marque, Compagnon d'Emmaüs, l'un des plus anciens, se révolte dans un tract. Non contre le mensonge, mais contre la bureaucratie des Bourdonnais « où un gros ponte arrivé d'hier, sans doute jaloux d'un prestige qu'il ne méritera jamais », a réussi à enlever à la communauté son chef « que nous aimions bien et voulions garder... Un salaud a volé : non seulement on voudrait réhabiliter ce salaud et le faire revenir pour lui permettre de recommencer, mais on rend Jean-Yves responsable de vols, sous prétexte qu'il aurait dû s'en apercevoir... »

Marque appelle les communautaires à interdire l'entrée du camp, au matin du 22 mai, « à toute autorité qui ne s'appellera pas le Père, Jean-Yves ou Quidet. Le travail ne sera repris que sous les ordres de ces derniers. Appel à la grève, à installer "un piquet de dix copains" pour faire respecter l'interdiction d'entrer ».

Dans toute l'histoire d'Emmaüs, le fait est quasiment unique. La base se révolte *au nom de l'abbé* contre une direction honnie, l'état-major de la rue des Bourdonnais.

La rébellion n'a pas de suite. Pierre part pour le Canada. Il y reste du 12 au 20 juin. A son retour, « l'ordre et la raison », stigmatisés par le père Barral, ont triomphé... avec l'actif soutien de leur « victime ». Jean-Yves s'en explique un mois plus tard dans *La Ronde* :

« D'aucuns ont pu croire que j'abandonnais... que j'étais parti... Le moment est venu de dissiper une équivoque. J'ai dû me reposer quelques jours, avant d'entreprendre les tâches importantes que le Père m'a désignées... Je vais donc partir bientôt en Autriche... Soldats du Père, nous ne sommes pas libres de notre destin ; le mien est d'aller porter le fanion d'Emmaüs sur une terre étrangère. Le vôtre est de rester groupés autour du Père... »

On ne saurait mieux s'incliner devant le mythe...

« Pontault traverse une crise... L'ère est aux réformes et aux farouches économies », lit-on six mois plus tard dans *Et les autres ?*. On s'y est remis à la chine, pour rétablir les finances. Les chiffonniers, qui ont longtemps pâti de la morgue affichée à leur égard par les bâtisseurs, apprécient. Me Budin aussi, qui écrit en écho : « Pontault ne disparaîtra pas. Si l'on pense que les recettes de la communauté ont dépassé 11 millions en vingt-quatre semaines, on peut mesurer le chemin parcouru en six mois. De quoi s'agit-il en somme ? De refaire l'organisation administrative et de trouver des tâches suffisamment rémunératrices pour que nos communautés répondent à leur vocation... »

Jean-Yves parti sans que soit cassé Emmaüs, quel autre obstacle reste-t-il face à la volonté d'y faire régner « l'ordre et la raison » ? Paul, bien sûr, symbole de toutes les aventures déraisonnables. Mais on s'attaque là à l'homme lige du Père, son vrai bras droit, son disciple et, pour la rue des Bourdonnais, son double infernal. Le Diable, quasiment...

On écrira bientôt à propos de la complaisance de Pierre à son égard : « On se demande si le Père croit aux conséquences du péché originel. On a l'impression que sa philosophie de l'homme rejoint celle de Jean-Jacques Rousseau, où il suffit de remettre un homme mauvais dans une bonne atmosphère pour qu'il redevienne bon... »

Impossible de faire le procès de Paul. Cela équivaudrait à instruire celui du Père lui-même. Personne, au sein d'Emmaüs, si loin qu'on ait pu aller dans la critique du fondateur de 1956 à 1957, n'en a le courage, ni les moyens.

Avant tout, le procès de Paul serait inutile, inopportun, parce que, à l'inverse de Jean-Yves, Paul rapporte à Emmaüs bien plus qu'il ne lui coûte ! Homme d'argent, non point vénal mais littéralement créateur de ressources, issu d'une famille de banquiers, il n'est pas seulement l'« âme damnée » du Père, mais le double des gens bien, des « impeccables » qui tiennent les comptes. Il se montre meilleur qu'eux tous sur leur terrain, celui de la rentabilité. Dans la mystique d'Emmaüs, il n'a pas son égal pour transformer le vil plomb humain en or ; dans la réalité d'Emmaüs, il est le seul être capable de transformer l'argent en davantage d'argent...

Paul est donc doublement intouchable. En lui, le gestionnaire et le « fou du cœur » trouvent également leur compte. Le Père ne s'y trompe pas et le défend jusqu'au bout sur la foi de ce seul bilan : « Paul a constamment apporté plus à Emmaüs qu'il ne lui a fait tort. »

Appliquera-t-on cette phrase à la personne même de Pierre... ? Sans doute. « Peu d'hommes, dit l'abbé Duvallet, ont compris l'abbé Pierre plus intelligemment que Paul, dans la mission de servir premier le plus souffrant. Paul le comblait en réalisant ses projets les plus merveilleux, et en même temps le terrorisait par ses faiblesses... »

Jamais Emmaüs n'instruira le procès de Paul...

La fin du secours d'urgence, centralisé à Paris, et l'autonomie donnée à chaque communauté rendent en fait caducs la présence de Paul à la tête de l'un et son rôle de responsable de l'ensemble des autres. À cet aventurier-là, il faut un terrain nouveau, mais pour une action identique, affranchie simplement des règles trop scrupuleuses de la hiérarchie. Paul est, jusqu'à la manie, homme d'ordre et de commandement. Mais la seule hiérarchie qu'il accepte vraiment est celle du début d'Emmaüs : l'inaltérable dévotion à Pierre et la fidélité au service premier des pauvres.

Armé de cette double foi, il entreprend, à partir de novembre 1956, de recommencer Emmaüs de zéro, en Normandie, avec une communauté itinérante. Rien de moins !

Un retour aux origines, à la genèse. Deux mois plus tard, *Et les Autres ?* donne les premières nouvelles de là-bas : « Paul dirige la communauté itinérante de la chine... Une quinzaine de gars résolus. Comme partout, l'essence manque. [On est en pleine crise de Suez.]

Alors, attendre, ajourner, gémir... ? Au contraire ! Travailler davantage ! Un chariot tiré par un cheval, des baladeuses, des voitures d'enfants et voilà Emmaüs enthousiaste, rajeuni de cinq ans ! Dans les petites villes, Le Mesles, Essai, les résultats sont stupéfiants, de courage chez les hommes, de générosité dans le public... »

On prévoit que la Normandie sera sollicitée durant tout l'hiver. En fait, l'« Itinérante » de Paul tournera pendant près de huit ans !

On a écarté ou éloigné les aventuriers, mais Emmaüs est sauf. L'aventure continue. Entre les réalistes et le Père, il n'y a plus d'écran, sinon celui du mythe. Celui-là, aucun procès au nom de l'ordre et de la raison n'en viendra à bout...

Après avoir subi deux opérations des mâchoires durant l'hiver 1956, Pierre passe sa convalescence à la clinique Georges-Bizet. Il y travaille, y reçoit. Mais dès qu'il en sort, il reprend ses conférences en province et ses voyages au même rythme effréné. Quand éclate la crise entre la rue des Bourdonnais et Pontault, il rentre du Maroc. Jean-Claude Arès le presse de revenir au Canada, à l'invitation de Mgr Léger, évêque de Montréal. Initialement prévu à l'automne, le voyage est brusquement avancé à la mi-juin. Des proches, dont Lucie Coutaz, protestent, invoquent la santé du Père et les difficultés d'Emmaüs en France. Mais comment refuser, cette fois encore, alors que les requêtes parviennent en si grand nombre d'Ottawa, de Montréal, du Québec tout entier ? Après le « scandale » de l'année précédente, quelle satisfaction de pouvoir y répondre et de montrer aux détracteurs de l'ombre la vanité de leurs manœuvres ! Quoi qu'on ait dit, le prophète poursuit sa voie et, puisqu'on le réclame, il ne se dérobe pas.

L'état-major se remet à trembler. Mais cesse-t-on

jamais de trembler, rue des Bourdonnais, devant le surmenage et la boulimie d'initiatives du Père ?

Arès et les gens de l'IRAM font tout pour que la semaine au Canada ne suscite aucun trouble : emploi du temps strictement limité, accompagnement de tous les instants, mises en garde à propos de la situation politique locale... « Il ne faut surtout pas tomber dans les embûches », répète-t-on à Pierre. Ses discours seront retransmis en Europe et à travers le monde entier par la radio des Nations unies ; les relations avec la presse sont précisément dosées... Une visite de quasi chef d'État, avec les bonnes réponses à fournir au bon moment et au bon interlocuteur. On ne laisse rien au hasard, à l'improvisation et aux « coups de tête » toujours redoutés de l'abbé.

Mission accomplie : aucune fausse note n'entachera le voyage.

Le prophète martèle son message mais se montre « sage ». On ne lui a d'ailleurs pas laissé le temps de visiter les taudis de Québec. Pas d'esclandre, pas d'écho ? Infiniment moins en tout cas qu'un an plus tôt. La routine terminait-elle déjà l'éclat de l'interpellation prophétique ? En France, et notamment dans *Faim et Soif*, on se fait remarquablement discret, après les grandes orgues du printemps 1955. Pierre ressent-il alors la fragilité de sa position ? Son appel se décline pareillement à Roanne et dans les capitales de l'Amérique du Nord. Mais il n'a pas le même sens pour le public des pays riches, aussi vite blasé que séduit, que pour celui des pays pauvres. Là-bas seulement, le message atteint sa pleine dimension. On n'y guette pas le scandale d'une dénonciation ; on attend que retentisse une voix de vérité. Le temps viendra pour d'autres voyages, illuminés par la rencontre de cette voix et d'une espérance.

Pour l'heure, *Faim et Soif* se contente de publier la carte des déplacements du Père, qui « rode » son prophétisme au contact de Josué de Castro, Tibor Mende ou du pandit Nehru. On n'apprend pas à être prophète. Seul s'apprend le meilleur usage du prophétisme, pour que la voix des hommes sans voix ne se galvaude pas dans le brouhaha des insignifiances.

Rue des Bourdonnais, on pousse un soupir de soulagement. Du second voyage canadien, le Père a même rapporté un legs pour Emmaüs, don d'un généreux Canadien. Mais il a oublié que l'association désignée pour en bénéficier n'existe pas, en tout cas pas encore... Moyennant quoi, l'épineux cadeau du bon M. Guilmette va alimenter la chronique juridique d'Emmaüs pendant une petite dizaine d'années...

Grâce à la réorganisation des communautés autour des « équipes des quatre » et à la purge des « brigands », la stabilité entrevue pourrait rendre le soulagement durable. Il n'en est rien ! La tension entre l'état-major et la troupe ne s'apaise toujours pas. Agacement et peur d'un côté, hostilité et défiance de l'autre. La base invoque contre les Amis la fidélité au Père et à la légendaire genèse du mouvement. Pierre paraît toujours lui donner raison contre les technocrates, les administrateurs, ces bourgeois qui ne peuvent pas comprendre, parce qu'ils restent des bourgeois. Le service des pauvres, l'amour des pauvres... Quelle malédiction frappe ces dévoués, ces généreux, ces compétents amis, pour que toujours l'ironie et l'agressivité les renvoient à leur mauvaise conscience ?

Le Père les écoute et les encourage ; il les approuve ; mais que fait-il ensuite, sinon oublier leurs conseils, prêter une oreille complaisante à ceux qui les montrent du doigt et laisser s'enterrer leurs projets ? Robine s'en va par la petite porte, les autres murmurent. Ils estiment que leur grand dévouement se paye de trop d'ingratitude. Au moment où, enfin, la raison et l'ordre pourraient l'emporter dans Emmaüs, le Père fonde l'IRAM, prêche pour la planète, s'emballe pour un projet mondialiste qui ruine ses forces et voudrait, de surcroît, aspirer Emmaüs. Si sa paroisse est trop étroite pour ses ailes de prophète, qu'il la survole de haut, soit. Pourquoi entraîner tout son monde dans ce tourbillon, alors que la réalité d'Emmaüs demeure si précaire, à la merci du moindre coup de vent... Que cherche-t-il au juste ? Le trouble, la difficulté, le pire, comme si le meilleur ne pouvait naître que de là ? Les Amis se contenteraient du mieux.

Ils ne savent ce qu'ils doivent craindre le plus : l'éloignement ou la présence plus assidue du Père. S'il voyage, portant haut et fort le message d'Emmaüs, ils se sentent fiers mais orphelins. Emmaüs, c'est lui. L'écho de son prestige est leur gratification, même s'il charrie trop souvent des éclats qui les font frémir. Mais son absence laisse en suspens tous les choix importants. L'état-major se voit réduit au rôle d'intendant. Qu'il revienne, les voilà rassurés : il est toujours à leurs yeux urgent de décider, d'ordonner, de consolider, et le Père seul peut donner l'élan. Pourtant, le doute revient : que va-t-il encore faire, inventer pour à nouveau défaire, et une autre fois reconstruire ?

Au doute s'ajoute la rancune : Emmaüs fonctionnerait-il sans eux, en son absence ? « Mais il ne vous a pas attendu pour exister », leur répond-il à sa manière, tantôt malicieuse, tantôt blessante. Ni Emmaüs ni son chef ne les ont attendus ! En plus de tout le reste, cette leçon d'humilité, sans cesse assenée par la bouche des pauvres... Que leur faudrait-il donc faire pour conjurer cette malédiction qui pèse sur leurs épaules de gens riches, honorables et bons chrétiens ?

Certains, parmi eux, pressentent la réponse, le sens que revêt concrètement pour eux la désillusion enthousiaste qui les attend quand ils « descendent de leur balcon » pour s'immerger dans le monde des pauvres et le servir. Emmaüs ne leur demande pas de se dépouiller de ce qu'ils ont, ni de renier ce qu'ils sont. Le Père n'a jamais érigé son propre exemple en norme. Mais il espère des « témoins ». Les vrais Amis doivent devenir par leur service au plus souffrant, les témoins d'Emmaüs dans la société.

Tel avocat qui plaide pour les sans-logis et les squatters devant les tribunaux et finit par perdre sa clientèle de propriétaires, témoigne auprès d'elle, auprès de la justice et de ses confrères, de la réalité d'Emmaüs. Ce qu'une bienfaisance superficielle entretient de tolérable, la vraie charité le dénonce à la face du monde. Que le même avocat ne se découvre pas isolé dans cette épreuve — c'en est une, moralement et matériellement mesurable —, qu'un réseau rassemble ses confrères, tisse au service des mêmes causes une entraide efficace, et le témoignage acquiert sa véritable portée.

L'association « Bâtir » a vu le jour à la grande période des squattages. Ses membres plaident gratuitement et se portent entre eux assistance. De jeunes avocats se mettent ainsi sur la paille en se coupant de leur clientèle naturelle, mais de plus anciens, aux reins plus solides, leur fournissent de quoi survivre en leur confiant une partie de leurs affaires. Dans le procès d'une vieille coquette contre un esthéticien malhabile, on voit ainsi plaider face à face deux avocats d'Emmaüs, chacun gagnant grâce à son client de quoi permettre de défendre ensemble et gratuitement des familles expulsées et illégalement relogées ! Quand se posent, dans les centres d'Hérouville ou de Conflans, de délicats problèmes de tutelle des adolescents, Me Lamarnière, le notaire d'Emmaüs, alerte, le traquant en France et dans toute l'Europe, un expert de ses amis. En trois jours, l'affaire est réglée...

Des réseaux communautaires naissent, capables de porter loin au cœur de la société l'exemple de leur engagement collectif. Mais si les Amis sont nombreux, les témoins restent rares. Trop, parmi eux, vivent dans la peur leur présence à Emmaüs. La crainte empêche la vraie conversion. L'idolâtrie rend la désillusion aveugle et, lorsque la réalité oblige à rouvrir les yeux, on tombe dans l'excès contraire : l'enthousiasme irrationnel se mue en haine.

La personnalité du fondateur nourrit ces sentiments extrêmes. Son personnage mythique leur interdit de s'exprimer comme tels. La statue vivante du Père condamne les adorateurs déçus au silence, au mensonge, au ressassement amer de griefs inavouables.

André Bercher, patron d'une entreprise textile, rencontre l'abbé Pierre fin 1953, au moment de l'achat du terrain de Plessis-Trévise. Ce qu'il voit le convainc de « consacrer ses vacances » à la communauté, aux Peupliers, où il se sent bêtement inutile, puis à la Pomponette. Il y découvre les familles livrées à elles-mêmes dans leurs cabanons, ces maisons de papier auprès desquelles les quelques roulottes semblent de luxueux logements. Ni eau, ni électricité, ni lieux d'aisance... Malgré le scepticisme de Paul, Bercher et un volontaire se mettent au travail. Paul ne leur donne pas deux jours avant de craquer. Il a tort. Au bout d'un mois, un puits est creusé, des cabinets installés. Bercher a su retenir auprès de lui un clochard, ancien maçon. À coups de verres de vin rouge, le trimardeur retrouve tout son savoir-faire d'ouvrier. Les familles de la Pomponette finissent même par avoir l'électricité. Bercher passe lui-même trois mois dans une cabane, sur la terre battue, malgré les rats, s'acharnant à démentir le pronostic de « Petit-Frère », comme il appelle Paul.

On dit qu'à Pontault existe un bagne pour les bâtisseurs récalcitrants, qu'à la villa de Mme Sans-Gêne, chez Mme Renard — dite « l'Amiral » —, on se donne du galon dans la plus grande humilité... On raconte tant de choses ! Bercher s'en moque. Il a contracté le « virus », il se « défonce » pour aider ces familles dans la misère.

Leur transfert à Noisy, où tout paraît démesuré, est pour lui un déchirement. Les efforts consentis pour trente familles paraissent si dérisoires dans ce hameau de détresse où tout est à faire pour deux cents familles ! Bercher accompagne le Père, sert encore de chauffeur à Paul, à l'occasion, siège rue des Bourdonnais dans le comité de direction de l'Association. Il n'a pas volé sa place. De tous, il est celui qui s'est le plus impliqué sur le terrain. À Bougival, auprès d'Émile Blutte, il trouve son port d'attache. Il y a de quoi faire, là aussi, et Blutte, malgré son passé chargé, a la trempe des meilleurs responsables.

Un point d'eau froide pour soixante hommes, deux tinettes, un baraquement infect où les gars s'entassent dans la vermine... Bercher retrouve son clochard-maçon et le persuade de revenir. Tous deux se lancent d'abord dans l'installation de douches. Le métier de chiffonnier est d'abord un métier salissant ! Puis ils aménagent un bâtiment en chambrées de quatre. La communauté salue cette amélioration du confort et devient bientôt une des meilleures, une des plus rentables.

À Bougival, sous la direction de Blutte, travaillent des as de la chine, orfèvres dans le maniement des gros meubles qui encombrent les greniers des immeubles des beaux quartiers. Rippeurs d'élite des buffets Henri III relégués dans les combles et rapportés au jour par la petite porte, celle de l'escalier de service... chineurs malins contournant les loges de concierges, le brodequin léger quand il faut fouler les beaux tapis qui mènent chez les généreux donateurs.

Bougival rapporte et Bercher transforme une part des bénéfices en équipement sanitaire, en nourriture améliorée, en vêtements de rechange. La réalité qu'il découvre alors, c'est que les plus souffrants à servir premiers sont les communautaires eux-mêmes. Les servir d'abord pour qu'ils puissent ensuite sauver les autres...

L'expérience sur le tas enseigne aux plus lucides ce réalisme. De là vient le premier malentendu qui les oppose aux chefs de bande, seulement soucieux de faire trimer leurs troupes ; à Paul — nommant à la tête des communautés de « grandes gueules » qui oublient vite le service des pauvres pour s'en mettre plein les poches — ; au Père enfin, qui ne sait plus distinguer le bon grain de l'ivraie... Le Père trop loin, trop seul, qui parle pour tous les pauvres et ne voit plus la situation des siens.

Pour les amis comme Bercher, la désillusion est brutale. Le « relèvement » des hommes est dans la plupart des cas une imposture. Leur réinsertion, au mieux un rêve, au pire un mensonge.

Le Père répète, tantôt aux communautaires, tantôt aux Amis, qu'il est le guide d'un attelage où les chevaux sont de races différentes et tirent dans des sens opposés. Races irréconciliables, pour les « chevaux » eux-mêmes. Entre Jules, l'éternel lampiste, ou Abraham et Lillaz, patron de choc et gérant du BHV, existe-t-il une communion de destin qui récompenserait les efforts du guide ? Lillaz est un ami de la première heure, et fort précieux. Chaque jour ou presque, il rencontre le Père. Comment concilie-t-il, lui, le grand bourgeois chrétien et tolérant, mais patron tout de même, ses affaires et son engagement dans Emmaüs ? Bercher, patron, lui aussi, qui a non seulement payé de sa poche mais aussi de sa personne, se le demande, puis le lui demande. Les deux vies de Lillaz — « qui prend l'avion pour le bout du monde comme d'autres prennent le métro », et assiste également aux réunions des responsables des communautés au côté de Pierre — restent séparées. « J'en fais mon affaire, répond-il à Bercher. Je mène le Bazar comme je l'entends. » Et il le mène de main de maître. Mais chaque soir, « il vient au rapport auprès de l'abbé, au garde-à-vous ». Bouchy, un des plus anciens, est plus abrupt : « Un éléphant dans un magasin de porcelaine », comme dit Pierre avec autant d'ironie que de tendresse. Bouchy, le dévoué de tous les instants, reste rigidement accroché à ses certitudes morales. Le moindre écart l'effraie. Passe encore que les pauvres types boivent, se battent ou volent : c'est leur monde. Mais dans le sien... le moindre soupçon d'une défaillance est inimaginable.

Entre ces univers, la coexistence au sein d'Emmaüs tient déjà du miracle, mais la réconciliation est un mirage. Les Amis sont convertis à l'abbé Pierre, à un idéal d'Emmaüs, mais pas au sang d'Emmaüs. Les nouveaux moins encore que les anciens. Ils sont venus là sur la foi d'un mythe. Que pèsent leur sincère dévouement et leur intelligence au regard du fossé qui les sépare des autres, de ces biffins qu'ils ne comprendront jamais ? La trinité rêvée par le Père achoppe là, dans cette impossible conversion de bourgeois qui ne sont pas assez réconciliés avec eux-mêmes pour prétendre communier avec les « tordus » de la base.

Pierre compte sur la patience, mais au lieu de se rapprocher, l'attelage tire à hue et à dia. Les bonnes volontés s'agglomèrent. En vain, Robine fait de son mieux, Budin assiste les bâtisseurs dans leur inévitable mue, Jacques Lazare, apparenté à la famille des banquiers, démêle obstinément les imbroglios juridiques. Peut-on davantage attendre d'hommes qui donnent déjà beaucoup, à tous égards ? Le Père, dans le climat d'hostilité qui prévaut, prêche la « maîtrise intérieure » et la prudence. Assez de ragots, d'accusations et de rumeurs invérifiables qui font des Amis des profiteurs, et des communautaires des inférieurs, selon que l'on écoute la base ou le sommet d'un édifice miné par l'air de la calomnie.

Le Père sermonne mais l'état-major s'impatiente. La fièvre de 1954 est retombée dans l'opinion, mais celle du fondateur ne s'est pas apaisée et le chemin où il les entraîne leur fait peur. Ne prendra-t-il donc jamais le temps de s'arrêter, de souffler et de faire le point ? De maladies en voyages, de crises dépressives en projets merveilleux mais fous, il les éreinte. La patience, la prudence et la maîtrise intérieure, que n'en donne-t-il pas lui-même l'exemple, au lieu de leur faire à chaque instant frôler l'abîme ? « Il va trop vite » et les Amis sont semés en chemin. C'est le guide lui-même qui emballe l'attelage divisé. Les responsables freinent des quatre fers.

En prônant la raison et l'ordre, ils ne veulent pas seulement administrer Emmaüs comme une entreprise normale, financièrement saine. Leur logique de gestionnaires et leurs scrupules charitables leur commandent de privilégier le personnel d'Emmaüs au lieu de prétendre d'abord servir la multitude des « plus souffrants ». Une logique qui conduit à embaucher des salariés à la tête des communautés.

Pour Bercher, la mystique du Père a fait le lit des truands dont Paul impose la loi. La peur de la faillite et du scandale hante l'état-major. La bataille pour l'assainissement, en 1956, paraît gagnée. Pierre en dresse le bilan devant tous les responsables des communautés, en août 1957. Il est en pleine forme, « heureux et radieux de se sentir là », au milieu d'eux, un an après la réunion de Limoges. Il ne leur faudra pas tant tarder à se revoir, leur dit-il. Le nouvel Emmaüs est sur les rails, grâce à l'action efficace menée avec l'aide de l'abbé Leurent et des délégués de l'Union centrale. On ne parlait que de déficits, fraudes et détournements, mais à force de lucidité et de patience, la barque a été renflouée : Emmaüs a retrouvé le cap.

Pontault a éclaté en trois unités — menuiserie, fabrication de parpaings, prestations de services polyvalents —, on a fermé « avec énergie » les communautés de Toulouse, Évreux, Hazebrouck et Rennes. Limoges a pu repartir, Dunkerque et Lille ont été redressées, Nice a été sauvée ; à Nîmes, une création qui s'amorçait sans garanties suffisantes a pu être stoppée à temps. Outre l'itinérante de Normandie, des communautés se sont créées à Bruxelles, Charleroi, Genève. Aux multiples demandes d'ouvertures, le Père répond : « Patience, proposez-nous d'abord un responsable. »

Bercher est là, président de l'Association nationale des communautés, ami dévoué de la Pomponette puis de Bougival. Il écoute les nouveaux se présenter : Tavernier, officier de Marine en congé de six mois, pour prendre la succession de Paul des Bordes à la Réserve, évoque le découragement de son prédécesseur, sa déception. « Affirmation malheureuse, déplorée par beaucoup et qui affecte profondément le Père, relate le compte rendu de l'assemblée générale. Avec une humilité qui nous fait mal, car nous savons combien il est, jour et nuit, sur la brèche, le Père répond : "Peut-être Paul a-t-il raison, je fais ce que je peux ! Je ne pourrai toujours être avec vous, je peux mourir demain, et Emmaüs doit devenir majeur..." Oui, mon Père, nous vous comprenons, mais tous n'ont pu vous voir, alors que vous étiez au loin, ou en clinique ; alors qu'au milieu de la nuit vous rentrez fourbu rue des Bourdonnais, et trouvez encore le moyen de vous inquiéter de l'une ou l'autre détresse... »

Bercher se tait. Il sait pourtant que ce touchant unanimisme cache depuis longtemps un divorce profond entre les dirigeants-amis d'Emmaüs et le Père.

La crise de 1956 n'a rien réglé, comme en témoigne un mémorandum daté de juin 1957 : « Nous ne semblons pas avoir profité de la terrible leçon qui nous a été donnée », affirme-t-il en réclamant « prudence et humilité ». L'erreur fondamentale est de n'avoir pas su remédier à la crise d'autorité et à la crise d'action qui minent Emmaüs et d'avoir camouflé la vérité en ne sanctionnant pas publiquement Paul et Jean-Yves.

Le Père décide de tout, et il devrait admettre qu'il ne connaît pas assez les hommes pour leur attribuer telle ou telle fonction... Lucie Coutaz touche à tout et se prétend dépositaire de la vérité... Le Père prend ses idées et ses projets pour la réalité, sans tenir compte de la « cadence lente » des hommes... Il va trop vite, trop loin, bâtit sur du sable et balaye d'un revers de main les difficultés... « Sa bohème nous tue, il joue trop avec les situations et les personnes... »

Une crise de l'action vient s'ajouter à la crise d'autorité : « À Emmaüs, on veut tout faire, tout entreprendre, secourir toutes les misères... C'est une grave erreur et c'est tenter Dieu. Les Communautés sont assez complexes en soi pour retenir notre action. » L'argent récolté depuis février 1954 a servi aux sans-logis, et non à boucher les trous causés par la malhonnêteté ou l'incompétence de certains... Ni pour porter Emmaüs à l'échelle mondiale. Le public a le droit d'être averti, « mais nous avons menti »... L'abbé Pierre reste intouchable, mais les responsables, voire les Amis, sont montrés du doigt. Appartenir à Emmaüs devient une honte, et les communautaires sont trompés. Ils en souffrent terriblement.

Manque d'autorité, manque de lucidité, manque de courage... Le recours continuel au Père prouve qu'Emmaüs n'a pas encore atteint sa majorité, quoi qu'on prétende. Le mémorandum ne sauve guère, de ce tableau de déception et de dépit, que le travail de Camus à la tête de l'accession à la propriété. Et il explique l'absence de cadres, si souvent déploré, par le flou où se dissout leur vocation d'Emmaüs. Il traduit la peur qui domine chez ceux qui sont restés : peur de la faillite et du déshonneur, si le « scandale définitif » venait à éclater, si, après l'entourage du Père, c'étaient eux qui étaient « montrés du doigt ».

Le réquisitoire s'arrête à la frontière de l'indicible : la remise en cause morale du Père, le blasphème ajouté à la critique. Liquider tout avant la catastrophe ultime, ou redresser en faisant rapidement, énergiquement, « voire publiquement », les saignées nécessaires : il s'en remet à « Dieu qui nous demandera des comptes » pour ce que le jugement des hommes ne peut atteindre. « Cette pensée devrait nous faire frémir, surtout lorsqu'on prétend donner une leçon au monde entier. »

Forcément incomplet, le réquisitoire exprime tout le courage dont sont capables ceux que le mythe a rendus faibles, face à l'« intouchable abbé Pierre ». Il lui est lu par un de ses préférés, un des moins suspects d'idolâtrie. Pierre l'écoute. Il voudrait tant, à cet instant, que tout soit à nouveau possible, dans la pureté originelle d'Emmaüs, au temps du « petit troupeau respirant facilement d'une même âme ». Trois années et demie de bouleversements, de croissance désordonnée, de soubresauts fiévreux, font déjà de la nostalgie une souffrance... À l'homme qui va partir, il répond abruptement, consommant la rupture :

— C'est moi le patron !

Quelques semaines plus tard, au milieu des soixante responsables du nouvel Emmaüs, la brûlure d'orgueil s'apaise au contact de cette chaleur fraternelle qui rend « croyables » tous les recommencements. Pierre peut mourir, mais Emmaüs doit vivre. Le déchirement entre « la déficience et la fécondité », il le porte comme nul autre. Mourir, si ce doit être le prix à payer, pour que l'arbre malgré tout s'affermisse.

Après tant de mois, la crise ouverte est mûre, mais elle n'éclate pas au grand jour qui aurait tout emporté. Pour que l'idée survive et que l'arbre ne soit pas déraciné, on s'accommode du secret. Crise interne, mais réservée aux initiés ; crise ecclésiale. La maladie fournit le prétexte et l'Église le paravent.

Dix mois de clinique en deux ans et demi, trois

opérations... Pierre est usé. Sa force vitale est intacte, mais son corps maltraité demande une grâce jamais accordée, ou si peu. Le repos est proscrit, la récupération bannie. La santé se consume dans un emploi du temps qui ignore toute hygiène de vie. Ses maux d'estomac sont si douloureux qu'il ne s'alimente plus, son état d'insomnie est chronique. Le corps martyrisé expie les tourments de l'âme.

Il paraît pourtant en pleine forme aux responsables des communautés, en août 1957, mais l'été est exténuant. Il faut sauver l'avenir d'Emmaüs et en même temps assurer toutes les conférences prévues, les rencontres officielles, les colloques autour de l'IRAM. Et entendre, comme de coutume, les requêtes des uns, la sollicitation désespérée des autres. Se donner à tous, sans compter, sans mesurer la peine et la fatigue. Cela dure depuis tant d'années... Le service des plus démunis l'exige, et aussi l'attente des foules, l'enthousiasme des volontaires, la générosité des donateurs qui veulent le voir en personne... En même temps, être partout et présent à tous ; fidèle à ce qu'on attend de lui et à ce qu'il s'impose à lui-même.

Rue des Bourdonnais, la médiation des « mystiques », entre les gestionnaires et les communautés, n'a pas suffi à éteindre l'incendie qui couve. Intérimaire désigné en 1955, l'abbé Duvallet part rejoindre la communauté de Bougival. Il a fait tout son possible, avec le sentiment toujours plus accablant d'être inutile. Il s'est plié aux règles du pouvoir tel que le conçoivent les « impeccables », dans leurs bureaux fermés : faire attendre et exiger des justificatifs, des factures... Il s'est astreint simultanément au service illimité en faveur des pauvres dont le Père donne quotidiennement l'exemple. Et les deux faces d'Emmaüs restent inconciliables.

Pour apaiser l'hostilité entre la base et le sommet, il a fait visiter, aux gens bien, les communautés. Journée de réconciliation... Les Amis voulaient connaître les lieux, voir les hommes, savoir à quoi concrètement quelques anciens comme Bercher se dévouaient. Avec son habituel sens de l'organisation et de l'ordre, Paul a tout agencé, sans oublier le parking. L'accueil des familles, le cortège après la messe et la présence des officiels de Neuilly-Plaisance. Le siège social rendant hommage à la maison mère, c'était bien le moins...

Éphémère communion de deux mondes que seule la personnalité du Père a pu réunir. Les Amis désertent au souffle de la tempête qu'ils pressentent. Bercher reste, remâchant en silence son ressentiment. Mais Bouchy s'écrie devant le Conseil :

— Messieurs, les minutes sont comptées pour éviter un pénible scandale !

Lucie Coutaz éclate en sanglots, et le père Monnier s'accroche à sa conviction profonde :

— Tout est sauvable avec de l'Amour. Le Père le prodigue à tous, sachons lui prodiguer le nôtre, pour le sauver comme le plus pauvre d'entre les pauvres...

Sauver, ou seulement éviter le « scandale définitif » dont le mémorandum de juin 1957 n'osait pas mesurer toute l'ampleur ? Sauver ! répond l'Église par la voix de son chaperon auprès du Père. Les amis les plus proches restent désemparés devant la souffrance morale de Pierre, quand le remords de ses faiblesses l'abat tout à coup. Il est là, sous leurs yeux, pantelant, effondré, sanglotant comme un enfant écrasé par la faute. Les idolâtres ne peuvent encaisser le choc de cette souffrance intime ; les vrais amis, même Georges Lillaz, demeurent impuissants. Ce drame qui toujours projette le Père vers la maladie, le supplice d'une agonie incessamment recommencée, est l'affaire des médecins. Pour les prêtres, il s'agit de foi autant que de science. Et certes, on ne voit de salut que par la foi, mais qu'au moins l'abbé consente aux soins de la science.

Toujours au sein de l'Église, toujours soucieux de se

soumettre à elle, il consent à se faire soigner et à remettre son sort entre ses mains. Il l'a pourtant bousculée en 1954, hérissée en 1955, alarmée en 1956. La « révolution charitable », le prophète, le fondateur d'ordre ont successivement éveillé la méfiance, provoqué l'irritation puis suscité des cabales. Mais Pierre est toujours l'un des siens. À l'instant où tout cède en lui, où tout menace de sombrer, c'est vers elle qu'il se tourne. Pour que la rencontre ultime dont il sent approcher l'instant soit adoucie par son intercession. L'Église est toute prête à la lui offrir, et même avec un certain soulagement. Elle tient à l'apaisement plus qu'à la revanche, au silence plus qu'au clairon. N'empêche, ils sont nombreux en son sein à s'autoriser davantage que la compassion sincère, à transformer le consentement en reddition. L'importance de l'enjeu explique l'interprétation d'une mise à l'écart que l'état de santé de Pierre suffirait amplement à justifier, s'il n'était pas l'abbé mythique, prophétique, adulé par les foules, attendu aux quatre coins du monde.

L'Église a eu trop d'occasions de se plaindre de lui pour ne pas être soupçonnée, au moment où elle exerce ses prérogatives, d'avoir provoqué sa « chute ». Mises en garde, critiques et cabales émanant de la hiérarchie et des milieux catholiques conservateurs nourrissent ce soupçon.

Aux yeux de l'État, les indices sont tout aussi éloquents. A force de le harceler et de dénoncer son incurie, Pierre s'est attiré à son sommet de solides inimitiés. La République est à la veille de basculer dans un « coup d'État légal », et les politiques ont certes d'autres préoccupations, mais dans la haute administration, le sort de l'abbé Pierre éveille sans doute plus qu'une simple curiosité. Les fonctionnaires, qui ont complaisamment alerté certains de ses proches en leur révélant qu'ils disposaient d'un imparable moyen de le réduire au silence, peuvent se réjouir de voir leur souhait se réaliser, sans même leur concours.

Au sein d'Emmaüs enfin, le nœud gordien du rapport au père fondateur paraît tranché, sans qu'aucune main n'ait eu à lever le poignard. Pour ceux de la base, la rue des Bourdonnais est cependant coupable d'avoir « perdu » leur chef. Les responsables, quoi qu'ils aient entrepris, n'ont pas été jusque-là, mais leur intention était bien telle : sauver Emmaüs malgré l'abbé Pierre, en s'autodésignant comme ses seuls héritiers...

De tous côtés, le soulagement semble partagé par tous ceux qui jugent nécessaire la mise à l'écart de l'abbé. Leurs intentions, même si elles ne se sont pas traduites en actes, l'emportent. La crise leur donne raison et les réactions qu'elle provoque font passer leurs vœux pour une volonté consciente et efficace. L'enchaînement des événements a moins de sens, moins de vérité, que l'interprétation qu'ils en donnent. La conspiration répressive qui aurait eu raison du contestataire grâce à une révolution de palais est plus crédible que la maladie, la dépression, hypothèses tout juste bonnes à rassurer le public, si toutefois il s'inquiétait.

Mais le public se contente du mythe, immortel et si puissant, que le destin de Pierre ne soulève pas de vagues dans l'opinion. Celle-ci reste dans l'ignorance du drame. Là aussi, les intentions sont comblées : le mythe traverse intact l'épreuve. L'honneur est sauf. La tempête est circonscrite à l'intérieur d'Emmaüs et dans la fraction de l'Église qui y revendique un droit de regard.

Faut-il s'étonner de voir qu'à l'heure où son fondateur risque de disparaître, Emmaüs continue d'obéir à la logique de sa fondation ? L'intention soumet les actes à sa loi mystique, l'interprétation dicte les faits... « La vie est plus un consentement qu'un choix. »

Troisième partie

LAZARE

1
La mort mystique

Pierre n'ignore pas que l'orage menaçant et son épuisement commandent un temps de silence, une retraite. Loin de craindre cette ascèse, il l'espère. Il ne s'agit pas pour lui d'une claustration mais d'une occasion de se ressourcer. Il s'enfonce dans une période de tourments qui lui fera frôler la mort. Mais il ne s'en doute pas. Ce repos qu'on lui impose lui paraît salutaire. La béatitude, voilà ce qu'il cherche. Il ne voit pas le mal là où un autre, moins épuisé que lui, le décèlerait. D'autant que cette mise à l'écart, qui ressemble à une conspiration ourdie depuis la rue des Bourdonnais, avec la complicité active de la hiérarchie catholique, n'a rien de prémédité. Elle résulte davantage d'une succession d'« opportunités » qui servent le dessein de « ceux qui ont peur ».

Le très préoccupant délabrement de sa santé vient d'un surmenage inouï, coupé d'anesthésies et de convalescences. Il a déjà dû accepter, en février 1957, de se retirer une semaine dans un séminaire d'Alençon. Il écrit à Lucie Coutaz, le 24 de ce mois :

« *J'ai tâché de mieux mettre au clair mes devoirs principaux dans tout ce travail que nous portons et souffrons ensemble... Je sais toutes les sortes de difficultés... Sont-elles insolubles ? Sûrement pas... Oh ! si, pour une part, les difficultés viennent de moi, que je réussisse à les faire cesser, celles-là. Je voudrais tant votre paix, votre joie à tous... Comme santé, ça a été assez ; pas merveilleusement, mais assez. J'ai dormi (c'est un exploit !)... Et tous ici ont fait le maximum pour que je n'aie pas froid et profite de la solitude.* »

Mensonge destiné, comme de coutume, à rassurer « mademoiselle ». En fait il reçoit de façon quasi ininterrompue évêques, séminaristes, jeunes, fidèles, admirateurs... Lucie fera cette confession désabusée : « Depuis 1943, c'est-à-dire le temps du maquis, il s'aide de médicaments et de « doppings ». La nuit ne lui sert pas à dormir mais à répondre à l'avalanche de courrier. Effet des privations et de la tension nerveuse, son estomac souffre d'une hernie diaphragmatique, facile à opérer. Mais il en recule l'échéance.

Nulle stratégie de protection n'a pu venir à bout de cette chronique d'un éreintement programmé.

Au printemps 1957, il continue de s'user de ville en ville, d'un pays à l'autre, donne des conférences pendant trois heures, sans notes. Sa parole n'est plus communication, mais catharsis. « Je donne l'illusion de la vitalité ; après, je me sens comme un pneu crevé... », confie-t-il aujourd'hui, mais cet aveu était valable hier. A la fin de chaque rencontre, il est blême, à bout, la soutane trempée de sueur, littéralement assailli. Mille personnes n'ont pu entrer dans la salle ? Il les accueille par petits groupes, répond ensuite aux journalistes de la radio et de la presse écrite. D'autres gens attendent, exigent d'être reçus ; il y consent. Un prophète ne se refuse pas, ne se mendie pas. Ensuite, il s'effondre.

Fin août, apparemment requinqué par une cure de repos, il se relance dans l'arène. Pour peu de temps : l'effondrement survient à la fin de l'automne 1957.

Librement, l'abbé consulte alors le docteur Charles Durand. Ce neuropsychiatre réputé l'accueille dans sa clinique de Rives-de-Prangins, une vaste résidence à colonnades. Là, au-dessus du lac Léman et de sa verdoyante sérénité, se croisent des milliardaires déprimés, des princesses désorientées et des jeunes businessmen harassés. Dans le parc sans grille, d'autres pavillons abritent des hallucinés, égarés de haut vol, comme le roi Tatal de Jordanie, qui a terminé dans cet établissement son existence cahotique.

La clinique n'a pas été choisie pour son luxe, mais à cause de son éloignement et de la présence du docteur Durand. Pourtant, Pierre ne peut s'empêcher de s'exclamer : « J'ai honte de cette chambre... alors que d'autres n'ont rien et crèvent sans soins ».

En fait, on l'installe dans une chambre de clinique semblable aux autres, fonctionnelle, dont il encombre vite les murs blancs de livres, d'un dictaphone et d'une machine à écrire. Va-t-il trouver enfin le temps de s'atteler à la rédaction de son livre, *La misère juge le monde*, toujours entrepris, recommencé, inachevé ? En tout cas, malade, le voici pauvre parmi les pauvres. Il s'est résigné à l'isolement absolu pour se donner quelque chance, sans trop y croire, à un rapide rétablissement. La médecine lui paraît un ultime recours auquel il se prête sans illusions et, surtout, sans peur. La maladie et la mort le laissent froid. En quoi craindrait-il la mort, lui qui a jadis avoué : « Mes seuls souvenirs heureux sont ceux où j'ai cessé d'être » ?

« Si l'action est nécessité, ajoute-t-il, pour moi elle est aussi souffrance. On n'y voit que ce qu'on ne fait pas. Ceux qui sont témoins trouvent merveilleux ce que l'on fait, mais ceux qui agissent souffrent de l'imparfait... Dans l'action, on est comme le médecin qui n'a jamais le temps de se réjouir d'avoir guéri quelqu'un parce qu'un bon médecin sait qu'il sera réveillé à l'aube par des coups de sonnette ininterrompus : "J'ai mal, j'ai mal, j'ai mal !" Souvent il ne peut guérir, souvent il en meurt... La misère du monde, au fond, je ne peux la porter humblement que dans l'Adoration et dire : "Mon Dieu, je crois à votre amour quand même...'' Aimer, c'est souffrir de ce que souffrent les autres, ne pas se contenter de pleurnicher et, à la mesure de ses moyens, agir, non *à la place* de celui qui souffre, mais *avec* lui... Et si la maladie vient m'arrêter, alors oui, ce sont des temps d'ascèse, de respiration, d'adoration et de prière tout aussi nécessaires. »

Un soupçon le blesse au plus profond. Celui qui le rendrait adorateur de son mythe, idolâtre de soi, saint et convaincu de l'être, donc inaccessible aux lois humaines...

Cette caricature le met hors de lui :

« Imaginez ce supplice... Être une bête curieuse, ne jamais pouvoir passer inaperçu, être harcelé par l'admiration... Tous ces gens qui veulent faire de vous un saint, alors que vous n'êtes qu'un pauvre homme comme les autres, aussi misérable... C'est touchant, c'est bouleversant, n'est-ce pas ? C'est crucifiant aussi... Des hommes politiques, des artistes recherchent cette popularité. C'est leur vie... Moi, c'est ce qui me tue. Ce culte de la personnalité trahit, dénigre ma mission. Ce n'est pas vers moi, c'est vers les pauvres, vers ceux qui ont faim et qui souffrent qu'il faut aller. Certains disent : ''L'action du Père est l'œuvre d'un fou, une acrobatie extravagante.'' Faux ! Ce que j'ai fait, tout le monde peut le faire. Que chacun s'attache à une détresse voisine, donne un coup de main à une famille en panne. Et, de proche en proche, la misère s'éteindra [1]. »

N'a-t-il pas lui-même souvent affirmé : « Il ne faut pas attendre d'être parfait pour faire des choses bien » ? Ainsi s'est-il consumé au service des pauvres, jusqu'à l'abîme. L'abbé Duvallet peut en témoigner : « Coutaz, l'impitoyable, l'empêche de donner son lit ; car il ne faut pas qu'il crève. Il faut qu'il lui reste ce lit et un minimum de casse-croûte, un petit poêle pour se réchauf-

1. Réponse à Merry Bromberger, *Paris-Presse*, 3 mars 1958.

fer. Coutaz veille à ce qu'il vive. Dès qu'elle ne le contrôle plus, il s'autodétruit d'excès, d'excès d'Amour... »

« Que voulez-vous que je fasse ? disait le médecin de la clinique Bizet. Je lui administre quatre doses de cure de sommeil et il dort une heure. Je le retrouve assis dans son lit, répétant : "La misère du monde me réveille, la misère du monde me réveille". »

L'ascèse chrétienne traditionnelle passe par le sacrifice du corps dompté, des sens maîtrisés pour mieux s'offrir, corps et âme, à la volonté de Dieu. L'abbé Pierre, lui, semble croire que cette ascèse pourrait être aussi respectable et belle — au regard de l'Évangile — dans une disponibilité absolue, un don total aux autres et, surtout, un oubli de soi allant jusqu'au reniement de sa propre perfection.

Cet idéal — si ce fut bien le sien — pourra paraître à certains plus vulgaire que la « mort mystique » exigée par l'ascèse : il est aussi plus concret, plus réaliste, moins exposé aux nombreux et faux myticismes. Pourtant, si Pierre, nullement apaisé, vit douloureusement ce don total au service du pauvre et cette négation de soi dans toutes ses dimensions — les mauvaises comme les bonnes —, le péché reste néanmoins péché. Et la faute reste faute.

En tant que religieux, l'abbé Pierre est l'enfant d'une tradition profondément liée à ce mystère chrétien de l'ascèse. Risquons le détour, s'il peut éclairer le drame du Père et, par ricochet, celui d'Emmaüs au cours de ces années charnières. Un religieux de ses amis hasarde cette interprétation :

« Au début, il y a le martyre ; le martyre, c'est le *nec plus ultra* de l'ascèse. Dans le martyre, tu communies totalement avec le Christ sur sa croix. Si tu veux participer à la Résurrection, il te faut participer à la Croix.

« Relisons certaines lettres extraordinaires de saint

Ignace d'Antioche. Condamné, promis au martyre, il en rêve : être bouffé par les lions, quel délice ! Pourtant, il se connaît. Il est homme, semblable à tous les hommes ; il ressent leurs terreurs et leurs craintes. "J'aurai peur, dit-il, je hurlerai, j'appellerai au secours. Mais ne m'empêchez pas de rejoindre le Christ." Lorsque les persécutions s'arrêtent, que devient le martyre ? Comment va-t-on, désormais, accéder à la sainteté alors qu'on risque de mourir tranquillement dans son lit, d'une dysenterie ou d'une mauvaise grippe ?

« On trouve alors l'échappatoire. Les ermites, les "pères du désert" se ruent vers les montagnes d'Égypte, de Cappadoce, d'Asie mineure. Que font-ils d'autre que se fabriquer un "petit martyre sur mesure" en jeûnant, priant, macérant dans une solitude absolue ? Nouvel avatar de l'ascèse, chaque ermite en rajoute. Chacun veut, en matière de souffrance, faire mieux que son voisin. Cela ressemble aux jeux Olympiques du parfait moine. Après tout, ne manger qu'une fois par semaine, c'est aussi beau que sauter cinq mètres cinquante à la perche. Cela demande autant d'entraînement et d'effort ! Grâce à quoi on s'assure la gloire et la sainteté...

« Cela devient si fou, si « masochiste », que s'élèvent alors des voix de maîtres spirituels. Saint Athanase en Égypte et saint Basile en Cappadoce s'écrient : "N'exagérez pas ! Désormais, vous allez vivre ensemble dans des monastères et la bonne mesure sera désormais l'exercice de la charité entre vous et l'exercice de l'hospitalité pour ceux qui passent."

« Nouvel avatar de l'ascèse, tout à fait valable : pour partager jusqu'à son dernier croûton de pain ou donner son manteau, il faut être capable de rester plusieurs jours sans nourriture et résister au froid. Veux-tu être en mesure de faire trois cents kilomètres à pied pour secourir un blessé et affronter les coups de trique d'un pillard ? Entraîne-toi, endurcis-toi.

« Cette tendance mystique perdure au cours des

siècles. En même temps, naît une autre forme d'ascèse, plus temporelle, liée aux besoins de l'Évangélisation.

« La première, l'ascèse rigoureuse, ne perd pas ses lettres de noblesse. La vie du mystique reste une *contemplation*, un regard, une solitude, une prière, une souffrance : on jeûne parce qu'on ne prie pas bien l'estomac plein ; les bouddhistes le savent, comme les muftis du Sahara. Cette ascèse est une merveille de vie spirituelle. Pour voir Dieu, il te faut copier le Christ ; or, c'est sur la Croix que le Christ a eu sa rencontre avec le Père. Toi, tu n'as pas de méchants pour t'y mettre. Donc, tu t'y mets toi-même en te "crucifiant"...

« Parallèlement naît la deuxième voie. Saint Augustin dit déjà : "Il nous faut vivre pauvres et en communautés." Soit ; mais évangélisera-t-on l'Afrique l'estomac creux, sans dormir ou se remonter le moral, entre copains, en se jouant un peu de musique ?... Désormais nous devons affronter le monde. Saint François d'Assise lui-même — dont l'exemple joue un si grand rôle dans la vocation de l'abbé Pierre — semble en permanence écartelé entre ces deux chemins de l'ascèse. D'un côté la Croix, la pénitence, la souffrance, le martyre, de l'autre ce qu'il prêche à ses frères, la pauvreté absolue : "Partez sur les routes, mendiez et chantez. Nul besoin de fouet, de discipline. Nul besoin de jeûne : les paysans qui vous chasseront à coups de fourche vous fourniront l'un et l'autre. Votre pauvreté vous tiendra lieu d'ascèse."

« Ainsi saint François convertit-il non seulement ses frères, mais aussi les brigands, parce qu'il est plus pauvre qu'eux et qu'ils le ravitaillent, ahuris par l'aspect de cet enfant de riches qui, avec le sourire, étale sa misère. Le pauvre volontaire vit son ascèse en se mêlant aux miséreux, pauvre absolu au milieu des plus pauvres, des vagabonds et des lépreux. Telle est l'Imitation de Jésus-Christ selon saint François.

« Avec les Jésuites, il en va tout autrement. Saint Ignace se montre très clair et très violent. Qu'écrit-il à ses ouailles ? "Écoute, tu choisis : tu veux jeûner, tu vas ailleurs ; tu veux bosser, tu restes avec moi. Mais ta pénitence, ce sera de dormir huit heures par jour et de faire quatre heures de théologie. Ne m'embête pas avec des fouets, des cilices et des jeûnes. Je veux des costauds, des instruits, des obéissants ; des missionnaires. Notre ascèse à nous, c'est *la Mission* ; prends l'exemple du frère François Xavier parti évangéliser le Japon. Tout jésuite doit être prêt à aller où on lui dira d'aller, dans la plus stricte obéissance, *perinde ac cadaver.*" C'est bien là un autre ordre d'ascèse que celle de certains contemplatifs qui étudient peu, connaissent si peu de pauvres qu'ils sont obligés de jeûner, et prennent si peu de coups de trique parmi les truands qu'ils sont obligés de s'en donner entre eux... »

L'ascèse de l'abbé Pierre, elle, est double. Une part de lui-même le rend disponible à la contemplation et à l'Adoration, ce qui est fidèle à l'enseignement de saint Jean de la Croix ; l'autre est un appel impérieux au service des plus souffrants. Et quel service ! Un service-ascèse, dans le sens où l'entendait saint François. Devenu prêtre séculier, Pierre demeure franciscain dans l'âme. De là, sans doute, son désir de fonder une confrérie de *moines de la misère*. La vertu, la « sainteté » qu'on trouve dans les monastères, repaires d'Adoration, ou dans ce qu'il appelle les « fraternités », il voudra s'en servir à l'usage des plus pauvres. Ce n'est pas là en soi une révolution et dom Bosco n'a pas parlé différemment...

Cependant, l'ascèse par l'abandon absolu, le don auprès — avec — des plus pauvres, des plus souffrants, présente un danger. « La misère, dit l'abbé Duvallet, peut détruire. Si elle détruit, curé ou pas curé, tu seras détruit... Un grand mystique peut bien aller, de temps en temps, mourir librement avec les très pauvres, les abandonnés, parce que, doté d'une vie spirituelle inouïe, il ne peut être détruit, comme ce père polonais qui alla au crématoire en chantant des psaumes, sans désespérer ni haïr... Mais l'Église ne vit pas seulement d'êtres d'exception. On ne fait pas le "marché Emmaüs" à l'époque, dans cette effroyable misère, uniquement avec des créatures de ce calibre. Si tu ne dors pas de la nuit, si tu n'as jamais de repos, si tu ne peux pas écouter de la musique, rêver ou lire, si tu n'as pas un tout petit peu de bonheur pour te refaire la pomme, alors, si tu ne te saoules pas un peu... tu crèves ! »

L'abbé Pierre, lui, veut aller jusqu'au bout de cette ascèse de la pauvreté, à l'imitation de saint François. Il ne demande pas à tous de faire comme lui.

Saint François n'exigeait pas de l'Église qu'elle devienne franciscaine. Les Franciscains devaient interpeller l'Église, voilà tout... « Il faut du sel dans la soupe, pour qu'elle ne soit pas fade, mais il ne faut pas que la soupe se métamorphose en sel », dit l'abbé Pierre. Alors il accepte auprès de lui des « imparfaits et même des brigands ». Pourquoi ? Parce qu'il n'est guère possible d'encadrer des communautés d'Emmaüs, dans ces premiers temps, avec des hommes qui ne sont pas taillés pour y survivre ; c'est-à-dire des gens qui, ayant beaucoup souffert, savent souffrir. Là est l'ascèse d'Emmaüs.

Pierre n'établit aucune confusion, pour les autres, entre la beauté du don de Soi et la nécessaire expérience de la vie, parfois malsaine, qu'il faut avoir pour survivre au milieu de la misère. Jean-Yves a besoin d'un bureau chauffé et d'un bon repas pour faire ses plans... Paul, si on ne lui fiche pas la paix, si on l'empêche d'aller voir ses maîtresses ou de se payer un gueuleton, se dérobera. « Pierre, lui, ne se permet ni un bon lit, ni un bon repas, ni un bon coup de pinard... » Et aucune de ses défaillances ne trouve grâce à ses yeux. Il ne se pardonne rien. Dès lors, son Adoration implique expiation, purification.

Là réside en partie la racine du drame qui se noue à la fin de 1957.

2

Le sacrifice d'Abraham

Rives-de-Prangins, en Suisse, fin août 1957.

L'heure est encore à la confiance. Pierre écrit à son indéfectible alliée, Lucie Coutaz : « *Merci de ces moments de travail essentiel vécus ensemble comme jadis et, comme pour l'avenir, je crois, nous aurons à le revivre. Tant de choses se pressent dans mon esprit et dans mon cœur ! Il faudrait écrire indéfiniment pour les aborder. Mais je veux me reposer, tout, nerfs et âme, jusqu'à la cure qui commencera jeudi 28... J'ai confiance... Et dès que je pourrai reprendre, nous réorganiserons mon propre travail... Je vois si claire, si immense la suite des tâches à venir... Ici, tout va. Le docteur et sa famille sont excellents... La consigne absolue est que je n'y suis pas si l'on m'appelle... Le père Monnier a été, en ces jours de grande épreuve intérieure, un don de Dieu*[1]. »

Le père Monnier est arrivé dès le printemps 1957 pour prêter main-forte à l'abbé Leurent. Dépêché deux ans plus tôt auprès de Pierre, à sa demande, par le cardinal Liénard, archevêque de Lille, Leurent s'absorbe dans une besogne qu'il aime, la tâche administrative ; il ne peut servir à Pierre de « directeur de conscience ».

1. Abbé Pierre à Lucie Coutaz, août 57.

L'abbé Duvallet aurait pu l'être... Mais il a choisi de se replier comme « animateur » auprès de la communauté de Bougival. Décidément, pour un tel rôle, il faut un prêtre éclairé et sensible, capable d'écouter, de comprendre, d'aider Pierre.

L'abbé s'effondre-t-il en larmes, un matin, en célébrant la messe après ce qu'il vit depuis la veille comme une terrible faute, alors qu'il supporte une existence harassante de don au-delà des forces humaines, au-delà même des ressources de la prière ? Il faut lui offrir comme interlocuteur et confesseur un homme de force, de tolérance, d'intelligence. Le père Monnier, ce Jésuite déjà âgé, tout petit, barbu, gringalet, saura trouver les mots justes pour défendre Pierre auprès de ses critiques « amis »... Sans doute n'œuvre-t-il pas indépendamment de l'Église et le Provincial des Jésuites a-t-il été invité à favoriser son affectation. Sans doute le « consulte »-t-on en haut lieu, comme le cardinal de Lille s'adresse à Leurent et l'évêque de Versailles à Duvallet ; « consultations » probablement assorties de ces mêmes « recommandations » : « Ne vous exposez pas. Faites qu'on ne vous voie pas photographié dans les journaux en même temps que lui. » Fidèle à la tradition diplomatique de l'Église, la hiérarchie aime la discrétion. Aider l'abbé Pierre, éviter les scandales... soit, à condition toutefois de ne pas donner l'impression de « cléricaliser » l'« inclérlcalisable ».

Monnier mène son « affaire » avec courage et doigté. Comme semble l'indiquer la lettre déjà citée, le poids du Jésuite a dû être décisif pour faire admettre à Pierre la nécessité d'une cure, même temporaire. La première achevée en septembre, une autre suivra fin novembre. Entre elles deux, le *black out* coupé de rares conférences, toujours en présence de Monnier. Leurent et Monnier, hommes d'Église, assurent le relais entre les Rives-de-Prangins et Paris, Lucie Coutaz ne se remettant que lentement d'un accident survenu en octobre.

À la mi-décembre, le médecin assure : « *Notre ami est sorti de la cure incontestablement amélioré. Nous allons pouvoir procéder à l'intervention chirurgicale. Il sera certainement remis sur pied comme prévu pour la conférence de Lyon*[1]. »

Opération somme toute banale que cette résorption de l'hernie diaphragmatique. Le Pape a été soigné et guéri d'une affection semblable. Nulle raison de s'inquiéter. Le 17, veille de l'opération, le long testament que rédige Pierre ne laisse transparaître aucune anxiété. C'est, à son habitude, une manière de retraite intérieure, un condensé de drame, sans omettre faiblesses, contrition et assurance du pardon.

« *Depuis près de quarante ans*
J'espère mourir...
Mourir
c'est-à-dire être indéfectiblement dans l'Unité
dans l'Unique Universelle Unité de l'Amour,
sans plus jamais pouvoir vouloir l'offenser
sans plus jamais pouvoir risquer cette ténèbre
de consentir à l'offenser...

Pardon
pour quand enfin cette heure viendra,
pardon à ceux qui restent
d'apparemment ainsi les laisser
dans le dédale et les embûches...

Aujourd'hui,
quelques heures avant que,
une fois de plus depuis si longtemps,
un peu plus vif se fasse cet espoir de mourir
Je voudrais dire très peu de choses
mais qui, je crois, sont tout...

Il n'existe, il ne peut exister, qu'un seul Mal :

1. Docteur Durand à l'abbé Leurent, 13 décembre 1957.

c'est douter du pardon
c'est-à-dire douter
ou bien que l'Éternel soit prêt, résolu, voulant,
sans fin, à pardonner
ou repentir
ou bien douter que l'on soit capable par son
secours du repentir,
du repentir,
ce qui n'est pas la même chose que la conviction
de ne plus jamais risquer de retomber,
du repentir
ce qui est même tout à fait accordé
avec la juste crainte du risque de défaillir encore,
la juste crainte
et la sincère supplication : délivrez-nous du Mal...

Il n'existe qu'un Mal, qu'un Bien, qu'une Voie
Et aussi il n'est qu'une tâche
une seule qui vaille noble, joyeuse, pressante
et c'est : s'employer de toutes ses forces
à faire que partout s'instaure dans la jeunesse
la coutume
non seulement de venir donner aux souffrants un
peu de ses vacances
non seulement de se préparer à être expert
pour toute sa vie
chacun dans sa profession
expert pour le service premier des plus souffrants
non seulement de revenir
comme on fait des retraites de prière
faire périodiquement des retraites de misère
mais la coutume
de donner totalement deux ans de sa jeunesse...
deux ans de sa jeunesse pour
d'abord s'éprouver chez soi dans son propre pays
parmi les déshérités
puis partir...

partir
parmi ces trois quarts des enfants de la terre
qui sont sans pain, sans toit, sans travail, sans école et sans soins
et participer à leur effort
pour qu'ils soient sûrs qu'ils peuvent gagner...
Cette tâche seule vaut
car seul son accomplissement
rendra croyable l'affirmation et l'espérance de l'Un
Père de tous...

Que je puisse avant de finir
demander pardon
pardon pour tant de lâchetés
pour tant de recherches
détournées de l'Union à l'Unique Universel...
A tous mes frères,
suppliant,
je demande
qu'ils cessent d'admirer
et qu'ils intercèdent.
L'admiration qui va à l'outil
et non à l'invisible main
qui seule accomplit tout service de l'Unité
est mystification de soi
lâche création de mythe
dans lequel chacun se libère
en passive admiration
de ce à quoi il s'en veut de n'avoir pas assez consenti...

J'ai beaucoup pleuré de fatigue
ou plutôt de peur, de moi...
s'il allait falloir continuer la route encore
si l'espoir de mourir ne s'accomplissait pas encore.
Tant pleuré que seul le sein virginal de Notre-

Dame
a pu m'être une tendresse
assez tendre
pour que, las de pleurer,
je m'abandonne
et que ne gagne pas le désespoir...

C'est d'elle que j'attends toute délivrance
Qu'elle prenne en ses mains
pour l'heure qu'elle voudra tout mon vouloir
et qu'elle l'offre à l'Éternel
pour la Paix,
je voudrais tant mourir pour que l'on ne se tue
[plus nulle part
Paix — Joie,
que le Père ait pitié de son gosse sot mais pas
[méchant.

Amen

Contre toute attente, l'abbé sort épuisé de l'opération. A la confiance succède le pessimisme. « Il faudra du temps, réduire de beaucoup vos activités... » Nul doute que Pierre, comme il en a coutume chaque fois qu'il tombe malade, ne rende ce pessimisme contagieux. Lucie Coutaz, qui connaît par cœur ce genre de discours, n'en a cure. Il semble qu'en revanche, à Paris, au 32, rue des Bourdonnais, on accepte volontiers cette contagion. N'est-elle pas là, enfin, l'occasion tant attendue d'une reprise en main, d'une élimination de tout ce qui déplaît, depuis la peur du scandale jusqu'à l'administration lâche et la rigueur comptable approximative, en passant par la mise au pas de certains trublions au lourd passé ? « J'ai entendu l'abbé Pierre dire, affirme Lillaz, qu'il avait l'intention, après son retour, de reprendre une vie très équilibrée entre le travail et de longs moments de méditation, afin de pouvoir terminer les livres qu'il considère devoir écrire...

Ne dois-je pas en conclure qu'après cette mise en route, il désire maintenant tout voir s'équilibrer sans lui [1] ? »

Un autre proche, dans une lettre à l'abbé, se fait encore plus précis.

« *En tous domaines, les choses vont bien. Il règne une excellente atmosphère d'entente entre nous... Il n'y a nullement le genre de tensions et d'irritations qui empoisonnaient les relations pendant votre séjour à la clinique Bizet... Il semble presque qu'un courant de bonne volonté et une sorte d'état de grâce règne sur tous. Les responsables des diverses activités ont retrouvé en ces jours une unanimité qu'ils ne connaissaient plus et la conscience qu'ils ont de l'étape douloureuse mais nécessaire que nous franchissons leur donne une maturité et une unité qui sont une joie dans nos difficultés...* »

Dame ! note Pierre en marge, assorti d'un grand point d'exclamation.

« *Je crois, Père, que nous sommes* tous *d'accord, poursuit son correspondant, quand je dis tous, j'entends tous les responsables et membres de l'Association Emmaüs, jusqu'aux amis de province engagés avec nous (ou les conseillers religieux que nous avons dû consulter) pour considérer comme impossible le retour à une situation semblable à celle que nous avons vécue depuis plusieurs mois. Ce n'est pas de gaieté de cœur que nous disons cela, mais Emmaüs et "l'abbé Pierre" représentent trop d'espoir et de pureté dans certaines régions de France et du monde, pour que nous continuions à courir le risque que nous avons couru. Je sais qu'on a brodé et que des exagérations — dues à la terrible déception de quelques-uns plus qu'à leur malveillance — ont été commises, mais je sais personnellement, pour avoir reçu de multiples confidences depuis des mois, qu'il m'est impossible de rester complice*

1. G. Lillaz à J. Bouchy, 16 décembre 1957.

d'une telle situation, donnant tort ainsi à ceux qui me supplient de voir le danger et me rendent d'avance responsable des accidents à venir et peut-être des scandales.

« Je vous dis cela très fermement, comme vous le diront nos amis, parce que j'y vois une dernière chance pour vous-même, et surtout pour Emmaüs et pour l'influence que représente dans le monde l'abbé Pierre. Ce n'est absolument pas sur le plan moral que je me place : j'en laisse le soin à vos amis prêtres... Cette réputation, c'est à vous que nous la devons, j'en suis, vous le savez, convaincu, mais elle s'est faite aussi malgré vous. Votre souffrance aura été de vous sentir sans cesse inférieur à l'image qu'on aura faite de vous... C'est très humain et normal. Mais il faut que vous, comme nous, respectiez cette image très pure qui a été et doit être encore un des meilleurs signes d'espoir de notre époque. Je vais même plus loin : je crois que vous devez, coûte que coûte et avec la grâce de Dieu, chercher à devenir, dans un humble et constant effort d'intériorisation, semblable à cette image. J'imagine d'avance avec beaucoup de joie ce que seront ces jours où sera accompli ce souhait : nous, vos amis, attelés à toutes les tâches temporelles d'Emmaüs et vous ayant relayé à ces responsabilités, et vous redevenu, sur le plan spirituel, le Père de tous ceux qui travaillent autour d'Emmaüs, depuis le plus humble « compagnon » des communautés jusqu'aux amis plus extérieurs. Est-ce rêver que de désirer cet équilibre heureux et cette confiance retrouvée ?

« Mais ceci exigera des décisions douloureuses et de longs moments de retraite et de prière. De notre côté, ceci nécessitera une conscience plus mûre de notre engagement et une réflexion plus profonde sur l'âme d'Emmaüs : je sentais ces jours-ci qu'il y avait déjà un pas de fait dans ce sens et que tous continueraient de bon cœur cet effort, autour du père Monnier, dès qu'ils

sauraient que vous, de votre côté, acceptez ce qui vous est demandé.

« Par contre tous m'ont dit qu'il leur serait impossible de poursuivre leur tâche, sachant maintenant la situation, si les choses ne changeaient pas.

« Ce qui vous est demandé, Père, je sais que vous le désirez au fond de vous-même, mais que votre tempérament d'homme d'action et la crainte, aussi, de voir votre absence provoquer des difficultés, vous font répugner à cet éloignement.

« Je ne minimise pas les ennuis qui nous attendent ; je suis même sûr que, pour le travail d'Emmaüs, votre absence va être dommageable car nous ne réagirons pas avec la même expérience et la même énergie que vous... Mais qu'importe ? Nous ferons notre apprentissage ensemble et chaque difficulté sera bénéfique pour la cohésion de l'équipe et pour les réactions futures. Toute œuvre personnelle comme la vôtre souffre quand elle se dépersonnalise, mais elle se donne en même temps sa meilleure chance de survie.

« Vous pouvez donc nous donner, en paix, notre chance et votre confiance sans craindre nos présomptions. Vous pouvez également entreprendre cette retraite et cet éloignement (j'entends retraite au sens religieux du terme) sans arrière-pensée : nous ne laisserons pas choir votre œuvre, nous l'aimons trop. Mais nous vous aimons trop aussi pour permettre que votre fragilité actuelle mette cette œuvre en danger et vous avec.

« Quant au détail de ce qui vous sera demandé, j'en laisse la charge à l'abbé Leurent et au père Monnier qui s'en occupent avec leur sens sacerdotal. Sachez seulement que nous resterons en contact avec vous, fidèlement et affectueusement, unis à vous par l'appui que nous prendrons sur votre prière et par l'attente de ces jours à venir où sera réuni ce que Dieu sépare maintenant. Mlle Coutaz sera soutenue par nous tous et nous avons absolument besoin de son étroite coopéra-

tion et de ses conseils : en dehors de votre secrétariat qu'elle assurera, il faudra qu'elle nous aide à la direction et coordination de l'ensemble. Sa présence auprès de nous étant la garantie de notre travail et de son âme... Je ne puis m'empêcher de penser que ce sera à notre toute petite échelle ce que fut la présence de Marie auprès de ceux qui restaient au Cénacle sans leur Maître.

« Ne m'en voulez pas d'être si net. Tout ceci n'est pas drôle non plus pour nous et vous devinez les heures passées à réfléchir, à consulter et à délibérer. Je crois que nous tenons maintenant la lumière et distinguons ce qui est la volonté de Dieu sur Emmaüs et, en même temps, l'étape à franchir. Faisons-le ensemble, cher Père. »

De cet avis d'état-major, le père Monnier n'ignore rien. Comment ne pas y consentir ? Pierre est épuisé. « *Je suis avec vous en ces jours difficiles*, lui écrit Monnier.

Je les voyais venir. Vous les pressentiez et preniez toutes précautions pour y parer en mettant au point votre œuvre. Vous regardiez, avec une logique impeccable, vers l'avenir, dans le sens de votre "vision". Voici que les événements viennent providentiellement vous montrer le chemin abrupt... Renoncer à conduire vous-même, directement, votre œuvre du point de départ, et lui permettre de devenir adulte... Tous sont d'accord pour vous le demander, les uns pour une raison, les autres pour une autre... Finalement, la raison est la raison de Dieu... Il fallait qu'Il mourût, disparaisse, pour arriver à la réalisation de l'Un... "Cache-toi pour un temps, mon peuple... Je reviens[1]" »

Soit, je consens au sacrifice... songe Pierre.

1. Père Monnier, 30 décembre 1957.

30 décembre 1957. Se réunissent autour de lui et, précise-t-on, à sa demande : Monnier, Leurent, Lucie Coutaz, Georges Lillaz, le docteur Durand. But de cette réunion : « connaître sa situation médicale et collaborer avec le médecin traitant à l'organisation de son existence dans les mois à venir. » « A la demande expresse de l'abbé Pierre », prend-on toujours le soin de préciser. Durand décrit son « état nerveux pathologique nécessitant une interruption partielle de son activité habituelle et une réorganisation de son existence ». Cela interdit un retour de l'abbé dans son cadre habituel à Paris, à moins d'un « avis formel du médecin traitant ». En attendant, l'abbé vivra en un lieu fixé par ledit médecin en compagnie d'un *socius* et de sa secrétaire, Mlle Coutaz. Quel doit être ce *socius*, autrement dit ce curateur ecclésial ? « Un religieux qualifié » désigné par la hiérarchie, « appelé à collaborer étroitement avec le médecin, donc désigné en accord avec lui ». Provisoirement donc, ce sera le père Monnier, « autorisé depuis quelques mois par son Provincial à consacrer une partie importante de son temps à Emmaüs ». En cas d'absence du père Monnier, un autre religieux devra le remplacer aussitôt. Une double clause claquemure le tout : « Le médecin reste seul juge des activités auxquelles pourra se livrer l'abbé... activités qui lui paraîtront compatibles et utiles à la poursuite du traitement. » Ce dispositif ne sera modifié ou ne prendra fin qu'après décision du médecin et réunion identique à celle de ce jour.

Il s'agit pour Pierre d'un double éloignement : le sien et celui de Lucie Coutaz dont on prend soin de souligner l'âge (59 ans !) et le surmenage consécutif à son accident d'octobre. L'Église et la médecine se liguent pour effectuer cette mise sous tutelle parfaitement légale et rassurante pour l'état-major d'Emmaüs, incapable d'établir lui-même une telle *capitis diminutio*. L'état-major a accepté (ou sollicité) l'aide de l'Église qui, dès lors, « met Emmaüs sous sa protection et sa responsabilité », abritée derrière le jugement insoupçonnable du praticien.

Si Pierre consent, c'est à la fois par épuisement et par conviction de tenir là une chance d'apaisement. Par ailleurs, la notoriété de son médecin, la présence de l'intelligent et sensible père Monnier, de Lucie Coutaz et de l'amical Lillaz le rassurent. Ne tient-il pas l'occasion tant souhaitée de mettre un frein à la frénésie de sa vie ? D'ailleurs, lucide et prudent, n'a-t-il pas pris soin, la veille de l'opération, de confier une « procuration générale » à l'abbé Leurent et à Lucie Coutaz — qui ne se privera pas d'en « contrôler » ainsi l'usage que pourrait en faire Leurent ? Apaisé par son consentement, Pierre ne semble préoccupé que de questions de vie quotidienne, de promenades « nécessaires », de plages de conversations possibles, de possibilités de dire la messe... « *Si je peux un peu vous être aumônier...* », écrit-il à Durand. Et, plus loin : « *Pourrai-je coucher ailleurs, une nuit, de temps à autre ?* »

Derrière cette soumission affectée, la vigilance demeure. Il y a l'acceptable et l'inacceptable, le possible à promettre et à garantir et l'impossible... « Je les comprends. ILS ont peur, pour la Mission autant que pour leur honorabilité engagée. ILS sont conscients du pavé de l'ours risquant de m'écraser, alors que depuis longtemps tout effort de ma part a été vain, par mon manque de tranchant. » Cependant commencent à poindre d'inacceptables calomnies, des médisances d'anciens idolâtres devenus profanateurs... Cela, il ne peut l'accepter. S'est-il senti « fondateur intouchable » ? S'est-il cru au-dessus des lois ? N'a-t-il pas consenti à ce que son dossier personnel soit adressé aux évêques de Grenoble, de Paris et de Versailles ? N'a-t-il pas consulté, à Rome, le cardinal Pizzardo, Mgr Villot, Mgr Guerry, Mgr Charrière, le vicaire général de Genève ? Le père Monnier lui a-t-il caché une note de fin novembre qui fait état de certaines bassesses ? Sans doute, par délicatesse, pour ne pas l'accabler ou aggraver les dissentiments. A-t-il promis le secret ? Ce n'est pourtant pas un homme à double langage. « Si j'ai accepté le sacrifice du consentement, c'est grâce au Seigneur et à lui seul, à la prière afin que soit dépassée la double et terrible embûche de Satan contre Emmaüs : mon surmenage et celui de Lucie Coutaz ; le passage d'une direction personnelle à une direction institutionnelle. »

Pierre se sent quand même inquiet devant certaines « inconnues » : les responsables, à chaque place, seront-ils de taille ? Sera-t-elle respectée, cette fondation première d'Emmaüs, cette association librement risquée et confiante entre volontaires et « délinquants » ? Va-t-on chasser les « brigands » ? Ne songeront-ils pas, ceux qui jugent ces « larrons » et qui le jugent, lui, à la parabole de la paille et de la poutre ?

« De mes erreurs, j'ai une peine indicible. Je le sais, c'est ma seule faute. Jamais je ne pourrai en éprouver autre chose que remords pour moi, non rancœur pour tous... Je puis garantir de ne point trop vous embêter, à Paris ; vous pouvez user de police privée ou publique, me faire surveiller... Allez-y donc. »

Toutefois, l'abbé s'opposera de toutes ses forces à une « diffamation-exclusion ». Il y a trois honneurs à défendre : la tâche d'abord, c'est-à-dire l'universel et l'éternel service des plus souffrants, le leur, mais aussi le sien. Tout le reste n'est que malin bavardage. L'idolâtrie s'est muée en profanation. Veulent-ils, ses « amis », lui infliger d'autres cures de sommeil ? Il les acceptera toutes. Mais qu'ils sachent qu'il n'est pas seul. Il a, pour le conseiller, les docteurs Durand et Woch, l'abbé Zundel, l'évêque de Grenoble, le vicaire général de Genève, Maîtres Bernasconi et Habicht, de Genève également... Par ailleurs, il prie pour qu'on entende davantage ces « deux sagesses », Lucie Coutaz et le père Monnier, « qui n'a jamais lâché pied ni perdu tête. Je vous laisse Emmaüs de grand cœur, que vous ayez ou non désiré le posséder. Il me reste assez : l'Éternel ! »

Au début, il y a bien un certain cafouillage. Leurent, brusquement inquiet de l'aval qu'il a donné à ce dispositif (le cardinal Liénard lui en a-t-il fait la remarque ?) se fait sèchement rabrouer par Durand. « *Monsieur l'abbé, quand on est pendant trois heures dans une réunion et que l'on y a l'occasion de s'exprimer comme je vous l'ai donnée, il est pour le moins étrange que l'on vienne ensuite écrire ce douteux message... Vous pouvez rassurer Son Éminence le cardinal Liénard, le Père ira, comme prévu, à Lyon pour sa conférence, en compagnie du père Monnier, et reviendra ensuite à Prangins. J'ai en effet décidé, en* accord avec lui, *que son séjour ici devrait se prolonger encore pendant assez longtemps, entrecoupé de voyages à caractère limité, et naturellement toujours en compagnie d'un* socius... *Vous pouvez donc donner des assurances à ce sujet à Son Éminence le cardinal Feltin*[1]. »

Monnier, de son côté, a-t-il décliné l'offre d'être le *socius* désigné par l'Église ? A-t-il le sentiment d'avoir échoué à calmer la meute des critiques ? Est-il déjà las de son rôle de duègne ? Porte-t-il trop d'amitié à son « pupille » ? Tout donne à penser qu'il désire passer la main. À Lyon, pour la conférence de Pierre, il suggère la présence du père Carlier, « très connu à Genève », ou de l'abbé Zundel, « avantageusement connu à Lyon ». Mais pour l'heure, il tient encore bon, écrit, rassure, conseille : « Vu l'évêque de Grenoble... sympathique et compréhensif. Il demande à être informé de

1. Durand à Leurent, le 3 janvier 1958.

l'état de votre santé... Il souhaite que vous puissiez *vous cacher* un an... une reprise de forces morales et physiques après votre secousse. » Un an ! Voici que, pour la première fois, la tutelle ose faire l'aveu de la durée de l'éloignement. La stratégie d'encerclement a désormais son butoir.

À l'extérieur rien ne transparaît du drame. Peut-être faut-il lire entre les lignes des éditoriaux que Pierre signe dans *Faim et Soif* d'étonnantes percées autobiographiques. Février 1957 : « Misères et Bassesses » (à propos d'un numéro consacré à la détresse des nations pauvres) : « De partout, murmure ou crie, à travers la terre entière, le monstrueux mensonge ; s'il souffre, c'est qu'il est coupable ; s'il est pauvre, c'est qu'il a péché... Déjà parlaient les notables, sûrs et satisfaits d'eux-mêmes, qui dialoguaient avec leur ancien partenaire, Job... Non à la pauvreté, mais à la colère d'Amour, celle qui veut en ce monde non l'extermination mais la conversion du coupable, non l'écrasement mais la guérison du défaillant... Il vaudra toujours mieux que ceux qui ne consentent pas à vouloir cet effort, ne gardent rien du nom de "Emmaüs". Ce nom qui n'a aucun sens si ce n'est celui de "cet enthousiaste au-delà des désillusions". »

Pour être codé, le message n'en est pas moins clair. L'état-major de Paris maintient, lui, une diplomatique discrétion, sous prétexte de ne pas accabler le fondateur de visites et de correspondances. On a beaucoup à faire, là-bas, pour qu'Emmaüs continue de vivre. Lillaz, ami sûr, peu versé à propager des rumeurs, est un des rares à rompre le silence, avec une sereine franchise : « L'on pense à vous dans la nouvelle forme de vie que vous vous êtes imposée afin de mieux nous aider tous. Vous savez combien vous le pouvez. Vous savez combien vous l'avez déjà fait et je suis certain que vous sentez combien il était nécessaire que le meilleur de votre temps soit consacré à tous nous aider, TOUS... Certes, il vous faut donner, pour les autres, l'exemple dans l'action... mais vous l'avez déjà tellement fait que c'était inutile de continuer plus longtemps... Quant à Emmaüs, plus j'y pense, plus je suis certain qu'aucun autre moment ne pouvait être mieux choisi que celui-ci pour laisser cette organisation se cristalliser... Emmaüs fait sa crise de croissance. Vous avez assisté de près à celle-ci. Vous allez assister de plus loin à celle qui va avoir lieu. »

Craindrait-on une rébellion, un retour en arrière ? L'étau se resserre autour du convalescent qu'on s'obstine à désigner comme un malade. Cette « procuration générale » octroyée, à l'initiative de Pierre, à Leurent et à Lucie Coutaz, ne risque-t-elle pas de gêner le « leadership » du médecin ? Durand la récuse, sous couvert d'allègement : « *Il me paraît indispensable, du point de vue de votre santé, que des limitations de ce type n'existent plus pour vous*[1]. » L'abbé s'exécute[2]. Lucie Coutaz se retrouve sans pouvoir ; Leurent, lui, reste sous le contrôle de la hiérarchie. Alors l'étau se desserre, comme si l'on répugnait à trop diminuer l'abbé Pierre. Craindrait-on pour son équilibre mental ou redouterait-on plutôt les réactions vives de certains fidèles ? Le médecin, de conserve avec la hiérarchie, trouve *la bonne mesure* : « *Aussi sérieuse que soit cette situation médicale, écrit Durand à l'évêque de Grenoble, Mgr Fougerat, il est important de comprendre qu'elle ne doit tout de même pas être amplifiée au point de provoquer de véritables paniques parmi ses collaborateurs les plus immédiats. L'abbé Pierre doit être soigné pendant certainement longtemps* et non point se cacher

1. Durand à l'abbé Pierre, le 12 janvier 1958.
2. L'abbé Pierre à Me de La Marnière, le 13 janvier 1958.

ni être détourné de son activité vis-à-vis du monde ; celle-ci, au contraire, doit être maintenue dans la mesure où elle est compatible avec les soins médicaux, afin de ne pas donner au patient l'impression absolument néfaste qu'il est un être diminué, amputé d'une part importante de lui-même, et le plonger ainsi dans un état dépressif qui serait encore plus grave et peut-être définitif. L'activité de l'abbé Pierre doit être désormais contrôlée par son médecin qui en réglera le mouvement, ce qui doit donner à l'Église en la personne de la hiérarchie que vous représentez des garanties qui, si elles sont suffisantes pour vous, doivent sécuriser les principaux collaborateurs du Mouvement Emmaüs[1]. »

Pierre, agacé, s'écrie : « De grâce, que l'on s'y tienne... Ou alors qu'on récuse la totalité de la fonction du docteur... J'accepte tout sauf un certain degré de diffamation. Que l'on sache que je suis décidé à réagir de façon totale[2]. »

Dame ! Il accepterait de se soumettre à cette parenthèse, pour le bien commun ; et ils continueraient de leur côté d'alimenter des propos « diffamants »... D'un côté, la soumission, et de l'autre, les commérages. Non !

« *Je suis las de l'attitude arrogante sous des dehors d'air de ne pas y toucher... [cette manière de] se poser en réformatrices et en réformateurs de tout ce qui existe... [pour] réformer (et certes il y a toujours de quoi faire), n'est-il pas d'abord indispensable d'avoir humblement laissé entrer en soi ce qui existait de très bon, avant que soi-même l'on ne vienne ? Qu'on prenne garde ! Les ripostes, avec des gars et des filles comme ceux d'Emmaüs, ne peuvent manquer d'être brutales. Pourquoi a-t-on jugé utile de « réformer » jusqu'à la chapelle de Neuilly-Plaisance ? ! Ce petit lieu de rien*

1. Durand à Mgr Fougerat, le 14 janvier 1958.
2. L'abbé Pierre au père Monnier, le même jour.

où, durant des milliers de jours et de nuits, cette réalité est née dans la souffrance et les larmes !... Peut-être n'est-ce rien... Ces riens ont leur mystère... Qu'on prenne garde que l'arbre ne se dessèche ou s'en aille renaître ailleurs[1]. »

Allusion claire à la « scission » menaçante, à la réaction prévisible d'un Paul et de ses amis « brigands »... Un peu désemparé, Monnier en appelle à Coutaz : « *Vous seule pouvez faire l'accord en favorisant la constitution d'une autorité temporaire valable. Emmaüs est comme un adolescent en crise... Les autorités religieuses et civiles regardent, plus que jamais attentives, ni favorables, ni hostiles, encore*[2]*...* » Dans les milieux bien informés, on ne parle que de cela, d'Emmaüs en quenouille, de l'abbé Pierre mis « à l'écart », de l'abbé Pierre « au rancart »... L'Église songe soudain que, décidément, il est irremplaçable et que lui seul, un jour, recollera les morceaux... Lui ne se soumettra d'ailleurs jamais à cette « mise au rancart ». Et il le fait savoir. Lorsqu'on se permet d'attaquer les « filles de Noisy », cette petite communauté féminine mise en place dans le « Hameau de détresse » avec l'aide de Mme Renard, il tempête et répond : « *Comme si leur présence, leur prière, leur action étaient contraires à la mission d'Emmaüs ! Je les rassure et je les défends*[3] ! »

Un ami lui écrit : « *Mon Père, selon certains, vous n'auriez plus qu'un rôle administratif... quelques conférences... Vous seriez l'"orateur" chez vous ! C'est tout ! "Le Père ne reviendra pas, et s'il revenait, il trouverait porte close", renchérit-on. Rassurez-vous. Les anciens et même des nouveaux sont attristés et révoltés... Emmaüs, c'est vous et personne d'autre...*

1. L'abbé Pierre au père Monnier, le 14 janvier 1958.
2. Le père Monnier à Lucie Coutaz, le 16 janvier 1958.
3. L'abbé Pierre à Leurent, le 18 janvier 1958.

Revenez au plus tôt. Évitez de vous laisser emberlificoter et arracher des promesses. Vous ici, les rangs se resserreront comme derrière un seul homme... »

Dans l'espoir d'un ultime « raccommodement », Pierre rédige cette « *confidence à des notables pour, ayant reçu plus que mon dû, permettre à chacun de récupérer le sien* : Cessez donc de "piétiner tout ce qui vous a précédé"... Ceux qui feignent de redouter la "cruauté du monde" (allusion à la crainte du scandale), ceux-là "font tout pour l'ameuter"... Là commencent les déboires : Le monde, si bas qu'il soit, a moins de dureté pour celui qui défaille que pour ceux qui poignardent dans le dos un compagnon blessé... Merci à chacun... resté non dans l'indifférence, mais dans la mesure et dans cette noblesse de l'intelligence que donne un peu d'Amour... Puisse être là le point final de ces tristes et affreuses semaines... [Sinon] que chacun sache clairement que plus une calomnie ou une diffamation ne se répétera sans que la défense éclate de toutes les forces que Dieu me laissera. Être lâche est un vice. Bonsoir et honnête labeur. Affectueusement pour qui le veut bien. »

C'est l'empoignade. Il comptait la déjouer en acceptant la cure. Il a échoué. Sur une âme blessée, les rumeurs sont meurtrières. Pourquoi alors ces bavardages ? Certains ont-ils craint de sa part un « faux » consentement ? Faut-il qu'ils ne connaissent pas l'Église... Sont-ils effrayés par la tâche énorme à accomplir ? Ces honnêtes gens en charge d'Emmaüs, auraient pu accomplir leur réforme en évitant de jeter ainsi de l'huile sur le feu, ce qui le fait inutilement souffrir et complique leur tâche de réorganisation. Voici Pierre, corps et têtes souffrants, « coincé » aux Rives-de-Prangins, dans une convalescence qui ne progresse pas, à cause de sa soumission à l'Église, soumission qu'il avait acceptée en toute confiance, presque joyeux de cette retraite qui devait lui permettre de faire la paix avec lui-même, avec Dieu, et de méditer sur l'avenir… Il lui faudrait le silence ; il n'entendra que l'évocation redondante de ses misères, de fautes gestionnaires, de désordres comptables. Et surtout de péchés ; ce dont on a peur, parce qu'on a été déçu.

On croyait suivre les pas de saint Vincent, de saint François ; et il ne serait qu'un homme, extraordinaire, certes, mais pas un saint ? Insurmontable désillusion, aveu qui détruit. On en oublie l'œuvre, le cri sublime, l'identification de l'homme avec l'absolue souffrance, la fabuleuse fusion avec la misère. On ne veut garder que le visage des fautes… et d'autres visages, ceux des « brigands » de Caillaux, de Jean-Yves, de Paul, bouc émissaire « tordu », assurément coupable de complicité, voire de contagion dans le mal. Pierre avertit : « que l'on cesse de dauber sur les repris de justice ». Qu'on n'oublie pas les origines d'Emmaüs : des misérables devenus sauveurs ! Oui, ils sortent de prison ! Mais ils étaient les racines, la sève du mouvement. Que l'on rompe avec les excès trop criants, les « scandales de caisse », qu'on reprenne en main la communauté, mais sans tuer la vie sous l'effet de la *peur*… Il faut une volonté *calme* de réforme et faire en sorte que tout se passe dans la discrétion. Que l'on cesse d'ameuter l'opinion en agitant des épouvantails.

Quant à l'Église, elle affiche, comme toujours, une neutralité prudente. « Pas de vagues. » Tel est son credo, fidèle au message d'abstention de Mgr Guerry. Sans doute, certains, dans la hiérarchie, préféreraient-ils un mouvement de charité bien ordonné, plus conforme à la tradition. Sans doute aimeraient-ils un abbé Pierre moins « prophétique ». Mais ils n'iront pas au-delà d'un contrôle mesuré. L'abbé sait bien ce qu'ils ont dit à Leurent, à Monnier, à Duvallet, à d'autres : « Ne vous montrez pas trop avec lui ! Rognez un petit peu ses ailes de prophète. » Pourtant, voici que l'état-major des Bourdonnais, apeuré, semble espérer une tutelle effective, visible, de l'Église, et même le remplacement de l'abbé Pierre par quelque prêtre président... Mais qui ? Monnier ne se veut qu'« animateur », ne désire jouer qu'un rôle apaisant de conseil. L'Église, elle, ne souhaite qu'une chose : « réintégrer », après une cure nécessaire, un abbé Pierre assagi, un peu plus caritatif, un peu moins prophète. Rien de plus. « L'état-major » ne l'entend pas ainsi. Le drame, alors, éclate. La confiance s'effrite, la scission se dessine. Ni Leurent ni Monnier n'y peuvent rien. Que peut-il, lui, Pierre, de loin, affaibli, sinon s'appuyer sur eux ? « Ton équipe », dira-t-il à Monnier. « Les gens autour de toi », dira-t-il à Leurent.

Devant son impuissance, il se tourne vers le docteur Durand, lui demande l'autorisation de se rendre en personne à l'assemblée générale du 21 janvier. Serait-il honnête d'exécuter un homme comme un chien, en ne l'accusant pas en sa présence ?

Durand refuse. C'est alors Pierre qui le mandate : « Cher docteur, en tant que président de l'Association Emmaüs, je vous remercie de vous rendre ce 21 janvier à son assemblée générale... Je vous prie de bien vouloir exposer la réalité, ce qui est vrai et ce qui ne l'est pas (que je ne suis pas devenu fou !), affirmer ma décision, fort antérieure aux cabales récentes, de consacrer tout le temps et la volonté nécessaires à recevoir vos soins, à condition que cessent certains propos capables de tuer. Si ceux-ci ne cessent pas, alors que toute récidive... soit inexorablement frappée... A défaut, ce serait la fin de l'espoir de guérison et une défense où je m'engagerais, fût-ce publiquement... »

Craindraient-ils sa sortie prématurée qui leur interdirait de « réformer ce qui peut et doit l'être » ? Pour les rassurer, il décide de transférer *pour un an* ses pouvoirs et les clés de son bureau au premier vice-président... « À condition que celui-ci soit le tout premier venu des amis actifs d'Emmaüs : M. Bouchy... à lui et à lui seul[1]. » Il fait là une concession majeure, témoigne d'une réelle volonté d'apaisement. Mais il n'accepte en aucun cas sa mise « au rancart » : Bouchy n'est point président et demeure vice-président. Il s'agit d'un intérim, non d'une passation de pouvoir. Par ailleurs, on réservera le courrier de l'abbé à Lucie Coutaz. L'information devra lui parvenir, par lettres ou notes régulières, jusqu'aux Rives-de-Prangins.

Ce ton mesuré masque mal l'envie d'en dire davantage. Qu'on ne s'attende pas à un abandon de sa part. Il continuera à défendre les diffamés et donc lui-même, à lutter contre la défiguration d'Emmaüs et à offrir l'oubli et le pardon à ceux qui le voudront bien. « Cela supprime toute possibilité pour moi, honnêtement, de laisser la place ! »

Il tient aussi à fixer les conditions de cette émancipation sans trahison, à suggérer une solution de gouvernement, indiquant ses tâches durant ce répit : l'écriture, l'animation temporaire. Prêt à beaucoup encaisser, il se refuse à se montrer lâche sur l'essentiel : Emmaüs n'est plus rien si l'on rompt avec le double principe de sa naissance : premièrement, la coopération prudente, mais audacieusement confiante, entre des hommes au lourd passé reprenant espoir dans l'amour et des hommes saisis par le dégoût de vivre ; deuxièmement, tout le bénéfice du travail communautaire au service du secours d'urgence et de l'action « politique » contre les causes de toute misère.

Voilà bien la limite de l'acceptable pour l'état-major. Consentir à trouver un compromis sur le deuxième point, passe encore... Mais garder Paul et consorts à des postes de responsabilités, ça non !... Pierre fait d'importantes concessions sur l'institution mais ne tran-

1. L'abbé Pierre à Durand, le 21 janvier 1958.

sige en rien sur l'âme. Le conflit ne met pas seulement en cause des personnes. C'est bel et bien un conflit de fond. Emmaüs se trouve à la croisée des chemins, avec, d'un côté, un état-major convaincu de bien faire et, de l'autre, un fondateur qui ne veut rien céder sur le contenu du message, souhaitant continuer à être informé et à se mêler de tout.

Cette lettre de compromis de l'abbé Pierre, peut-être acceptable quelques mois plus tôt, ne l'est plus désormais. Chacun se sent sûr, le cas échéant, de l'appui de sa conscience et de l'Église. Donc, chacun ira jusqu'au bout.

Cette lettre, Durand la leur a-t-il lue lors de l'assemblée générale du 21 janvier ? L'a-t-il émondée, résumée, édulcorée ? S'est-il abrité derrière les raccourcis, les non-dits du secret médical ? De l'avis d'un témoin, « cette séance fut hallucinante !... Ce n'était pas piqué des vers ! Lucie Coutaz et le docteur Durand sont là. C'est tellement intime que Durand et quelques autres s'isolent. L'atmosphère est tendue, terrible. Durand expose froidement ; Monnier développe habilement, tente de sauver ce qui peut l'être. Il n'est "nullement question de prendre une autre ligne que celle de l'abbé", dira-t-il... L'âme existe, toujours dynamique, en dépit de son absence. L'œuvre est en croissance, adolescente. Le Père voudrait voir voler son enfant de ses propres ailes, essayer de marcher avec ses jambes... Mais sous quelle autorité ? Il en faudrait une, certes, mais pas indépendante, simplement autonome, sous l'égide de l'abbé Pierre. Il faudrait un chef, agréé par lui, un Conseil... Et quel rôle pour Mlle Coutaz ? Elle a porté tout le poids... Elle ne peut tout assumer... Elle a passé la limite d'âge. Femme, comment pourrait-elle diriger cinq cents hommes ? L'abbé lui-même ne souhaite-t-il pas qu'elle se décharge ? Et Monnier plaide pour les volontaires "qui sont l'âme du mouvement", sans lesquels « les communautés tourneraient en rond », usines ou simples entreprises économiques. Unité ! Unité ! Unité ! Les Fraternités de Foucauld ont la leur. Avons-nous la nôtre ? Nous sentons-nous chez nous à Emmaüs ? S'y aime-t-on ? Y communie-t-on de pensée ? Y collabore-t-on vraiment ? L'abbé Pierre ? Mais il est le Père, il est aussi, aujourd'hui, le plus souffrant. Il faut l'aider, le soutenir... L'opinion est avide de scandales, elle aime voir tomber les couronnes. Défendons Emmaüs en soutenant sa tête et en serrant les rangs. Lui accomplit un sacrifice. Aidons-le. »

Beau sermon. Mais, l'état-major ne transigera pas.

Le Père, alors, réagit et s'écrie : « Je ne crains pas de trahison par vous de l'âme, sauf en ceci : le dédain du délinquant. Je ne cesserai de crier : casse-cou ! » Il rappelle qu'il a lui-même décidé son éloignement provisoire, et ses consultations auprès du docteur Durand. Il récuse les « légendes et les exagérations » qui courent sur son compte, évoque une nouvelle fois l'allégorie de la paille et de la poutre. Les donneurs de leçons sont-ils si innocents ? Non... simplement moins notoires.

Et un jour, au milieu de tant de souffrance, lui parvient ce mot, ce poème, simple et sensible : un mot de femme.

« Non
vous n'êtes pas un saint
Dieu merci !
Pour un saint
c'est facile de faire des miracles...

Vous êtes un homme
avec toute la faiblesse
(et toute la force)

d'un homme
crucifié de votre désir
de votre passion
vous ne pouvez pas
porter la souffrance
du monde
Tout seul
C'est trop.
Vous êtes un homme
Vous avez besoin
de chaleur
de proximité
d'Amour
Vous aimez
tellement
ceux qui souffrent
ceux
qui ont faim et soif
les grelottants
Oh ! vous avez faim et soif
vous-même !

Non,
vous n'êtes pas un saint
avec une auréole
autour de la tête
Vous souffrez
de la même peur
comme ceux
qui sont transis
sous les ponts de la Seine
(peut-être vous êtes un saint
quand même
— justement pour cela ?)

3

Ténèbres

La dépression guette désormais Pierre. Le docteur Durand a décidé d'oublier l'assouplissement thérapeutique suggéré dans la lettre à Mgr Fougerat. Ce seront piqûres, sommeil, solitude et repos absolus. Pierre supplie : « Vous êtes encore pour moi un ami, le seul en qui il me reste une confiance... Depuis votre retour de Paris... tout est changé pour moi ici depuis trois mois... Votre thèse est [désormais] toute à l'inverse de ce qu'elle était... dans votre vigoureuse lettre à mon évêque... J'ai le sentiment que, en moi-même, quelque chose s'abîme. Qu'allez-vous penser ? Me jeter de nouveau dans le sommeil ? Mais la deuxième cure m'a laissé un si affreux souvenir, comme d'une brutalisation. J'en ai non pas peur, mais une appréhension, comme d'une tricherie ou d'un coup de traîtrise contre moi... Si l'on me coupe de presque tout, des rares amis, homme et femme, qui m'étaient comme une respiration... un épanouissement, j'ai l'impression que je vais perdre la tête. *Même en priant de tout mon être, je ne tiendrai pas*. Ayez pitié... Donnez-moi assez de temps pour que je voie ce que vous voulez et ce que je peux, si je le peux. Il ne faut pas me tromper... On ne peut pas guérir quelque chose comme ce dont je souffre, contre moi-même, ou simplement sans moi-même. Faites que je comprenne tant de changements soudains, et ce qu'ils me font pressentir et craindre d'inacceptable, d'au-dessus de mes forces et de ma conscience. [Sinon] jamais je ne pourrais tenir ni faire quoi que ce soit de bon, ni vivre[1]. »

Le traitement de choc fait la fierté du bon docteur. N'assure-t-il pas être le seul médecin à le pratiquer... Convainc-t-il l'abbé de sa qualité ? Se passe-t-il cette fois de son consentement ? Quoi qu'il en soit, il plonge son patient, pour des périodes allant jusqu'à sept jours d'affilée, dans une totale « hibernation » ; privation de connaissance, de nourriture : comas prolongés, cures de mort plutôt que de sommeil, dont Pierre sort chaque fois sans forces, hébété.

Il est au creux de l'abîme, proche de la fin. Jadis, l'idée de se faire soigner le rassurait, le rendait joyeux. À présent, il qualifie la médecine de « torture », les soins du docteur Durand de « traitement de vétérinaire ». Durand en assume seul la responsabilité. Mais à qui profite l'« endormissement » du malade ?... Pierre, lui, est convaincu de l'imminence de sa mort. « Cher Père, écrit-il à Monnier le 27 janvier, mieux vaut que je ne laisse pas s'ouvrir mon âme, je ne pourrais plus la refermer, vous y trouveriez trop d'agonie, de désolation humaine. »

Sans réaction, aboulique, désespéré, persuadé que la mort sera douce si telle est la volonté de Dieu, il recommande au Jésuite, Mlle Coutaz et tout Emmaüs. « Il est dangereux de ne connaître que certains... et d'ignorer l'intérieur des autres... Imprégnez-vous d'Emmaüs, consacrez-vous-y à plein... Vous êtes, vous, animateurs, le cœur de l'arbre. Peu importe la confessionnalité ou la non-confessionnalité du mouvement, qui est un faux problème, le sillonnant tout entier depuis la plus basse des radicelles jusqu'à la plus haute des branches ou des feuilles, invisible et animant tout...

1. L'abbé Pierre à Durand, le 23 janvier 1958.

Nous fondions beaucoup d'espoir sur cette fraternité, autour de l'abbé Esnault d'Alençon, libéré par son évêque pour nos fraternités de garçons et de filles... quand l'actuel déchirement est survenu. Je n'en veux à personne... Si cela peut leur être profitable, qu'ILS sachent qu'ils ont fait très mal. Bénissez-moi... À Dieu... »

Durand prend-il conscience de ce désespoir, prélude à la mort ? Si Pierre ne peut plus prier, ni offrir, ni même témoigner, alors oui, on l'empêche de vivre. Et s'il meurt, le mouvement se déchiquette. L'Église est-elle intervenue ? En tout cas, un mois de traitement inhumain s'achève. On laisse à nouveau, peu à peu, à son chevet, venir l'extérieur. La presse, tenue éloignée, commence à s'agiter. L'opinion n'a pas épuisé sa curiosité à son égard. Le mythe reste intact. Mais l'encerclement a été efficace. Moins d'idolâtrie, moins de tapage : telle était la règle d'or des « tuteurs ». La presse ne peut que traduire ce qu'on lui rapporte, filtré par l'état-major et le staff médico-spirituel. C'est un journal anglais, le *Sunday Express London*, qui, le premier depuis quatre mois, lance l'offensive. Avec cette énormité : « L'abbé Pierre est malade mais plus encore abattu par son échec. Son action se fondait sur cette pensée : aidons les pauvres, les souffrants, et ceux-ci reconnaissants... se mobiliseront à leur tour... Mais le Père spirituel s'est aperçu que l'humanité n'était pas aussi belle... Alors, profondément découragé par les pauvres, il est à bout de forces[1]... » « Brisé, écœuré, aigri, l'abbé veut partir pour le Congo[2] ! » affirme *France-Dimanche*. « On doute qu'il puisse reprendre le harnais harassant qu'il portait depuis dix ans[3] », clame *Paris-Presse*.

1. *Sunday Express London*, le 22 février 1958.
2. *France-Dimanche*, le 27 février 1958.
3. *Paris-Presse*, le 26 février 1958.

À propos de ces « délires », Monnier, mis en cause, se défend : « Attention aux manœuvres venant de l'extérieur. Ma position est ferme : pas d'Emmaüs sans l'abbé Pierre. Les prêtres ici le répètent : qu'on ne touche pas à l'abbé Pierre !... Cette affaire donnera l'occasion d'un resserrement. »

Fantaisies journalistiques ou stratégie ? En réalité, il y a bien là un message codé : Emmaüs va bien et l'abbé Pierre va pouvoir se consacrer au tiers monde. Mais le journaliste a délibérément opté pour la partie sensationnelle. Ce qui offre à Pierre, juste à l'issue de son mois de calvaire, l'occasion d'un premier démenti : « C'est une bourde monumentale. » Ainsi son secrétariat qualifie-t-il le prétendu projet de départ pour le Congo[1] ! Désormais, seul son secrétariat personnel — autrement dit Lucie Coutaz — sera habilité à donner des nouvelles sûres.

Soudain, l'état-major, alarmé par certaines dissensions internes, éprouve le besoin de recevoir un message rassurant du Père pour conforter sa légitimité. Il en parle à Durand, qui autorise son patient, pour la première fois, à écrire à l'extérieur.

Le 24 février, Pierre rédigera à l'adresse des « Communautaires, Volontaires et Amis », ce message rassurant et unitaire : Souffrant, dit-il, il essaye « de ne pas cesser d'être au travail avec vous tous dans cette peine... Unis dans cette mission minuscule et explosive, capable d'ébranler, en d'innombrables lieux du monde, unis non dans le culte d'un homme... unis autour de l'équipe qui évolue, qui se forme lentement... unissez-vous. Vous avez Caillaux, Leurent... Et Bouchy pour ce rôle si essentiel de coordonner l'ensemble. Il a ses défauts comme tous les hommes, mais aussi les qualités nécessaires pour qu'on l'aime et pour qu'il soit bon de se regrouper autour de lui... Le docteur ne pense pas que

1. Communiqué du 7 mars 1958.

je puisse avant le milieu de mai reprendre une activité importante. Toutes les matinées, je suis encore quasi anéanti par les piqûres d'insuline qui doivent réparer à la longue l'usure du surmenage. Deux fois par semaine, l'après-midi, une autre piqûre m'anesthésie totalement quelques heures... »

Éreinté et loyal, Pierre « consent » toujours.

Pourquoi, dès lors, le 1er mars, cette estocade, ce coup de grâce, cette « mise à l'écart » interne et cependant officielle ? La « scission » qu'il aura tout fait pour éviter s'opère malgré lui. « À son grand regret, notre bureau est dans l'obligation de tenir compte de la fatigue extrême de l'abbé. Aussi a-t-il pensé devoir lui éviter, jusqu'à guérison, tout souci de quelque ordre qu'il soit, en particulier d'administration... Vous ne trouverez pas son nom sur la liste (des administrateurs). »

Lucie Coutaz connaît le même sort.

« Il faut arrêter cela tout de suite ! s'exclame Paul. Il est impensable que vous demandiez pour cela l'approbation des communautaires... Tout ce que nous devrions produire, c'est un certificat de fidélité, de tendresse, d'affection à l'abbé Pierre : "Guérissez vite. Nous, on va tenir le coup pour vous retrouver." »

On le fait taire.

— Ceux qui pensent comme moi, suivez-moi ! dit Paul.

Quatre ou cinq responsables quittent la salle.

La procédure est maladroite. Il aurait suffi de patienter deux ou trois mois pour prendre acte, ou non, de son rétablissement... Mais la peur !... La peur qu'il soit irrémédiablement malade, fou, peut-être... Sans doute ne reviendra-t-il jamais... Alors ils ne se sentent pas de taille à faire ce que lui seul peut faire. Le mot d'ordre, c'est « récession » : on ferme, on ferme, on ferme...

La peur !... « D'ailleurs, s'il revient, souligne l'un d'eux, il va tout foutre en l'air. »

Certains reconnaissent aujourd'hui : « On a été impitoyable, dur. Il l'a très mal ressenti. Hors les "brigands", aucune voix ne s'est élevée pour son maintien. Dans notre esprit, nous aurions le temps, plus tard, de "recoller les morceaux"... »

Il serait tentant de charger le dossier, de remplacer « maladresse » par « malfaisance ». Mais ceux des Bourdonnais, au cours de ces mois, se montrent plus maladroits que malfaisants. Ce sont des gens honnêtes qui ont peur. Peur de la situation accablante, des comptes désordonnés, des tiraillements à hue et à dia, des querelles à propos de Noisy, des suspicions de l'Église, de l'État, des ricanements ; d'un Paul, en Normandie, qui n'en fait qu'à sa tête et se conduit en baladin avec ses itinérantes ; d'un Monsieur Charles féodal à Nantes ; d'un Monsieur Pierre à Nice ; d'un Monsieur Henri à Marseille... Peur du flou de l'Église. Que veut-elle, exactement ? Un Emmaüs confessionnel, non confessionnel, neutre ? Une tutelle passagère, permanente ? Peur des foucades de l'abbé... Quel sera son statut lorsqu'il reviendra ? Car, au fond, ils ne doutent pas de son retour. Dans ce cas, « leur » Union centrale, ce socle d'organisation nouvelle auquel ils s'accrochent, sera-t-elle acceptée par la base ?... Peur de cet Emmaüs devenu bateau dans la tempête, sans gouvernail. Le capitaine absent, les marins essaient de toucher terre. Ils n'agissent pas comme des méchants, mais comme des gens sous l'emprise de la peur.

Déloyaux ? Non. Ils frissonnent. Ils songent au passé. Ils n'en veulent plus. Ils ont sacrifié leur temps, leur liberté, leur famille, à Emmaüs. Alors, par nécessité, ils excluent cet homme, qu'ils vénèrent. On leur a tellement dit qu'ils resteraient seuls. C'est pour survivre qu'ils « sacrifient Abraham ».

Et lui consent. Pour, jusqu'au bout, éviter la scission. Au paroxysme de la crise, quand l'esprit vacille encore et que la convalescence ne vient pas, il écrit à Bouchy [1] : « *Je sais ce que chaque journée demande de calme, de persévérante volonté pour relier entre elles toutes les énergies, avec leurs qualités et leurs défauts, qui font Emmaüs. Je m'étais promis de ne plus en rien manifester... Pardon d'avoir parlé de ce CR d'assemblée tout à l'heure au téléphone. Ce n'est rien du tout à vrai dire pour moi. J'ai confiance en vous totalement, et en quelques-uns de ceux qui vous entourent. Mon seul désir est de vous seconder en offrant et en priant...* » À lui aussi, il recommande de se rapprocher de l'abbé Esnault « pour que naissent... au cœur des communautés, les petits groupes "Fraternité" si nécessaires et désirés, dont il faut se préoccuper autant que de la formation des volontaires et des responsables ».

Il écrit aussi à Paul — qui n'attend que son appel à l'aide — une lettre d'apaisement, où rien n'est dit, pas un mot sur l'« affaire » ; message tout d'encouragement et d'amitié, dans lequel on entend en écho ce cri qu'il répète sans cesse à l'état-major : Ne coupez pas avec ces racines-là ; n'en coupez pas Emmaüs... maintenez la « fusion » avec les « misérables ».

« *Cher Paul, pendant ces mois où j'ai tant souffert... souvent j'ai repensé aux drames de toutes sortes de ta vie, à ce qu'ils laissent forcément, par moments, d'angoisse... d'heures où on peut douter... Tu es là dans le bon chemin, le seul vrai bon chemin pour toi et, j'en suis convaincu, pour toujours... Nous continuerons de veiller sur les devoirs de ta vie passée que tu ne peux ni ne dois chercher à porter par toi-même... si ce n'est par ta fidélité dans l'effort pour rendre de jour en jour meilleurs... ta vie et ton service.* »

---

1. Lettre de l'abbé Pierre à Bouchy, le 18 mars 1958.

Ces mots résument tout le rôle d'Emmaüs vis-à-vis du compagnon blessé.

Le printemps est atroce. Lui a mal. On ne peut plus tenir la presse. Il faut lâcher du lest. « L'abbé Pierre essaie de se ressusciter à coups de cures de sommeil », titre *Le Courrier de Neuchâtel*[1]... « On l'avait pris pour le Bon Dieu ; sa santé le lâche... Ses ennemis — car il en a — prétendent que son écroulement physique est dû à une faillite, à un fiasco général... » « Non, il n'abandonne pas ! » tonitrue en réponse *La Gazette de Lausanne*[2]. Il trouve la force de réagir. « Pourquoi s'occupe-t-on de moi, de mes projets ? Qu'on s'occupe plutôt de la misère qui m'occupe. Je ne veux pas d'admiration ; celle-ci est stérile et intolérable. » « Seule la mort me séparera de mes compagnons malheureux », confie-t-il à d'autres publications. Merry Bromberger, la première, le découvre « prostré sur son lit, l'œil éteint, la bouche élargie par une crispation, la joue enflammée, la barbe maigre affaissée sur son chandail noir ; oui, l'abbé Pierre fait pitié[3] ».

Insuline, anesthésiques, traitement de cheval : « Épuisé par quinze ans de dévouement, l'abbé Pierre s'accroche à la vie, proclame le journal suisse *Benjamin* : A l'instant, il s'éveille. Des larmes coulent abondamment de ses yeux profonds, doux et fascinants. Quel cauchemar l'a tourmenté pendant son sommeil[4] ? » « Les médecins se disent très satisfaits de ce flot de larmes — Il se détend, se libère, se débonde ! —, mais son état d'épuisement a surpris les médecins suisses. Il est aussi effondré que s'il sortait d'un camp nazi[5] ! »

---

1. *Le Courrier de Neuchâtel*, le 26 février 1958.
2. *La Gazette de Lausanne*, le 15 mars 1958.
3. *Paris-Presse, L'Intransigeant*, le 5 mars 1958.
4. Pascal Bertrand, dans *Benjamin*, le 23 mars 1958.
5. Merry Bromberger, *op. cit.*

Beaucoup plus profonde, cette confidence qu'il fait dans une revue pour malades : « Il suffit de ce oui, de ce consentement... pour que toute la souffrance du monde devienne rachat des refus, des peines, des lâchetés, du monde entier et de nous-mêmes [1]. » Et cette autre, qu'on peut entendre de deux façons : « Ce mystère, la souffrance... Peu d'êtres sont plus malfaisants que ceux qui, n'ayant pas ou peu souffert, ne savent pas ce que c'est de souffrir, souffrir sans échappatoire possible... Puissent se multiplier les miséricordieux, non les faibles, mais ceux qui, une bonne fois, prennent conscience de tout ce qu'il y a d'odieux quand manque cet élément irremplaçable de la miséricorde... Conscience de ce qu'il y a de fallacieux dans le fragile équilibre des panoplies de leurs apparentes vertus et parfois moins encore, simplement, l'échafaudage puéril de leurs convenances [2]. »

Début avril, une hépatite virale vient ruiner sa convalescence. « Cela l'épuise physiquement, confie Lucie Coutaz. D'autre part, le traitement médical a provoqué des réactions de très grande fatigue, d'ailleurs un peu déconcertantes pour le médecin. Ce traitement sera terminé dans trois semaines. C'est un homme bien douloureux. Je lui téléphone chaque soir et passe auprès de lui le samedi et dimanche, jours où le traitement est suspendu. »

Et lui de conclure, sèchement :

— Je suis l'objet d'essais vétérinaires.

Comment, dans ce contexte, excuser l'acharnement de quelques-uns ?

« Vous dites me faire l'amitié de prier pour ma conversion, répond-il à l'un d'eux. Vraiment merci. Ne

1. Journal : *Oui, Romand* (Suisse Romande — mars 1958).
2. « Hôpitaux, hôtels de la douleur », *Faim et Soif*, mais 1958, Éditorial.

vous lassez pas... Le plus humblement que je prie, je m'efforce chaque jour de faire de même et spécialement pour vous, parmi quelques-uns grâce auxquels il m'a été donné de tant souffrir. » Puis, à cet autre : « Que votre lettre est inutilement et vilainement méchante ! Pourquoi dilapider ainsi votre fausse pitié ? Je sais d'expérience comme il est difficile parfois de se supporter soi-même, bien plus encore que d'essayer d'être bon pour les autres. Parce que, même quand vous insultez et dénigrez, il n'est pas en votre pouvoir d'empêcher que l'on tâche de vous aimer pour ce qui, en vous, vaut tout de même mieux... Vous savez que je ne céderai jamais à la tentation de la vengeance. Pourquoi abusez-vous de cela au point de supposer qu'indéfiniment je resterai sans plus me défendre ? »

Le voici désormais coupé de tout. Nulle information ne filtre plus. « Au mépris total de l'avis du médecin », Lucie Coutaz est « congédiée ». Il reste seul, dépossédé de lui-même. Il parle même, à son sujet, de « destruction totale de la personnalité ». Le père Monnier tente comme il peut de le « remonter » : « *Vous vous demandez si je vous oublie ou vous laisse tomber... Soyez bien tranquille. J'ai vu l'évêque de Grenoble qui a compris quel scandale ce serait si l'Autorité, suivant certains conseils absurdes, vous désapprouvait. L'évêque de Versailles est du même avis... Il était bon et même nécessaire que crève cet abcès qui se formait à Emmaüs depuis quelques mois. Trop de gens s'occupaient de troubler une eau qui ne coulait plus que très lentement depuis votre départ... Certaines bonnes volontés se ressaisissent. L'opinion est en votre faveur... Lorsque le moment sera venu, je reparaîtrai, pour aider. Pour le moment, je crains de gêner*[1]... » Les vrais amis, Pierre tient à les rassurer ainsi : « *Je suis encore quasi hors de combat. Mais qu'on ne s'y fie pas trop. Ce*

1. Monnier à l'abbé Pierre, le 21 mars 1958.

n'est que "quasi". S'il le fallait, en des choses vraiment essentielles, peut-être me verrait-on retrouver toute la vigueur des colères d'Amour[1]. »

Fin avril, il en appelle au docteur Durand : « Étant donné l'usage absolument abusif fait par certains du document de la réunion de décembre ; étant donné l'attitude prise par l'assemblée générale du début mars, en contradiction avec celle de janvier, je ne peux plus admettre la valeur de ce document et aimerais qu'une réunion groupant l'abbé Zundel (un ami de Monnier, un fidèle), Mlle Coutaz, et par exemple Lillaz et moi-même en prenne acte ! »

Mais s'il gourmande du côté de Paris, disant à l'un : « Cesse de jouer au successeur. Il en faut un dans ma lassitude et ma faiblesse. Tu n'es certainement pas fait pour être celui-là », vis-à-vis des autres, il s'en tient au silence. L'Union centrale est-elle officiellement créée le 15 avril, qui doit « assurer la direction, morale, spirituelle, doctrinale, des associations de France » et qui a son siège 38, avenue Paul-Doumer, à Neuilly-Plaisance (quel symbole !) ? Pierre ne réagit pas. « Mieux vaut être dupé que dupeur... C'est désormais une ferme résolution que j'ai prise — non sans grande peine — de me taire, aussi longtemps qu'il semblera que là est la volonté de Dieu... devant tant d'actes accomplis par quelques-uns au cœur de cette fondation où tant de mon être s'est consumé... Puisse chacun en percevoir la faute terrible. Ce sera assez. Ce sera pour après-demain l'occasion de réelles consolidations... »

À cette résolution, il s'accroche. Paul et d'autres fidèles ont toujours pensé : « S'ILS se permettent d'intervenir contre lui, il LES foutra tous à la porte. » Naïveté. Le 14 juillet, Paul lui rendra visite, accompagné d'amis de Normandie :

1. L'abbé Pierre à Thorel, le 30 mars 1958.

— Je sais que l'on n'a pas le droit de venir, mais on vous attend. Nous, on ne peut pas tenir tout seuls...

Pierre sourit.

— Il n'y a que toi qui puisses me dire ça ; je préfère que cela vienne de toi que des « impeccables ».

Cependant, le lendemain, il note : « Ces amis seront, je l'espère, repartis fortifiés et apaisés, prêts à patienter dans la fidélité à la tâche jusqu'à ce que tout redevienne clair. » Il dira de même à Stéphane Bouqueniaux, de la CGL du Nord : « Mets-toi dans la tête et le cœur cette conviction : même s'il y a désaccord, l'esprit d'Emmaüs suppose que l'on y mette *par-dessus tout de la bonté*[1]... » L'UCC ? « Elle fait ses premiers pas en vue d'une mise en commun des expériences de chacun ; elle parviendra, je l'espère, à être solide et fidèle à la tradition d'origine. »

« D'instinct, confie-t-il aujourd'hui, je ressentais d'une manière au-delà de tout doute, comme une certitude, qu'il ne fallait pas s'opposer, qu'il fallait les laisser jouer leur musique, jouer avec le feu... se brûler de temps en temps[2]... »

1. Le 28 juillet 1958.
2. Entretien avec l'abbé Pierre.

4

L'hymne de l'aube

Mai 1958, Rives-de-Prangins.

— Mon Père, il faut vous résigner. Vous ne pourrez plus jamais rien faire. Vous ne retrouverez jamais les forces nécessaires à une vie vraiment active.

« Après que le médecin m'eut bien convaincu de cela, j'ai réfléchi, et me suis dit : ''Au fond, même si c'est vrai, même si jusqu'à la fin de mes jours je dois rester à traîner mes pantoufles et à dire mon chapelet sans rien pouvoir faire d'actif, quand je vois les événements tout à fait imprévus dans lesquels j'ai été jeté, eh bien, je considère que j'ai été un privilégié. À partir de ce moment-là, je me suis senti mieux ; le médecin s'était trompé [1].'' »

L'épreuve est loin de s'achever. En juillet, le voici convalescent, à l'abbaye d'Hauterive, près de Fribourg. Lucie Coutaz est à Genève, chez l'ami Bernasconi. Elle n'a plus de bureau à Paris. « Son surmenage, la maladie du Père l'obligent à prendre un repos bien mérité », argumente-t-on aux Bourdonnais. Cela signifie sa retraite. Un jour, Pierre l'encourage : « *Durant ces journées de souffrance et d'humiliation... Il faut tenir dans la force de la dignité du silence, encore un peu de*

1. Entretien avec l'abbé Pierre.

temps jusqu'à l'automne[1]. » Le lendemain, il s'effondre : « *J'ai peur, quand vous serez là, d'être bien lourd à supporter, bien peu secourable pour votre propre peine, tant je suis souvent à bout. Mon Dieu, que tant de nuit est dure... Pardon de n'avoir plus de courage. Il y a des jours affreux* » (16 juillet). « *J'ai trop mal et je reste tout sauvage... Vous écrire plus souvent, même chaque jour, je voudrais, mais je ne peux. Cela déclenche toutes les averses de larmes... Dites à chacun la fidélité de mon union, de ma misérable offrande* » (17 juillet). « *Réservez, secrètement, dans les constructions de Charenton, un appartement* » (19 juillet). « *J'ai trop souffert ; je souffre trop. Je n'en puis plus... Jésus quand il a crié* : Eli Eli Lamma Sabbactani, *après peu de temps, il a connu cette fin qui commence tout. Quand donc me l'accordera-t-il ? La nuit est trop longue... J'ai peur du désespoir... Le Seigneur puisse-t-il pardonner à tous ceux qui m'ont tant brisé... Alors... que le Seigneur me pardonne et me prenne... Je ne peux plus vivre... Ne me ferez-vous pas mourir ? Aujourd'hui est atroce. Oh ! que cela finisse... Obtenez-moi d'ici la fin de ne pas pleurer sans aimer*[2]. » Mais, le même jour : « *Lundi vient le père Jacques. Parfois j'ai peur de tout. Pourtant, j'ai confiance, oui : en lui, le Seigneur nous secourt, secourt tous ceux auxquels, par Emmaüs, notre vie a été vouée*[3]. »

Le père Jacques ! André-Jacques Vreck ! Pierre voit arriver « cette espèce de colosse de Franciscain, avec son regard d'une clarté extraordinaire[4]. » Le père Monnier passe la main. Vreck arrive, le drame inachevé, alors que Pierre compte ses rares amis : Duvallet, Zundel... Ce jour-là s'en ajoute un autre : le père

---

1. L'abbé Pierre à Lucie Coutaz, le 15 juillet 1958.
2. Au Père Lebret, le 19 juillet 1958.
3. A Lucie Coutaz à nouveau.
4. Entretien avec l'abbé Duvallet.

Jacques, calme, intelligent, avec un cœur fabuleux... « L'Église n'a pas voulu laisser choir Pierre. Jacques Vreck arrive en pompier de service alors que le feu fait rage et qu'on n'a pas de tuyau pour éteindre, pas d'eau dans la citerne... Un flegme, une maîtrise de soi, une lucidité sur les hommes ; *celui qu'il faut*[1]... »

« Merci de vous donner à Emmaüs, lui dit Pierre, conquis. Je vous fais une confiance entière... Vous savoir là, pour me suppléer en tout ce que je ne peux apporter moi-même en réponse à l'appel des détresses corporelles et des faims et soifs des âmes, m'est un grand réconfort[2]... » « Mes amis, un prêtre, ce Franciscain, a accepté, non point pour les décisions qui appartiennent à chacun des organismes statutaires [il s'agit de rassurer l'état-major de l'UCC] mais... *comme animateur central*... Regardez le père Jacques *et lui seul*, comme vous me regardiez moi-même dans ce rôle... Nous sommes la main dans la main... Aidez-le à connaître Emmaüs tout entier... en toutes ses richesses de vie et aussi ses tourments[3] ».

Avec l'arrivée du frère Vreck, une page se tourne. Le Franciscain saura à la fois sauver l'essentiel du dessein de Pierre dans Emmaüs, collaborer au vœu d'ordre des « réformateurs » et rassurer l'Église qui croit bel et bien tenir en lui, pour la France, le « successeur » — en plus diplomate — du fondateur. Le médecin peut libérer son patient du carcan de l'encerclement de décembre, l'encourager à reprendre du champ... dès que possible, mais hors de France, et évoquer « ces contacts internationaux qui vous sont si nécessaires »... Mais Pierre regimberait-il à certaines limitations, indispensables pour ne pas retomber dans

1. Entretien avec l'abbé Duvallet.
2. 28 juillet 1958.
3. Message aux communautaires, amis, responsables, le 27 juillet 1958.

les mêmes errements ?... On voudrait bien que, par contrat, il les avalise... « Quelle convalescence secouée d'à-coups destructeurs ! » note l'intéressé, pas dupe de la stratégie de l'Église et de l'état-major, et refusant de renouveler l'erreur de signer en blanc une nouvelle *capitis diminutio* semblable à celle de décembre.

On s'appuiera alors sur la légalité. On invoquera la nécessité d'une deuxième réunion le 10 août pour annuler la première de décembre.

— Non et non, l'expérience ne saurait se renouveler. Alors j'étais anéanti... Dieu merci... N'ayant pas su mourir durant les soins qui m'ont été prodigués, je retrouve un commencement de personnalité suffisant pour, cette fois, dire *non* [1]. Ne venez-vous pas, docteur, d'avouer, dans une conversation téléphonique, que vous trouviez "singulier le comportement de l'équipe de Paris", sur plus d'un point en contradiction avec vos propres avis de médecin ?

La coupe est pleine. Désormais, il se cabre : il n'y aura pas de réunion le 10 août.

— Le père Jacques et moi ne sommes point capables, en l'état actuel, de faire un choix de personnes, et il est exclu de reconduire intégralement les mêmes qu'en décembre !

« *Permettez-moi de ne pas tolérer, docteur, d'user de ce qui vous est connu à mon sujet par ma confiance de malade venu librement à vous, hors de ma présence et de celle du père Vreck... Pourquoi, en outre, seraient devenus nécessaires de nouveaux conciliabules, quand vous me dites depuis deux mois : "ce papier de décembre n'existe plus ; il est caduc ; n'en tenez plus compte !". Retrouverait-il soudain de la réalité ; devrais-je vous rappeler combien fut violée par certains votre prescription de janvier soumise à mon évêque pour que je ne sois pas un "être diminué" ? Était-il possible de montrer*

1. Le 29 juillet 1958, au docteur Durand.

plus de mépris, tandis que je consentais, docile jusqu'au-delà du raisonnable ? Non. Le temps de tout entériner, de tout laisser faire, est pour moi passé. Je n'en puis plus. À la grâce de Dieu[1]. »

Et il note en marge : « *Fin définitive d'une période de savante destruction de personnalité.* »

Pierre, cette fois, a fait sauter le verrou... Les « rumeurs » s'éloignent ; le père Jacques redouble d'habileté. « Monsieur l'Abbé, un seul mot pour résumer : tout tient ! » l'assure-t-on depuis les Bourdonnais. Quelques ratés encore.

« Monsieur l'Abbé, ce solennel Monsieur l'Abbé ! Ne suis-je plus le Père ? C'est idiot de ma part d'en avoir mal. Je n'y puis rien... Après six mois de silence de mort[2]. »

« J'ai survécu à cette terrible épreuve par la non-violence », souligne-t-il aujourd'hui. Entendons-nous sur le mot : « Assurément, rester en tout sans colère ne peut être la plus haute vertu de l'homme... Gandhi, s'il voulait la non-violence, n'entendait nullement par là la passivité. Le mot, dans sa langue, communément traduit par non-violence, signifie en réalité "vigueur de la vérité". Mais où entrevoir le point d'harmonisation entre les deux énormes appels qui subsistent toujours sur l'âme humaine : l'appel à la douceur, et l'appel à l'emportement devant la méchanceté ou l'iniquité[3] ? »

Dès le 11 août, date de son départ pour une deuxième convalescence à l'aerium du clergé de Notre-Dame-des-Voirons, en Haute-Savoie, il s'en est remis aux bons soins du docteur Bour, un neuropsychiatre, ami du

1. Le 29 juillet 1958.
2. A Jacques Vreck, le 7 août 1958.
3. « Non-violences vraies et fausses », *Faim et Soif* n° 28, septembre 1958.

précieux abbé Zundel et partisan d'une psychothérapie douce, qui porte ses fruits. Il remonte la pente tandis que le docteur Durand l'accable toujours de lettres. « Ne peut-on m'aider, lui répond-il, excédé, à cesser de douter de moi, à cesser de me vivre en "chose" impersonnelle... Ne peut-on m'aider à me retrouver ? Ne me rudoyez pas, je vous en supplie ; je suis comme cassé [1] ! »

Il se raccroche à Emmaüs-Suisse, à l'IRAM, aux lettres du monde entier, à l'amitié de l'avocat suisse Habicht, de Robert Buron, du père Lebret, du Canadien Jean-Claude Arès, des abbés Zundel et Duvallet, du père Jacques... « Cela m'aide à oublier le reste, mes misères et la masse des inepties dont, depuis que la fin des traitements fait que je ne puis plus les ignorer, jour après jour (et de côtés si divers que trop de faits sont incontestables !), les nouvelles m'accablent... J'ai prié pour que je cesse de vous être tant à charge... N'use pas de cette lettre auprès des autres. Pour combien peut-être ne serait-elle qu'un prétexte nouveau à se déchaîner », écrit-il à l'un de ses plus proches collaborateurs, le 13 septembre.

Les heures sombres s'éloignent. Il n'y a pas eu « procès » du fondateur, mais tentation d'énoncer un « verdict », qui manque pour le moins de sérénité après une procédure désordonnée et maladroite. A la mesure de certains s'est opposé l'acharnement des autres. Ni paranoïaque ni paranoïde, Pierre, lucide, analysera dans un « rêve » cet encerclement.

Mardi 4 février 1958, vers 15 heures. Un « rêve, cauchemar par certains aspects, bien que, au réveil, l'impression d'ensemble était de grande paix d'âme »

1. L'abbé Pierre au docteur Durand, le 10 août 1958.

survient à l'issue de la première semaine d'« hibernation » totale.

« La première impression fut celle d'un *isolement*. Je me voyais dans l'obscurité, comme placé devant une palissade derrière laquelle je devinais une intense activité me concernant. Impression légèrement anxieuse — avec un étonnant sentiment à la fois de conscience morale en paix, d'une sorte d'infinie force en moi, et d'imminente épreuve. Comme un prisonnier qui prévoit qu'il va être malmené... Une pensée : "Là (derrière cette palissade), ils me préparent le pire." C'était une certitude.

« Soudain, éblouissement aveuglant de lumière, et je me trouve précipité dans l'enceinte... De nombreux prisonniers semblables à moi sont là, le regard tendu.

« Un cri violent m'est lancé : "Il faut que soit détruit le Juste."

« Une force totalement étrangère à ma liberté, mais intérieure à moi et totalement irrésistible, me précipite sur le "Juste". Là, pas de forme précise, quelque chose comme un puissant et très grand oiseau blanc, au centre de l'enceinte entre moi et la foule. Une lutte confuse, farouche, avec l'oiseau qu'une force inexplicable me fait étrangler. Et l'oiseau, bientôt inerte dans mes bras, retombe. Je suis tout hébété devant sa mort.

« Alors j'aperçois la "Mère" (nul détail précis de son aspect, mais aussitôt connue comme la "Mère" du Juste, de la foule, de moi). D'un geste douloureux et très doux, elle montre, sur le côté de l'enceinte close, une paroi très abrupte mais possible à gravir, et elle dit simplement, avec une voix d'infinie bonté : "Mes pauvres enfants..."

« Aussitôt, je me sens entièrement arraché à toutes les contraintes dont j'étais jusqu'ici enveloppé et envahi, et dans une sorte de farouche volonté comme de vengeance de ces forces que je subissais et qui m'ont fait accomplir ce geste, je bondis vers la paroi abrupte montrée par la Mère.

« D'un regard, je dévisage la foule des prisonniers immobiles et qui me font face. Comme un défi, je leur crie : "Eh bien, quel autre salut nous reste-t-il à tous maintenant que de devoir gravir les degrés de l'homme !"

« Et je me lance dans la montée affreusement dure de cette paroi montrée par la Mère. Tous suivent. Harassement… Et voici le sommet de l'ascension, non plus le brutal aveuglement de la fausse lumière d'en bas, mais l'air et la fraîcheur et la clarté totalement épanouissants. Stupéfaction : là, en haut, au bout de l'effort, la Mère, et le Juste, vivant, et tous les hommes épuisés avec moi se trouvent face à face, dans la Paix, la Joie et la Vie, et dans la Justice elle-même… »

Automne de l'année terrible. Ermitage de Notre-Dame-des-Voirons. « Lui seul sait jusqu'à quel degré il a connu l'extrême faiblesse du pauvre auquel il ne reste plus rien sauf, dans la nuit totale, la possibilité de croire que l'Amour existe, même quand Il se tait, et qu'Il peut tout dans un cœur disponible… Il était là dans la barque du Père. Il lui tenait la main. Mais le Père savait que ne pas la lâcher, c'était accepter de suivre son Seigneur jusqu'au bout, et de vivre avec Lui, ce qu'Il a vécu : la Croix, la mort… Et tout au bout la Résurrection [1]. »

Résurrection ! C'est le mot qui convient. Il se confie davantage au docteur Bour « dont, c'est une évidence, le traitement m'a apporté tellement plus d'aide que tout ce à quoi, durant l'année dernière, j'ai consenti ». Il retrouve sommeil et forces. Reviennent l'envie de vivre et celle d'agir. De partout pleuvent propositions de voyages et de conférences. Le déchirement d'Emmaüs n'est qu'hexagonal. « Ce travail dont j'avais été l'instru-

1. Michel Quoist, « Le mystère chrétien de l'abbé Pierre », *Faim et Soif*, n° 104.

ment... non seulement ne disparaissait pas, mais se développait. Cela naissait tout seul, comme une réponse efficace et adaptée aux besoins. Je n'y étais pour rien. Et c'était pour moi la plus merveilleuse leçon d'espérer pour l'avenir [1]. »

Il ne peut rien dans le cadre français, les plaies y sont trop vives, l'Union centrale d'Emmaüs y est à l'épreuve des résolutions, de sa toute neuve autonomie. Il conseille à Lucie Coutaz : « Pour l'assemblée du 20 octobre, il est sûrement sage que vous n'y alliez pas et que vous déléguiez votre voix au père Jacques... » Le pont lui est tendu depuis l'extérieur par des groupes d'Emmaüs organisés hors de France. Emmaüs-Suisse sert de pivot. Des « volontaires » se proposent un peu partout dans cette « guerre contre la misère ». Que va-t-il faire ? La prudence requerrait certaines autorisations. Mais lorsqu'il réclame que lui soit tracée la frontière entre « le possible et l'impossible », il n'obtient pas de réponse claire. Il feindra dès lors d'ignorer la longue et périlleuse procédure mise en place par la hiérarchie. C'est-à-dire, en premier lieu, convaincre l'évêque primat du pays invitant de l'intérêt de ces visites du point de vue apostolique ; et, pour celui-ci, demander et obtenir le consentement de l'évêque de Grenoble, son supérieur hiérarchique. Parcours d'obstacles. Imaginerait-on qu'aux oreilles des évêques primats étrangers n'est pas parvenu l'écho de ses « difficultés » avec la hiérarchie française ? Alors, Pierre passe outre. Le réclame-t-on en Autriche ? « Il nous semble indispensable que vous alliez leur parler... seul votre passage peut déclencher une action [2]. » Il consulte l'abbé Zundel... « *J'ai reçu la lettre de Vienne. Elle est très — peut-être trop ! — bonne. À la grâce de Dieu* [3]. »

1. Entretien avec l'abbé Pierre.
2. Jean Charollais, Emmaüs-Suisse, Genève, le 10 octobre 1958.
3. À Lucie Coutaz, le 20 octobre 1958.

Une première « évasion » en Belgique, à Namur et à Bruxelles, flanqué du père Salvat, supérieur des Voirons, puis l'Autriche en novembre... Une apothéose. « *À l'arrivée, Mgr Ugar, le président national de Caritas, leurs amis, la télévision... Et des gosses avec des fleurs... l'archevêque de Vienne, Mgr Koenig (fait cardinal aujourd'hui même), un prélat exceptionnel... réception chez le nonce, très, très bonne* », écrit-il avec une joie de gosse [1].

Le lendemain, conférence publique : « *Il y avait foule — quatre mille personnes —, des gens restant dans les rues, ne pouvant entrer... C'était doux, cette basilique, vieille de huit cents ans, église du couvent des Bénédictins... Ce m'est un grand réconfort que cela ait été bien. Mon appréhension était grande... J'étais las, souffrant de la tête et de l'estomac... Du sermon, vingt minutes ont été retransmises par Radio Vatican, pour les pays de langue allemande. Cela aussi est important* [2]. »

Le prophète renaît de ses cendres. De crainte, sans doute, qu'on lui rogne les ailes, il vole, sans transition, d'un pays à l'autre, d'un triomphe à l'autre. Danemark, 21 novembre... Suède, 22 novembre... Lund, Malmö, Göteborg, Stockholm... « Partout l'abbé Pierre reçoit l'accueil le plus touchant », note le père Salvat... « J'ai confiance d'aller jusqu'au bout », murmure le Père. Dans son sillage, des volontaires veillent à ne pas laisser retomber la flamme ; en un mois, Emmaüs s'est conforté dans toute la Scandinavie. « *L'abbé Pierre a fait, en Suède, une très forte impression... C'est assez étonnant ici... On ne va pas laisser s'éteindre l'enthousiasme* », écrira D. Arbman à Mme Renard le 8 décembre.

À peine Pierre regagne-t-il les Voirons que l'attend une lettre du Jésuite argentin Balista, déjà venu le voir durant l'été à Hauterive : « *Votre visite en Argentine (dans nos communautés de chiffonniers) est nécessaire...*

---

1. À Lucie Coutaz, le 17 novembre 1958.
2. À Lucie Coutaz, le 19 novembre 1958.

à cause du bien spirituel que vous pouvez faire dans notre pays ; une vague d'anticléricalisme y sévit ; il est nécessaire de donner le témoignage de l'Évangile non seulement avec des mots, mais avec des œuvres. » « *Oui*, répond-il à Balista... *J'irai après les Indes* », où il s'envole le jour de Noël 1958.

Durant deux mois, amis, ambassadeurs, politiques et prélats se l'arrachent. Le magnétisme opère à nouveau. La pugnacité est retrouvée. On regorge de projets à la suite de l'IRAM et de la toute nouvelle Fondation mondiale contre la misère et la faim, où militent, avec Yves Goussault et Jean-Claude Arès, les avocats Habicht et Bernasconi, et des célébrités : Josué de Castro, le docteur Schweitzer...

Pierre caresse le projet d'un voyage en Amérique... La hiérarchie garde un mauvais souvenir du premier et les prélats font grise mine. Mais peut-on s'y opposer, sauf à avouer une volonté de le tenir encore en tutelle ? Le fondateur est déchu temporairement. On n'a pu démettre le prophète.

L'abbé s'installe, avec Lucie Coutaz, à Charenton. Il évite les Bourdonnais, résolu désormais à privilégier son rôle de prophète mondial. « *Pour le vote lors de cette prochaine assemblée, mon indifférence est réelle. Ce sera dommage à certains égards, mais point pour moi.* » Il ironise : « *Veuillez me dire la directive... J'accepterai tout, sauf ce qui ressemblerait à de la dégradation psychologique... Plus jamais je ne serai changé en objet d'essais vétérinaires*[1]. »

« J'ai eu tort, confie-t-il encore à Jacques Vreck, de laisser l'irritation grandir en moi, mais il y a eu tout ce drame. Alors, vois-tu, dire *mea culpa*, je veux bien, quand c'est vrai et quand cela peut aider au bien commun.

1. Lettre au père Jacques, janvier 1959.

Faciliter à tous une évolution saine vers une forme nouvelle de mon propre service et des tâches de chacun, qui... Bah, à Notre Dame, tous les jours, je confie toute cette bande de gosses que nous restons tous. »

— Gardez vos responsabilités, leur répète-t-il par apaisement.

— Mais, Père, lui dit un membre de l'état-major, quelle garantie avons-nous que, lorsque vous serez au loin, vous ne retomberez pas malade ?

« Mon Dieu, quand ils m'ont vu malade, ils ont eu exactement la même réaction que s'ils avaient senti un pickpocket leur tirer leur portefeuille. L'abbé Pierre, c'était leur noblesse. L'abbé Pierre qui flanchait... on les dépouillait [1]. »

À la polémique, il préfère le doux abandon de l'*Hymne de l'aube* : « Le matin, l'aurore gagne maintenant l'horizon, le jour glisse sur la terre, la lumière rejaillit en rayons et s'éloigne toute tentation. Que maintenant disparaissent les illusions de la nuit, que s'évanouissent les feuillures de l'esprit, que s'efface toute faute introduite à la faveur des ténèbres, pour que ce dernier matin que nous attendons en priant nous soit source de lumière aux notes de ce même chant. »

La conspiration médico-spirituelle n'a pas réussi à enfermer Pierre dans le cadre doré dévolu aux images pieuses. Il renaît, sans avoir rien renié de l'essentiel. De son apothéose prophétique à l'étranger, on voudra se servir pour justifier la lenteur de son retour en France. À défaut de réussir à dissiper les critiques — envers du mythe — contre sa personne et son œuvre, l'Union centrale en profitera pour accomplir, dans la discrétion, les premiers gestes d'une authentique réforme, qui doit conforter Emmaüs dans ses fondations sans en abolir l'âme ; du moins l'espèrent-ils.

---

1. Entretien avec l'abbé Pierre.

QUATRIÈME PARTIE

RÉSURRECTION

1

L'Or et la Vie

Au tournant des années soixante, on se plaît à souligner les devoirs des nations riches envers les peuples « sous-développés ». Même le candidat à une modeste élection municipale se doit d'en parler. Les « grands » de ce monde en dissertent à longueur de conférences. Désormais, l'abbé Pierre ne crie plus dans le désert. Il n'est plus seul.

« Ce qui est en cause, c'est la perpétuation aggravée, chaque jour, ou l'arrêt, de la profanation de milliards d'êtres humains, innocents et tantôt broyés, tantôt dédaignés, par les jouissances de quelques privilégiés incapables de comprendre l'ignominie de tout privilège ne répondant pas à un service équivalent permanent. Ce qui est en cause, c'est ce crime et, simultanément, la nécessaire conversion, la guérison de l'Occident gâté et abusif à force d'aveuglement, ou bien la fulgurante précipitation, jusqu'à son terme misérable, de l'agonie sans grandeur dans laquelle il est engagé, comme s'y trouvent engagées, en toute époque de crise humaine profonde, face à des souffrances innombrables et accrues, toutes les libertés soustraites à la seule réalité qui peut les éclairer, les unir, leur assurer force et efficience, la réalité d'un amour souverain, des faims et soifs de justice sans lesquels... toute liberté n'est bientôt plus que farce. »

Aux côtés des grands organismes mondiaux, des fondations privées poussent comme des champignons, rassemblements d'élites morales et de compétences. Le 16 mai 1959, à Montréal, le prophète s'allie aux experts. L'abbé Pierre, Josué de Castro et le RP Lebret créent la Fondation mondiale contre la misère et la faim. Incontournable trio auquel se joindront Vinoba Bhave, disciple de Gandhi et conscience de l'Orient, et le célèbre docteur Schweitzer. La Fondation végétera faute de financements, mais son esprit illustre la prise de conscience d'une ère nouvelle.

Au cours de la décennie précédente, on a découvert avec stupéfaction le phénomène de la pauvreté massive [1]. La naissance d'Emmaüs, en 1949, a coïncidé avec la prise de conscience d'une terrible réalité, chiffrée grâce aux techniques les plus modernes : les deux tiers de l'humanité vivent dans des conditions infrahumaines. Le revenu par habitant, oscillant entre 1 500 et 700 dollars dans les pays riches, atteint à peine 50 dollars dans les pays pauvres. Quant à l'espérance de vie, elle est respectivement de 65 et de 34 ans [2] !

Les Occidentaux ont tout d'abord du mal à y croire. N'ont-ils pas adhéré au mythe d'un progrès universel et égal pour tous ? L'étonnement s'accroît devant une autre évidence : la foule des pauvres qui vivent dans les pays riches... La prise de conscience se fait, mais avec lenteur. Aux États-Unis règne l'autosatisfaction. Les Américains n'ont-ils pas sauvé l'Europe du nazisme et circonscrit le péril communiste ? Leur pays n'est-il pas le pays le plus riche et le plus généreux du monde, doté d'une démocratie digne d'être exposée comme un modèle ? Pourtant, peu à peu, les certitudes vacillent. Sous Eisenhower, l'Américain est bouffi d'aise. Puis, tout d'un coup, il s'interroge. Kennedy, encore candidat,

1. José Balista, *op. cit.*
2. Chiffres de l'ONU de 1950.

lui assène un électrochoc dans son discours de Detroit, le 5 septembre 1960 : « L'heure de la satisfaction béate, de la timidité ou de l'indécision est passée. Voici venue l'heure du courage et de l'action. »

S'agit-il d'une bonne blague ou faudra-t-il vraiment ouvrir les yeux ?

Une brochette d'experts, Harrington, Kayserling, Galbraith, rendent aussitôt leur verdict : 20 % des Américains, soit 35 millions de citoyens, sont des *pauvres*. Ailleurs, se multiplient les mêmes constats : non seulement il existe partout chez les riches de grandes inégalités entre les revenus, mais ces inégalités ont tendance à s'accroître. Surpris, le « monde riche » soulève le voile pudique de cette double réalité : d'une part, il est des nations très pauvres ; d'autre part, on peut vivre très pauvre dans des pays riches. Le tiers monde, réalité d'horreurs infrahumaines, vient de naître. Et point à l'horizon le quart monde, encore désigné sous d'autres appellations : pauvres, marginaux, plus défavorisés, laissés-pour-compte, exclus, parias, oubliés...

Alors resurgit un sentiment vieux comme le monde, qui a fait le monde, comme disait Péguy : « Une préoccupation instinctive de l'humanité... un souci persistant à travers toutes les civilisations : la *fraternité* envers les misérables. D'âge en âge, la fraternité, qu'elle revête la forme de la charité ou la forme de la solidarité ; qu'elle s'exerce envers l'hôte au nom de Zeus hospitalier, qu'elle accueille le misérable comme une figure de Jésus-Christ, ou qu'elle fasse établir pour des ouvriers un minimum de salaire... Cette fraternité est un sentiment vivace, impérissable, humain... Un vieux sentiment qui, de longtemps antérieur aux civilisations antiques, s'est maintenu dans la civilisation chrétienne et sans doute s'épanouira dans la civilisation moderne... »

Les savants s'attellent à la tâche. Cette misère, pour la combattre, il faut la connaître, la comprendre. Or, elle est infiniment complexe. Voilà ce que découvre

Josué de Castro, Brésilien, directeur de la FAO, et qu'il expose dans *Géopolitique de la faim*, ce que clame le père Lebret dans *Suicide ou Survie de l'Occident*.

Certes, la misère « massive » des pays pauvres est en évidente liaison avec les économies, les politiques, les sociétés. La misère « relative » dans les pays riches est le résultat complexe de causes économiques, psychologiques, et de pratiques socioculturelles enchevêtrées. Ce qui est sûr, c'est qu'il ne s'agit pas d'un phénomène marginal, « philosophiquement » programmé, mais d'un produit, d'une conséquence. On n'a pas davantage affaire à un concept, une représentation mentale, une généralité dans les nuées. Ceux que la misère accable sont des hommes, des femmes, des enfants, des familles ; des êtres de chair et de sang, *des êtres humains*. Misère poignante, qui se voit, celle qui crie :

— Moi qui manque du minimum indispensable pour vivre, qui ne sais pas, qui ne peux pas, je m'adresse à toi qui ne manques de rien, toi qui sais, qui peux...

Cette misère, on l'entend, on la sent. Elle écœure... Sale, malodorante, désagréable, dégoûtante... Accumulée, elle se corrompt et pue comme des déchets. D'instinct, on essaie de la fuir, de la repousser grâce à cette pièce de monnaie *jetée*, pour ne pas l'effleurer, dans la main du misérable. Serait-elle contagieuse... On peut aussi s'arrêter, ne pas détourner le regard, s'approcher, toucher, écouter, parler, sourire... Se réveille alors la vieille fraternité qui sommeille en chacun de nous parce que nous devons conserver ce que nous possédons, devenir meilleurs que nous ne sommes déjà ; là est notre peur et notre malédiction. Ce pauvre, là, devant moi, il ne sait pas, il ne peut pas attendre. Il souffre. Cette souffrance, il faut la soulager aujourd'hui ou jamais. Demain, il sera trop tard. Demain, cet homme, cette femme, cet enfant seront morts ou désespérés ; cette personnalité, ce cœur, cette cervelle d'homme auront été détruits ; cette famille sera disloquée. Si l'on n'a aucune solution immédiate, devant ce pauvre, on court un risque immense. Celui de sombrer dans la spirale de la misère d'où l'on ne sort plus, cette « fatalité » à partir de laquelle elle se transmet, contagieuse, « génétique », de père en fils.

Ce pauvre-là, de chair et d'os, c'est Georges ; le Georges d'Emmaüs et tous les Georges d'Europe, d'Amérique, d'Afrique, d'Asie, regardés avec ce même regard : le regard de l'Amour ; celui de l'abbé Pierre. Ce pauvre-là, c'est celui de Pomponne, des taudis, des bidonvilles, des *callampas*, des *favelas*, des *villas-miseria*, celui des pays riches et celui des pays pauvres. Couleur, race, religion, culture ou langue n'y font rien : la misère a toujours le même visage, emploie le même langage et s'adresse au même interlocuteur : *le frère*. Ce frère qui lui parle est-il savant, politique, religieux ? Elle l'ignore ; il est *le frère*.

Pierre s'était laissé glissé auprès de ceux des catacombes, des sans-logis de France, hasardant ses pas dans ce sous-monde... On ne sait pas bien où il se trouve, ou bien on le sait par ouï-dire... À sa suite, il faut s'y laisser glisser, lentement ; découvrir.

— Je n'avais jamais vu une expulsion.

Cette parole de Pierre en rejoint une autre :

— Il faut avouer que jusqu'à ce jour, j'étais aveugle. J'ai près de moi tant de gens dont la vie est infernale. Je ne l'ai pas vu. Simplement parce que les pauvres ont la pudeur de ne pas crier leurs souffrances sur les toits.

Soudain, on l'a vu, le pauvre. On l'a touché, on lui a parlé, souri. On perd le repos. On crève du remords de jouir de son petit confort. Seuls, nous ne pouvons rien ; il faut que d'autres la perdent aussi, leur belle tranquillité, pour nous associer et dire que ce misérable n'est ni un chiffon ni une abstraction, mais un corps, un visage, un cœur, un regard. « Il frappe ; je lui ouvre. »

Cela fait dix ans que l'abbé Pierre a découvert cela,

qu'Emmaüs est né. Et le fait de savoir commence à ébranler ceux qui savent : gouvernements et pouvoirs en place. S'élabore une stratégie de plans à court, moyen ou long terme, avec la complicité mobilisatrice des médias. L'ONU déclare la guerre au fléau, à l'unanimité, dans sa résolution 1710 du 19 décembre 1961. Texte pionnier : de 1960 à 1970, les pays riches multiplieront leur aide aux pays pauvres jusqu'à susciter chez eux une croissance de 5 % ! Ce qui nécessite de la part des riches le sacrifice de 1 % de leur PNB ! Commence ainsi l'offensive massive des Nations unies, Alliée à ses « filiales » : UNICEF, BIRD, SFI, IDA, OMS, FAO, UNESCO, CNUCED, l'organisation internationale mobilise des milliers d'ingénieurs, de scientifiques, de techniciens et d'experts, médiateurs entre le « Nord et le Sud »... Comme un avatar d'un commencement d'oubli de soi, on prône dans les pays riches l'abandon d'une partie du libéralisme à l'ancienne, celui qui ne songe qu'à la liberté individuelle, pour un peu plus d'État fort, nécessaire à la stimulation d'une croissance qui rendra plus efficace l'offensive mondiale contre la misère. Dans les mêmes pays, sécurité et assistance sociales sont dopées. Les Églises, catholiques ou protestantes, se mêlent au combat. C'est alors que naissent Caritas, Justice et Paix, L'Union des Églises, Misereor, Catholic Welfare Conference, le CCFD.

Les pays pauvres devront, pour leur part, réorganiser leur appareil d'État et accomplir deux réformes majeures, la réforme agraire et la réforme fiscale ; mais aussi promouvoir l'enseignement technique, combattre l'analphabétisme, lutter contre les maladies endémiques, développer les logements populaires. Les pays riches les soutiendront avec des dons et des prêts. C'est comme une atmosphère de croisade. Tous, savants, journalistes, techniciens et... prophètes parlent de la misère.

Par quelle bizarrerie l'abbé Pierre se serait-il détourné de sa voie alors que pullulent éveilleurs de conscience, assoiffés d'Absolu, désillusionnés enthousiastes, modernes Bernard de Clairvaux parlant au nom de la charité, de la fraternité, de la raison, ou de la survie de l'espèce ?

De cette offensive générale, on attendait beaucoup. Une solidarité semblait se mettre en place à l'échelle planétaire. Pourquoi, alors, cette déception, dix ans plus tard ? Le fossé entre riches et pauvres, loin de se réduire, s'est accru. En 1960, la moitié de l'humanité vivait dans une misère absolue. Mais, en 1970, l'objectif des 5 % de croissance pour les pauvres n'a pas été atteint. L'aide des riches ne correspond toujours pas à 1 % du PNB — elle ne dépassera jamais 0,7 % ! La dette des pays pauvres s'est de son côté accrue de 114 % entre 1960 et 1968, passant de 21 600 à 47 500 millions de dollars. Il n'y a là rien d'étonnant : 71 % de l'aide sont constitués de prêts avec intérêts moyens de 3,7 %, payables sur vingt-trois ans environ. Ce qui signifie l'équivalent de 11 % de leurs valeurs d'exportations pour les pays d'Afrique, 13 % pour ceux d'Amérique latine [1].

Le geste des nations développées n'est qu'une aumône, se hâtent de dénoncer certains... Les riches ne deviennent-ils pas de plus en plus riches ? C'est là une vue un peu rapide. Il faut remarquer aussi que les progrès dans les domaines de l'éducation et de la santé ont été colossaux et ont, dès lors, permis que se vérifie la prédiction d'Einstein : une explosion démographique sans précédent. Dans le tiers monde, on retarde la mort, sans pouvoir empêcher de naître...

On dresse le même constat d'échec sur la réduction de la pauvreté au sein des nations riches. Réponse des experts : « Les objectifs de civilisation aux États-Unis — maximisation du profit et profit individuel — sont

1. Cf. les études de L.B. Pearson, R. Prebisch et J. Jackson, menées à la demande du BIRD et des Nations unies.

des propagateurs de pauvreté, la pauvreté étant elle-même propagateur de croissance. Tant que ces objectifs ne sont pas remis en cause, comment éliminer la pauvreté d'avoir, comme la pauvreté d'être [1] ? »

« Alors, moi, d'Emmaüs, disciple de la Loi des Lois, du cri : "Sers premier le plus souffrant", que puis-je faire ? Je n'ai ni programme ni plan. Je ne possède rien. Je sais seulement comment agir face à chaque pauvre qui m'arrête. Cette révolution en nous-même, cette colère d'Amour qui m'interdit de fuir, qui m'oblige à aller chercher le pauvre là où il se terre, stimulera mon imagination, me fera trouver des solutions. Mon acte est de charité ; la charité, cette quintessence du message chrétien, *le* chemin tracé par saint Paul : "Quand je parlerais les langues des hommes et des anges, si je n'ai pas la charité, je ne suis qu'airain qui sonne ou cymbale qui retentit [2]" ; la charité dont parle le Christ : "Venez... car j'ai eu faim et vous m'avez donné à manger ; j'ai eu soif et vous m'avez donné à boire ; j'ai été sans gîte et vous m'avez recueilli ; nu et vous m'avez vêtu ; malade et vous m'avez visité ; en prison, et vous êtes venus me voir [3]." Moi, d'Emmaüs, je *fais* de cette charité ma « loi de vie ». Ce qui compte n'est plus « avoir toujours davantage » ; « jouir toujours davantage »... C'est d'un "autre ordre", comme disait Pascal. Je ne possède aucune solution miracle pour supprimer la misère de la terre, mais je sais que rien ne sera efficace sans cette révolution intérieure en chaque être. Je sais aussi que la pauvreté est muette et le pouvoir aveugle ; que le pauvre ne parlera pas ; que je ne l'obligerai pas à parler. "La fraternité est le contraire de l'humiliation", écrit Mal-

1. Chevallier, *La Pauvreté aux États-Unis*, 1971.
2. Première épître aux Corinthiens, 13, 1.
3. Saint Matthieu, 25, 34-36.

raux... Il est humiliant d'*avouer* son malheur ; malheur accumulé, cousu en mailles serrées. Si on commence à parler, vite on se trouve à nu... Le pauvre sait bien qu'il lui faudrait *tout* dire des faiblesses que l'homme veut garder secrètes. Alors, pudique, il reste silencieux. D'ailleurs, est-il utile pour lui de parler ? Il connaît d'instinct les règles du jeu, celles de la vie sur la terre : s'il n'a rien donné, il n'a aucun droit à demander. Il sait qu'au mieux on le fera survivre ; qu'on ne l'aidera pas à vivre. Le pauvre est sans voix, mais aussi sans vision d'un destin en commun, d'une lutte commune à mener pour exiger la reconnaissance de ses droits en tant qu'être humain ; il ne s'organise pas si ce n'est de façon primaire, rudimentaire, toujours hors organisation. D'ailleurs, même les organisations populaires, les syndicats, par exemple, les considèrent comme de la "populace", capable de n'importe quelle trahison en échange d'un morceau de pain dur qui calmera sa faim.

« De son côté, le pouvoir est aveugle. Depuis le début des temps, on voit dans le pauvre la preuve d'une ignominie, d'une malédiction de Dieu. Le pauvre est tellement raté par rapport à nous, gens de confort, qu'il faut bien qu'il y ait faute de sa part. Notre civilisation a fait se marier durablement pouvoir et argent. Alors, même des gens de qualité, arrivés à un certain degré d'opulence ou de puissance, deviennent peu à peu insensibles aux souffrances des autres. Ils craignent que la misère vienne éclabousser leur bonne conscience, leur donner des remords.

« Un gouffre s'est creusé entre le privilégié et le pauvre. Moi, d'Emmaüs, je m'installe entre eux deux ; je suis la voix de celui qui est en bas et je le lance ce défi : "Si moi, pauvre, ne disposant que de moyens limités, je réussis à aider les plus nus que moi, toi le nanti, que ne pourrais-tu faire si tu ouvrais tes yeux pour voir et ton cœur pour entendre..." »

D'un bout du monde à l'autre, ceux d'Emmaüs n'ont été ni surpris ni découragés devant le relatif échec de l'offensive mondiale contre la misère déclenchée par les Nations unies. Les dollars et les experts ne suffisent pas si ne s'instaure pas, entre le riche et le pauvre, un dialogue vrai, ouvert, sans crainte de représailles :

— Tu m'exploites.

— C'est vrai, je t'exploite.

Et de répondre, tous deux d'une seule voix :

— Nous ne pouvons plus continuer comme ça, nous sommes frères.

L'évolution d'Emmaüs au tournant des années soixante ne peut que surprendre. Des voix s'étaient élevées pour dire :

— Ce mouvement hors du commun ne peut vivre que parce qu'il y a un phénomène pour le porter : l'abbé Pierre. Lui malade, tout va s'écrouler.

On se trompait. « C'est bien là pour moi la plus merveilleuse raison d'espérer », songe le fondateur. Depuis la rencontre du « gosse de riche » et du désespéré, il y a dix ans, l'arbre a grandi. En France, menacé, il s'est consolidé. Ailleurs, c'est l'efflorescence. Au plus lointain, partout où on a froid et mal, où la souffrance a griffé son empreinte, naissent des groupes frères de celui du 38, avenue Paul-Doumer.

La présence de l'abbé, qui court le monde, les conforte. Son aura, sortie inentamée de la maladie, son magnétisme et son discours à l'inimitable densité, font de lui leur prophète incontesté. Mais si Pierre continue avec acharnement son travail d'animation, si Emmaüs de France aide matériellement les groupes à l'étranger à naître et à croître, chaque Emmaüs a ses origines propres et son histoire. Il est cependant extraordinaire que, sans information ni message, ces naissances se fassent toutes sous le même signe : la rencontre vitale avec le pauvre et, à travers lui, avec tous les pauvres ;

cette rencontre de deux hommes dont l'un ne manque de rien tandis que l'autre manque de tout, jusqu'à perdre l'envie de vivre. À l'origine de chaque fondation d'Emmaüs, on trouve la même « conversion » du cœur. Et, à chaque fois, il n'est, pour ce groupe naissant, ni plan, ni argent, ni ressources probables et futures, mais aventure.

On *trouve* l'argent quand il le faut, pour le lendemain... On fait *ce que l'on peut* en réponse à l'urgence. D'organisation, on ne veut point, de crainte qu'elle retarde l'action, refroidisse l'enthousiasme.

À l'imitation de la France, on n'y consentira que pas à pas, juste pour éviter la scission ou la disparition. L'esprit domine l'ordre. La mystique d'Emmaüs guide sa pratique. Elle est le cœur qui nourrit l'arbre de sa sève, la nature de l'acte fondateur l'empêchera de mourir vraiment... Si, par maléfice, il disparaissait, il suffirait de la simple rencontre de celui qui possède, qui ne peut vivre heureux sans les autres, avec un autre qui est désespéré, tous deux décidant de se regarder en amis, de travailler ensemble pour servir d'autres encore plus misérables... Et tout Emmaüs renaîtrait...

Aux volontaires dont, partout, il requiert la force, l'âme et l'action, Pierre glisse certains secrets issus de sa propre vie, pour les avertir des dangers :

— Si toi, religieux ou laïc, tu as la tripe de t'immerger *seul* parmi les pauvres, hors de toute communauté, sans l'appui loyal d'un pouvoir — d'Église ou d'État —, tu mesureras vite ton impuissance, la leur, l'indifférence alentour et tu t'autodétruiras... Pour bien servir, tu devras sortir indemne, physiquement, psychiquement, moralement, de crises personnelles, tu passeras de l'illusion à la désillusion... Tu ne trouveras l'équilibre qu'en t'acceptant toi-même tel que tu es, en acceptant les pauvres tels qu'ils sont et la société telle qu'elle est. Dis-toi : "Je ne suis pas parfait, mais je ne veux pas attendre pour faire du bien." Défie-toi du mythe, de ce que l'on appelle la "glorification de l'apôtre." Le mythe oblige à des concessions sans lesquelles les puissants et l'opinion vous trahissent. Et alors on reste seul avec ses pauvres. Défais-toi de l'idée d'œuvres démesurées ; il y faut beaucoup d'argent. Pour le conquérir, il est nécessaire de perdre une part de son âme. Reste essentiellement, par tes actes, éveilleur de conscience, et fais entendre la voix des sans-voix. »

Un jour, dans son avion qui tourne en rond dans les airs, comme un oiseau blessé par la mousson qui se déchaîne au-dessus de Bombay, l'abbé Pierre se sent soudain appelé à répondre à cette seule question : « Pourquoi suis-je né ? Ai-je choisi assez d'aimer ? » C'est la question fondatrice qu'il faut se poser non seulement dans les vingt-cinq communautés de France, mais dans celles de Hollande, de Belgique, d'Allemagne, de Finlande, d'Italie, de Norvège, de Suède, de Suisse, d'Argentine, du Canada, du Chili, du Pérou, d'Uruguay, de Corée, du Japon, du Liban...

Pourquoi Emmaüs a-t-il vu le jour précisément là, dans ces pays, sous ces latitudes, dans des pays riches et dans des pays pauvres, dans des pays catholiques ou protestants, sous des démocraties aussi bien que sous des dictatures ? Loi de l'aventure et du mystère de la rencontre. L'abbé Pierre sillonne tous ces pays à l'invitation des amis, des pouvoirs, des évêques, des prêtres. Au cours de cinq cents réunions publiques en deux ans et d'une foule d'entretiens privés, dans quarante pays différents, il répétera le même et simple message : « Si les peuples libres ne se placent pas immédiatement en état de guerre, avec tout ce que cela comporte d'exigence de sacrifices gratuits et, s'il le faut, héroïques, face à la misère, leur destin est dès lors joué. Ils seront balayés sous la conjonction de la misère et de la terreur des polices politiques et des dictatures. »

L'homme est, tel Lazare, sorti du tombeau en 1958.

Maigre et blême, il porte une soutane poussiéreuse. Il se tient tassé, la tête un peu penchée sur le côté. La barbe légendaire entoure son visage émacié. Il s'appuie un peu plus sur sa canne de bois. Le sourire est bien vivant, sourire des lèvres et des yeux ; celui de l'enfant, dont le Christ a dit : « Ils n'entreront pas dans le royaume des cieux s'ils ne ressemblent pas à des petits enfants. » Ce miraculé va et vient dans son univers de déshérités.

Mardi, Genève. Mercredi, Rome. Jeudi, Beyrouth. Samedi, Tokyo... Une sarabande de noms lointains : Santiago, Montréal, Rio, Delhi... d'aéroports immenses. Entre un voyage parmi les huttes d'Afrique où on soigne les lépreux et un autre dans les *villas-miseria* d'Amérique latine, il fait halte dans sa chambre-bureau, au quatrième étage d'un immeuble de Charenton, meublée d'un lit de fer, d'une table de bois blanc, d'une chaise et d'un téléphone... Il écoute la rumeur d'Emmaüs : marais asséchés à Beyrouth ; plans d'urbanisme dressés à Kobé-Osaka ; sauvetage de quatre cents petits enfants abandonnés sur une montagne d'ordures de Lima ; des lépreux soignés au Cameroun ; des gueux d'Argentine aidés par de jeunes volontaires de Montréal ; quinze mille malades soignés au dispensaire de Pondichéry... Au Pakistan, Emmaüs est sollicité par le père Pire, qui a fondé une « île de la paix » ; Albert Schweitzer invite pour la troisième fois Pierre à Lambaréné, avant de mourir. Auparavant, il visitera le bidonville algérien de Nanterre et partira en Dordogne installer un camp de rapatriés d'Algérie... Partout, il parle à la jeunesse. Pour cette guerre, Emmaüs a besoin de volontaires.

1958. Stockholm. La presse titre à la une : « Le malheur des heureux. » On s'interroge : « Chaque semaine, trois mille jeunes Suédois se révoltent sans cause contre l'ordre établi. Ont-ils la nostalgie de la lutte pour la vie ? Ils envahissent les rues, frappent les passants, brisent vitrines et voitures, souillent les pierres tombales entourant les églises... La police les charge, sabre au clair, se bat à un contre dix, au corps à corps... Des rebelles sans cause ? » questionne le correspondant du *Monde*.

Au Danemark, on constate une vague de suicides parmi les adolescents. De quel signe se vêt ce désespoir ? Celui de Hamlet ? Peut-être... Mais il ne frappe pas seulement la jeunesse scandinave. Tous les adolescents des pays riches du monde semblent atteints. Experts, psychiatres, psychologues, sociologues se penchent à leur chevet et collectent les faits. Parmi eux, ces deux-là, si caractéristiques, qui ont pour théâtre deux lycées.

Un après-midi, quatre filles jouent aux petits papiers. Sur chacun, une phrase : « Je me suiciderai. » « Je prendrai un amant. » « Je volerai. » « Je serai sage. » Elles tirent, chacune, leur « destin », et s'y conforment ! Isabelle avale des barbituriques et se taillade le poignet ; Marie vole sa surveillante ; Janine reste sage ; Annie — quinze ans — prend non pas un amant mais six, en faisant de l'autostop avec des officiers américains. Parce qu'elle s'en glorifie, on la renvoie du lycée. Voilà ce qu'elle écrit à un camarade : « Eh oui, *out*, bah ! L'attitude des parents ? Baffe stridente du paternel et de la mother au bord de la crise de nerfs. Puis changement après avertissement téléphonique : "J'ai décidé de me zigouiller !" Les parents deviennent tout miel, tout sucre. Finie donc la morale. On me fout la paix. »

Autre décor : un lycée de garçons. Un élève de dix-sept ans s'explique avec un autre, devant un groupe.

— Un type courageux, c'est un type qui se tue ; toi tu n'oserais pas !

La bande le met au défi ; le garçon rentre chez lui, attend que tout le monde soit couché, place un oreiller sur le réchaud, dans la cuisine, approche une chaise, appuie sa tête sur le coussin, ouvre le robinet du gaz... Le lendemain, on le retrouve mort. À côté de lui, un simple papier : « J'ai gagné le pari. »...

Un juge d'instruction d'Arpajon parle à un blouson

noir de la douleur qu'éprouveront ses parents lorsqu'ils apprendront ses tristes exploits.

— Les vieux ? Qu'ils crèvent, répond le jeune.

Aux États-Unis, des *teenagers* vont *looking for a head*, à la « chasse aux têtes », et leurs gangs s'entre-tuent. Dans les grandes villes américaines, on institue un couvre-feu pour les mineurs. À Londres, des *Teddyboys* matraquent les gens de couleur. En Belgique, des « vestes de cuir » et en Hollande des *Windgammers* prennent d'assaut les postes de police. À Stockholm, les *raggare* lancent des cocktails Molotov. À Tokyo, des étudiants molestent leurs professeurs. À Moscou, les *Stiliaguine* aux cheveux longs et aux pantalons étroits déshonorent Marx et Lénine. On les appelle *Asphalt Jungle* aux États-Unis, *Vitteloni* en Italie, *Nozesse* aux Pays-Bas, *Bodgies and Widges* en Australie, *Taï Pan* et *Liu Mang* en Chine, *Tsotsis* en Union Sud-Africaine, *Taïko-Zoku* au Japon ; tous déclarent la guerre à la société.

Qu'ont-ils donc comme « rage au ventre » et dans le cœur ? Rien ne l'exprime mieux que cette lettre, véritable jet de flammes qui résume tout. Elle émane d'un garçon de dix-huit ans, futur ingénieur, qui écrit à un prêtre : « *Cette jeunesse ? Elle ne veut pas de baratin, on s'est trop foutu de sa gueule. On a fait trop de guerres... Elle s'étourdit, elle cherche à oublier, elle boit à flots les rythmes qu'on lui apporte, on la saoule et elle le veut bien. Elle ne dit rien, pas encore. Le jour où elle se révoltera, malheur à ceux qui disent qu'elle est pourrie. Car ce sont eux et eux seuls qui l'ont perdue, si elle l'est vraiment ! Elle a soif d'idéal... soif d'un monde où enfin les gens s'arrêteront de se taper dessus. Ne nous enlevez pas nos espoirs, vous, les aînés. Ne nous tuez pas, quoique ce ne serait peut-être pas difficile ! Mais où peut-elle trouver la vérité et d'abord, qu'est-ce que c'est que votre vérité ? Si elle ressemble à celle que l'on appelle liberté, alors, gardez-la ! Je n'en veux pas, je n'y crois et je ne veux pas y croire. Les hommes l'ont tellement faussée. Tout est faux en ce monde, tout se cache derrière un masque.* »

L'abbé Pierre ne semblait-il pas renchérir sur les propos de ce jeune homme quand il écrivait à Eisenhower : « *Si les peuples libres ne sont pas capables, pour la guerre à la misère, de demander à leur jeunesse autant d'héroïsme qu'ils lui en ont demandé pendant la guerre à la tyrannie, ce n'était pas la peine de demander à cette jeunesse de donner son sang, car alors la liberté victorieuse n'est déjà plus qu'un cadavre*[1]. »

Qui a le droit de les condamner ? Oui, ils sont responsables face à l'appel de la vie, ces garçons et ces filles qui se jettent dans l'absurde. Oui, il faut affirmer, inlassablement, répéter à tout adolescent la vérité exaltante telle que « me l'écrivait jadis, quand j'avais quinze ans et qu'il en avait seize, celui qui devait douze ans plus tard, pendant la guerre, tomber héroïquement en tentant de s'interposer, officier méhariste, seul, entre des frères qui allaient s'entretuer, François Garbit : "Regarde, vois comment chacun fait ce qu'il veut dans la vie. Les uns la traînent dans la boue. En quoi salissent-ils la nôtre ? Ils nous montrent comment on peut la rendre ignoble. Profitons de la leçon et faisons-la splendide". »

Mais l'appel de la vie, comment se fait-il entendre, dans les familles et dans les nations ? Quelles cultures, quelles éducations, quelles morales, quelle politiques proposent-elles ? Quel avenir montrent-elles ? Est-ce à la beauté de la vie ou à la laideur de ses caricatures que tous ces enfants crachent leur mépris ? Qui donc ose affirmer que tout est lâcheté dans leur refus ? Nos sociétés ne présentent à leurs enfants, comme objets de colère, que des bagatelles et ne savent pas les diriger

1. Dédicace faite par l'abbé Pierre au président Eisenhower en 1955 sur un exemplaire du livre de Boris Simon : *Les Chiffonniers d'Emmaüs.*

vers les abandons où sont laissés des innocents. La morale ? Tout au plus une série d'interdits, au lieu de : « Tu aimeras » qui, seul, peut tout changer en vertu. Notre société, comme disait Péguy, n'offre aux fils des bâtisseurs de cathédrales d'autre fonction que celle de sacristains ! Doit-on s'étonner que ces fils finissent par jeter des pierres dans les vitraux du sanctuaire ?

Svalorna, les « Hirondelles ». Ce nom évoque la migration des oiseaux au-delà des frontières. Ce sont les premiers volontaires scandinaves. Des gars et des filles de vingt ans. Au candidat, on ne demande jamais :

— D'où viens-tu ? qu'est-ce que tu penses ?

On lui dit :

— Voilà les règles. Si tu les acceptes, tu peux rester.

Le hasard fait que les premiers volontaires sont issus d'un pays luthérien à 98 %. Le même hasard les conduit à travailler au Pérou, catholique à 98 % et d'un catholicisme pas toujours commode — à l'espagnole ! Ce n'est pas du jour au lendemain que se fait l'œcuménisme. Il se fera peut-être parce que ces six volontaires protestants s'occupent de cent soixante bébés catholiques, recueillis dans les montagnes d'ordures de Lima ; parce que chacun de ces bébés a son parrain ou sa marraine à Oslo, Bergen, ou Stockholm. Ni évangélisateurs ni missionnaires, ces jeunes sont des « œcuméniques d'amour ». Laver un petit bébé, cela ne se fait pas avec de l'eau catholique ou de l'eau protestante. Ces volontaires comprennent ce message de Gandhi : « Pourquoi les peuples pauvres auraient-ils peur de tout risquer, alors qu'ils n'ont rien à perdre ? » Et celui de l'abbé Pierre : « Est-ce que ce que nous appelons la valeur de la liberté sera capable de donner autant d'espérance que la brutalité des dictatures ? Dieu a fait l'homme libre parce qu'il n'y a pas d'Amour sans volontariat, un amour qui fasse dire : quand tu souffres, j'ai mal... »

Même des *raggare*, des blousons noirs suédois, semblent

l'avoir compris. Ils ont écouté Pierre dans le silence. Nulle question. Mais le soir, au téléphone, ce message :

— Mon père, on vient de téléphoner aux *Svalorna*... pour leur dire : « On fait, quand vous voulez, un grand ramassage de chiffonniers pour payer le bateau aux volontaires ! » À propos... cela vous ferait-il plaisir qu'on vous nomme « *raggare* d'honneur », avec médaille gravée ? »

Qu'est-ce que l'expérience de ce volontariat ? « Une forme d'incarnation pour la Rédemption »... Ce qui compte, ce n'est pas seulement de donner des dollars. Chez les pauvres, on accepte le dollar et on déteste le bienfaiteur ; et si celui-ci s'émeut, on peut lui rétorquer : « Existe-t-il un tarif pour se faire aimer ? » L'aide des États, des Nations unies, reste nécessaire. Il faut des travaux de développement, des barrages, des chemins de fer, des usines... À la condition de ne pas oublier le développement humain, que favorisent ces « grands programmes de petits travaux », ces milliers de crèches, d'écoles, de maisons, de toutes petites choses faites avec amour.

Au premier volontaire, un séminariste, venu travailler avec les chiffonniers, Pierre disait : « Ton engagement de volontaire, il commence à être vrai le lendemain du jour où tu as été dégoûté et où tu n'es pas parti. » Le pauvre regarde venir le garçon et la fille bien nourris, en bonne santé, avec leurs beaux habits, leurs beaux souliers, leur beau sourire. Il les accueille avec sympathie. Mais, d'instinct, il sait que sa pauvreté, sa saleté, seront difficiles à supporter. Il attend. Un jour, il voit le gars ou la fille triste. Il ne dit rien. Il comprend. « Si le lendemain, tu es encore là, tu es adopté... Même si, fils de milliardaire, tu repars après ton service et s'ils te voient un jour dans ta grosse auto de nabab, ça n'a plus d'importance. Tu restes leur frère. »

La joie du pauvre, c'est encore de se priver du peu

qu'il possède pour le donner à quelqu'un qui a plus que lui, et qu'il aime.

À Rio, Renée, une infirmière volontaire, vit avec les pauvres, comme les pauvres. Un jour arrive, toute heureuse, une très pauvre maman noire ; elle lui apporte un cadeau... un kilo de pommes de terre. Renée refuse :

— Tu as six petits enfants. Moi, j'ai assez.

La femme se met à pleurer :

— Alors moi, je n'aurai jamais la joie de pouvoir t'offrir quelque chose !

Le pauvre peut aimer le privilégié dont le privilège — santé, savoir, argent — sert aux autres. Là réside le défi du volontariat, ces « retraites de misère » accomplies pour un an ou deux. Sans cela, toute l'aide des Nations unies ne suffira pas. Emmaüs n'est ni un empire ni une multinationale ; l'abbé Pierre n'est ni Napoléon ni Rockefeller. Sa méthode se définit en deux mots : exemplarité et incitation : « Auriez-vous soulagé toutes les misères et donné à manger à tout le monde, tant que vous n'aurez pas suscité, au sein même du pays pauvre, un seul volontaire, par contagion, votre action n'aura servi à rien. » « C'est la première fois que je *vis* », écrit à Pierre une jeune volontaire du Pérou...

Au même moment, Kennedy déclare à ses « volontaires de la paix », les fameux *Kennedy Peace Corps* : « Les étrangers pensent que nous sommes des gens sots, gras et heureux. Ils doutent que nous soyons capables de modifier notre manière de vivre. Vous devez leur démontrer qu'il n'en est rien ! » Et Eisenhower raille : « Je propose de les envoyer dans la Lune qui est remarquablement sous-développée aussi... » Les volontaires de Kennedy ont un salaire. Ceux d'Emmaüs n'ont rien d'autre que ces mots : « Sans vous, *Svalorna* de Lund, de Stockholm, de Bergen et d'Ekinäs, tous les plans des Nations unies resteront humainement inefficaces ! »

Madeleine Herman a vingt-huit ans. Assistante sociale à Liège, puis à l'hôpital français de Londres, elle aspire à donner de son temps aux pauvres. Un jour, à Grenoble, elle rencontre l'abbé Pierre. Son choix est fait. Il l'oriente d'abord vers Alençon, sur l'Institut de l'abbé Esnault pour les enfants moralement abandonnés. Puis il lui parle de Pondichéry, en Inde, où, contre vents et marées, des religieuses françaises fondent maternités, dispensaires et orphelinats. Madeleine arrive à Oupalam en 1962. Ne cherchez pas Oupalam sur une carte. C'est une banlieue misérable de Pondichéry, un village de trois cent cinquante familles, un horrible camp du temps de paix. Ces foyers vivent à la belle étoile, de l'air du temps et d'un peu de riz. Ni calories ni espoir. Avec une roupie, on nourrit sa famille vingt-quatre heures. Mais la plupart des pères ne gagnent pas autant. Les femmes et les enfants d'Oupalam mangent donc un jour sur deux, ou sur trois.

« Ma première amie ? C'est une jeune Indienne de vingt-cinq ou trente ans, à moitié paralysée, abandonnée par son mari avec un gosse de trois ans. Elle n'a rien à manger. Les voisins, quand ils peuvent, lui donnent l'eau de cuisson de leur riz. Je n'ai pas encore vu sourire son petit garçon. »

Oupalam, creuset de misère.

Madeleine se rend à Pondichéry, communique son ardeur à de jeunes aristocrates indiennes. Ensemble, elles prennent en main le misérable hameau de terre rouge. Il y a une centaine d'enfants à l'orphelinat ; cinq ou six survivent.

On sort les lépreux des ghettos pour les soigner. Poules et poissons acheminés vers Oupalam donnent naissance à un embryon d'élevage. Madeleine n'a ni soutien ni moyens. Elle est seule avec la contagion de son ardeur. Cette contagion fait des miracles. L'ambulance qu'elle attend pour l'aider à soigner ses lépreux se heurte aux tracasseries de la douane indienne.

Nehru est alors en visite officielle à Pondichéry. Madeleine se joue de tous les obstacles, rencontre le Premier ministre, plaide sa cause. Une succession de coups de théâtre. Deux puits du village ont été repris aux moustiques pour être rendus aux hommes. Sept huttes surgissent de la terre rouge d'Oupalam. Il faut un mois de travail pour dix volontaires et 8 000 francs de mise de fonds pour réaliser ces constructions sommaires, d'argile pétrie coiffées de bambou et de feuilles de cocotier. Mais ce sont des palais pour ces mères et leurs enfants, habitués à dormir sur la terre nue, sous le regard des étoiles.

Tuberculeux, lépreux, galeux, ulcéreux défilent du matin au soir. « Juillet 1963 : j'ai examiné ce matin les cinquante-huit bébés de l'orphelinat. Je suis pourtant habituée à voir des choses vilaines, mais ce matin, j'en suis sortie carrément malade, d'avoir touché ces petits bouts qui, pour la plupart, sont dans un état si terrible, si atroce... Plusieurs gosses de deux ans ont des jambes grosses comme votre petit doigt. Regardez votre doigt et dites-vous : c'est une jambe d'enfant... Il faudrait quelqu'un à plein temps pour donner les soins... Les difficultés sont faites pour être abattues, non pour abattre... Aujourd'hui, une pauvre femme en pleurs est venue m'apporter son bébé. Elle ne peut plus le garder et vient me supplier de le prendre. Cela arrive assez souvent... Je lui ai dit : "Non, je ne peux pas." Quelques jours plus tard, il est mort... Je me sens responsable. L'on touche de si près les nécessités de ce peuple oublié de tous, de ce peuple vrai, qui ne tend pas la main et qui sait rester pauvre avec dignité. Ils ont besoin de nous, mais nous avons besoin d'eux car, par leur pauvreté, par leur simplicité, ils nous libèrent de nos petitesses et nous montrent le vrai sens de la vie. »

2

« Villas-miseria »

Maisons faites de briques simplement superposées, cabanes de planches jointes avec du carton, huttes accolées, consistant en un amoncellement de caisses à savon... Toits de tôle rouillée, de feuilles de palmiers ; ou pas de toit, comme à Lima, où il ne pleut jamais... Ailleurs, la boue, des ruisseaux d'eau bourbeuse coulant dans le dédale de masures innombrables. Les animaux y pataugent, les femmes y lavent leurs pauvres ustensiles de cuisine et y déversent les ordures.

L'ordure est partout, sous la terre emportée par les pluies, dans les passages étroits qui transforment le bidonville en labyrinthe. Elle fermente, empuantit l'air, brûle les pieds qui la foulent et les mains qui la fouillent. Le dépotoir est la ville des pauvres, leur refuge et leur prison. L'horizon est hérissé de gratte-ciel, sillonné d'autoroutes, clignotant d'enseignes. Au loin, ou en contrebas, des capitales s'étendent, bouleversées par d'immenses chantiers. On construit haut, on trace de triomphales avenues, on refait l'Amérique. On étouffe les vieilles beautés coloniales entre les mailles serrées d'une modernité de béton et de verre.

L'Amérique du Sud se développe à grands frais, à grand bruit, et la ville-dépotoir grossit plus vite que les immeubles orgueilleux ne sortent de terre. Face aux montagnes andines ou à la pampa argentine, à l'immense

Amazonie ou aux champs pétrolifères, les cités poussent comme des champignons et jettent au continent leur défi. Une pluie de dollars les rend attrayantes. Ici le pétrole, là les ruines, ailleurs le café ou l'élevage : la richesse varie d'un pays à l'autre. Elle demeure fragile, mais elle s'exhibe partout et la grande ville est sa vitrine. De la Cordillère et des ranchos, des plaines fertiles et des hauts plateaux désolés, les hommes se précipitent vers elle, fournissent les bras que son essor réclame. La ville prend leur travail autant qu'elle en a besoin, mais ne les accueille pas. Elle se bâtit grâce à eux, mais pas pour eux. Elle n'a à leur offrir, pour prix de leur sueur, que de minuscules salaires ; et pour les abriter, ses dépotoirs.

Ils sont des millions à s'y entasser, à l'ombre des gratte-ciel ; exclus d'une richesse promise et dissipée comme un mirage ; relégués à la lisière d'une prospérité qui les ignore ; condamnés par le progrès comme ils étaient condamnés par le progrès comme ils étaient condamnés avant le progrès. Éternels exploités du féodalisme agraire et de la colonisation, ils restent les exploités sans espoir de l'industrialisation et du développement national. Leur sort est pire encore : ils étaient pauvres, les voilà misérables. La ville a enfanté ce monstre à sa frontière : le bidonville.

Barriadas de Lima, *favelas* de Rio, *campellas* de Santiago... Les dénominations changent d'un pays à l'autre. Les bidonvilles de Montevideo reçoivent par dérision le nom d'un quartier résidentiel, mais la réalité, partout, est la même. Tragique. Seule Buenos Aires ose l'affubler de son véritable nom : *villas-miseria*.

Pourtant, en Argentine plus qu'ailleurs, les paysans croient au progrès et à la modernisation. La révolution péroniste leur promet la justice sociale. Eva Perón l'incarne, présidente issue du peuple, « sainte » vénérée par les *descamisados* (les sans-chemises). Elle est leur sœur à tous. Grâce à elle, au général Perón et au parti justicialiste, le peuple détient le pouvoir. Le pays s'industrialise, les *peones* quittent les gigantesques *haciendas*, les *gauchos* délaissent les troupeaux pour venir en ville. Mais ni Buenos Aires, ni Córdoba, ni Rosario, où vivent un tiers des Argentins après dix années de péronisme, n'ont de logements pour cette population déracinée. Les paysans sont devenus ouvriers mais ont perdu leur toit. Ils s'entassent à la périphérie des nouvelles métropoles, dans des villes-misère que la République s'ingénie d'abord à cacher. Un mur de cinq cents mètres de long dissimule aux regards le plus peuplé des bidonvilles de Buenos Aires. Derrière, trente mille personnes croupissent dans des baraquements d'infortune, sans électricité, ni eau courante, ni équipement sanitaire. En quelques années, les *villas* prolifèrent : on en compte plus de cent dans le grand Buenos Aires. Près d'un demi-million de personnes y survivent.

À Lima, dans les *barriadas*, ils sont cent vingt mille. Aux Indiens des Andes isolés sur les hauts plateaux et qui ont afflué vers la côte en quête de travail, on n'a pas promis la justice. Les descendants des anciens maîtres espagnols n'ont pour les descendants des Incas aucun autre projet que de perpétuer une ségrégation ancestrale. Le Pérou, riche de ses mines et de ses oasis agricoles, maintient la moitié de la population en état de servage. Les Péruviens ont le droit de vote : tous les Péruviens, sauf les analphabètes. Or, les trois quarts des Indiens sont analphabètes... Et à un jet de pierre des *barriadas* de l'extrême misère, la petite caste des grands propriétaires affiche sa colossale richesse dans ses palais de marbre et ses villas tapissées d'or.

De l'Argentine péroniste « au service du peuple », au Pérou féodal, l'Amérique latine présente une grande diversité de situations politiques, économiques et sociales. Mais la misère est le trait le plus commun du continent, la réalité qui, au-delà des inégalités de développement et des soubresauts politiques, unit l'ensemble des peuples. La ville-misère reflète partout le visage reconnaissable de la réalité humaine. D'un pays à l'autre, le même portrait de la souffrance saute aux yeux.

Les distances sont immenses. La dimension des territoires, pour un Européen, défie toute comparaison. Traverser l'Argentine, c'est aller de la Finlande au Maroc... Forêt amazonienne, cordillère des Andes, pampa, hauts plateaux et zones côtières, tous les paysages et tous les climats se succèdent, dans un incessant changement qui projette, en quelques heures d'avion, du niveau de la mer à quatre ou cinq mille mètres d'altitude, des riches prairies aux plateaux arides, de la jungle tropicale aux grandes concentrations urbaines. Mais, de toutes les impressions qu'on peut ressentir en parcourant ce continent, la plus frappante reste celle que procure le spectacle de la pauvreté « qui dépasse même la misère la plus noire ».

Indiens abrutis de coca et d'alcool, enfants loqueteux, malades faméliques, mendiants innombrables, ouvriers, mineurs, paysans confinés dans le dénuement... Tout est démesuré en Amérique latine : la beauté des sites, les contrastes, le chatoiement de la vie et la misère omniprésente.

« Misère croissante en nombre et misère croissante en rage », écrit Pierre au retour de son voyage de 1959 *(Faim et Soif*, n° 31).

Le progrès de la connaissance et de la technique, cette « explosion » dont parlait Einstein, change la nature de cette autre explosion, démographique, qui marque le XXe siècle. Désormais, ceux qui souffrent savent leur souffrance, la reconnaissent et la jugent imméritée. Dans les *barriadas* de Lima, les miséreux manquent de tout, mais louent des transistors. L'écho du monde autour d'eux, le vacarme de sa richesse et de son développement, aggravent leur souffrance. « Chaque Indien est un volcan plein de colère ! écrit un auteur péruvien. Analphabète, c'est lui qui écrira les prochains chapitres de l'histoire du pays. Muet, son cri retentira dans toute l'Amérique ! »

Des millions de volcans, sur tout le continent, menacent de se réveiller, « enragés par la souffrance de souffrir ». La révolution fermente, Cuba sera son avant-poste. Pierre, dès 1955, l'annonce : l'avenir du monde dépend du sort que l'on réservera à cette multitude. L'Amérique latine est l'enjeu de l'affrontement entre les deux blocs qui se partagent le pouvoir sur la planète. Révolution violente ou révolution pacifique de l'Amour ?

L'Église a donné l'alarme. L'Amérique latine est, depuis plus de quatre siècles, terre de mission. Le catholicisme s'y est imposé — et souvent avec quelle brutalité ! — dans la foulée de la conquête espagnole et portugaise. L'Église a plus qu'une mission : un devoir et une dette envers le continent. Après Pie XII, Jean XXIII voit dans l'avenir de celui-ci, « riche d'ineffables promesses », l'avenir de l'Église tout entière. Entre les matérialismes concurrents de l'Est et de l'Ouest, l'Église indique ici la voie d'un autre salut. Comme nulle part ailleurs, elle y développe une doctrine sociale. Le courant conciliaire qui la travaille en profondeur depuis la fin de la guerre trouve là son terrain d'action privilégié. Les évêques locaux en deviennent les meilleurs propagandistes, alliés aux prêtres missionnaires européens que le Vatican n'a de cesse d'encourager à partir. Partagée entre la crainte et l'espoir, l'Église se mobilise pour garder pied dans le continent et y promouvoir une espérance nouvelle. « L'avenir de ces vastes régions dépend de l'effort que nous consentirons en leur faveur », écrit Jean XXIII.

Le père Gérard Protain, au Pérou, n'a pas attendu l'*aggiornamento* conciliaire pour se consacrer corps et âme à la « révolution par l'Amour » au sein des plus misérables. « Ce ne sont pas les poissons qu'il faut changer, mais l'eau », affirme-t-il *(Faim et Soif*, n° 36) pour expliquer son apostolat. Et il témoigne de l'enfer de la *barriada*, où il s'est volontairement « interné ».

Six années durant, de 1956 à 1961, il s'est immergé dans une de ces villes-misère, ces cités de la désolation qui donnent « l'impression de cités reconstruites sommairement après un cataclysme ». Masures de douze mètres carrés, où s'entassent pêle-mêle les familles et les enfants livrés au ruisseau, à la violence, à la promiscuité, victimes du dénuement matériel et de la souffrance morale, indissociablement liés. Ici, le confort ou son absence n'ont pas de sens. Seul souci, alors que le travail du père de famille rapporte cinq francs par jour : manger. La faim est la première souffrance. La misère physique, le délabrement sanitaire qui livre le corps à la faiblesse et aux maladies engendrent toutes les désolations. Le prêtre, en survivant matériellement aussi mal que la foule des miséreux, ressent avant tout autre ce que le manque de nourriture, de soins et d'instruction entraîne de privations pour l'esprit. « La culture ne peut être la richesse de ceux qui n'ont pas le suffisant pour vivre. » Le repos est impossible, l'intimité n'existe nulle part dans ce dédale « de maisons uniformisées. Aucun paysage... aucune végétation... Qui n'aurait pas le désir de s'évader... pour chercher l'oxygène, la poésie ? » Mais la *barriada* est un enfer clos, où « la misère produit chez les hommes ce qu'elle produit chez les animaux : la haine, la lutte inhumaine pour la vie. Ils se fréquentent sans amour. Ils se joignent pour détruire ».

La nécessité seule unit les hommes et les enchaîne. Elle proscrit l'amitié, réduit la solidarité à celle des clans qui s'entre-déchirent.

Le père Protain est seul pour endosser le fardeau de cette souffrance qui nourrit tous les vices, « conséquences de l'ivresse, de la haine ou de l'envie... Souffrance morale d'une société qui rencontre seulement dans les autres une espèce de pitié malsaine, un mépris ostensible ou une indifférence cruelle ». Il vit, comme les milliers d'Indiens, « le supplice infernal de la douleur » et de la douleur qui perdure, parce que tout remède paraît impossible. Il participe aux joies, assiste aux fêtes, supporte les potins, écoute les disputes... « J'échoue et je recommence... L'enfer, c'est de n'avoir pas d'espoir... »

L'espoir a poussé les *peones* argentins vers les villes, à l'appel du général Perón. Au lieu de la richesse promise, ils ont trouvé la misère des bidonvilles, eux aussi. Mais Evita, fille du peuple, actrice de cinéma immensément populaire, a, au nom des pauvres, transformé la bienfaisance, apanage des aristocrates, en aide sociale. À sa mort, en 1952, sa fondation sera la plus grande entreprise privée du pays. Les fonds de « Madame la Présidente » semblent illimités et la charité devient, parallèlement aux nationalisations et à l'industrialisation, une méthode de gouvernement. Mais elle ne peut tout résoudre. Eva Perón a beau se déplacer tous les jours auprès des vieux, des ouvriers, des enfants abandonnés et des malades, la République reste incapable de construire des logements en nombre suffisant. Ses villages d'urgence sont vite transformés en autant de villes-misère par l'afflux toujours encouragé des paysans vers la ville.

Le décès d'Evita libère des initiatives jusque-là étouffées par son activisme charitable. Au contraire du Pérou, l'Argentine, relativement riche, a vu se développer des classes moyennes. Quand le père jésuite José Balista entame, en 1952, une action d'aide dans les bidonvilles de Buenos Aires, il n'est pas seul. Un architecte de dix ans son cadet et un étudiant en droit plus jeune encore travaillent à ses côtés.

Le petit groupe de volontaires qui se joint bientôt à eux vient de l'université. En quelques mois, ils sont une cinquantaine à vouloir rencontrer la réalité des *villas* où tout fait défaut. Le dénuement matériel y est aussi dramatique qu'à Lima, et, en outre, la pluie, fréquente en Argentine, transforme les bidonvilles en marécage. La santé aussi est menacée. Les infections se propagent, mais, du moins, la nourriture, dans ce pays d'abord riche de ses troupeaux de bovins, ne manque pas. Balista et ses volontaires offrent aux déshérités un soutien plus moral qu'économique. Ils agissent en amis, non en protecteurs. Outre la santé précaire des enfants, c'est la santé morale des populations entassées dans les baraquements qui est menacée. « Les dangers moraux de la promiscuité (trois ménages différents occupent parfois une même chambre) sont faciles à deviner : délinquance juvénile, prostitution, traite des Blanches, sans compter l'homosexualité, le jeu et la boisson, qui grouillent ici avec les microbes. » *(Faim et Soif*, n° 30.)

Balista essaie d'abord d'éveiller les consciences. Les moyens matériels de secours étant monopolisés par la fondation Eva-Perón, il s'agit avant tout de démasquer les plaies ouvertes par la politique péroniste, de faire voir la misère entassée derrière le long mur qui prétend cacher la *villa-miseria*.

Les milieux éclairés de Buenos Aires réagissent à cette campagne de mobilisation en même temps qu'ils s'alarment des dérives autoritaires et de la corruption croissante du régime. Une violente campagne anticléricale coupe le pouvoir de l'Église qui le soutenait. La crise économique, toujours menaçante dans des pays qui tirent l'essentiel de leur richesse d'une seule source, accélère la chute de Perón en 1955. Le péronisme survit dans la conscience populaire mais, avec l'exil de son fondateur, les illusions et les masques tombent. Le travail opiniâtre des volontaires des bidonvilles se trouve alors projeté en pleine lumière et mobilise le pays. Balista rend visite, à Rio, à don Helder Camara. Sur des terrains marécageux, à la périphérie de la ville, don Helder a créé la fondation San Sebastian pour reloger les habitants des *favelas*. Au retour de cette visite, le père Balista et ses amis fondent une association. Quel nom lui donnent-ils ? Emmaüs...

Le hasard n'y est pour rien. Seule s'impose la filiation de l'esprit.

« L'insurrection de la bonté » de février 1954 a eu un retentissement international. Pourtant, de l'action d'Emmaüs en France, l'Amérique latine n'a eu d'abord que de vagues échos. Lorsque trois mille familles, à Noël 1954, ont squatté dans la banlieue de Lima les terrains vagues pour y édifier des cahutes de roseaux protégées par une pancarte où l'on pouvait lire : « Cité de Dieu », elles ignoraient tout d'Emmaüs et du message de l'abbé Pierre. Mais, dès 1955, dans les écoles et les universités argentines, la célébrité de Pierre a précédé le renom d'Emmaüs. En même temps que tombe Perón, que don Helder convainc à Rio les propriétaires voisins de sa fondation de raser leurs collines pour assécher les marais où il accueille les sans-logis, Balista projette à Buenos Aires le film *Les Chiffonniers d'Emmaüs* et des courts-métrages sur les *villas-miseria* de la capitale.

En octobre 1955, Emmaüs naît, en Argentine, du déclenchement d'un mouvement d'opinion comparable à celui que la France a connu vingt mois plus tôt. « Le choix du nom d'Emmaüs obéit davantage au désir de suivre l'abbé Pierre dans la pensée qui a dicté son œuvre qu'à l'intention de copier ses méthodes de travail... Emmaüs s'est créé en France sous la poussée des faits, la même chose nous arrive en Argentine. À l'action sociale des *villas*, nous avons joint celle des foyers désireux d'héberger des personnes seules et des familles... Nous avons commencé par l'action : "Chacun fait ce qu'il peut". Telle est la consigne... »

Consigne enthousiaste qui gagne la rue et galvanise les énergies. Les volontaires répondent à l'appel par centaines, bientôt par milliers. Ils viennent des classes aisées, des milieux intellectuels et chrétiens, de la classe ouvrière. La désillusion péroniste se mue, dans une partie de la population, en révolte généreuse contre la misère, non seulement des bidonvilles mais de tous les mal-logés, au nombre de deux millions au moins.

Comme en France, l'improvisation prévaut durant les premiers mois, mais l'objectif du logement pour tous prime tout. Réaliste, Emmaüs-Argentine se limite à une propagande active vis-à-vis du pouvoir et de l'opinion et à la promotion de petits modèles d'habitat faciles à imiter. Il aide les familles à construire, sur les terrains bon marché qu'elles ont pu acheter, en développant un « programme communautaire urbain ». Dans les *villas-miseria*, « la préoccupation première est d'éveiller chez les habitants le sentiment de leur dignité, pour qu'ils veuillent vivre dans de meilleures conditions et soient persuadés que c'est possible ». Le service personnel dans le contact direct, l'effort des gens eux-mêmes et la communauté sous forme de coopératives sont les méthodes adoptées sur le tas par le millier de collaborateurs que le père Balista et ses amis de la première heure ont su entraîner. « Le plus important, c'est la méthode de travail expérimentée et l'écho qu'elle suscite. »

Récupérer non seulement des hommes, mais des consciences, devenir un levain dans la société... C'est bien l'esprit d'Emmaüs qui souffle en Argentine, à Buenos Aires puis à Mendoza, Córdoba, Rosario, dans la seconde moitié de cette décennie d'éveil.

L'esprit d'Emmaüs souffle aussi en Uruguay, le plus « français » des pays latino-américains, également dénommé la « Suisse de l'Amérique latine » parce qu'il semble un îlot de paix au milieu de ses voisins géants.

Prospérité, sécurité et stabilité politique — au moins jusqu'à la fin des années soixante... —, n'empêchent pas l'existence de taudis et d'abcès de grande pauvreté dans les banlieues de Montevideo. Contrée d'élevage, l'Uruguay démocratique et évolué reste à la merci d'une chute des cours mondiaux de la viande semblable à celle qui secoue le pays à la fin des années cinquante. Pour les éleveurs ruinés, les chômeurs, la jeunesse des quartiers pauvres, la parole d'Emmaüs est portée, dès avant le voyage de l'abbé Pierre en Amérique du Sud, par le père Sierra, fondateur en 1957 de la première communauté d'Emmaüs dans le pays. Un groupe qui constitue à l'époque la première tentative d'aide aux marginaux, « d'une autre manière que le paternalisme et l'assistance traditionnelle », disent les compagnons uruguayens. Dix années plus tard, la disparition prématurée du père Sierra et le basculement du pays dans la dictature militaire donneront tout son relief à l'action pionnière engagée dès 1957.

Avant de devenir le phare politique du continent au tournant des années soixante-dix, le Chili résume bien les tentations contradictoires des pouvoirs sud-américains. La démocratie chrétienne d'Eduardo Frei l'emporte en 1964, le socialisme d'Allende en 1970, avant que la dictature du général Pinochet fasse table rase, en 1973, des traditions démocratiques. Mais la contradiction vient de loin, d'un développement économique entamé dans les années trente, favorisé par les ressources minières et agricoles. Pourtant, cet essor reste entaché par l'injustice sociale la plus criante. Le Chili est riche, urbanisé à 50 %, mais analphabète dans la même proportion. La grande propriété agraire reste de type colonial ; 15 % de propriétaires possèdent 85 % des terres cultivables et un dixième de la population accapare la moitié du revenu national. Ce Chili est incapable de nourrir ses habitants. Comment s'étonner que poussent dans Santiago la pieuse, la francophile, si douce et accueillante au pied de la Cordillère, ces affreux « champignons », ces *callempas* ainsi dénommées parce qu'elles surgissent partout, en une nuit, proliférantes, grouillantes de misère, à dix minutes des quartiers élégants où l'hiver est toujours doux ?...

L'injustice, au Pérou, semble issue du crime ancien

et ineffaçable qui a détruit l'Empire inca ; en Argentine, elle est tributaire d'errements politiques ; au Chili plus qu'ailleurs, on la ressent comme une injure à l'esprit. Injure à l'homme, ces centaines de milliers de miséreux des bidonvilles de Santiago, capitale du pays le plus mûr du continent ! Mûr pour la croissance, le progrès social et la démocratie ; en même temps, pour l'affrontement classe contre classe.

Parce que, de longue date, elle vit au contact des plus démunis, l'Église s'est inquiétée depuis longtemps de cette tension. Le clergé chilien y a forgé son engagement. Quand les baraquements sont détruits par un incendie, le père jésuite Del Corro entraîne « sa » population miséreuse à occuper des terrains de l'État où l'on doit bâtir des lieux de loisir pour les riches. Il est arrêté, emprisonné, tandis que l'armée prétend déloger les squatters. Mais le cardinal primat de Santiago prend sa défense sur les ondes et plaide pour le droit, légitime, des pauvres au logement. Le père libéré revient triomphalement parmi les siens. La *callempa* conquise de haute lutte devient *La Victoria*. Le cri populaire du 30 octobre 1957, *Toma de terrenos de la Victoria*, retentit comme un cri de ralliement, un déclic, un défi à la société ignorante, indifférente.

Depuis des années pourtant, sur les bidonvilles de *Las Nogales* (les noix) de San Manuel, sur les *basuras* (gadoues) de Santiago, sur les milliers de *vagos* qui errent sans toit ni foyer, sur les bandes d'enfants abandonnés qui font des rives du Río Mapocho l'enfer ordinaire de la désespérance, sur toute cette détresse flotte l'ombre généreuse du père Hurtado, un abbé Pierre du Chili, né au début du siècle et mort d'un cancer en 1952.

Ancien avocat, élève des Jésuites, docteur en philosophie de l'Université catholique de Louvain, le père Hurtado est le grand fondateur, dans son pays, d'une œuvre de charité pour les pauvres qui préfigure Emmaüs : *El Hogar del Christo*, le Foyer du Christ. La rencontre, là aussi, d'un désespéré à l'agonie, mendiant errant dans la rue, est décisive. Avec une Française employée au consulat et une poignée de laïcs, dont Ramón Venegas, futur président du *Hogar del Christo*, le père Hurtado crée le Foyer en 1944. Comme Pierre en 1954 dans les rues de Paris sauve les sans-logis, ces quelques volontaires se consacrent à sauver les vagabonds, et spécialement les milliers d'enfants du Río Mapocho. Leur credo est le même : « *Cherchez les pauvres, ils sont le Christ.* » *Hogar del Christo* grandit, devient une institution. L'action spécifique en faveur des gosses de la rue et du fleuve s'en détache, à l'initiative d'autres prêtres, comme le père Ruiz Tagle, ancien du Foyer, fondateur de *Mi Casa* (ma maison).

« Le problème des vagabonds n'est pas dans les vagabonds, mais dans la société », disent le père Hurtado et ses compagnons. Il résulte de la crise économique endémique, de l'inflation, de l'inégalité sociale, et d'abord du manque de logements. Alors le Foyer du Christ accueille, dépanne, soulage d'un toit, d'un bol de soupe, les errants. Puis se collette à la misère des bidonvilles. Villes-misère, villes de sauvetage où l'action de la charité chrétienne rencontre l'action syndicale et l'action politique militante.

Soulager la misère et s'attaquer en même temps à ses causes : le Foyer propage son exemple à travers le Chili et agit auprès des autorités pour qu'elles remédient à la pénurie d'habitations. Il crée aussi une société anonyme de construction de type HLM, pour utiliser, au profit des déshérités, les avancées législatives arrachées. Au Foyer, à *Mi casa*, le propos est le même, qui va bien au-delà des simples engouements charitables de la bonne société. L'immersion dans la misère est passée par là, et l'action quotidienne, continue, parmi ceux qui luttent : « La charité n'est pas la bienfaisance ! Elle ne se fait pas du haut en bas, mais horizontalement, d'égal à égal, de carcasse et cœur humain à autre carcasse et cœur humain. »

Faire l'Histoire plutôt que la subir, dans cette fraternité avec celui qui souffre, tel est le message du père Hurtado, et la revue qui le répand s'appelle justement *Mensaje*. Lancée fin 1951, elle est bientôt lue dans tout le pays, avant d'étendre sa renommée au continent. Revue de combat, elle défend les travailleurs, soutient les grèves des mineurs de 1954, la grève générale de 1955, et s'attire ainsi les foudres des milieux conservateurs et le boycott des milieux patronaux. Mais son engagement même est la clef de son succès, car le message du père Hurtado, vivant bien après la mort de son initiateur, rallie, au-delà des classes pauvres, une opinion mobilisée. Jusqu'à proposer, en 1962, avec un retentissement énorme, la révolution sud-américaine dans une version chrétienne *(Revolución en América latina, visión cristiana)*...

Cet engagement précède celui de l'Église, qui encouragera la voie réformiste du gouvernement Frei à partir de 1964. Il est à l'image de celui des Petits Frères du père de Foucauld dans la *Población Las Nogales*, de celui des pères jésuites à *La Victoria*. Entraînant à sa suite d'autres œuvres charitables, *Misereor, Caritas*, il force l'Église à prendre l'initiative de créer, en 1958, un Centre de recherches et d'action sociale.

El Hogar del Christo du père Hurtado est, au Chili, un Emmaüs avant la lettre, par son expérience au sein de la grande misère, sa force de dénonciation et de mobilisation et aussi parce que, à l'image de l'Argentine, différente comme lui des pays andins, le Chili figure parmi les nations les plus avancées du continent. L'industrialisation, l'urbanisation et le niveau d'instruction ont, tôt dans le siècle, fait naître entre le « pouvoir aveugle » et la « misère muette », une classe moyenne et une élite intellectuelle. Leurs membres n'ont certes pas le pouvoir, mais disposent des moyens de comprendre, d'aider, d'influencer, de témoigner. La conviction de l'abbé Pierre, exprimée en 1955, selon laquelle Emmaüs doit « parler » d'abord aux enfants des pays riches pour qu'ils portent son message vers les pays pauvres, se vérifie aussi à l'intérieur de ceux-ci. L'université, les professions libérales et les couches moyennes de la société doivent s'y faire les propagateurs de l'Amour au service des plus souffrants. Propagateurs du service lui-même, auprès des miséreux, et du devoir de service, auprès des riches.

Oscar Pregnan et Pépé Aravena ont à peine plus de vingt ans et sont étudiants en droit et en dentaire lorsque le squattage massif de *La Victoria*, fin octobre 1957, transforme le drame des *pobladores* en cause nationale. Ils font partie de ces enfants des classes moyennes, destinés à fournir l'élite de demain et que l'université a éveillés à la détresse des *poblaciones*. Des professeurs, des étudiants travaillent en effet depuis plusieurs années déjà, par groupes, dans les bidonvilles. À San Manuel, certains ont créé, depuis 1952, une polyclinique, une école et une garderie, une chapelle, une salle communautaire. Les premiers habitants, chassés d'une gadoue et « relogés » dans quelques baraques, se sont multipliés. Les groupes de jeunes volontaires proposent que chaque faculté prenne en charge, selon sa spécialité, le service aux pauvres des *callempas*, tout en propageant parmi les fils de la bourgeoisie l'« inquiétude sociale ». Ils disent, dès 1955 *(Faim et Soif*, n° 10) : « On ne nous donnait pas trois mois... Les pessimistes ont eu raison au début... L'argent, les terrains promis par l'État aux familles... On a passé l'été 1952 en discussions. Mais il y avait la réalité : 115 familles, 700 personnes à abriter. Nous avons fait des conférences à tous les cours... C'était le moment de secouer l'université, de lui mettre le nez dans cette misère qu'elle tenait à ignorer. Et, de quelques-uns, nous sommes devenus trois cents volontaires actifs... »

Ces volontaires, regroupés par affinités, catholiques par tradition familiale et éducation, restent en contact, dans des mouvements de jeunesse, des clubs, avec les organisations charitables et en premier lieu le Foyer du Christ. L'action « frondeuse » des Jésuites qui l'animent les éloigne des chemins convenus de la bienfaisance. Elle est propre à séduire la jeunesse. Elle est aussi, à travers la revue du père Hurtado, une passerelle vers la tradition socialiste et ouvriériste chilienne dont s'inspirait en 1938 le gouvernement de Front populaire. Elle ouvre la voie à la coopération avec des organisations plus politiques, forcées, à cause de l'interdiction légale du Parti communiste et de la faiblesse des syndicats, à emprunter des voies associatives.

Éloigné un temps de Santiago par ses études, Oscar Pregnan prend connaissance en 1957 des textes de l'abbé Pierre traduits l'année précédente par José Balista. De retour dans la capitale, au moment du squattage populaire de *La Victoria*, il parle à ses amis d'Emmaüs et des chiffonniers du film de Darène qu'il a vu. Entre l'action généreuse des étudiants dans le bidonville, la leçon collective du mouvement du 30 octobre 1957, et ce qui se passe depuis trois ans en France, le rapprochement s'impose. En 1958 naît *Las Urracas*, un groupe de *La Victoria* qui préfigure déjà Emmaüs à Santiago, sans formellement en revendiquer le nom. À tel point qu'un des vagabonds recueillis alors, lisant la traduction espagnole des *Chiffonniers d'Emmaüs*, le livre de Boris Simon, s'écrie :

— Ce Djibouti (identité romanesque d'une des figures du livre), c'est moi !

Les *vagos* de Santiago sont les frères des chiffonniers de Paris, et *Las Urracas* deviennent en 1959, le 15 juin, se souvient Oscar, une vraie communauté. En moins de deux années, dans un contexte non pas d'« insurrection » charitable, comme en France, ni même d'appel à la solidarité comme en Argentine, mais de fermentation et d'éveil, le petit groupe s'est identifié à un projet, s'est découvert un idéal et s'est donné la forme de son modèle. Avec en plus la « touche chilienne » d'utopie et de rêve, de jeunesse enthousiaste. *Las Urracas*, ce sont les pies. On n'en voit guère au Chili ! Oscar, Pépé et leurs amis les ont « piquées » dans les dessins animés ! Mais sans doute pas par hasard, ni seulement par dérision. Ailleurs en Amérique latine, des groupes semblables au leur se sont baptisés de noms d'oiseaux, et les *Svalorna* suédoises sont des hirondelles.

L'oiseau, c'est la liberté, la part de rêve, et en même temps le nid, le refuge à construire, le foyer à sauvegarder. Et les pies chiliennes, dont la devise est : « *Amor y buen humor* », ajoutent à cette symbolique la curiosité pour le monde, ce goût de l'aventure qui va justement conduire les fondateurs jusqu'en Europe, à la rencontre de leur modèle.

Début juillet 1959, l'abbé Pierre est au Chili.

Il ne passe que quelques jours à Santiago puis à Valparaiso, mais cette petite semaine de rencontres, de conférences et de discussions s'avère décisive pour le destin des groupes de volontaires qui ont commencé à agir au sein des *poblaciones*. C'est évidemment l'organisation *Hogar del Christo* qui cristallise les meilleurs promesses de service aux plus souffrants. Les pères jésuites qui ont pris le relais du père Hurtado — le père Del Corro, les pères belges Van der Rest et Veckemans — font le lien entre l'Église chilienne et cette partie de la jeunesse que Pierre appelle, depuis des années, partout dans le monde, à s'engager auprès des pauvres.

La situation chilienne fait de ce bref séjour « le plus passionnant » de tout le long voyage en Amérique du Sud. À l'Université catholique, « regardée par beaucoup comme le bastion de l'irréalisme religieux », Pépé, Oscar et leurs camarades de *Las Urracas* sont présents, anonymes parmi les centaines de jeunes qui écoutent avec passion le message de Pierre. Ce message, en dépit de sa traduction simultanée en espagnol, ne perd rien de sa force. La barrière de la langue pourrait atténuer son impact, mais la présence physique de Pierre, son attention aux êtres, sa curiosité personnelle pour chacun lui donnent toute sa grandeur. La conviction et le magnétisme particulier du prophète attirent de grandes foules et soulèvent l'enthousiasme.

À Santiago, dans l'esprit des *Urracas*, Emmaüs est déjà vivant, son utopie a déjà fait son chemin. La venue de l'abbé, sa parole et son charisme indiquent la voie à suivre. À travers l'expérience française qu'il raconte, les étudiants chiliens identifient la racine de leur engagement. La vision de l'avenir du monde que répand le prophète donne un visage à leur futur. Après la découverte de la réalité de la misère, c'est le deuxième déclic : l'adhésion à une méthode qui donne tout son sens à une vocation.

On l'a dit, le Chili est plus mûr que tout autre pays du continent pour se placer à l'avant-garde de la guerre contre la misère. Pierre rencontre les dignitaires de l'Église, le président de la République et ses ministres, les habitants des bidonvilles et les responsables des œuvres charitables diverses, voire concurrentes. Il pressent l'enjeu de ce qui monte au Chili : « La maturité d'une grande partie de la population ouvrière rend plus proche le moment des affrontements fondamentaux... Le communisme a ici plus d'atouts qu'ailleurs, mais dans le même temps, l'éveil des chrétiens, du clergé, des militants de l'action sociale en profondeur, est plus étendu et profond... »

À l'inquiétude, il faut répondre par l'espoir. Aux réticences des milieux conservateurs vis-à-vis de l'« irréalisme religieux », il faut opposer la force entraînante du message d'Amour. Le père Hurtado a préparé le terrain. L'action charitable plus traditionnelle, de type *Caritas*, ne doit pas en prendre ombrage et toutes les bonnes volontés ne doivent pas se sentir freinées par ces « querelles de chapelle ».

Le clergé est capable d'entendre cet appel, mieux que les milieux laïcs bourgeois. Il saura, au cours des années suivantes, faire fructifier le message initial du père Hurtado. Un des compagnons de celui-ci, Mgr Larrain, anticipera sur la réforme agraire en faveur des pauvres en leur distribuant les terres possédées par l'Église.

Pour les *Urracas*, l'exhortation à la vraie conversion dans l'esprit d'Emmaüs provoque des réponses immédiates. Oscar Pregnan a, le premier, lié l'action des volontaires de Santiago à l'œuvre de l'abbé Pierre. Il choisit naturellement, trois mois après la visite du père, d'aller se rendre compte par lui-même, à la source, de la réalité d'Emmaüs.

En octobre 1959, il interrompt ses études, rompt avec les confortables perspectives d'une carrière d'avocat et, accompagné de son ami Pépé Aravena, part en train pour Mendoza puis Buenos Aires. Au-delà, c'est l'inconnu, l'aventure en stop, avec peu d'argent et de rares adresses, qui se révèlent précieuses. Elles leur permettent de rencontrer José Balista, l'initiateur d'Emmaüs en Amérique latine, l'homme qui a rendu possible le voyage de l'abbé Pierre à travers tout le continent : deux mois et demi d'une tournée triomphale en Argentine, en Uruguay, au Chili puis au Brésil, en Bolivie, au Pérou et en Équateur ; un triomphe. Les deux étudiants chiliens qui, à leur tour, partent à la rencontre du père, sont en quelque sorte les fruits de cette apothéose. Ils concrétisent les promesses d'Emmaüs, en germe de la Cordillère des Andes au Río de la Plata, de l'Amazone à la Terre de Feu. Balista ne s'y trompe pas.

— Que voulez-vous faire, tous les deux ?

— Rencontrer l'abbé Pierre, connaître Emmaüs là-bas, en France, voir par nous-mêmes.

Emmaüs existe formellement en Argentine, mais pourquoi se contenter de cela ? Le goût de l'aventure n'est pas la seule motivation des jeunes Chiliens. Ils veulent éprouver à la base et à l'origine la vocation insufflée par Pierre, partager la vision du monde et l'intuition mystique du prophète. Ils ne recherchent pas seulement une idée, un modèle, mais aussi une fusion intime avec l'âme du mouvement. Et cette âme est en France, à Neuilly-Plaisance.

Qu'importe la difficulté matérielle du voyage. Les deux amis, munis d'une simple lettre de recommandation du père Balista, s'embarquent clandestinement sur un bateau de croisière, avec la complicité de l'aumônier du bord, un Franciscain. « Des papiers en règle, la lettre de Balista et la foi d'arriver en France pour travailler avec l'abbé... »

La foi soulève des montagnes, mais les océans sont vastes ! L'aventure manque de se terminer prématurément... à São Paulo ! Découverts, débarqués, Oscar et Pépé restent en rade, malgré la sympathie qu'ils suscitent auprès des autorités. La police du port leur offre même le voyage en car jusqu'à Rio, persuadée de les avoir convaincus de renoncer à leur projet un peu fou. Mais non, ils ne songent qu'à rattraper le bateau qui doit y faire escale. Peine perdue, ils le ratent. Des étudiants marxistes rencontrés dans la rue aident alors les « cathos chiliens » égarés, les dépannent et les aiguillent vers don Helder Camara. La solidarité de la jeunesse latino-américaine n'est pas un vain mot. Elle s'éprouve chaque jour, entre marxistes et catholiques, dans les *favelas* de Rio et les *callempas* de Santiago...

La popularité de don Helder a déjà dépassé de très loin les limites de San Sebastian, le fameux marais des sans-logis qu'il a asséché en rasant les collines voisines. Ces terrains, dont personne ne voulait, sont à présent salubres, et l'expansion de Rio leur confère une valeur inestimable. Pour les racheter, la ville a payé le prix fort, après que don Helder eut réussi à en préserver une partie pour ses pauvres. Ce « coup de génie » commercial a rapporté de quoi construire en ville, pour les habitants des *favelas*, des logements neufs.

En juillet 1959, Pierre a longuement rencontré celui qui est déjà une légende parmi les miséreux et deviendra bientôt leur porte-parole sur tout le continent. Avec son physique de curé d'Ars, son intelligence et sa bonté tout entières tournées vers le service des pauvres, l'évêque auxiliaire de Rio lui a causé une impression profonde. « *Quel homme saint et agissant ! Cette rencontre inexprimablement bonne restera gravée en moi comme une grande chose dans ma vie, tant cette personne est merveilleuse...* » écrit-il alors.

Aux deux voyageurs chiliens qui récitent par cœur les textes de l'abbé traduits en espagnol, don Helder ouvre les portes nécessaires à la poursuite de l'aventure, encore semée d'embûches. Les voilà finalement, début 1960, embarqués comme touristes sur un navire marchand, avec des billets réservés aux ressortissants brésiliens ! On les expulse du Brésil mais, justement, vers la destination qui leur convient : le Maroc, puis l'Espagne, qu'ils atteignent fin janvier, après trois mois d'obstination... Pour finir, après des tribulations hasardeuses d'Algesiras à Toulouse, un corbillard — sans cercueil ! — les dépose un beau matin d'hiver au 32, rue des Bourdonnais ; « chez l'abbé Pierre », croient-ils, ignorant tout des drames français d'Emmaüs et de la mise à l'écart du fondateur. Mais l'important est d'être parvenu là, au cœur du « mystère d'Emmaüs ». On peut bien les prendre pour des clowns, de doux hurluberlus et même, comme l'abbé, pour des « joueurs de clarinette », des gamins rêveurs et facétieux ! Ils en ont fait du chemin, pour donner chair à leur rêve, mettre des visages réels, des décors vrais et de l'humanité sur leur « vocation » ! À Neuilly-Plaisance, à Plessis-Trévise, à Bougival, puis en Suisse, Belgique et Hollande, avec l'abbé Pierre ou sans lui, le destin des *Urracas* de Santiago prend forme.

Là-bas, à *La Victoria*, le petit groupe, à peine une vingtaine de garçons et de filles, de vingt ans et parfois moins, poursuit son apprentissage, rencontre d'autres associations, élargit peu à peu son champ d'action. Personne ne s'est trop soucié de déposer les statuts des *Urracas*. Le retour de Pépé Aravena, qui laisse Oscar continuer seul son périple européen, donne un nouvel élan. Mais avant que les *Urracas* ne soient juridiquement consacrées, c'est l'installation sur un terrain vague, entre une église et un canal qui charrie les eaux usées de Santiago. Quelques familles survivent là, sur les ordures, à l'écart de tout, ignorées même par ceux de *La Victoria* ou de San Manuel. À cet endroit si chargé de symboles, la première *traperia*, l'entreprise des chiffonniers, voit le jour sous la houlette de Pépé Aravena.

En Europe, Oscar Pregnan observe le fonctionnement des communautés, celles de Belgique, qui apportent une aide à la Bolivie, celles de Suisse, spécialisées dans l'action en faveur des lépreux. Il rencontre à Genève Me Bernasconi, le notaire président de Caritas, qui a organisé avec José Balista le voyage de Pierre en Amérique du Sud et a accompagné l'abbé. Il est reçu à l'UNESCO et par les organismes des Nations unies chargés du développement, où on le dévisage avec une certaine surprise.

À Santiago, la première communauté Emmaüs, avec ses chiffonniers, chineurs et biffins, s'organise. Elle naît officiellement en mai 1961. À son tour, Oscar est rentré. Il ne reprend pas ses études, contrairement à Pépé. Il a vu le monde, réalisé son rêve. Il a appris le monde et le rêve propres d'Emmaüs, que Pépé et les autres s'efforcent d'adapter à la réalité chilienne. L'aventure des deux compères a tendu les fils d'une œuvre unique, contenue dans le message de l'abbé Pierre, mais que la personne du fondateur n'incarne pas à elle seule. Entre la version originelle, française, d'Emmaüs, et ses transpositions sud-américaines, le lien s'est établi ; comme il s'est établi entre la vision planétaire du prophète, l'action internationale en faveur du tiers monde, qui mobilise tant d'experts au cours de ces années, et cette expérience unique qui mène, sous le nom d'Emmaüs, la guerre contre la misère.

Ce lien, en Argentine, en Uruguay, au Chili, repose sur une filiation directe avec l'esprit d'Emmaüs, l'appropriation par les Sud-Américains eux-mêmes d'une leçon apprise dans leurs bidonvilles. L'abbé Pierre, en 1959, voyage pour ainsi dire en terrain conquis quand il apporte aux prêtres et aux volontaires de Buenos Aires, de Montevideo et de Santiago sa caution prophétique. Il légitime leur action, et du même coup la protège. Son prestige international est tel, dans l'opinion publique et les cercles influents qui soutiennent l'aide mondiale au tiers monde, que son nom forme le meilleur rempart des Latino-Américains contre les aléas politiques.

— Nul n'est prophète en son pays, remarque-t-il à propos des difficultés de son ami Josué de Castro à se faire entendre au Brésil...

Le fait s'observe aussi bien pour l'abbé en France. Au contraire, les « missionnaires » d'Emmaüs en Amérique latine, que tout identifie à des militants de la justice sociale, trouvent sous la bannière de l'abbé Pierre et d'Emmaüs une liberté d'action inestimable. Leurs moyens matériels sont minuscules — les *Urracas* démarrent littéralement sans rien —, mais leur droit à exister est intangible, dès lors qu'ils revendiquent leur filiation.

L'Amérique du Sud, plus qu'aucune autre partie du monde, aime adhérer aux personnalités charismatiques, se reconnaître dans un leader, suivre un prophète. La voix de Pierre, qui parle au nom des pauvres, des sans-voix, est celle qu'elle attend, qu'elle désire entendre au moment où le tiers monde accède à l'existence. Le génie particulier de l'abbé à incarner la cause des souffrants rend triomphal son périple de 1959, loin des obscures querelles qui ont miné Emmaüs en France. La « résurrection » de l'homme, du fondateur, passe par l'assomption du prophète, consacrée dans les villes-misère d'Argentine ou du Chili, dans les basiliques de Rio et de Santa-Cruz, dans les palais ministériels de La Paz et Bogota. Pierre y apparaît tel qu'en lui-même, transcendé par la communion avec le peuple des miséreux ; frère des plus pauvres, dénonciateur auprès des riches, aiguillon des autorités civiles et religieuses. Et partout, régénéré par l'espérance qui monte vers lui.

Pour Emmaüs, l'éveil de la conscience en Amérique du Sud prélude à la naissance de communautés qui reprendront le flambeau des communautés françaises. De l'aide aux populations des bidonvilles, elles passeront à l'action pour les sans-logis, à la récupération des hommes puis à l'organisation de leur survie grâce au travail de chiffonniers. L'évolution chilienne est exemplaire, à la fois pragmatique dans l'expérience et fidèle dans le sens mystique. Mais au-delà de l'éveil global de ces pays au service des plus souffrants, les disparités de développement suscitent entre eux de forts contrastes qui pèsent sur l'implantation d'Emmaüs.

La misère des pays andins ne se combat pas avec les même armes que la misère des pays « riches » du continent. L'Argentine, l'Uruguay, le Chili ont vu se mobiliser leurs propres troupes. Le Brésil reste un cas à part, du fait du charisme propre d'un Helder Camara. Mais au Pérou par exemple, le père Protain se sent bien seul au milieu des Indiens des *barriadas*, dont la terrible misère reste marquée par leur résignation, autant que par l'aveuglement des oligarchies qui les asservissent.

La mission de Lima tente de remédier à cette souffrance. Le père Gérard Protain, son frère Paul, également prêtre rédemptoriste, et l'archevêque de Lima, Mgr Landazurri, l'ont créée en s'inspirant de l'abbé Pierre. Elle se donne pour but une mission d'éducation, d'assistance technique et sociale, dans un esprit apostolique. Son engagement rejoint l'œuvre entamée depuis le début des années cinquante par les groupes d'Économie humaine, l'association fondée par le père Lebret. Ces groupes travaillent en coopération avec de nombreux gouvernements d'Amérique latine à des programmes d'assistance, d'études et d'aide au développement. Le premier Congrès international d'Économie humaine se tient à São Paulo en 1954 ; le Centre latino-américain d'Économie humaine s'ouvre à Montevideo en mai 1957. Complémentaire de celle de l'abbé Pierre, l'œuvre de son ami le père Lebret devient à Lima, par le jeu des pressions politiques locales, concurrente de celle de la mission des frères Protain.

La presse de Lima, quand elle rend compte du séjour de l'abbé, en août 1959, ne s'y trompe pas. Pierre a dit leur fait aux riches. « Il a condamné ceux qui exploitent les hommes, mais ils continuent... Personne ne doit vivre tranquille au Pérou tant que les trois quarts de la population sont condamnés à une existence misérable... L'abbé Pierre a parlé devant des foules, mais nos garçons et filles des classes aisées n'étaient pas là. La jeunesse a manqué le rendez-vous de la vérité, alors que c'est justement à elle que s'adresse le message ; elle ne songe qu'à s'évader dans le luxe, et c'est un péché contre l'Esprit et l'Amour... »

Sous la pression des autorités et avec la complaisance des diplomates français en poste au Pérou, la mission Lebret est suspendue en 1959. « Pierre et Lebret, deux révolutionnaires ! écrit le journal *Libertad*. Nos capitalistes ont chassé le père Lebret et accueilli l'abbé Pierre à grand bruit, s'imaginant voir en eux deux pôles opposés de l'Église en faveur de la justice sociale. Lebret, selon eux proche du communisme, pourrait être contrebalancé par l'Amour et la Charité chrétienne personnifiés par l'abbé Pierre. Il est plus facile, n'est-ce pas, de faire la charité que la justice ! Pourtant, la surprise a été de taille ! Le petit curé gentil a parlé comme Lebret de la grande comédie des possédants et les a avertis, comme Lebret, du terrible danger qui pèse sur leur pouvoir. Mais seuls ceux qui ignorent ses liens étroits avec le père Lebret ont pu s'indigner de son indignation... »

Dans les *barriadas* de Lima, le père Protain va-t-il rester seul ? Le hasard fait de Lima le pôle d'attraction du volontariat suédois que Pierre a suscité en 1958. Parce qu'une des « hirondelles » de Stockholm et d'Uppsala a un parent à Lima, c'est vers cette capitale que s'envolent les premiers volontaires d'Emmaüs. C'est le début de l'histoire tumultueuse d'Emmaüs-Pérou, officiellement né en 1959 dans le sillage de la mission de Lima.

Des volontaires jeunes, enthousiastes, mais peu préparés, subissent le choc de la profonde misère des *barriadas*. Le mont des ordures... *El Monto* : quatre mille pauvres, hommes femmes et enfants piétinant au milieu des cochons, des ânes et des rats, les déchets fumants où ils cherchent de quoi manger. Vision terrible pour Ulla Léna, de Jönköping : « Quand le camion d'ordures arrive avec son sale chargement qui sent très mauvais, tout le monde se rassemble pour fouiller ; les gens aux pieds nus, écorchés, et les animaux... Trouver des restes de nourriture, des choses vendables jetées par les riches de la ville... L'ambiance est dure, méchante et brutale. La nourriture est le principal souci, ce qui arrive après ne compte pas. »

Ni droit ni justice. La violence est terrible. Faim et crimes de la misère... « On n'a pas la force de s'opposer à ce qui se passe. Nous sommes allés sur la montagne même, nous avons été horrifiés, écœurés. On a le sentiment que toute la méchanceté du monde est concentrée là... Le père Protain travaille dans le même esprit que l'abbé Pierre, il n'habite pas loin de la montagne aux ordures ; il a bâti sa petite chapelle, un local pour trier les chiffons, une pièce qui sert de cuisine et de salle à manger, sa chambre... Nous sommes vingt, la plupart viennent de la *barriada* où ils ont eu une triste jeunesse. Nous avons la vie de chiffonniers dans les quartiers riches, cette existence convient seulement à ceux qui n'ont pas la force de se débrouiller seuls. Le travail des filles consiste à aller deux par deux dans la *barriada* à la recherche des familles qui ont le plus besoin d'aide. Une autre tâche consiste à préparer les vêtements récupérés par les chiffonniers. Le but du père Protain est de donner aux pauvres un début d'indépendance économique par le travail collectif... La cuisine est triste, sans fenêtre, et les murs sont noirs. Nous essayons de l'arranger, d'apprendre aux femmes l'hygiène ordinaire. On peut penser que notre travail est sans espoir. Nous sommes très peu qui luttons contre une immense misère, avec des moyens très modestes. Mais ceux qu'on aide sont tout de même contents. La moindre petite chose est importante pour eux, qui n'ont rien. »

« Que deux jeunes filles suédoises et une jeune canadienne se soient intégrées à la vie d'une *barriada* n'est pas un fait quelconque dans l'histoire de la charité, écrit le père Protain (*Faim et Soif*, n° 47). Emmaüs, c'est cela : le respect de la dignité du pauvre. » Toutes les œuvres ont leur raison d'être et leurs méthodes propres, mais « trop souvent se nourrissent de formules vagues et de principes puérils pour attirer la bienfaisance et intoxiquer les foules sous couvert de les éduquer ».

L'aide aux pays sous-développés ? « Nous croyons que ce qui compte, ce n'est pas la main, mais ce qu'il y a dedans... Jamais nous ne nous sommes donnés nous-mêmes ! Jamais nous n'avons voulu recevoir le don des autres, pensant qu'ils n'avaient rien à nous transmettre. Ce qui manque, c'est le point de vue des autres, le respect de leurs valeurs, le contact avec eux... La présence, l'engagement personnel. »

Contre le nouveau colonialisme qui, sous couvert d'aide, ne fait que piller le tiers monde, contre le « sédatif » des campagnes de charité, le père Protain appelle à « la transformation radicale des systèmes économiques, afin de les rendre plus fraternels et plus justes » *(Faim et Soif*, n° 48).

Quand il s'indigne ainsi, en 1962, il n'est plus le « phare d'Amour » des *barriadas* de Lima. L'Église péruvienne a eu raison de son obstination à secourir les miséreux. Elle a obtenu son rappel, effrayée par les conséquences pratiques de son engagement, par l'éveil des consciences auquel il se consacrait. « *Emmaüs est un reproche constant à ceux qui vivent trop bien*, écrit-il à Pierre au moment de son départ du Pérou, en juillet 1961. *Ce reproche a divisé la classe possédante. Pour ceux qui ne veulent pas de la vérité, qui cependant crève les yeux, il n'y a qu'un moyen : faire taire Emmaüs.* » Non pas en le « détruisant publiquement », mais en le décapitant...

Persona non grata au Pérou, le père Protain part mais Emmaüs demeure, toujours en mesure de faire fleurir le don de soi et de l'imposer, même aux milieux les plus fermés à la générosité.

Pourtant, contrairement aux Argentins ou aux Chiliens, les Péruviens eux-mêmes se montreront longtemps incapables de s'approprier Emmaüs, de faire lever en leur sein cette « légion contre la misère » dont Pierre attend le salut du monde. La « greffe suédoise » de ses jeunes volontaires butera sur la difficulté « d'établir un lien authentique entre elle et les pauvres qu'elle veut aider ».

Les « inneffables promesses » que Jean XXIII décelait pour l'Église en Amérique latine valent aussi bien pour Emmaüs, et cela dans tout le continent. Mais elles ne se réaliseront nulle part sans embûches, ni désordres ou échecs. La guerre à la misère, ce combat de longue haleine, ne fait que commencer.

L'Amérique latine s'impose, au début des années soixante, comme le lieu où il revêtira pour Emmaüs la plus grande signification.

3

Les enfants de Noisy-le-Grand

Le fondateur ne loge plus aux Bourdonnais. Il a gagné Charenton, à la ceinture de Paris, où il occupe un appartement dominant la Seine. Quinze jours par mois, il réside à l'aérium des Voirons, en Haute-Savoie, où il se ressource et prie. Le reste du temps, il voyage.

Le mythe ne s'est pas dépris de lui, entretenu par des médias qui guettent ses rares apparitions. L'image ne s'altère pas, la photo ne jaunit pas. Son visage, sa voix, son cri demeurent très présents dans le cœur des Français. Il récuse désormais, en vain, l'idolâtrie dont il a bien failli mourir et dont il voudrait s'évader. A chaque rencontre avec la presse, il assène : « J'en souffre, car je ne puis comprendre le fétichisme. Que l'on parle d'Emmaüs, parfait. De l'abbé Pierre, non ! Emmaüs, c'est une multitude de gens qui s'emploient à soulager la souffrance... Que cesse ce culte qui, au fond, est un truc destiné à apitoyer les gens, à faire oublier le regard des pauvres. Moi, je n'ai été qu'un instrument. Je n'ai plus aujourd'hui la santé de me bagarrer avec les idolâtres. Je veux la paix[1]. »

Les médias et le mythe n'ont que faire d'un vœu pieux ; ils ne sauraient se satisfaire d'un héros devenu aphasique. Le presse-t-on alors de questions, cela relève

1. *Noir et Blanc*, le 4 mai 1962.

toujours du « scoop », et du traitement « sensationnaliste » réservé aux vedettes, aux stars : déchirements inavouables, querelles cachées, divorces probables... Sans illusion, il connaît « le goût fou d'un monde énervé qui ne sait plus voir ni entendre en dehors du vacarme » *(Faim et Soif*, avril 1961).

La maladie, l'absence, les voyages, la suspicion de ruptures ou de procès secrets stimulent l'imagination des journalistes en mal de copie. Chacun y va de son titre, volontairement provocateur : « L'abbé Pierre sans sa légende », « L'abbé Pierre répond à ses accusateurs », « Un prêtre d'un camp d'urgence s'indigne, il se fait rouler, il se joue la comédie », « J'ai retrouvé le fondateur d'Emmaüs », « La vérité sur l'abbé Pierre », « Lorsqu'il a vu son camp de misère plongé dans l'obscurité un soir de Noël, il s'est enfui en pleurant », « Les yeux brillants de fièvre, l'abbé Pierre me demande : que me voulez-vous encore ? Il venait de se glisser dans l'immeuble de la célèbre association à laquelle il n'appartenait plus »...

Ainsi, le mythe s'entretient et nourrit l'opinion de nouvelles légendes. Le sujet voudrait-il s'y soustraire, il ne le peut plus. L'abbé a beau privilégier discrétion et travail, cela fait moins recette que d'accuser l'Union centrale d'avoir voulu « tuer le père », et de ressortir le dossier de Noisy, cette récurrente pomme de discorde.

3 décembre 1960 : un bébé d'un an et une fillette de cinq ans meurent, carbonisés dans l'incendie d'un igloo du camp des sans-logis de Noisy-le-Grand... Noisy, « camp d'Emmaüs », « camp de l'abbé Pierre »...

Son action s'efface désormais devant celle d'un homme qui, depuis trois ans, s'y donne chair et âme : Joseph Wrezinsky, prêtre hors normes, « prêtre de la racaille » pour certains qui ne l'aiment pas. Pour « ses » familles, Joseph peut, s'il le faut, se battre contre le monde entier. « Il emmerdait les autorités, se souvient Duvallet. Le préfet disait à l'évêque :

— Mais enfin, quand allez-vous l'excommunier, que je puisse le coffrer !

— Et vous, quand allez-vous l'inculper, que nous puissions le censurer ! répondait l'évêque... »

Le père Joseph vient de fonder, à Noisy, une association d'entraide : Aide à toute détresse. Mais il a toujours besoin du soutien financier d'Emmaüs. Le père Joseph est peu connu, l'abbé Pierre est célèbre. Pour la presse et l'opinion, cela suffit : Noisy reste le « camp de l'abbé Pierre ». Échecs et succès dans le combat avec les pauvres semblent ne concerner que lui seul. Comme si cette mort de deux enfants de pauvres rappelait celle du petit Marc, sept ans plus tôt.

Cette fois, il n'y aura pas d'insurrection : le pouvoir ne délègue pas son ministre mais seulement son préfet. On a pris à Noisy l'habitude de l'horreur. Une mort de gosse, ce n'est plus un événement, c'est une « nouvelle ».

Une assistance pétrifiée que ne peut contenir une chapelle minuscule ; la douleur et le froid. Il pleut. Le vent hurle. Par la porte, on peut apercevoir le sinistre alignement des igloos de Fibrociment aux toits de tôle, comme des moitiés de boîtes de conserve posées à plat. Le père Joseph, en larmes, prononce des paroles de paix, de fraternité et de colère, comme peut le faire un père.

Noisy ; l'abbé Pierre a fait édifier ce « hameau de détresse » durant l'hiver terrible de 1954 pour y transférer les familles qui vivaient sous les tentes de la porte de Vanves. Conscient de ses lacunes, il a cru à Noisy comme à une solution de « transit », comme à un abcès si purulent qu'il devait bien vite éclater à la face du pouvoir. Il avait fait inscrire sur un panneau : « *Ce camp est l'honneur de ceux qui l'ont édifié et la honte de la société qui le tolère.* »

Le panneau a disparu ; le camp demeure.

Le transitoire se perpétue, depuis sept ans, sans susciter de réaction de l'Administration. Deux cent cinquante familles, mille cinq cents personnes, plus d'un millier d'enfants s'y entassent, dans des conditions toujours effroyables. Ces deux fillettes mortes brûlées ne sont pas les seules. Il en meurt d'autres chaque hiver, de froid et de maladie. C'est le hameau des rougeoles, des coqueluches, des broncho-pneumonies. Pour les soigner, il faudrait qu'il fasse chaud et sec. Ici, il fait quelquefois chaud, quand le père a de quoi dépenser mille francs par jour de charbon. Mais l'humidité persiste. Alors on plaque, contre les murs de Fibrociment et sur le toit cylindrique de tôle, du papier goudronné — ce qui favorise les incendies. Noisy reste un univers digne du Moyen Âge. Cinq igloos disposent de l'électricité. Dans les autres vacille la lueur des lampes à pétrole, ou des bougies. Point de commodités, ni d'évier. L'eau est rare, qu'il faut prélever comme une richesse à l'une des pompes placées tous les cinquante mètres.

La vie quotidienne y est un enfer. « Aujourd'hui encore, raconte un témoin, j'ai vu l'incident habituel de l'alcoolique forcené qui rentre chez lui, menaçant, brisant tout... la fuite des gosses épouvantés, la pauvre femme pâle de terreur, l'intervention apaisante du père Joseph auprès de la brute, l'arrivée du car de police, alerté par un voisin, les policiers aux larges épaules (ils cogneront dur), le père Joseph qui s'interpose encore... Le matin, j'ai assisté à la messe dans la petite chapelle pleine de gosses émerveillés... Ensuite, le père Joseph est allé parler aux Lefebvre, avec leurs quatre filles et leur garçon de un à treize ans, bien en retard sur leur âge. Un père tuberculeux, une mère épuisée. Il leur promet de les envoyer vers le soleil, dans un petit village de Provence ; eux écoutent, transfigurés. Là, désigne le Père, est le chantier du foyer qui se construit lentement, à l'emplacement de l'ancienne gadoue, en bordure du petit chemin. Il fait humide et froid. Le père Joseph trébuche dans la boue noire.

« Hier, il grelottait de fièvre sur son grabat, dans le capharnaüm de sa baraque mal jointe et glacée, effondré à cause de ce qu'il avait dit, de sa violence, de la trahison du journaliste... »

Mais peut-on parler de ces misères faiblement, prudemment, sans colère ? Ce n'est pas dans la nature du père Joseph.

« L'abbé Pierre, avait-il dit à la presse, voit peut-être un peu trop loin. Je l'aime, je l'admire énormément, mais ce camp aurait besoin de lui. Lui, que fait-il ? Il va dans le monde poser des jalons pour je ne sais quoi... Il me laisse seul ici [1]. » Puis il avait explosé : « L'abbé Pierre ? Il rêve, il philosophe, il s'est fait rouler, il se joue la comédie... il se prend pour un architecte, pour un urbaniste, pour un homme d'État... Il se croit au Moyen Âge. Saint Vincent de Paul, quoi ! Mais le paternalisme, au XXe siècle, ça ne colle plus ! Autrefois, les pauvres, l'aumône ne les dérangeait pas. Mais, maintenant, ils ont honte de devoir. Et ça les rend fous, d'avoir honte [2]. »

Il est vrai que si Joseph admire réellement Pierre, le courant entre eux ne passe pas... sans doute à cause du choc de leurs trop fortes natures, comme si leurs « colères d'Amour » ne pouvaient se conjuguer... Mis en cause publiquement, Pierre se sent en devoir de répliquer de la même manière. « Beaucoup me reprochent, même parmi mes amis, d'être un rêveur, de négliger les réalités immédiates. » Les critiques du père Joseph ? « Je ne les ignorais pas et je ne lui en veux pas... Mais ne voit-il pas plus loin que la souffrance de son hameau ?... Alors, il oublie que cent millions ont été consacrés à Noisy avant même qu'il arrive, il y a trois

---

1. *Le Républicain lorrain*, le 24 avril 1959.
2. *Paris-Presse, l'Intransigeant*, le 14 avril 1959.

ans... Il oublie aussi qu'une centaine de familles abritées dans ce camp ont, depuis, obtenu de vrais logis. Elles ont aussitôt été remplacées par d'autres, bien sûr... Il oublie enfin que ce hameau n'a été qu'un point de départ et qu'Emmaüs, grâce aux millions reçus et au labeur de ses chiffonniers, a pu construire, avec les prêts de l'État, enfin réveillé, mille huit cent vingt-cinq logis HLM et quatre cent cinquante pavillons d'accession à la propriété, à Aulnay, au Blanc-Mesnil, à Saint-Ouen-l'Aumône, à Vitry, à Châtillon, à Pontault, à la Garenne... »

Mais Noisy reste ce qu'il y a de plus douloureux ; Noisy est un échec. Sans doute fallait-il un havre de première nécessité bien visible, aux portes de Paris, pour tenter de secouer encore l'indifférence... Mais deux cent cinquante familles rassemblées dans ces conditions, c'est trop énorme, trop de douleurs rassemblées, exacerbées. Peut-être eût-il fallu cent Noisy, beaucoup plus petits...

« La société, reprend l'abbé Pierre, voudrait bien sûr que ce soit caché, qu'on n'en parle point. C'est pourquoi elle me fait tant de reproches. Mais qu'ils me montrent ce qu'ils ont fait, les repus, les béats, et s'ils n'ont rien fait, qu'ils la bouclent [1]. » « Si ce camp m'a quotidiennement déchiré... Je n'ai jamais cessé de vous y faire aimer », lui écrit aussitôt le père Joseph.

Que faire de Noisy ? Supprimer le camp pour repousser plus loin les familles ? C'est une absurdité... Après Noisy, il n'y a plus rien. Celui qui arrive ici a touché le fond de la misère humaine. Alors, les rejeter encore ? Vers quel autre enfer ?

Pierre a compris qu'il fallait laisser agir le père Joseph à sa guise. Noisy, ce n'est pas seulement une question de logement. Joseph y a découvert une autre réalité, la vraie, celle des familles ; il s'agit là d'un « peuple de misère », d'une *vraie* misère, celle d'un sous-prolétariat éjecté à la périphérie des grandes cités, méprisé, ignoré.

---

1. *Paris-Presse, l'Intransigeant*, le 18 avril 1959.

Familles « asociales », comme l'on dit, « en détresse », « déshéritées », dont personne ne veut parce qu'elles font tache, dont la seule étiquette est : « sans espoir ». Aussi les prend-on sans leur demander *rien*. « Depuis ce jour — 14 juillet 1956 — où je suis arrivé, je me suis promis que, si je restais, je ferai tout pour que ces familles puissent gravir les marches du Vatican, de l'Élysée, de l'ONU[1]... » Non, ce n'est pas un agglomérat de cas individuels, mais un « vrai peuple » de familles « malades », incapables d'assumer les responsabilités d'un foyer, de la vie sociale, d'entreprendre un effort valable ou soutenu. Déficiences mentales, culturelles, physiques, destinées vouées à l'échec.

Cet îlot de désespérance aux noms de fleurs — « rue des Pensées », « rue des Jonquilles », « rue des Tulipes », seule note de couleur dans la grisaille — incarne en réduction le monde de l'échec... Une dette un jour impayée à un hôpital les a assez épouvantés pour qu'ils déménagent et se mettent à l'abri. Les voici déracinés. Une note d'hôtel s'y ajoute-t-elle ? Ils repartent, additionnant dettes, larcins et, bientôt, violences. Certaines familles traînent avec elles jusqu'à seize condamnations... Monde de fuite et d'anonymat où la stabilité signifie désastre, où l'instabilité promet une maigre chance de survie. Tout un peuple vit dans l'autodestruction, en marge, ignoré, et tenu définitivement par la société pour irrécupérable. On en compte cinq cent mille, peut-être, en France... Les statistiques sont imprécises parce qu'elles n'intéressent personne.

Enfance oubliée des quartiers de misère... Mais est-ce que ce sont encore des enfants ? Toi, Michèle, neuf ans, tu t'accroches à la jupe de ta mère pour l'empêcher de se battre ; tu saisis une pierre pour la lancer à cette femme qui bat ta mère. Toi, Gérard, huit ans, tu te

1. Gilles Anouil, *Entretien avec le père Joseph*, Le Centurion, 1983.

lèves à l'aube pour ramasser un peu de ferraille dans les poubelles, rapporter ainsi quelques sous, en te faufilant pour qu'on ne sache pas que tu as manqué l'école. Toi, Denise, tu refuses d'y aller, le petit frère est malade et ton cœur de « petite maman » est inquiet. Toi, Patrick, tu écris à ta mère le jour de ta communion : « J'espère que tu te soignes bien, Marie-Josée, sinon tu auras affaire à moi. » Vous, tous les gosses, depuis quinze jours, vous n'avez rien à manger, alors vous vendez vos billes pour acheter du pain... Et votre maman ne résiste pas à l'envie de dire :

— Heureusement que Dieu n'existe pas, car si Dieu existait, ce serait pire encore.

Huguette, pour la dixième ou la vingtième fois, est venue tendre au père Joseph un mot de sa mère pour demander secours. Le Père n'a rien. La petite repart, tête basse, se retourne et lance :

— Et moi, et moi, je n'ai pas le droit de manger ?

« Comment voulez-vous qu'on s'aime ici, ce n'est pas possible. Pour aimer et s'entraider, il faut vivre comme des êtres humains. » Enfants aux regards d'adultes, aux responsabilités de parents, au corps déjà déformé sous les trop lourds fardeaux ; votre naïveté n'est plus qu'un mythe... Qu'avons-nous fait pour vous apprendre à rire, à jouer, à vous épanouir ? Enfants de l'angoisse et de la honte, dont les rêves sont peuplés de séparations, d'arrachements, de reniements, de mensonges... Et pour ceux d'entre vous que l'on a voulu « sauver », comme on dit, « mettre de l'autre côté de la barrière, placer », que reste-t-il dans votre cœur ? La haine de votre père et de votre mère, de votre milieu ; ou bien une fidélité désespérée... Robert, enlevé aux siens, depuis des années, écrit : « Retrouvez mon père, je vous en supplie, il ne peut pas avoir disparu. On a dû lui faire du mal. » Et Robert, déchiré, glisse vers l'abandon, la révolte, la délinquance.

Peut-être est-ce parce qu'ils ont eux-mêmes vécu ce cauchemar que les parents des bidonvilles sont tellement attachés à leur progéniture et qu'ils s'acharnent à vivre, à la faire vivre, à lui donner un toit de planches, de tôle et de papier goudronné, à la vêtir, à la nourrir, jour après jour, et surtout, à l'aimer.

— Comme votre fils vous ressemble ! Vous deviez être exactement comme lui, à son âge ?

— Ah non ! répond la mère ; parce que, lui, il a une mère qui l'aime. Moi, je n'ai jamais connu la mienne.

Toute la fierté des parents, tout leur honneur se concentrent dans cet amour qu'ils peuvent donner à leurs enfants, parfois maladroitement, parce qu'eux-mêmes n'ont jamais connu le visage d'un père ou d'une mère et qu'ils doivent inventer leur modèle ; parfois aussi parce qu'ils n'ont pas les moyens de répondre à autre chose qu'à l'appel de la faim...

— On pourra dire ce qu'on voudra, mais jamais mes gosses n'ont manqué de rien. J'ai toujours trouvé des pommes de terre pour leur remplir l'estomac.

Cela suffit-il, les pommes de terre, pour qu'un enfant prenne confiance dans la vie ? Ils vivent dans l'angoisse et la honte ; comment les rendre fiers ? Comment leur apprendre à donner au lieu de recevoir, à aimer au lieu de craindre, à créer au lieu de tout attendre d'autrui ? Comment les transfigurer ? Et comment transfigurer leur père et leur mère ?

— Il faut leur rendre la mémoire, répond le père Joseph ; ils ont vécu dans une misère si profonde, depuis si longtemps, qu'ils ont tout oublié...

Quelle mémoire ?

— De tout, absolument de tout... Il faut apprendre aux femmes à coudre, à raccommoder... à élever les enfants, à les soigner. Il faut redonner à ce peuple son esprit, ses lois, ses traditions, sa fierté... Il faut que les filles de l'atelier vous montrent comment elles arrivent à emballer trois cents éponges à l'heure et à gagner quatre cents francs ; que les garçons vous invitent à leur partie de football, réparent votre voiture à leur atelier, vous montrent leurs photos d'art. Ils vous diront quel homme a été Kennedy et, le soir, joueront *Antigone* de Sophocle... Le problème des familles n'est pas seulement matériel ou de logement ; il est social, culturel, spirituel. C'est un quart monde qui veut conquérir sa dignité.

Le père Joseph rêve à cette rédemption et s'y emploie. Les gars d'Emmaüs sont quinze. Les volontaires du père Joseph, guère davantage. Ils donnent leur temps, leur expérience et beaucoup d'amour. Ils essaient ensemble de secouer l'inertie de l'État.

Dès 1959, l'architecte Jean Daladier projette une « cité promotionnelle » comportant cent vingt logements répartis dans un ensemble de mille cinq cents appartements, en petits hameaux d'apprentissage conjugal, familial, communautaire et social. On arpente le terrain, on creuse des trous, encore des trous... L'été passe, l'automne, l'hiver... Les trous sont comblés, et le projet tombe à l'eau. Dans la haute administration, l'idée a prévalu que « le regroupement des familles asociales dans la cité aboutirait nécessairement à une contamination des familles les unes par les autres »... Il faut attendre 1967, treize ans après l'ouverture du camp, pour qu'un deuxième projet voie le jour. Le père Jacques Vreck, animateur central d'Emmaüs, a beau clamer : « Nous, nous sommes des éclaireurs, les corps francs, les détecteurs de la misère. Nous l'avons trouvée, elle est trop grande pour nous, alors nous la crions à la société ; c'est la société qui doit résoudre ses problèmes et effacer ses hontes. »

C'est l'esprit même d'Emmaüs qui bute et échoue sur Noisy comme il bute et échoue devant les cités d'urgence. Le père Duvallet résume excellemment le problème : « Si tu demandes à des gars d'Emmaüs pourquoi ça les gêne de donner de l'argent pour ces cités de détresse, ils te répondront : parce qu'on les héberge et qu'on ne leur demande rien. Emmaüs s'arrête ici. Emmaüs est en panne. On ne peut donner à des gens sans leur donner en même temps l'occasion de "faire", en restant passifs... »

À Noisy, la voix du père Joseph remplace celle de l'abbé Pierre, pour un autre combat et d'autres stratégies qui ne concernent pas tous les pauvres, mais seulement les familles les plus asociales. Joseph les conduira à sa manière, soutenu par des volontaires qui sont aussi des disciples. C'est une nouvelle aventure qui naît des igloos de Noisy-le-Grand. La domination charismatique ne se partage pas. Elle se libère des tutelles et délibère seule sur ses choix. L'abbé Pierre a toujours dit :

— Le père Joseph avait choisi. Dès lors, il fallait le laisser agir à son idée.

4

« Si le grain ne meurt »

Le drame de l'année 1958 a laissé de secrètes blessures ; cependant, le mouvement et son fondateur se ressourcent de l'ardeur des miraculés. « Emmaüs porte, en soi, sa propre raison d'être », a dit Pierre ; et nul doute qu'il soit réellement heureux de le voir s'épanouir hors de lui. Il a vaincu, par une non-violence active, l'anéantissement qui le menaçait durant cette année-là ; il n'accepte pas qu'une presse insatiable rouvre les cicatrices, essaie de donner en pâture au public un conflit que l'on a su garder privé, nuise au travail quotidien et silencieux. « L'abbé Pierre se serait exclu d'Emmaüs, clame *France-Soir*[1]... La rupture entre ses amis et lui est consommée. Est-ce un saint, un aventurier ? Est-ce un prophète ou un agitateur ? »

Un journaliste frappe à la porte des Bourdonnais, musarde des confidences qu'il étale au grand jour :

« L'abbé Pierre, c'est fini ; il n'a même plus de secrétariat ici... Il ne fait plus partie du conseil d'administration... Nous voulons travailler désormais dans le silence et la discrétion ; c'est ainsi qu'on fait des choses sérieuses... Ceux qui nous précédèrent aimaient trop la propagande et la publicité... Bien sûr, l'abbé Pierre reste notre fondateur... Emmaüs, c'est quand même

1. *France-Soir*, le 15 février 1961.

l'abbé Pierre qui l'a fait. C'était pensé, solide, au point de vue théorique... Mais il a été débordé par l'argent qu'il a reçu... Il a confié à des gens qu'il ne connaissait même pas cinquante millions, cent millions... Des escrocs se sont servis de son nom pour duper les pauvres [1]. »

« Il n'y a qu'une réponse, s'insurge Pierre, celle que, ensemble, depuis tant d'années, sous les rafales de propos tantôt idolâtres, tantôt qui font mal, nous nous efforçons de donner : travailler chacun à notre place, de toutes nos forces, à ce service premier du plus souffrant [2]. »

L'opinion, finalement, ne saura rien des problèmes internes d'Emmaüs. les raisons de l'« absence » du Père ne seront connues que d'un cercle d'initiés. Les bonnes gens le croiront toujours malade ; certains penseront même qu'il est mort. Les militants, en revanche, se scindent bien en deux groupes : celui des Bourdonnais, l'Union centrale ; celui de Paul, l'Union des Amis et Compagnons.

Le second groupe manifeste un soutien inconditionnel au Père, continue de lui reconnaître une autorité quasi absolue et lui voue un respect proche du culte. Ses membres se proclament volontiers « chiffonniers de l'abbé Pierre ». « *Mon cher Paul, écrit la fidèle Mme Renard, le Père ne fait pas partie de l'Union centrale... Les communautés, disons "dissidentes", non plus. Il est donc naturel que des nominations soient faites qui puissent ne plaire ni au Père ni à nous. Où est le danger ? S'il arrivait qu'une communauté y dévie de la ligne d'Emmaüs, le père Jacques aurait son mot à dire... Souvenez-vous que le Père nous disait toujours :* « *Ne vous attachez pas à moi.* » *Si nous en souffrons,*

1. *France-Soir*, le 15 février 1961.
2. *Faim et Soif*, mai 1961.

Paul, songez que le Père doit en souffrir encore bien plus que nous. Or, il a toujours été sans haine[1]. »

L'Union centrale a-t-elle, comme une « mauvaise fille », voulu « tuer le père » ? On lui en fait le procès. De fait, elle prend ses distances ; moins avec le fondateur qu'avec les dangers qui semblent rôder autour de lui, et qui lui font peur. Que Paul, le « brigand », fasse bande à part en Normandie avec sa communauté itinérante ne la gêne pas et la soulagerait presque. Elle rejette le culte, l'obédience et l'obéissance, mais point l'irremplaçable facteur d'unité que constituent la personne du Père et son message. Pourtant, refusant un mouvement « subordonné », elle récuse le charisme du fondateur ; elle ne supporte pas qu'Emmaüs soit l'abbé Pierre plus encore que l'abbé Pierre soit Emmaüs ; elle ne veut ni « disciples » ni « sectateurs ». Elle laisse le prophétisme au fondateur, voulant garder pour elle les réalités concrètes. Quant à l'esprit, le père Jacques Vreck, animateur central, y veillera comme une vestale. Il a la confiance du Père.

« Qu'est-ce qu'Emmaüs ? se demande le père Jacques. Pourquoi avons-nous HLM, accession à la propriété, CGL ? Faut-il garder ces branches, telles qu'elles sont devenues ? Les HLM sont prises dans un système semblable aux autres HLM. Et c'est fort justement, même s'ils exagèrent, que les habitants de celle d'Aulnay-sous-Bois s'insurgent : "Ce n'est plus la réalisation rêvée, mais un nouveau centre de taudis où les habitants pressurés n'ont même plus le droit de se faire entendre !" Dire que nous avons construit mille huit cents logements, que nous nous efforçons de loger les plus petits, soit. Mais soyons honnêtes ; nous nous heurtons

1. Mme Renard à Paul de Normandie, le 26 mai 1961.

là à un système fait pour ceux qui ont de l'argent ; et c'est là le contraire de ce que nous voulons [1]. »

« La HLM avait sa vitesse de croisière, se souvient l'abbé Duvallet, elle était honorable ; cela ne valait pas qu'on hurle pour lui donner le nom d'Emmaüs. L'essentiel, c'étaient les communautés. HLM, CGL, accession à la propriété, *Faim et Soif*, IRAM... tout cela était juridiquement autonome et politiquement indépendant. La nébuleuse pouvait se retourner contre l'âme et Emmaüs souffrir de perdre, ici ou là, le service premier du plus souffrant. »

D'autant que les années soixante sont le temps de l'effervescence où chacun y va, hardiment, de sa « vision ». « Souhaite-t-on que le mouvement se sclérose, s'emporte Étienne Canivez, de Douai, rentre dans le rang et se donne à des tâches peu compromettantes ? Voudrait-on me voir, avec mes amis, adhérer au... Secours catholique ? Je ne marche pas. La vocation d'Emmaüs n'est pas la bienfaisance. C'est une redécouverte de l'Évangile, une révolution... La première misère est celle du logement et le rôle des communautés est de bâtir [2]. » Voilà que les « Compagnons de l'Espoir » de Douai s'affichent désormais « Union des Mouvements Abbé-Pierre ». Ailleurs, on invente un troisième, un quatrième, un cinquième Emmaüs... Un Franciscain, à Chambéry, décrète une nouvelle façon de servir la soupe le soir. Ailleurs, un autre Franciscain choisit de verser différemment le pécule des compagnons... « Après tout, c'est une joie d'être diversifié, songe l'abbé Duvallet. L'Union centrale n'aurait pas survécu à son immensité. Elle aurait crevé, d'obésité, d'emblée. »

Que fait le Père ? Consulté, il ménage les uns et les autres, se veut le « grand-père » de tous. Il se défie « des tendances à vouloir tout réduire hâtivement à des

1. Le père Jacques à l'abbé Pierre, le 20 mai 1959.
2. Étienne Canivez à Jacques Vreck, le 23 avril 1960.

unités, certes désirables, mais point encore fructueusement réalisables », reconnaît « quatre enfants adultes et établis ». L'un est à Paris (l'UCC), l'autre à Douai (« Mouvements Abbé-Pierre »), un troisième à Alençon (l'UACE de Paul), le quatrième à Plessis-Trévise (la communauté féminine Sainte-Marie de Mme Renard). « Ce sont mes enfants majeurs et non pour autant enfants trouvés, et tous quatre fidèles, dans leur diversité, à la vocation première[1]. »

Un membre des Bourdonnais avoue : « C'était tout de même une attitude de la chèvre et du chou... Il continuait à ne pas se rendre compte de son magnétisme irrésistible... Rester une autorité clandestine ne lui valait rien... Il lui fallait rompre nettement, pour un temps, puisque l'aspect "concret" des choses lui échappait... Eh bien, non, il semblait qu'il se régalait, tandis que le père Jacques s'épuisait à mettre de l'huile dans les rouages, à louvoyer, à prévenir les drames, à façonner les armistices avec les branches dissidentes. »

En 1960, onze communautés — la quasi-totalité — appartiennent à l'Union centrale : Bougival, Brest, Cernay, Coudekerque, Marseille, Metz, Neuilly-sur-Marne, Neuilly-Plaisance, Nice, Nîmes, Wambrechies... Environ quatre cents communautaires y vivent et y travaillent. À la tête de l'Union, un conseil de neuf membres, trois Amis, trois responsables, trois animateurs, élus par l'Assemblée générale. On a décidé de rester fidèle à cette « trilogie sacrée ». « Au début, raconte Duvallet, il en manquait souvent un, le responsable, l'Ami ou l'animateur... Mais on se battait avec acharnement, on se voyait beaucoup, on effectuait un travail collégial très rigoureux. »

On vit alors une aventure. En trois ans, trois prési-

1. L'abbé Pierre, message du 8 mars 1962.

dents. En 1959, Jean Bouchy cède la place à Jean de Roubaix (le fameux « Capitaine Jean » de 1954), qui la cède en 1960 à Henri Camus. Celui-ci note : « Il n'y avait pas d'autre candidat. Personne n'en voulait. »

Pour survivre, Emmaüs s'organise. On a besoin d'autorité ; on la bâtit « sans père ni maître »... On inventera à tâtons, on s'appuiera sur un *coutumier* rédigé en deux ans, à partir des écrits et du souvenir des discours du fondateur. « Il fallait bien qu'on se... que l'on tranche entre la ligne de Paul et la nôtre, et mater tous les pseudo-prophètes de province, des fous, des cinglés, des énergumènes qui, dans un beau désordre, se réclamaient d'Emmaüs et cherchaient à récupérer le Père absent. Lui, l'abbé, avec son coup d'œil, reniflait l'esbroufe. Alors, il reculait brusquement, sans regarder dans le rétroviseur, en laissant l'escroc sur le bord de la route. À nous de nous débrouiller désormais, seuls. Allait-on continuer Emmaüs avec des responsables sortis du rang ? Allait-on en embaucher, en les payant, comme "travailleurs sociaux" ? Allait-on laisser tous nos gars, en communauté, vivre comme des clochards ? Ou bien leur donnerait-on l'hygiène, la douche, la sécurité, la chaleur ?... »

Le père Jacques, Camus, Paul Le Roch, Bernard Weiss... *gyrovagueront*, en permanence, comme le faisaient les « gyrovagues », ces moines errants du Moyen Âge, d'un coin de France à l'autre. Que rencontrent-ils ? Des communautés fragiles, des responsables aventureux ou inconsistants, des Amis trop présents ou carrément absents... Et, dans chacune d'elles, des effectifs pléthoriques, cinquante ou soixante gars. Les Emmaüs solides sont alors rares. On ne peut s'appuyer que sur Neuilly-sur-Marne avec René Joly, sur Bougival avec Armand Coene puis Bernard Weiss, sur Brest avec Paul Le Roch, sur Cernay avec Bernard Eidenshenk.

Comment vit-on à Bougival ? « Je n'ai plus tellement besoin de la charité publique, dit le Père ; j'ai trouvé quelques bienfaiteurs qui se sont réunis pour donner cent millions par an à Emmaüs [1]. »

Qui sont ces bienfaiteurs ? Les chiffonniers !

Les « cinquante » de Bougival, au bout de l'île de la Loge, sur la Seine, triment dur dans leurs quatre longues baraques mises en carré. Arrivés au désespoir, brisés, ils ont débarrassé caves et greniers, trié carton, papier, chiffon, plomb, cuivre, vendu le tout au poids et les meubles au détail, pour gagner leur croûte, mais aussi pour dépanner d'autres hommes et familles aussi malheureux qu'eux.

Sur Bougival « règne » un extraordinaire colosse de soixante-trois ans, « Monsieur Armand ». Armand Coene est fier de son réfectoire, de ses chambres où ses cinquante hommes dorment quatre par quatre. Parmi eux, le petit père Jules, qui a soixante-quinze ans et qu'on garde parce qu'on l'aime bien ; et Auguste Le Gall qui a appris le métier de chiffonnier à l'abbé Pierre !

En 1958, ils ont gagné vingt-huit millions d'anciens francs. Ils en ont donné onze. 5 % de construction légale pour l'Union centrale : 1,2 million ; 1,2 million à la CGL ; 5 millions à l'accession à la propriété. Ils n'ont pas oublié « leur » service, bien à eux : 250 000 francs à un prêtre, tout à côté, qui dirige un centre de jeunes délinquants ; 625 000 francs à une famille qui vit dans une seule pièce avec ses dix enfants. Ils ont donné un camion de bois par-ci, un autre par-là, à des gens qui avaient froid. Ils « donnent »... Ils « dépannent, rectifie Armand, tous ensemble ». Heureux ? C'est évident. Croisez-les, vous vous trouverez devant cinquante gueules sculptées par le malheur et qui, pourtant, donnent l'image d'une sérénité qu'on ne voit nulle part ailleurs. Ne sont-ils pas, eux, les pauvres, parce qu'ils ont travaillé pour donner, devenus des hommes debout au lieu d'être des chiens battus ? Oui, l'avenir du mouvement ne repose pas sur l'enthousiasme éphémère

---

1. Entretien à *France-Soir*, le 15 février 1961.

des foules, même pas sur la personnalité de l'animateur ou la fidélité des militants, mais sur cette vérité si forte et si vieille : « Sers premier le plus souffrant »... Le « mode d'emploi de l'univers », comme dit l'abbé Pierre.

Bougival, donc, « marche bien », comme Brest, ou Cernay en Alsace. Partout ailleurs pleuvent les problèmes... Indépendance, incohérences, comptes financiers troubles... Ici, les chiffonniers mettent le responsable à la porte... « Son amie coûtait trop cher aux camarades. » Là, le responsable s'« arrange » avec le comptable pour absorber les bénéfices... M. Henri, patron de Marseille, ne supporte pas l'arrivée de M. Émile à la communauté voisine de Nîmes. En 1959, Metz est encore sous l'orage ; l'abbé Lejeune, le fondateur, ne suffit pas à suppléer le responsable évanescent... Saouleries, disputes, vols, les quatre cents coups s'y multiplient. « Comme s'il suffisait, dit Lejeune, d'en appeler à leur conscience, de les encourager fraternellement pour qu'ils s'amendent et marchent droit... Quelle naïveté ! S'il faut du temps à l'enfant pour se former, il en faut bien plus à l'adulte pour se réformer... »

Metz use trois responsables en deux ans. Les braves gens n'y comprennent plus rien. « Œuvre de l'abbé Pierre, dirigée par un abbé, lui-même secrétaire de l'évêché... Les pauvres, entre les buts louables d'Emmaüs et la conduite déplorable de ses gars, y perdent leur latin. » En mai 1959, le responsable détale. C'est que, pour ce métier-là, il ne suffit pas d'organiser le travail, la chine et la vente. Il faut être meneur d'hommes, équilibré, avec une foi à toute épreuve dans Emmaüs (ainsi qu'en Dieu !). Dame ! Diriger une entreprise, une famille, en même temps qu'un... hôpital psychiatrique...

À Neuilly-sur-Marne, c'est René, un ancien de la Coloniale qui est responsable. Il est remarquable quand il ne boit pas ; intempérant, il lui arrive de « faire du foin » dans un bar avec un pistolet.

Emmaüs dans le Midi ? « Là, j'en ai bavé », confesse Henri Camus, alors président de l'Union centrale. Il trouve la communauté de Nice tapissée de petits papiers d'annonces de vente... « Ils vendent par petits bouts les terrains de la communauté. Le type qui la dirige alors se retrouve en taule. Les Amis n'y sont pas de meilleur aloi... honnêtes, mais... absents... Le premier coup de cœur passé, leur enthousiasme s'étiole. » Les deux premiers responsables seront remerciés pour indélicatesse. Puis, Nice remonte la pente lentement sous le troisième et grâce à l'aide d'un industriel de cœur, qui se charge du comité d'Amis.

M. Henri est, à Marseille, un vrai personnage de roman. Paternaliste et fascinant, il tient sa communauté de soixante-quinze gars en *condottiere*, peu regardant sur les manières et indifférent au tapage. L'archevêque s'en émeut... « Vous vous rendez compte de ce qui se passe ? » lance-t-il à Camus, vexé d'être ainsi convoqué par Monseigneur. « J'en ai quand même mal au ventre : cet évêque semble en savoir beaucoup plus que moi ! » Il devient nécessaire de « débarquer » le despote rabelaisien, comme de déloger M. Charles de Nantes, un personnage ébouriffant, tout de bravoure et d'excès, que ses gars aiment et craignent, et qui a fondé le « commando de l'espoir ». Son départ est un traumatisme nécessaire. Nantes devra végéter avant de se reprendre.

La succession de ces « figures » est difficile. Surtout, il faut se garder de les juger : ils ont beaucoup fait, à leur manière, « héroïque » ; alternant le meilleur et le pire.

Les communautaires vivent alors dans des conditions très précaires. Le père Godefroy, animateur et Franciscain au verbe haut, un jour n'y tient plus :

— Vous avez été voir vos chiottes, vous êtes allés voir où vos gars vont faire leurs besoins ? Allez-y, c'est indigne !

« Non, il n'est pas acceptable, après deux ans, que les chiffonniers-bâtisseurs — car on les appelle bâtisseurs ! — soient mal logés, hors Brest, Metz et Cernay. Bâtiments de bois, vulnérables à l'incendie ; chambres gelées ; douches absentes ; toilettes qui rappellent les casernes d'avant-guerre. Sont-ils des hommes inférieurs qui n'aspireraient pas à la chaleur d'une maison, aux petites habitudes prises dans un chez-soi ? tempête Camus. Serions-nous prêts, nous, à nous passer de chauffage central et de douche ? Non, bien sûr. »

« Vous voyez, dira-t-on aux gars, ce mois-ci, le carton, c'est pour la douche. Si on fait un peu plus de carton, on fera un peu plus de mètres carrés de toiture. Et vous les anciens, qui êtes là depuis cinq ou six ans, si vous en avez bavé... ce n'est pas pour que les autres, aujourd'hui, en bavent comme vous ! »

Tolère-t-on, ici et là, cinquante gars ou plus ? Attention ! À l'objection : « Il faut plus d'hommes chez nous pour faire tourner la boutique », on répondra : « Il faut d'abord que les recettes augmentent pour pouvoir les nourrir ! » Cercle vicieux dont il faut sortir au plus vite, sous peine d'asphyxier la communauté et de décourager les gars.

Les femmes ? C'est pour eux une souffrance. Mais ils en trouvent toujours... Extraordinaire d'ailleurs la quantité de femmes qu'ils ont dégotées, avec leurs gueules de tordus. Parmi eux, les aventuriers, les baroudeurs, les anciens de la Légion fascinent... Elles rêvent... On n'intervient pas, bien sûr ; sauf s'ils volent pour leur faire des cadeaux.

Le drame, ce n'est pas le besoin de femmes, c'est le besoin d'alcool, avec son cortège de disputes, de violences, d'accidents... Henri, de Marseille, propose le 27 mai 1961 — date historique ! — la prohibition *à l'intérieur* de toutes les communautés de France ; mais, chez lui, on persiste sans gêne à prendre son pastis à midi et son litre de rouge le soir... Quatre mois plus tard, six Emmaüs sont au régime sec ; cinq au régime

« humide »... Marseille, Neuilly-sur-Marne, Nice, Nîmes, Wambrechies restent à la traîne. Prohiber ne résoud rien ; l'alcool est un problème complexe. On songe aux loisirs : bars sans alcool, jeux... Ils n'ont guère de succès. Que trouve-t-on au café ? Une ambiance chaude et qui paraît sympathique. C'est une bataille rangée qui commence.

À Nîmes, M. Guy montre l'exemple et boit de la limonade mais, ici comme ailleurs, les gars peuvent aller au bistrot « sous réserve de ne pas dépasser la mesure ». Nulle communauté n'est épargnée ; sur le plan de la discipline, il faut parfois frapper vite et fort.

Le jour de Pâques 1961, à Cernay, l'abbé Gaston, animateur de choc, qui travaille en bleu de chauffe comme les chiffonniers, entend un groupe se flatter de « boire l'apéro avec l'abbé ». En trois jours, sur quarante, trente sont éjectés, valises en main. Les dix restants feront tant bien que mal tourner la boutique en travaillant comme des brutes. Beaucoup de « punis » viennent à résipiscence, désireux d'amendement. L'Union centrale finira pas décréter l'abstinence complète... « Ni alcool dedans, ni dehors, se souvient Duvallet ; mais on est malheureux parce qu'on perd plein de copains de valeur... des types bien mais qui n'arrivent pas à se passer de vin... On a des indulgences avec les vieux communautaires, qui ont fait preuve de dévouement ; on est plus dur avec le nouveau que l'on ne connaît pas... Tout le monde sait bien, à Bougival, que C... est cuit tous les vendredis soir mais un jeune qui rentre avec une cuite le samedi, on n'en parle plus... On a essayé de limiter les dégâts en limitant le pécule... On leur donnera cent balles, parce qu'une cuite à cent balles, c'est supportable ; une cuite à trois cents balles, ça démolit ! »

— Voilà. À partir de demain, plus rien, annonce Bernard de Cernay à ses gars. Ceux qui veulent partir sont libres ; ceux qui veulent rester restent !

Le lendemain, il n'y a pratiquement plus personne.

On multiplie les primes à la bonne conduite ; on augmente le lot de tabac hebdomadaire. Rien n'y fait. Le problème est de fond. Les combines relaient la tolérance perdue : çà et là, une cave trouvée comme un trésor lors d'une chine, bouteilles de schnaps enfouies dans la nature, dans des caches sûres ; lot de fioles clandestines relayées par tuyaux. L'ingéniosité est drôle mais le désastre est triste.

Bernard attend ses hommes le samedi jusqu'à deux heures du matin. « Si tu dis à un gars seulement le lendemain qu'il sent l'alcool, il pensera : j'ai été dénoncé... Ce n'est pas possible ; il faut que tu le pointes toi-même et que tu lui parles le lendemain. »

Dur et fascinant métier que celui de responsable. Le recrutement « interne » ayant montré ses limites, l'Union centrale opte pour le recrutement « externe », parfois par petites anonces que l'on fait paraître dans *La Vie catholique* ou *Témoignage chrétien*, en quête d'ardeurs issues de mouvements de jeunesse. Mais ces gars-là veulent fonder des foyers. Bernard de Bougival, un type extraordinaire, désire se marier : « Je vais vous quitter ; j'ai une famille à faire vivre. » L'Union veut le garder ; elle lui verse un salaire, envers et contre tout, en dépit des ricanements de Paul de Normandie ou de Mme Renard qui, avec mépris, qualifie ces recrutés de « petits fonctionnaires » !

Une nouvelle « race » de responsables va grandir : Bernard de Bougival, Joseph de Neuilly, René de la Réserve, Bernard de Cernay, à côté d'anciens indéracinables, comme Paul de Brest... « Chefs d'entreprise, éducateurs », on les forme, par des stages à la base, dans les communautés, à tous les postes de travail : chauffeur, ripeur, trieur... Le métier de chiffonnier, cela s'apprend auprès de chiffonniers ; et l'esprit d'Emmaüs, auprès des pères Vreck, Godefroy, Duvallet... Le rôle des Amis, là, est irremplaçable.

Excédé par la valse de douze responsables en trois

ans, de 1957 à 1960, M. Marcel, le président, et la « bande des quatre » de Cernay, les fondateurs, trouvent, grâce aux relations de l'abbé Gaston, l'homme en or en la personne de Bernard.

Bernard, ancien de la JOC, travaille en usine. Il prend un congé sans solde d'un an, et tente l'aventure, à vingt-quatre ans, pour un salaire mensuel de 800 francs, la valeur de cent paquets de cigarettes... « Plongée dans l'inconnu, ce 1er mai 1961 ; je n'y entends rien. La bande des quatre m'épaule : fais ceci, renvoie Untel, garde celui-là. Ouf ! Mais, d'un autre côté, à quoi bon être responsable si d'autres décident pour vous ?... Vais-je partir ? Rester ? Ce qui me fait rester, ce sont eux, les chiffonniers, avec leur solidarité extraordinaire, soudés autour de moi, un gamin, puisqu'ils ont dix, vingt ou trente ans de plus ! "Toi, m'a dit un vieux compagnon, on peut pas oublier la chaleur humaine que tu nous apportes. Reste". »

Face à de belles personnalités comme Marcel Montalbetti, à Cernay, ou le docteur Berthel, à Metz, le nouveau responsable trouve un terrain d'entente après quelques coups de gueule... Ailleurs, certains Amis, qui ont porté Emmaüs sur les fonts baptismaux et l'ont fait survivre dans la tempête, se montrent étouffants. D'autres, au contraire, comme dans le Midi, ne sont là que pour la galerie, ce qui fait du responsable une sorte de vice-roi. L'Union centrale voit en lui le vrai pivot qui accepte, refuse, vire, organise et, en tout, décide seul... à la condition de sauvegarder l'esprit d'échange. Donner et ne pas recevoir est absurde. Un responsable despote absolu, des Amis qui viennent contrôler et faire leur BA trahissent l'esprit. On ne gagne contre la misère que par l'échange. L'enjeu est difficile. Les Amis réagissent parfois d'instinct, avec leur cœur, dans l'« esprit 54 ». Les nouveaux responsables apparaissent plus « techniques » ; on les taxe de froideur.

Un premier essai de désintoxication alcoolique hors

communauté, à l'hôpital, suscite l'ironie. Quoi ! Emmaüs ne répondrait pas à tout, puisqu'on y sollicite une thérapeutique extérieure ? L'utopie souffre de cette ouverture du monde clos, claquemuré, parfait. Voilà qu'on se guérirait de l'alcool à l'extérieur ; que les chefs viendraient du dehors ; qu'on convoquerait des médecins, des assistantes sociales. Certains amis ou responsables issus du rang ont l'impression qu'on leur arrache les communautaires pour les confier à d'autres. À Wambrechies, le vieux Gégène, un compagnon du départ, sauvé physiquement et moralement grâce à l'abbé Pierre, subit douloureusement, mais toujours avec obéissance, la mise en ordre de l'UCC... Il s'y oppose d'abord férocement puis, le premier, obtempère. Les assemblées de l'époque bruissent de ces conflits.

L'« esprit », la réflexion sur « ce plus souffrant qui n'est plus dans un échange d'amour » relèvent de tous, mais surtout de l'animateur. Celui-ci est prêtre mais on ne se pose plus le problème de la confessionnalité : « Nous sommes neutres, écrit Jacques Vreck, nous sommes peu nombreux. Ne lançons pas des poussières d'ordres nouveaux. » Rares, ils sont pour la plupart des hommes d'une belle trempe. Celui de Brest, un humble petit prêtre, meurt d'épuisement. Le père Nicolas se montre génial à Cernay, comme les pères Lejeune et Léonard à Metz, l'abbé Duvallet à Bougival, le père Godefroy à Neuilly-Plaisance. Ils s'habillent et travaillent comme les chiffonniers. À côté du responsable qui ordonne, de l'Ami qui gère à l'extérieur, l'animateur est « l'esprit qui fait réfléchir ». Il ne décide pas ; ce qui lui donne un surcroît d'autorité morale. « Si l'esprit fout le camp, dit Duvallet, on a une sorte de pouvoir de veto. » Ainsi en est-il au sommet pour le père Jacques et même pour l'abbé Pierre. Certains de ces curés vivent, comme Godefroy, en communauté ; d'autres non. « Ce n'est pas souhaitable, note Duvallet, si c'est pour, le matin, au petit déjeuner, entendre leurs secrets, le type qui a fait une c... avec le camion, qui est rentré saoul... Si tu parles au responsable, t'es un mouchard ; si tu ne parles pas, tu es complice.

« Tu n'es pas non plus aumônier et tu ne dois pas forcément donner l'extrême-onction. Tu es là pour tous, à égalité, croyants ou non. Pour les sacrements, il y a les curés du voisinage. »

On dit la messe ou on ne la dit pas. À Bougival, on cesse même de la célébrer, parce qu'ils ne sont plus que trois ou quatre à y assister. « Ces types arrivent détruits. Ils ont perdu la foi en l'Église, sinon en Dieu. L'Église, c'est celle des nantis et des moraux, donc pas la leur. » L'abbé Pierre, Duvallet et les autres ? Eux ne sont pas de « vrais curés » ; ils n'ont pas de paroisses, ils ne sont pas les « gérants de l'appareil-Église refuge des bien-pensants ». Ils sont les puces qui sortent des poubelles pour aller piquer cette bonne société.

Le passé des pauvres n'est jamais tout à fait le même ; et pourtant, comme ils se ressemblent !

Marcel avait femme et enfant. Sa femme est tombée gravement malade ; il a travaillé comme un fou pour la faire soigner ; elle est morte. Accablé, il ne travaille plus, place sa fille en nourrice, oublie de payer ; il est condamné.

Paul ? Le destin l'a meurtri dès sa naissance ; il est posé dans une boîte à chaussures et abandonné dans une poubelle. On le sauve. Assistance publique, orphelinat, placement en famille. Il est maltraité, battu ; à vingt ans, c'est un révolté irrécupérable.

Fernand ? Il plonge, à vingt-sept ans, dans une déchéance totale. Un clochard. Il boit et joue son salaire. Sa femme, handicapée physique grave, est repartie chez ses parents.

Roger ? À trente-cinq ans, il se croit à l'abri. Il a

une femme qu'il aime, un emploi. Sa femme le trompe, tout s'écroule. Sans famille, sans ami, il boit.

Emmaüs est une maison pour hommes en panne, pour des gens dont les lois d'aide sociale n'ont pas prévu le cas. Un gars ne viendra jamais parce qu'il a seulement eu un accident du travail, ou parce qu'il est malade : la Sécurité sociale est là pour le dépanner. Ceux qui arrivent sont les cumulards du malheur, les pauvres de notre temps, des hommes dont la faiblesse n'est ni reconnue par la société, ni compensée par des qualités que les circonstances leur auraient permis d'épanouir. Un comptable peut se permettre de ne pas savoir planter un clou ! Tous, nous avons nos faiblesses, tous, nous sommes tordus de quelque part. Le pauvre est celui que sa faiblesse écrase au point qu'il ne peut plus la surmonter.

Dans son village, l'instable d'autrefois braconnait un jour et, le lendemain, donnait un coup de main au charron voisin ; et puis, aux yeux chrétiens de son entourage, il représentait un peu Jésus, l'éternel pauvre, et, à ce titre, on le respectait. Aujourd'hui, il est inutilisable aux usines Renault. On s'émeut, mais on ne lui garde nulle place. L'égalité peut écraser. Tous égaux, proclame la loi — mais à condition de tous savoir sauter un mètre cinquante. Tous égaux devant la Sécurité sociale, mais à condition d'avoir travaillé trois mois dans la même place. Et si la maladie du gars consiste justement à ne pouvoir travailler ces trois mois ? Peut-être, si on lui donnait du travail dans certaines conditions, obtiendrait-on de lui 80 % de rendement, et ce serait plus rentable que de l'expédier dans un bureau de bienfaisance. Mais c'est 100 % ou rien ! La pauvreté, c'est la faiblesse de ceux qui n'arrivent pas à s'intégrer dans notre vie moderne. Branchez un moteur de 110 volts sur du 220... Le gars fonctionne sur du 110, et brusquement la société le flanque sur du 220... Il est grillé au départ et n'arrive plus à suivre.

On ne vient pas à Emmaüs lorsqu'on a encore un

logement, un peu d'argent, un espoir de travail. Il faut n'avoir plus rien. Il faut être « un paumé des temps modernes, d'un monde qui va si vite qu'il fabrique des déchets, note Duvallet. Même "réastiqués", ces déchets ne sont pas réinsérables parce que les structures communautaires — famille, village — fichent le camp. Avant, tous ces tordus allaient à la gendarmerie et s'engageaient dans la Légion ; les poursuites s'arrêtaient ; ils avaient un costard, une bonne bouffe et se retrouvaient, pioche en main, en train de faire des routes. Ne soyons pas tartuffes : il y a de moins en moins de familles, de moins en moins de villages, de moins en moins de Légion... de plus en plus de gosses mono-parentaux ou de familles divorcées... Un monde qui a cessé d'être communautaire compte 20 % de "déchets" qui ne sont pas intégrables. »

Cet homme capable d'aimer et de souffrir, Emmaüs l'accueille comme un frère. Il a faim ; il n'a pas de toit ; mais, par-dessus tout, il est seul ; il manque d'amour. « Tant que nous ne lui avons pas apporté cet amour, on ne lui a rien donné. » On l'aime comme il est, avec ses défauts et ses qualités. Il a souffert plus que n'importe qui. Cet homme a son passé ; c'est son secret. On ne lui demande rien ; sauf s'il a envie de parler. Mieux vaut alors qu'il se livre à quelqu'un d'extérieur, médecin ou assistante sociale, plutôt qu'à ses camarades. Car lorsqu'on apprend après coup qu'Untel a fait un hold-up, un mauvais coup, le comportement des autres — même inconsciemment — se modifie, s'altère. Le communautaire s'est bâti, dès son arrivée, un personnage. Il est rarissime que ce personnage corresponde à celui qu'il était auparavant. La plupart arrivent épuisés, sous-alimentés, alcooliques. Pour les aimer, il faut les comprendre... Le nouveau venu a-t-il une infirmité ? On le fait soigner, opérer. Un pied redressé, un strabisme atténué arrangent bien des choses. Mais, le plus souvent, le gars a des bleus à l'âme. C'est plus difficile à guérir.

Emmaüs a besoin de médecins et d'assistantes sociales. « Il est ridicule, souligne Henri Camus, de parler des pauvres et de la faim dans le monde si le gars de chez nous ne peut pas, quand il est malade, se faire soigner, ou confier ses problèmes familiaux... » Les pionniers, le docteur Geier et Mme Frontier, arrivent dès 1960 à Bougival et à la Réserve à Neuilly-sur-Marne. Ces pauvres, désormais, on les connaît mieux ; on les soigne de meilleure façon ; on les aide davantage.

Qui sont-ils vraiment ? 99 % d'entre eux ne sont pas des malades mentaux. Entre 22 et 30 ans, ils présentent une névrose ; entre 30 et 45 ans, ils sont alcooliques ; après 45 ans, ce sont des très « faibles », des broyés. Derrière la façade, joviale, réticente ou triste, tous sont terriblement angoissés. Leur histoire, ils ne l'ont pas oubliée ; elle s'impose à eux ; elle les tient : elle est insupportable. Certains se tuent au travail et se saoulent le dimanche ; d'autres se fondent dans la communauté, y trouvent des amis, des copains. La plupart se tuent par l'alcool. Le verre, c'est le remède à la « bouffée d'angoisse ». L'alcool comme médicament... Certains, ne se supportant plus, s'enfuient un beau matin, sans laisser de trace. Pour beaucoup, le responsable, c'est le père qu'ils n'ont pas eu quand ils étaient gosses. Alors, ils liquident leur anxiété en se fondant dans l'obéissance, en exécutant ses ordres. Pour eux, il n'y a plus ni passé, ni avenir, ni souci. Un autre assume tout pour eux. Comment ne se sentiraient-ils pas déchus ?

Dans nos sociétés bourgeoises, il y a les « gens bien » et les « gens moins bien » ; ceux qui font les « choses bien », ceux qui font les « choses mal »... Eux sont tout en bas de l'échelle.

L'ancien OS a perdu sa spécialisation, il a cherché un boulot non spécialisé, puis un job de manœuvre, puis n'importe quoi, puis rien. Il avait une famille, des enfants, ou des frères et sœurs ; il a perdu tout contact ; il est seul ; cette famille ne lui donne rien, l'a rejeté, ou

— ce qui est pire — ne lui accorde que de l'indifférence... Bonjour, bonsoir... Déchéance si fort vécue qu'il est difficile de la redresser. Ils sont si diminués. D'où la nécessité de créer, derrière les communautés, des milieux protégés, où, après le départ, ils puissent essayer de regrimper l'échelle. Pour les débarrasser de l'alcool, il faut soigner la névrose ; pour les désintoxiquer, il n'y a pas trente-six manières : la cure, à l'extérieur, mais point en hôpital psychiatrique ; pour ces hommes cassés, ce serait descendre encore plus bas.

Oui, on écoute ces « faibles », on leur parle. Oui, la société les écrase... Mesure-t-on ce que représente, pour un faible, une contrainte par corps, une poursuite du percepteur, une note d'hôtel à payer en échange de sa valise, des honoraires d'avocat pour le divorce, des frais d'hospitalisation impayés... Dehors, le faible, l'instable, constamment poursuivi, deviendra vagabond et alcoolique.

En 1961 arrive à Bougival un homme de cinquante ans : en moins de six mois, il a additionné sept condamnations pour vagabondage et ivresse et 150 000 francs d'amende. Cet homme, très fruste, peut-il s'en sortir seul ? Non. En un an, Emmaüs-Bougival effectue vingt-sept démarches auprès des tribunaux pour atténuer diverses peines ; onze démarches auprès d'avoués pour faire avancer des procédures de divorce ou calmer certains esprits pour non-paiement de pensions alimentaires, quinze interventions auprès des percepteurs.

Veut-on mesurer ce que cela signifie d'être seul ? Beaucoup de ces pauvres sont, depuis l'enfance, écrasés ; enfants de l'Assistance, enfants de troupe, ils ignorent ce qu'est un foyer. Ils ont ensuite vécu un mariage précoce et un divorce. Emmaüs, ce sont des divorcés qui ne savent pas aimer parce qu'ils ont été mal aimés ; des diminués physiques sortant de prison auxquels la société rappelle leur âge, leur casier, leur bras ou leur poumon en moins ; des isolés absolus, en recherche de famille, d'un enfant, d'un frère ou d'une demi-sœur évanouis. 20 % de ces hommes ne surmontent pas leur divorce, pensent aux leurs, espèrent une lettre, une photo... qui ne viendront jamais.

Mal à l'âme, mal au corps, santé délabrée. 20 % sont tuberculeux à l'entrée ; 15 % subiront une ou plusieurs cures de désintoxication ; 20 % seront soignés ou opérés à l'hôpital. Depuis dix ans, l'un d'eux souffre d'une fistule tuberculeuse que jamais personne n'a vue... Il a été hospitalisé, opéré, guéri... Depuis dix ans, celui-là boite et ne trouve pas de travail ; lui a fini par trouver cela normal.

Ils boivent ? Avec de pareilles cicatrices, le contraire serait étonnant. Le gars prendra-t-il une cuite par hasard ? Il ne faudra pas le renvoyer dans la nature, sauf s'il récidive et crée du désordre : il faut se mettre dans sa peau, il a un coup de cafard, tout son passé affleure, des visages, ceux de sa femme, de son gosse... Il faut du temps, de la patience, et beaucoup d'Amour.

Peut-on espérer les réinsérer ? La société est si dure. « On fait ça avec les moyens du bord, des moyens d'enfants, lui trouver du travail et croire qu'il tiendra le coup, seul... Et, tout comme un enfant, il nous reste à pleurer devant ce nouvel échec, à se mettre encore en colère contre cette société qui ne l'a pas compris, et contre lui, le pauvre gars, trop faible pour tenir. »

Avec ces « tordus », Emmaüs fait des miracles. « *Si je n'avais pas rencontré Emmaüs sur ma route, je serais un homme fichu ; maintenant, je suis un homme comme les autres.* »

Ce propos, écrit d'une main malhabile par un jeune de vingt ans à un responsable, résume l'esprit de la magnifique aventure. Les « noyés » d'hier deviennent « sauveteurs ». Ces hommes désespérés mangent et trouvent un toit ; surtout, ils se rendent utiles à d'autres.

Ils deviennent créateurs de joie, semeurs de bonheur. Sauver des hommes en leur permettant d'en sauver d'autres. Bien sûr, lorsqu'ils frappent, affamés, à la porte, ils n'ont pas une mentalité de terre-neuve, et c'est à leur propre confort, au dîner de ce soir, qu'ils pensent. Et quand ils commencent à trier des chiffons, ils ne songent guère à ceux que leur travail va secourir. Mais, peu à peu, ils vivront le service.

Comment Paul de Brest, ce « grand d'Emmaüs », accueille-t-il à la porte l'homme à la dérive ?

— Ici, c'est une communauté de travail. Tu ne vas plus être un assisté. Tu vas gagner ta croûte. Ce n'est pas un asile ou un hôpital !

Avec lui, Paul fera le tour de la communauté...

— Ici, tu as le poste du carton, là celui de la ferraille, etc. Tu sais, ce n'est pas du bricolage. C'est un atelier !...

Paul lui parlera aussi du plan de travail.

— On est des ouvriers sérieux ! Je sais à la minute près qui est à la cuisine, qui est à la chine, au tri des bouteilles ou au jardin, au milieu de ses poireaux... Et puis, il faut que tu le saches, on aime ici le travail bien fait. Sois-en fier. Tu vois, cette cuisinière de trois cents kilos, ça fait 3 000 francs ; et ce petit vase de rien du tout, là... 10 000 francs !... Ça te souffle ! Ce qu'il en a bavé, Émile, avec cette cuisinière descendue du troisième, sué sang et eau ; eh bien, ce petit machin de rien du tout qu'a dégoté Gégène, ça vaut trois fois plus ! C'est ainsi : plein de mystères et de miracles... Ces vieux pots de pharmacie exposés au réfectoire, ils datent de 1830 ; l'antiquaire les prend pour 6 500 francs pièce ! Mais tu verras, quand tu te seras fait « pigeonner » une fois ou deux par l'antiquaire, tu feras gaffe... et puisque ces choses nous sont données, non pas à nous mais pour les autres, je crois qu'on doit en avoir grand soin... Voilà, par exemple, un sommier qui arrive et que son propriétaire voulait flanquer au feu. Eh bien, c'est flanquer de l'argent dehors... Car, vois-tu, dans un sommier, il y a de la toile qui va au chiffon. Cet article vaut 40 francs le kilo. Quelquefois, il y a du crin qui peut encore servir à faire d'autres matelas. Dessous, se trouve une toile qu'on appelle une toile de jute (actuellement, ça vaut 20 francs le kilo). Une fois brûlés, les ressorts iront au platinage et, enfin, il reste le bois. Eh bien, si on a le temps, on cassera les montants de ce sommier et ça fera du bois pour les vieux.

Du temps des gadoues, en 1954, les chiffonniers faisaient un million par mois... Aujourd'hui, la chine supplante la gadoue. Mais c'est devenu un vrai métier, qui fait vivre.

À celui qui arrive, on ne dit pas :

— Tu as besoin de nous.

On lui dit, pour reprendre le témoignage de l'abbé Duvallet :

— On a besoin de toi... parce qu'il y a beaucoup de boulot. On va bosser. Tu vas trier de vieux papiers, mais ce fric servira à faire des logements pour que des petits enfants restent en famille.

« Ça, c'est la charité, la vraie : alors, tu lui donnes une occasion d'aimer. Il reçoit beaucoup — il bouffe, il a un toit — mais ce qui le sauve, c'est ce qu'il donne : il a un sens, une raison d'être. C'est le grand éclair de génie et d'Amour de l'abbé Pierre. Pour ce gars amoché, la première façon de rendre service, ce sera de bien faire son boulot de chiffonnier, comme balayeur, ripeur, trieur, ou avec ses pluches. Il est utile, les copains vivent. La communauté vit ; elle prospère ; elle a bonne réputation ; les clients arrivent ; on vend. Le gars « monte dans l'Amour » par la qualité de ce qu'il fait ; sans que les compétences techniques en viennent à écraser les hommes, bien sûr, car on aura toujours des maladroits et des faiblards. Il faut se garder de les écraser. »

Le métier de chiffonnier est une merveille. Le chiffonnier a entre les mains une matière première « d'en bas », qui peut être avilie — prendre ce vase, par exemple, et le casser par terre — mais, grâce au travail de l'homme, elle a toute chance d'être ennoblie. L'homme ne s'ennoblira pas si la matière qu'il travaille ne s'ennoblit pas. Si elle se dégrade, parce que le sommier est sous la pluie, le pot cassé, le camion mal entretenu, la cour malpropre, l'homme se dégradera aussi.

Magie des chiffonniers. La matière la plus vile, cette matière très pauvre que tous peuvent toucher, même les plus faibles, se change en or. « Cette matière première gratuite, la plus pauvre, il ne faudrait jamais l'abandonner, poursuit l'abbé Duvallet. Avec elle, un type juste capable de décortiquer le papier autour du goulot des bouteilles de champagne pour faire des boulettes d'étain, il gagne sa vie. Si tu laisses tomber cette matière vile, tu laisses choir tout un monde de travailleurs qui sont de ce niveau mental-là. Sacrifiant le papier, tu sacrifies les trieurs de papier, ceux qui ne savent faire que ça. Et puis, vile ou pas, cette camelote-là, cette ferraille, a été donnée ; les brocanteurs l'achètent. On est responsable de ce qu'on nous donne ; même si on est un peu plus pigeon que le brocanteur ; même si on prend plus de gravats...

« Il y a un danger : la nostalgie de l'époque héroïque, des services à grands spectacles, des grandes réalisations de logements, des parpaings de Jean-Yves, et des gros coups de Paul de Normandie. Certains croient encore qu'Emmaüs est fait pour résoudre le problème du logement. C'est faux. Il faut se sortir ça du crâne. Emmaüs est d'abord fait pour servir ces tordus qui frappent à la porte ; puis les aider à servir à leur tour, pour qu'ils "montent dans l'Amour". Voilà tout. Si on subventionne un foyer de jeunes travailleurs, ou de garnements difficiles, c'est d'abord pour donner de la joie, de l'espérance, du bonheur à nos gars. L'ère des « grands bazars » est close ; la magie d'Emmaüs demeure. Dans le temps, c'étaient les camps d'urgence, les baraquements ; fort bien. Si c'est encore possible sans se faire mettre en taule, parfait ; faisons des baraques, squattons, chambardons la République, c'est amusant. Les Amis doivent toujours prendre leurs risques aussi, pour ces bagarres-là, si nécessaire. La puce doit être vigilante. Mais ne rêvons pas d'abord de trucs extraordinaires... »

L'essence du service est là, dans la grandeur du métier de chiffonnier. Il faut le réhabiliter. Il balaie tous les complexes d'infériorité, de régression, de déchéance. « C'est le métier roi, parce que c'est celui qui offre le plus d'objets à donner : les meubles qu'on vendra pas cher — mais qu'on *vendra* parce qu'on est des pauvres qui travaillent, pas des bonnes œuvres —, les fripes qui habilleront toute une région.

« Le trésor de Charlot, à Bougival, ce sont ses bouteilles. Il ne les donne pas facilement. Sauf si tu lui en demandes une, un peu tordue, pour des gosses paumés qui en feront une lampe de chevet. S'en séparer, ce sera la grandeur de sa vie ; à cette bouteille, il a donné tout son travail et son Amour. Le service est dans l'Amour ; et l'Amour est partout, dans le triage où les gars se passionnent pour récupérer tout ce qui peut être donné, tout ce qui peut aider. Le bonhomme trie le linge avec Amour, pour la layette possible, le vestiaire possible, la laine détricotable qui va être retricotée par des petites vieilles... L'exemplarité pour les "repus" ? Tant mieux si elle existe, si "nous, les bons à rien", montrons aux "bons à quelque chose" ce que nous sommes capables de faire ; qu'on les pique pour qu'ils voient la misère et s'arrêtent de ronfler... »

Les gars sont responsables de leur *service*. Il est idiot de rendre des services sans qu'ils soient dans le coup, sans qu'ils l'aient, eux-mêmes, décidé. Un comité d'Amis, ou de n'importe quoi, pour quelque bonne ou mauvaise raison que ce soit, ne doit jamais faire obstacle à la montée dans l'Amour, dans la responsabilité, des chiffonniers. Que faire avec tout cet argent gagné ? On mange ; la communauté s'agrandit, s'embellit... Mais encore ?

« On donne ? On dépanne ? Là alentour, tout près. Attention, Emmaüs, cela ne s'arrête pas au dépannage. Donner à des gens sans que l'amitié qu'on leur a prouvée les engage à donner eux aussi, ce n'est pas... Emmaüs ; c'est de l'assistance, c'est du « Secours catholique ». C'est bien, mais ce n'est pas nous. Bien sûr, quand il y a une urgence, il faut y aller... Des gosses n'ont pas mangé, il faut les nourrir... Il y a le feu dans la maison, on amènera une tente... Si un appartement saute à cause du gaz et que les gars de Nice se précipitent et se décarcassent, soit ! Les commandos restent nécessaires... Comme dit l'abbé Pierre : « on ne bâtit pas un monde nouveau sur un cimetière »... Mais permettre à un père de famille d'avoir un logement pour reprendre ses gosses à l'Assistance publique, là, il va avoir à aimer... Refaire dans le Maine-et-Loire le toit du château qui abrite une communauté de femmes infirmes parce qu'elles y font venir à Noël, à Pâques, aux vacances, les malades des hôpitaux voisins pour qu'ils puissent respirer et chanter... Là, elles donnent de l'Amour... Donner une cuisinière à une petite vieille à Marseille qui en invite quatre autres à se chauffer... "La cuisinière, on me l'a donnée ; moi, je donne de la chaleur"... Bravo.

« Sans discernement, Emmaüs a parfois échoué. Les baraquements, les igloos, les HLM pour des familles, c'était bien, mais ont-ils compris qu'ils avaient à leur tour à donner, que la chaîne d'amour devait s'agrandir ? Emmaüs s'est arrêté à Noisy-le-Grand...

« Emmaüs se vit ; Emmaüs vit et grandit. Il faut de nouvelles communautés. Emmaüs aide l'enfant qui naît tant qu'il n'est pas solide sur ses pieds, et, même après, revient en cas de coup dur, ne laisse jamais tomber, sauf si le nouvel Emmaüs devenu adulte ne gagne pas sa croûte, alors que c'est bien organisé et géré... Peut-être n'y a-t-il rien à chiner dans ce coin-là ?... Peut-être est-ce tellement désert qu'on ne peut rien y vendre, au milieu des cailloux ?... Alors on ferme, on va ailleurs. Une communauté définitivement pauvre et assistée, ce n'est pas Emmaüs ; les hommes qui y vivent n'y monteraient pas en Amour...

« La communauté ? Notre richesse, notre raison d'être et de vivre. La grande invention de l'abbé Pierre... Ces pauvres qui se mettent ensemble, qui additionnent leurs faiblesses. Emmaüs est contagieux. De plus en plus, dans tous les coins, des tas de misères se regroupent pour vivre en communauté. Plutôt que de vivre matériellement peinards et hospitalisés, beaucoup préfèrent vivre rudement, douloureusement, dans le risque, ensemble. On fuit à la fois la foule de l'hospice et la solitude du grabat. Cette réunion de pauvres s'appelle aussi communauté. Communautés d'adolescents ou de gosses, qu'il est triste de voir naître et mourir par manque d'aide ; communautés de handicapés mentaux, de débiles... trop "sonnés", trop esquintés pour être rentables... Alors, Emmaüs, qui est ancien, équipé, costaud, ne doit-il pas leur tendre la perche ? N'est-il pas un peu le "frère aîné" dans un mouvement communautaire de pauvres gens qui se regroupent pour fuir l'isolement, l'hospice et la caserne ? Oh ! pas pour de petites « mafias » de gens qui se replieraient sous une forme d'éteignoir, mais des pauvres qui inscriraient dans leur loi : liberté et service... Ceux-là sont nos frères : on est le costaud, avec ses devoirs, vis-à-vis de ceux dont le ciboulot ou la carcasse sont bien trop amochés pour qu'ils s'en sortent seuls. Ce sera tellement beau pour les chiffonniers... À un ménage dépanné, ils ne vont pas demander d'étaler son bonheur, pour que ça leur fasse, à eux, chaud au cœur ; mais à la communauté d'infirmes qu'ils auront pourvue en machines, ils iront, de temps en temps, leur demander de les voir fonctionner...

« Un jour, des lépreux, une fois guéris, ont quitté l'hôpital Saint-Louis et se sont regroupés dans une ferme parce qu'ils ne voulaient pas vivre au chaud, choyés, cajolés... Ils voulaient être des hommes libres. Que faire ? Ils étaient si tordus, si perclus ; certains étaient aveugles. Ils ont dit à une équipe de volontaires pour le tiers monde : "Venez vivre avec nous ; et puis, quand vous aurez supporté notre horreur, vous serez capables d'aller dans n'importe quel coin de la Terre." Depuis, ils "forment" ces gars-là... Et ceux-là, quand ils arrivent en Angola, devant de vrais lépreux contagieux, ils n'ont pas peur ; ils savent. »

On a trop vite fait d'« inculper » l'Union centrale du « meurtre du Père ». Mais, si elle refuse les excès du mythe, l'Union s'est efforcée de sauvegarder le message. Au fond, la mise à l'écart de 1958 relève davantage du schisme que de l'hérésie.

Les « schismatiques » savent qu'ils prennent le risque de ne plus bénéficier de la légitimité que leur offrait comme un paravent la domination charismatique. Ils creusent le sillon d'une autre légitimité, « vaticanisante », dira-t-on, parce que l'enthousiasme pourrait s'y diluer... L'Union centrale contient les foisonnements, les créations spontanées et fragiles, et fait des responsables des communautés des pivots qu'elle forme et salarie. La formation du responsable remplace la bénédiction du Père. À la rescousse, on convoque des « experts », médecins et sociologues : la science pourrait devenir un substitut de légitimité.

En même temps, les disciples du Père, autour de Paul, privilégient le mouvement contre l'ordre, l'idéal contre le principe de réalité. Paul choisit l'aventure pour abreuver le message dans l'eau vive de la première fondation.

5

« Va, fais comme tu sais... »

« En ce temps-là, Pierre dit à Paul :
Maintenant que tu sais quelle est leur peine
Maintenant que tu connais le vrai visage de la misère
Prends tes hardes et va-t'en
Choisis tes hommes. Emmène-les de par le monde
Et crie à tous que le malheur est proche
Que demain il sera trop tard... »

Ainsi prêche Paul en Normandie, à la tête de la communauté missionnaire souhaitée par le Père lors de la crise de 1956.

L'aventure de l'Itinérante est née de la nécessité et du hasard. Après avoir provoqué le départ de Jean-Yves, les gestionnaires de la rue des Bourdonnais ont tenté d'obtenir celui de Paul, l'autre « larron ». « Petit frère », comme on l'appelle parfois, est montré du doigt ; pour les responsables, il est la part d'Emmaüs qui a vécu et doit s'effacer. À côté du Père, il personnifie le « bandit », dans la trilogie d'Emmaüs rêvée par le fondateur. Contre l'abbé, on ne fait à l'époque que murmurer. Contre Paul, on manœuvre ouvertement, depuis l'hostilité affichée début 1955, lors du squattage du viaduc d'Auteuil.

Le secours d'urgence centralisé, de toute façon, est condamné. Paul tente-t-il de le relancer en mettant sur pied une communauté *ad hoc*, en plein cœur de Paris, près de l'hôpital Saint-Antoine ? On sabote l'initiative. Las des insinuations, des mises en garde et des sourires qui ressemblent trop à des grimaces, Paul ne met plus les pieds aux Bourdonnais. Avec la crise qui secoue Pontault, entraîne l'éclatement des bâtisseurs et l'éviction de Jean-Yves, son rôle à la tête des communautés et à son tour contesté. Le premier disciple du Père est mis à l'index, obligé par l'institution naissante soit à se retirer, soit à « inventer » un genre d'action en marge. Quand l'aventure devient routine et se normalise, le premier des « aventuriers » est conduit, par la pression des événements et son tempérament propre, à renouer ailleurs avec l'aventure originelle.

Un double hasard vient à son secours : la fermeture de la communauté de Rennes et ces quelques hommes qu'il faut « récupérer » ; la situation à Alençon de l'abbé Esnault, brave curé de village qui a sur les bras, à Saint-Nicolas-des-Bois, un petit groupe d'enfants abandonnés.

C'est une bien belle histoire, digne de figurer dans la légende d'Emmaüs. Un gosse a échoué dans son confessionnal. Que faire ? Le curé le confie à une jeune fille prête à prononcer ses vœux.

— Vous serez sa maman, Marie-Geneviève...

Une semaine plus tard, ce sont quatre enfants abandonnés qui réclament qu'on les nourrisse, qu'on s'occupe d'eux. Le drame de l'enfance abandonnée est cruel dans les campagnes. Il a suffi que se répande la nouvelle du premier cas de gosse secouru par l'abbé Esnault pour que d'autres gamins soient amenés à son église. L'abbé, désemparé, s'adresse à Pierre. « Parlez-en à Paul... »

Celui-ci n'a plus de place aux Bourdonnais, ni à la tête des communautés ?

— J'ai du travail pour toi, lui dit le Père. Va là-bas et fais à ta manière.

À Alençon, Paul cherche une solution et s'adresse aux paroissiens. Il fait salle comble. Le bras droit du célèbre « curé des chiffonniers » attire les bourgeois, les dames d'œuvres. Tous ont encore en mémoire l'appel de février 1954 ; Paul sait leur parler et le service des enfants délaissés est propre à émouvoir. Les cœurs les plus endurcis en seraient remués. Les auditeurs d'Alençon lui sont acquis.

— Il faut nourrir ces gosses, les entourer, les sauver, dit Paul.

— Oui, bien sûr, il faut que ça se fasse.

— On va le faire !

Comment, avec qui ? Les cinq rescapés de la débâcle rennaise sont là, disponibles ; pas du tout enchantés à la perspective de rentrer à Paris, de reprendre le balai au 32, rue des Bourdonnais, ou d'être expédiés dans une communauté. Paul est naturellement le seul chef qu'ils reconnaissent, après le Père.

— Prends-nous avec toi, on va créer quelque chose.

À l'abbé Esnault, Paul propose aussitôt :

— On va trier les chiffons et ramasser la ferraille pour les gosses. Et faire les ordures. Vous avez bien des gadoues, vous aussi.

L'abbé, ravi, s'inquiète :

— L'Orne, c'est tout petit...

— Il suffit de commencer quelque part, et on verra bien.

Une opération de débarras à Évreux, par les gars du secours d'urgence, n'a-t-elle pas donné des résultats inespérés ? Pourquoi pas dans l'Orne ? Paul y a rencontré un curé de village. Il ne sait plus quel village, mais l'abbé Philippe, au téléphone, est tout disposé.

— Venez demain, après la messe...

Le Mesle-sur-Sarthe, à quinze kilomètres d'Alençon, ce n'est pas le bout du monde, mais ça y ressemble. La campagne française profonde... C'est là que le 18 novembre 1956 l'aventure commence, dans l'esprit de la fondation de 1949, à Neuilly-Plaisance. Aux cinq hommes de Rennes se sont ajoutés une demi-douzaine d'hommes d'un centre d'accueil. Les voilà douze, apôtres du « rajeunissement » d'Emmaüs, comme ils l'écrivent dans *Et les Autres ?*. Et comme la légende d'Emmaüs n'est pas avare de coïncidences parlantes, le 18 novembre est le jour anniversaire de la consécration de la basilique Saint-Pierre-et-Saint-Paul ! Paul l'ignore, mais aux dames pieuses réunies dans la sacristie autour de leur curé, il expose sans détour :

— Mesdames, nos pauvres viennent travailler chez vous pour les enfants du pays. Il faut les loger. Vous avez bien une grange vide, chez vous ?

Un paysan acquiesce. Paul demande la permission de parler aux paroissiens à l'heure des vêpres. Sages comme des premiers communiants, les onze gars l'écoutent exposer leurs besoins.

— Trouvez-nous, s'il vous plaît, une grange, un peu de paille, des tréteaux et des planches, pour que nous puissions prendre nos repas de pauvres. Dénichez-nous quelques charrettes à bras et un bout de terrain pour que nous puissions stocker et trier ce que nous aurons ramassé... Aidez-nous à ouvrir le cœur des gens...

Une bonne chrétienne d'importance, la châtelaine du coin, prend en main l'installation des chiffonniers. L'étage de la salle de bal, inoccupé, fera l'affaire ; le garde-champêtre y apporte le nécessaire, et, le lendemain, le premier comité d'Amis se forme, autour du curé, de l'instituteur et du maire, un savetier.

— Monsieur Paul, je fais battre le tambour... À quelle heure voulez-vous commencer votre ramassage ? J'ai vu les gendarmes, vous pourrez mettre vos ferrailles dans leur cour...

Les douze se mettent au travail dans la bonne humeur.

Dans une masure, peu après, un bébé meurt. La

famille en a un autre, qui couche dans une soupente sans fenêtre. Le maire suggère à Paul :

— Si vous pouviez faire quelque chose, vous êtes aussi bâtisseurs, n'est-ce pas ?

La soupente aura sa fenêtre. Et l'abbé Esnault, en quinze jours, recevra pour ses gamins cent cinquante mille francs. Depuis, des familles entières demandent à être secourues. Où les loger ? Le comte d'Harcourt, hobereau de vieille souche et maire d'Essai, un village de quatre cents habitants, se présente et invite Paul à parler à ses villageois.

— Puisque vous allez aux vêpres, vous ferez votre discours après que notre curé les aura chantées...

Paul se retient de le contredire... Va pour les vêpres ! À la sortie de l'église, un comité est constitué ; on a déniché un local pour une famille errante, rassemblé du mobilier et préparé un repas. Le ramassage, à Essai, peut commencer le lendemain...

La semaine suivant, les chiffonniers, avec leur chariot tiré par un cheval, leurs poussettes d'enfants attelées par des manches à balai, sont à Tourouvre. Le maire a entendu Paul à Essai, lui a laissé sa carte : « Si vous avez besoin, venez... » Ils y vont.

Un paysan leur amène une charrette pleine de toute sa ferraille. « S'ils font eux-mêmes le ramassage dans les champs et les fermes, on gagnera du temps », se dit Paul.

La phase d'improvisation s'achève. Il s'agit maintenant d'organiser la collecte des rebuts en enjoignant aux habitants des villages de l'Orne, de réunir et d'apporter tout ce dont ils ne veulent plus. La petite troupe en bleu de chauffe annonce son arrivée prochaine et écume l'Orne durant deux années. L'Aigle, Moulin-la-Marche, Sees, Le Marterault, la Ferté-Fresnel, Vimoutier, La Chapelle-Moche, Passais-la-Conception, Domfront, Condé-sur-Noireau, La Ferté-Macé, Athis-del'Orne, La Ferrière-aux-Étangs, Putanges, Écouché, Flers-de-l'Orne... Des gros bourgs aux plus petits villages, la « campagne de Normandie », prévue pour un hiver, aligne ses hauts lieux comme une épopée militaire...

Paul de Normandie en est le général. Il est le disciple de l'abbé Pierre. Son charisme égale presque celui du Père. Comme celui-ci, il impose son image, toujours identique quel que soit l'endroit où il se trouve : bleu de prolétaire, brodequins noirs de pèlerin, casquette de militant en campagne et, en bandoulière, la musette du chemineau. Durant toute sa carrière de plus de vingt ans à Emmaüs, Paul n'y dérogera jamais, se montrant ainsi à tous, dans les bureaux ministériels, les réceptions du Rotary, les inaugurations officielles... comme dans les squatts, sur les gadoues et les tas de ferraille. Au Père, les attributs de l'apostolat au service du pauvre, à Paul, ceux du pauvre lui-même. Il est le pauvre qui s'est sauvé lui-même. Pas le miséreux, mais le pauvre digne, propre et fier. Paysan prolétaire et ouvrier des campagnes à la fois ; une épaisseur rurale éveillée à la solidarité des usines, habillée de l'uniforme de l'égalité du peuple ; une simplicité de vie qui donne l'exemple, par le refus du gaspillage, la rigueur de l'emploi du temps, l'indifférence au confort. Paul s'est identifié à l'abbé Pierre, s'est moulé sans effort dans le rôle du second, du double laïc qui crée l'œuvre là où il n'y a rien, qui défriche, entraîne et transmet. Il est à l'échelle commune, celle des campagnes françaises, l'émissaire du prophète mondialement reconnu ; porteur en second, de clocher en clocher, au plus près de la vie quotidienne, du même élan prophétique.

Proche des gens, fraternel, à l'aise dans tous les milieux parce qu'il est toujours le même, il a la force de conviction du prophète lui-même, l'éloquence qui séduit, qui fait entendre au pharmacien de Laval, au nobliau de Bellon-en-Houlme, au maire de Rouen ou au ministre de la Construction la même vérité profondément humaine, celle d'Emmaüs et du service au plus souffrant.

Sa gentillesse rassure, sa bonté émeut, sa conviction force l'adhésion. Il a, presque autant que l'abbé, le don du mot qui touche, sait débusquer les sentiments et saisir l'assistance. Sa parole est plus directe, ramassée sur l'essentiel, électrique parce que l'émotion qu'elle dispense est immédiatement requise à des tâches concrètes, que l'exemple de Paul met à la portée de tous. « Il a réponse à tout et nous électrise... On se sent obligé de le suivre... »

Paul n'expose pas, il prêche, et son charisme a le pouvoir de rendre possible, réaliste parce que réalisable, là, tout de suite, « pourvu qu'on s'y mette », le service de charité auquel il exhorte le public à se soumettre. Paul orateur dispense à ses auditeurs l'exigence d'une « douce violence » : laissez parler vos cœurs et vous serez récompensés. Ouvrez votre cœur et faites comme moi. « Vivre c'est aimer... » Les notables qui le regardent de haut en sont pour leurs frais. Au chiffonnier, le ramassage ; à eux, les beaux discours charitables, croient-ils. Paul prend la parole, décrit d'une voix douce et profonde, qui se dispense d'élever le ton parce qu'elle sonne vrai, la misère des plus pauvres, la détresse des sans-logis, le malheur des gosses abandonnés, les familles déchirées...

Les notables peuvent ranger les feuillets, les salles sont bouleversées. Un homme en bleu de chauffe « qui ne fait pas de fautes de français », comme il dit, par des mots simples, à travers une expérience personnelle et collective — Paul n'a pas besoin de parler de lui, son personnage est éloquent, seul compte ce qu'il fait, ce qu'on peut faire — distille une foi capable de soulever des montagnes. Il ne s'agit pas de régler les problèmes planétaires de la faim ou de l'oppression, mais, dans le village, la ville, le canton, de donner pour que les familles et les gosses privés de tout soient « repêchés ». Pas de calculs, pas de hiérarchie, ni stratégie ni faux-semblants, dit Paul, mais un acte d'Amour, de générosité, à portée de main. « Faites-le ! »

Ainsi Paul prêche-t-il dans chaque commune, devant les notables auxquels il a annoncé sa venue. Il leur demande de former un groupe d'Amis, pour accueillir sa troupe, trouver le gîte et le couvert, alerter la population du passage des chiffonniers. Ceux-ci ramassent ce que les gens leur apportent ; le bénéfice de la revente aux récupérateurs va pour moitié au secours des déshérités du lieu, pour moitié à l'action d'Emmaüs en faveur de tous les déshérités.

— Voilà, messieurs, on vous débarrasse de vos rebuts, et vous, avec ces rebuts, vous nous donnez votre cœur...

Un comité s'organise, se répartit les tâches. Des affiches, « simples, sans tape-à-l'œil », sont placardées. Elles annoncent la conférence de « M. Paul, chiffonnier de l'abbé Pierre ».

De la conférence naît le comité local. Les chiffonniers s'installent en ville ; ils se contentent de peu : granges, salles désaffectées, garages ou usines à l'abandon, ancienne gare... et parfois, les haras d'un château, les communs du palais épiscopal, un donjon décrépit, un presbytère trop grand pour son curé, comme à Flers-de-l'Orne. Le vaste palais épiscopal d'Argentré héberge-t-il des religieuses ? L'endroit, bien trop grand pour elles, recevra également les itinérants. Les bonnes sœurs repoussent leurs lits ; on monte une simple cloison de contre-plaqué et les hommes de Paul s'installent, aménagent un réfectoire avec la photo du Père, affichent leur règle : « *Ici, tu n'es pas à l'asile. Tu es debout, tu travailles.* » Et cette citation du fondateur : « *La vie est plus un consentement qu'un choix.* » Paul dispose d'un endroit transformé en bureau, « style Louis-Caisse », comme celui du Père. Pas de préséances ni de fioritures ;

un décor spartiate, une nourriture frugale et une organisation qui ne laisse rien au hasard.

L'Itinérante de Normandie obéit à un rituel précis à chacune de ses étapes et développe dans sa vie quotidienne une liturgie de l'ordre, du travail bien fait. Paul est méticuleux, soucieux de l'image de sa troupe autant que de son efficacité. C'est une vie quasi monacale... L'Itinérante est un « monastère ambulant ». Réveil à six heures, petit déjeuner, le travail commence à sept heures et demie et cesse à dix-huit heures. Coucher à vingt-deux heures. Les hommes doivent présenter bien. Rasés, propres, ils sont à l'image de leur chef, l'exemple vivant de pauvres qui se sont rachetés. « Les dames charitables et les gens bien doivent pouvoir venir ici, dîner au milieu de vous. » Les ferrailleurs ont de la tenue et les ongles propres. Tout compte dans cette petite armée disciplinée. La liturgie des apparences garantit la pureté des actes et entretient la flamme des convictions.

Paul est un puriste. Sa façon de mener sa troupe est celle d'un chef militaire pour qui la « victoire » commence avant le « combat », dans la force morale inculquée aux hommes. Paul les avertit :

— L'allocation pour la toilette et le vestiaire n'a plus de sens si elle est dépensée en tabac ou au café... Le Père a toujours eu le souci de notre dignité et ne veut pas que nous ressemblions à des mendiants, des assistés... On ne devrait pas en reparler, mais un effort doit être fait pour la toilette, les cheveux, les chaussures à cirer et la barbe à raser...

En conséquence, on ne badine pas avec la discipline, dans le travail et hors du travail.

La communauté d'Emmaüs, quelle qu'elle soit, prend en charge toute l'existence de l'homme, elle s'offre à lui comme une totalité à laquelle il consent. Le caractère propre de l'Itinérante n'est pas seulement la mobilité.

À chaque étape nouvelle, de l'installation à l'organisation du travail et au ramassage, la communauté s'expose quotidiennement à la petite société villageoise sur laquelle elle vient, deux, quatre ou six semaines durant, se greffer. Elle encourt constamment les jugements : méfiance, suspicion, ou au contraire surprise ravie, compliments, engouement. Pour être sans reproche, elle doit rester soudée et fière d'elle-même. Profondément égalitaire par nature, elle se modèle sur l'image qu'en présente son chef en toutes circonstances. Paul partage la vie de ses chiffonniers et en est l'ordonnateur. Lorsqu'une bonne âme s'inquiète qu'il prenne froid, il peut répondre :

— Oui, j'ai froid, mais au moins, quand j'en parle, je sais ce que c'est !

L'expérience vaut autant vis-à-vis des pauvres que vis-à-vis des compagnons.

Paul mange avec eux, selon un rite qui résume tout son souci de la communion et du détail. La table est en fer à cheval et le bénédicité, écrit par le Père pour les communautés, est récité par Paul : « Mon Dieu, bénissez-nous, bénissez la nourriture que nous allons prendre, aidez-nous à donner du pain à ceux qui ont faim, et à donner faim à ceux qui ont du pain. » Puis on s'assoit en silence et les deux préposés au service de table apportent la soupe. Paul la sert, debout. Le repas s'achève sur un tintement de cloche, après quoi vient la lecture du cahier de travail. Chacun a une place à tenir, un rôle à remplir, une responsabilité à l'égard des autres. Sur les murs sont accrochés les articles de presse qui parlent d'eux ; innombrables, élogieux, reprenant à l'unisson le message délivré par Paul dans chacune de ses conférences. Quand ils parcourent ces titres, ces comptes rendus, les hommes y lisent leur vie, leur aventure, l'histoire de leur propre sauvetage. Ils sont arrivés nus, brisés, méprisés. Ils ont trouvé l'abri, le vêtement, la soupe et le travail qui rend digne au milieu des hommes ; mieux encore, le travail qui sauve d'autres hommes, leurs frères de misère.

Toute la philosophie de Paul consiste à leur insuffler, à travers les strictes règles communautaires, la foi dans l'égalité des êtres et la méthode pour ne plus se sentir diminués, inférieurs à ces notables qui les reçoivent, à ces bourgeoises qui les aident. Ils sont missionnaires de la plus belle cause, honorés parce qu'ils sont honorables. Non seulement « relevés » mais exemplaires pour leurs semblables. L'adhésion à Paul, l'attachement à sa personne sont dans la communauté aussi forts que la fidélité inaltérable au Père. C'est affaire de cœur, ou de tripes, en tout cas affaire de sentiment profond, inexprimable.

Les hommes de Paul, comme au secours d'urgence de 1954, appartiennent à la génération de la guerre et de ses suites coloniales. Des oubliés, des sacrifiés. Comme Jean-Yves à Pontault, mais avec sa manière infiniment plus douce, Paul leur donne un cadre, des repères et une affection d'homme en même temps qu'un idéal de chef. L'Intinérante, monastère ambulant ou légion de la chine, est ce qui leur convient. « Il faut qu'ils se sentent aimés, qu'ils soient gais. Avec ces types cassés, il ne faut jamais se montrer blessant. » Paul est leur mythe vivant, proche d'eux alors que le Père voyage de plus en plus aux quatre coins du monde. Il dit l'oraison funèbre de ceux qui meurent, assiste Bébert malade, bientôt mourant.

— Je ne peux plus rien faire, maintenant... Renvoie-moi.

— Pas question, répond Paul. Rappelle-toi le dimanche, les discussions sur le foot. Tu es le meilleur connaisseur... On achètera tous les jours le journal et les gars viendront discuter avec toi.

À l'Itinérante, on a la manie des fêtes. On n'oublie

jamais les saints du calendrier. « S'il faut vivre cette vie de bâton de chaise, autant la vivre avec sensibilité. » On pleure ensemble ses morts, on accompagne ensemble ses malades, on fête ensemble les joies de chacun.

On travaille dur aussi, et avant tout. « Chacun se doit d'être disponible à fond, sans restriction. Il ne saurait être question d'heures, de sieste, de pause à quatre heures ou d'arrêter le boulot parce qu'il est six heures pile ! Les chiffonniers dignes de ce nom sont toujours mobilisés. S'il risque de pleuvoir, il faut rentrer tout ce que la pluie pourrait gâcher ; écrémer la ferraille tout de suite, même à la nuit ; finir le ramassage commencé, quelle que soit l'heure. »

En ce qui concerne l'alcool, Paul ne transige pas. Il prévient le nouveau venu :

— Première règle absolue : je ne veux pas d'alcool !

À chaque dérapage, il sévit.

— Dans le secteur de Laval, le responsable a craqué le premier. Tout le monde l'a imité, en une semaine, tout le groupe a failli... J'exige une abstinence totale, strictement appliquée... Vous profanez l'action de l'abbé Pierre, de ses Amis, de nos Amis. Interdiction formelle d'aller au café.

Il y a bien des écarts, des manquements, mais, dans l'ensemble, la communauté itinérante résiste à la tentation et reste sobre, au moins dans le travail et sous les yeux des populations qu'elle côtoie. La guerre à l'alcool y est même souvent mieux acceptée que dans les communautés sédentaires. « Parce que ces groupes d'hommes, commente un observateur, sont unis par la même foi et ont le sentiment d'accomplir quelque chose de grand sous la direction d'un chef qu'ils admirent. » En réalité, comme dans l'ensemble d'Emmaüs, l'idéal proposé aux hommes est assimilé par eux et exprimé par le chef. Sans aucun doute, ils y croient, mais les motivations personnelles subsistent quand bien même elles demeurent silencieuses ; et elles s'aménagent un espace où elles peuvent concrètement se traduire, sans mettre en danger la cohésion du groupe, ni l'appartenance de chacun à celui-ci.

Les hommes veulent rester dans Emmaüs. Hors de lui, ils ne sont rien. Ils suivent Paul jusque dans la sobriété exigée. Quand le travail de la semaine est fini, s'ils vont boire, c'est hors de la communauté, et même hors de la localité où elle est installée. Mieux qu'une communauté fixe, l'itinérante permet ces accommodements qui préservent l'essentiel, le consensus autour du chef. « L'Itinérante, c'est la liberté ! » disent les hommes qui la rejoignent. Ceux-là sont les prototypes de la période des catacombes, des instables, des trimardeurs. « En communauté, ils ne tiendraient pas longtemps », dit Paul. Il leur faut bouger, changer d'endroit. C'est l'aventure qui les attire et Paul la leur offre, avec son côté Robin des Bois provocateur. L'organisation, les rites, la discipline et le travail sont acceptés en contrepartie de cette liberté : ne pas s'installer définitivement, recommencer de village en village comme au premier jour. L'Itinérante, c'est l'Emmaüs héroïque des premiers temps, le Grand Emmaüs du Père.

La liberté qu'y cherchent les hommes, c'est celle d'échapper à la routine. Pire que la routine : la fonctionnarisation. Rue des Bourdonnais, on parle organisation, gestion, et Pierre a mis en garde contre la « vaticanisation ». Dans l'Itinérante, l'aventure prolonge le rêve, la part d'utopie dont le mouvement s'est d'abord nourri. À présent qu'il devient une institution, la société et ses lois y reprennent le dessus. Les hommes de Paul le savent d'instinct. La société et ses normes, son carcan légal, ses impératifs de compétence, ses barrages administratifs, sa sollicitude d'expert pour des types comme eux : la rue des Bourdonnais incarne ce retour de la normalité. Elle cristallise leur rejet, parce que la norme les a d'abord rejetés, condamnés. Dans les responsables d'Emmaüs, ils voient en résumé la réalité qui a fait leur malheur.

Paul n'est pas un responsable, mais un chef, « qu'on suivrait au bout du monde », comme dit Jules. Pas question dans l'Itinérante d'embaucher des compétences et de payer des salaires, d'être en règle avec les lois sociales, de cotiser à la Sécu, ni de présenter des bilans. Ces hommes-là ne veulent pas être des spécimens observés par des assistantes sociales, suivis par des médecins, encartés par des psychiatres. L'Itinérante, c'est l'évasion, l'héroïsme des origines. Ils ne l'expriment pas ainsi, mais la fidélité du Père, l'attachement à Paul, sont les deux sources auxquelles ils puisent leur énergie. Contre les responsables et les responsabilités, ils affirment la pureté de la foi originelle, la flamme qui a survécu au malheur et les a remis debout. Ils ne veulent plus se coucher devant les « bureaucrates », les gens assis qui ont « confisqué » Emmaüs.

L'état-major des Bourdonnais enrage de ce défi. Jean-Yves évincé, Paul éloigné, c'était la promesse d'un retour à l'ordre. Mais l'Itinérante dure, sillonne la Normandie et son succès dérange. Elle est pour le Père, dans son conflit latent avec l'institution, un encouragement. Au début, il incite Paul à la prudence, pour ne pas aggraver les dissensions. Il lui écrit le 26 mars 1957 : « *Lutte contre toutes extériorisations trop grandes. Dans l'étape actuelle, c'est dans la maîtrise intérieure que se joue l'avenir d'Emmaüs.* »

Pierre connaît les défauts de Paul autant que son talent. Il compte, pour l'encadrer, sur le président des Amis d'Alençon, Donat, et sur l'abbé Esnault : « Tu as là deux amis vrais et forts qui comprennent par le dedans le meilleur de notre idéal. Ils t'estiment, sans ignorer bien sûr tes défauts... Pour l'instant, tiens-toi strictement à ce département de l'Orne et n'entreprends rien d'autre... Écoute, je t'en prie, le pauvre capitaine de bateau... »

Paul suit ces recommandations. Mais lorsque le capitaine est terrassé par l'épreuve, aux Rives-de-Prangins, et que le « bateau » part à la dérive, il se retrouve seul, livré à lui-même. Aux Bourdonnais, le naufrage menace, tout paraît condamné. Auprès de Paul, l'abbé Esnault tient le coup, mais les Amis du comité d'Alençon jettent l'éponge. Sans doute, Paul tient ses hommes, conquiert les foules, reçoit l'appui des autorités civiles et religieuses locales. Et l'Itinérante rapporte ; une dizaine de millions ont été consacrés grâce à elle au secours des sans-logis et des enfants. Mais ce succès même inquiète. Paul se prendrait au jeu, multipliant les initiatives, grossissant toujours ses effectifs et promettant l'impossible à tous. L'Itinérante peut-elle partout faire face à la misère, ramasser et bâtir ? Paul se défend, tout en redoublant d'activité : que faire contre le succès et la contagion ? Doit-il refuser les sollicitations multiples ? On l'accuse de mégalomanie, de se « conduire en P-DG ». « Nous ne comptons pour rien », se plaignent les Amis. Les autorités religieuses finissent par s'agacer de cette campagne qui fait de l'ombre aux traditionnelles œuvres charitables et provoque des critiques à leur égard. La litanie des dithyrambes dans la presse, le ton des discours de Paul irritent. Ce dernier voudrait sortir du département, agrandir son champ d'action. On commence à entendre des allusions à son passé, des mises en cause de ses méthodes, et surtout des rumeurs malveillantes se propagent à propos de sa totale liberté dans la gestion des fonds récoltés.

L'Itinérante perpétue la part de contestation du système économique contenue dans Emmaüs. Par le ramassage systématique des rebuts, elle prend l'allure d'une véritable entreprise de récupération, mais reste en marge des lois et des contrôles. Le nom de l'abbé

Pierre et son but généreux lui assurent l'impunité. Comme aux Bordes et dans les premières communautés, on n'y connaît que l'argent liquide, hors de tout compte sérieux.

Or les bénéfices deviennent trop importants pour que ce flou demeure tolérable. Les antécédents de Paul ressurgissent à mesure qu'enflent les sommes qu'il manipule. Et sa façon de traiter les comités d'Amis renforce la suspicion. Le vide, à la tête d'Emmaüs, en 1958, aggrave les risques de scandale. Paul continue cependant sur sa lancée, raillant les « impeccables » donneurs de leçons qui profitent de sa manne. La sorte de pacte de non-agression des débuts, en Normandie, laisse bientôt place à la guerre froide. Le disciple raille les responsables qui ont mis le Père sur la touche. « Pourquoi, avec de l'argent, acheter des immeubles ? On nous les aurait prêtés ! C'est une tendance bourgeoise que d'acheter, comme si on avait besoin d'assurer l'avenir ! N'est-ce pas plus intelligent d'utiliser les fonds pour l'enfance malheureuse et le tiers monde ? Un compte en banque ? Cela fait "installé". On reste sur soi, on n'avance plus. Le spirituel s'en va et la prophétie avec ! Avoir la Banque de France dispense d'avoir besoin de Dieu ! »

Ses hommes ne sont pas plus tendres. Se reconnaissent-ils encore dans Emmaüs ? Ils sont avant tout les chiffonniers-missionnaires de l'abbé Pierre. « Nous avons reçu la visite de Sa Majesté l'abbé Leurent, ironise Roger Bigle au printemps 1958. Nous ne nous attendions pas à le voir. Monsieur est arrivé, souriant jusqu'aux oreilles et trempé jusqu'aux os... Il nous exprimait sa joie d'être parmi de "bons copains". Je lui ai demandé s'il ne se trompait pas à ce sujet. Il m'a répondu avec un sourire jaune.

— Le Père est malade, silencieux. Les seconds, les héritiers putatifs se déchirent. »

À ceux de la rue du Bourdonnais, Paul et ses hommes

opposent leur dissidence de fait : « Emmaüs voudrait devenir une grande affaire, se faire beau et perfectionné... Mais on perd son âme à cause de trop d'argent, de trop de facilités. Emmaüs est fichu s'il s'installe dans des communautés perfectionnées où rien ne manque.

Et à propos du Père, Paul est encore plus net : « À chaque crasse que vous lui faites, je lui fais un triomphe, avec télévision, presse et musique à la clef ! »

Les deux Emmaüs irréconciliables de 1956-1957 sont désormais ennemis. Celui dont Paul a pris la tête regroupe un noyau d'une trentaine de fidèles, irréductibles, « habiles et francs du collier », dit-il. Parmi eux, ses lieutenants ont le titre de « maîtres ». On retrouve l'ineffable Abraham, Gildas, un type « extraordinaire, bon droit, généreux », Paul de Geetere, « grand et fier, le seul avec son bleu de travail qui pourrait prouver qu'il n'est pas fait pour ça » (il mourra d'épuisement en 1958 après avoir voulu rallier Genève à pied pour obtenir de Dieu la guérison du Père). Jules, qui ne tenait pas en place à Cernay et rejoint vite l'aventure ; Henri Dobigies, l'ancien responsable de Cernay qui s'ennuyait trop à son retour aux Bourdonnais... Et avec eux, les Marcel, Louis, Bébert, Roger, Jojo, etc., sans compter l'illustre Lulu, l'homme de tous les coups. Ils forment la charpente de l'Itinérante mais, au gré des étapes, leur nombre monte à quarante et plus. En 1961 à Caen, ils seront cent cinquante et à Rouen, un peu plus tard, deux cents !

Dans les grosses opérations qui s'annoncent, Paul recrute auprès des commissaires de police... Ceux-ci le préviennent :

— Il y en a quelques-uns dont on s'occupe qui seraient mieux chez vous que chez nous !

Paul le sait bien. Il les accueille et les types se tiennent bien. Ce ne sont pas des saints, mais personne dans la troupe ne peut passer pour tel. À propos de l'un d'eux, qui a dérapé, Paul cloue le bec à un notable :

— Allez-vous à confesse ? lui demande-t-il.

— Toutes les semaines depuis l'âge de sept ans, et j'en ai soixante-cinq !

— Vos péchés ont-ils changé ?

— Euh... non, ce sont toujours les mêmes...

— Eh bien, les siens aussi ! Alors, ne le jugez pas.

Paul tient à la règle d'or de l'accueil : le passé ne compte pas, on ne demande à personne de se raconter. Au milieu des gars, il n'y a que des prénoms, des surnoms. Paul ne veut pas savoir qui est baptisé ou pas. À Avranches, dix-sept hommes à la rue se présentent. Il leur dit :

— Entrez. Justement, on avait besoin de vous, car le travail ne manque pas.

Le passage est parfois éphémère. Certains repartent comme ils sont venus. Un mot suffit : « Paul, je m'en vais demain. » Un mot suffit aussi à les réintégrer quelques jours plus tard. Car ils reviennent. En quatre années, de fin 1956 à 1960, huit cents hommes participent à l'Itinérante, y accomplissent un énorme travail qui rapporte dans les cent millions de francs. À ceux qui parlent de réinsertion, Paul répond que plus de la moitié d'entre eux se sont reclassés. Il ne compte plus les démarches auprès des notables locaux, après les conférences ou les dîners.

— Voilà, leur dit-il, nous avons depuis un moment un bon garçon... S'il trouvait une bonne place par ici... Il est capable de bien faire, vous pouvez me faire confiance.

Ses interlocuteurs hésitent, mais il sait toujours les convaincre d'au moins essayer.

Cependant, l'Itinérante est ainsi faite qu'elle accueille les gens et les relâche dans la nature sans aucun suivi. Combien d'hommes véritablement recasés dans la « vie civile », avec une chance de se réadapter durablement ? L'idéalisation par Paul de « son » Emmaüs rend son optimisme sans aucun doute excessif. À l'UCC, on a choisi une voie radicalement opposée. On ne veut plus considérer les communautaires comme la « troupe », au sens militaire. Ces hommes déclassés qui « marchent » au service des plus pauvres sont les premiers dont il faut s'occuper. Aussi reproche-t-on à Paul de les enrôler sous la bannière de l'idéal et de ne les « relever » en rien. Cassés par la société injuste, puis usés par Emmaüs au nom de la justice, c'est ainsi qu'on les voit désormais.

Paul pourrait opposer au « gâchis humain » dont on lui fait grief que les communautés fixes ne font pas mieux. Paul des Bordes ne disait-il pas, au moment de son départ d'Emmaüs, qu'il comptait sur les doigts d'une seule main le nombre de ceux qu'il avait vus capables de se réinsérer dans la vie « normale » ? Emmaüs, dans les années cinquante et soixante, se veut-il d'ailleurs une « entreprise de réinsertion sociale » ? Le prétendrait-il, quels moyens aurait-il pour réussir dans cette tâche ? L'époque n'a pas encore ce souci de reclassement. Les institutions ignorent dans leur ensemble la réalité des marginaux et des exclus. Ces derniers termes n'ont d'ailleurs pas cours. Emmaüs, de ce point de vue, n'est pas en avance sur son époque ; il découvre les problèmes à mesure qu'ils se révèlent, comme à Noisy. Au discours encore balbutiant des « experts du social », Paul et ses fidèles demeurent imperméables. Pour les plus jeunes, il en ira différemment, mais le noyau des chiffonniers de Normandie est justement constitué par des anciens.

Ils vieillissent, ces pionniers, ces missionnaires gardiens de la flamme, et de fait, les conditions précaires de leur existence, la somme de travail qu'ils abattent, les usent prématurément. Ils ont intégré Emmaüs depuis trop longtemps pour vouloir en sortir, et, même s'ils en avaient l'envie, ils ne seraient plus capables d'endurer la vie à l'extérieur. Quand ils ne se sentent plus assez forts pour tirer la charrette et manier la ferraille, Paul s'ingénie à ne pas les cantonner à des tâches trop subalternes et humiliantes. Fidèle à sa manière, il les honore par des titres et des rôles honorifiques, il triche avec la réalité du travail pour sauvegarder leur amour-propre. Le président des Amis de Caen, M. Langry, s'inquiète un jour du sort de ces « vieux ».

— D'ici quelque temps, ce ne sera plus tenable pour eux...

Paul n'a pas de solution. Le foyer Prost, en 1955, devait être la maison de retraite des Compagnons. L'évolution d'Emmaüs lui a donné un autre objet. M. Langry emmène Paul au château d'Esteville. Il a la charge de ce legs.

— Si vous voulez, il est à vous...

Paul, enthousiaste, annonce à l'abbé Pierre :

— Je vous invite à venir dans mon château !

La Halte d'Esteville, destinée aux vieux communautaire, vient de naître, grâce à l'Itinérante.

Le Père a survécu à l'« année terrible » et l'Orne a été ratissée de fond en comble durant deux ans. Des équipes fixes de bâtisseurs sont installées à Sées, La Ferté-Macé et Saint-Nicolas-des-Bois. Plus que jamais, Paul ne reconnaît d'autre autorité que celle de l'abbé Pierre et ignore l'UCC. Il a fini par sortir des limites trop étroites du département. C'est à présent toute la Normandie qu'il ambitionne de sillonner méthodiquement. Quel contraste entre la marche triomphale de l'Itinérante et l'obscure, austère reconstruction des communautés par l'UCC... Pour le public, aucun doute : les chiffonniers de Normandie sont Emmaüs, parce qu'ils sont d'abord les missionnaires de l'abbé Pierre. Ignorés les drames, les dissensions, les scissions, l'éternel conflit qui continue à déchirer l'œuvre, en coulisse ! À grand renfort d'articles, de publicité et d'opérations de ramassage, Paul impose à l'opinion « son » Emmaüs.

Pierre se garde bien de démentir ou de clarifier la situation. Le pourrait-il ? La rue des Bourdonnais n'a pas eu le moyen, en son absence, de faire le procès de Paul, mais lui-même est-il en mesure de contrecarrer l'action de son disciple ? L'Emmaüs de Normandie est, de toute façon, le sien. Chiffonniers de l'abbé Pierre avant tout, les missionnaires font triompher son nom, et Paul, comme toujours, « rapporte plus qu'il ne coûte ». Quels que soient les risques qu'il fait courir, voire la crainte qu'il inspire, sa dévotion au fondateur et à l'esprit initial l'emportent. La réalité de son dévouement, ses résultats dans le service aux pauvres font toujours pencher la balance en sa faveur. Et lui-même est assez intelligent pour savoir préserver son capital de confiance.

Conscient que le mythe de l'abbé demeure intact et que Paul en est le dépositaire privilégié, l'état-major doit faire bonne figure, au moins publiquement. Faute de quoi, il compromettrait son propre avenir. N'empêche, l'expansion géographique de l'Itinérante paraît alarmante, tout comme l'utilisation discrétionnaire des fonds par Paul. Et les Amis ne semblent nulle part en mesure de freiner la première ni de contrôler la seconde. Comment le pourraient-ils ? Ils ne connaissent rien à la chine, aux arcanes du ramassage, du tri, de la revente. Des millions rentrent, mais ils se demandent si les frais sont couverts ! Au genre d'hommes qui entourent Paul, ils ne connaissent pas beaucoup plus. Mais ils s'affichent à leur côté, ils posent parmi eux, se font voir en compagnie de leur chef. Combien croient y gagner les prochaines élections... De mauvaises langues, au contraire, leur prédisent le pire : ragots, rappels malveillants et allusions sournoises sur les repris de justice, anciens collabos, escrocs... et les détournements de fonds, les malversations, etc. Dans l'ombre, la boue se remue à plaisir. Mais comment savoir, vérifier ? Le charme, pour ceux qui rencontrent Paul, forment un comité et assistent les chiffonniers, se révèle, de toute façon, plus fort que les réticences. La séduction et la conviction entraînent plus que jamais l'adhésion, et le succès, à partir d'un certain seuil, balaie les obstacles presque naturellement.

Il fait boule de neige en Normandie. Est-ce sublime ? Est-ce gros d'un scandale qui va finir par éclater ? L'élan des chiffonniers paraît irrésistible. L'Itinérante devient un phénomène que tout le monde s'arrache. Comment nier son travail, sa popularité, son chiffre d'affaires ? Et la figure tutellaire de l'abbé Pierre, en dernier recours, la protège...

Les chiffonniers travaillent dur et se taisent. Ils sentent d'instinct qu'ils feraient les frais de toute manifestation intempestive. Ils se savent vulnérables et préfèrent ignorer les ragots qui se colportent de bourg en bourg sur leur passé. Pour le présent, leur nombre croissant et leur dispersion rendent la discipline plus stricte que jamais. Mais Paul n'est pas Jean-Yves, l'Itinérante ne transporte avec elle ni cabanon ni bagne. Le choix est simple : obéir à la règle ou partir. Paul use de la persuasion, et la situation personnelle des hommes rend le choix plus facile : ils restent tant qu'ils peuvent se plier à la loi du groupe, parce que hors de celui-ci, la vie est pire encore... Quand surviennent des manquements, Paul prend à part le coupable et invoque la solidarité :

— Tu déconnes, ça va se savoir et tout le monde sera sur le carreau, à zéro !

Et il convainc.

Plus rares mais aussi délicates que les problèmes de boisson, les petites histoires qui se tissent entre les compagnons et des femmes dévouées, jeunes veuves charitables ou dames patronnesses en mal d'affection, sont réglées en douceur. « Si la bonne dame chouchoute un tel, qui porte beau et fleure bon l'aventure, à la fin du séjour, on répare... On reprend le gars et on sermonne la dame. Car il est évident que la première émotion passée, ça ne peut pas tenir... » Les unions sont rares et le concubinage finit mal. Les préjugés ont aussi la vie dure. En juin 1958, à La Ferté-Macé, Fernand s'est entiché d'une fille du pays et a annoncé imprudemment ses fiançailles. Les Amis locaux, aussitôt, convoquent Paul.

— Ça ne va pas ! On accueille vos gars, on les aide, mais de là à ce qu'ils prennent nos filles...

Au retour d'un voyage, un peu plus tard, Paul trouve une lettre de Fernand. Il lit : « Quand je serai mort... » La rumeur a été la plus forte, et la jeune fille l'a repoussé. Dans la petite maison qu'il avait trouvée à louer pour eux, Fernand s'est pendu...

Dans la vie de l'Itinérante, la cocasserie est néanmoins plus fréquente que le drame, le grotesque l'emporte sur l'odieux... Madame la présidente des Amis, à Flers-de-l'Orne, a pour ces hommes seuls des projets où la fantaisie ne tient aucune place. En manteau de fourrure, gants blancs et voilette, elle s'inquiète de leur au-delà plus que de leurs consolations terrestres. Elle interpelle Paul :

— Vous n'êtes ici que depuis quinze jours, mais peut-être vos hommes, à notre contact, sont-ils devenus un peu meilleurs... Permettriez-vous qu'on les catéchise ?

— Je ne peux rien vous promettre, chère madame, il faut leur demander... Notre travail, vous savez, c'est déjà une prière...

« J'ai quand même été saisi ! » confie Paul. Et Jules renchérit dans un éclat de rire : « Ben, moi aussi ! »

Après trois années de campagne, les bourgs ne sont plus le seul horizon des chiffonniers. Ils s'attaquent à présent à des départements entiers. L'Ille-et-Vilaine en

1959, autour des bases de Fougères et de Vitré. Puis la Mayenne, pendant plus d'un an, d'août 1959 à la mi-octobre 1960. Du 1er octobre 1961 à novembre 1962, c'est le tour de la Manche et du Calvados : Caen, Cherbourg, Avranches. Enfin, de novembre 1962 au 9 septembre 1965, la Seine-Maritime, jusqu'à l'apothéose de Rouen, où l'Itinérante est restée deux années... Les cantons sont quadrillés, les villes de quelque importance divisées en quatre ou cinq secteurs. Au plus fort de son expansion, l'Itinérante compte dix-sept communautés disséminées dans autant de localités, appuyées sur dix-sept comités ! La presse s'extasie, parle de cette occupation du terrain comme de l'avancée des troupes de Leclerc !

La méthode de Paul n'a pas changé. Le rite reste immuable, mais ses manifestations deviennent très spectaculaires. Le temps des charrettes à bras et des poussettes est révolu, mais c'est toujours la même procession paysanne et liturgique qui chemine, d'une étape à l'autre, « contaminant la campagne tel un escargot ».

Paul n'a pas son pareil pour mettre en scène le passage d'une commune à l'autre. Un cortège de voitures et de camions transporte l'Itinérante, toutes banderoles déployées. Dans le véhicule de tête, le président du comité « sortant » et celui du comité « entrant » sont escortés par un chiffonnier portant la Vierge de la Mouise... Une petite Vierge noire embellie de fleurs, dans une niche rouge et or. Sur son socle, cette devise, à l'adresse du fondateur : « *Avec ta putain de miséricorde, tu nous fais faire des conneries sublimes !* » A l'arrivée, la Vierge est honorée : fleurs, chandelles et *Ave Maria* repris en chœur. « Cela ne confessionnalise pas, soutient Paul. Après tout, un *Ave Maria* pour toute une campagne de trois mois... Et puis nous sommes en Normandie ! »

À la cérémonie vouée à la protectrice succède la visite

au préfet, à l'évêque, au président du conseil général, aux maires quand on aborde les grandes villes, Laval, Caen ou Rouen. Annoncé de longue date, méticuleusement planifié, le ramassage dure maintenant des mois, voire plusieurs années. Un travail de longue haleine mais d'une méticulosité sans faille. Le rythme n'en faiblit jamais, car les délais sont précis. Paul promet toujours d'en finir à telle date et ne sursoit pas... Quand vient la clôture de sa campagne, les cortèges se reforment, de plus en plus impressionnants : 800 véhicules à Laval, mais le double à Caen et pas moins de 2 600 à Rouen ! Leur défilé, ce jour-là, dure de treize à vingt-deux heures... Pour Jules, la crédibilité dépend de cela : « Pouvoir faire de plus en plus gros. » Se contenter du traintrain qui assure l'ordinaire ? « Les gens n'auraient pas été emportés, la générosité se serait tarie... Pour l'enfance malheureuse et les handicapés, il fallait bien qu'on se défonce ! »

Chiffons, papiers, métaux, ferraille sont récupérés, charriés et triés pour la revente. Par milliers de tonnes. Et tout ce qui ne sert plus, le bric-à-brac des objets usés, rouillés, cassés... Paul répète, inlassable :

— Nous ferons de l'or, si vous ouvrez vos yeux sur les misères et si vous convertissez vos cœurs !

Les cœurs se convertissent et Paul convertit à son tour, en or, le produit de leur générosité. Les triomphes promis au Père se succèdent. Et le Père vient à chaque nouvelle étape. On l'honore, pour traduire l'affection des hommes. Ce n'est plus une visite, mais un événement. Il arrive avant le repas, prend un peu de repos, puis Paul lui cède la place d'honneur. Le soir, il parle devant cinq ou six mille personnes entassées dans un casino, un théâtre ou un cinéma bondé. « On ne trouve jamais de salle assez grande », regrette Paul. Dans un silence recueilli, le maire, le préfet et l'évêque écoutent, au premier rang. Paul se tient dans l'ombre qui sied aux seconds. Le verbe du Père dispense toujours la même émotion et la même promesse. Il s'est étoffé des voyages multiples du prophète. À la misère des sans-logis de France se substitue celle des *barriadas* de Lima, des *favelas* de Rio... et la faim en Afrique, la multitude souffrante en Asie, le Sud à nos portes qui crie à l'aide...

Le frisson de la foule, son attente électrique, Paul les éprouve au plus intime de son être. Quel maire, quel homme politique de province serait capable comme lui de faire venir de grandes consciences, comme Josué de Castro ou Tibor Mende, ou le père Lebret, en Normandie, pour parler de la faim dans le monde, de l'aide au tiers monde ? Robert Buron, ministre, vient parler en vieil ami, et aussi Mgr Mercier, natif d'Avranches, évêque d'un diocèse au Sahara — « le plus pauvre du monde » —, où Pierre fait retraite. Celui-ci lui a présenté Paul en ces termes :

— C'est mon saute-ruisseau qui fait de ces coups fumants...

L'Itinérante s'offre le luxe de faire déplacer en Normandie des célébrités qui légitiment son existence. Paul a besoin de ce renfort. Car son action se heurte à une conjonction d'hostilités, à présent qu'elle atteint cette ampleur.

Elle suscite, évidemment, la colère des professionnels de la récupération : non les hommes politiques, mais les ferrailleurs, brocanteurs et autres habitués de la recherche, dans les greniers et les arrière-cours, de tout ce qui n'a plus de valeur, du moins pour ieurs propriétaires. De longue date, les artisans tonnent contre l'abbé Pierre et ses chiffonniers. Avec l'Itinérante, c'est la corporation qu'on peut croire en péril. Un de ses membres adresse au *Havre libre* (18 août 1963) cette volée de bois vert à l'adresse des œuvres de l'abbé : « Qui bouffe du Pape en crève ! Compte tenu de votre gloire, je prévois une indigestion... Allez, monsieur l'abbé, on vous accorde la faillite de mille chiffonniers patentés sur le territoire national comme une péripétie négligeable. Ils se reconvertiront ou deviendront, avec une certaine priorité, vos hôtes... Savez-vous que les techniciens considèrent comme tarie pour dix ans la source où vous vous abreuvez, lorsque les vôtres sont passés ? Menacés de toutes parts, craintifs, l'échine faite au mauvais sort, ils pouvaient tout craindre de notre vie policée. Tout sauf que le spectre de la mort leur apparaisse sous les traits bienveillants du Christ hâve : vous... »

Corporatisme mis à part, on souscrirait ailleurs, rue des Bourdonnais par exemple, à une telle charge. Non seulement Paul épuise ses hommes par sa mégalomanie, mais il épuise la chine pour des années. Là où l'Itinérante est passée, il ne reste rien, pour longtemps.

Paul se défend de mettre sur la paille les professionnels, mais il est vrai que la concurrence n'est pas de taille à résister. Association charitable pas même déclarée, l'Itinérante d'Emmaüs n'est assujettie à aucune des charges, fiscales ou sociales, qui pèsent sur une entreprise. C'est bien cette « illégalité » qu'on lui reproche. Empêche-t-elle aussi l'établissement de communautés fixes d'Emmaüs, qui n'auraient plus le moyen, à sa suite, de gagner leur subsistance ? Après son départ d'une localité, le comité des Amis disparaît souvent. Certains poursuivent une action d'éveil des consciences, et parfois lancent une communauté fixe. Ainsi verront le jour, à côté de quelques tentatives avortées, les communautés d'Amiens et de Caen, en 1960 et 1961, puis d'Alençon, d'Esteville, de Notre-Dame-de-Bondeville et d'Elbeuf — ces trois dernières en Seine-Maritime —, entre 1965 et 1967, soit après la fin de l'aventure.

À Laval, celle-ci se heurte à une communauté concurrente venue du Jura et se recommandant, semble-t-il, du père Wrezinsky, le responsable de Noisy. Pour éviter les heurts, l'abbé Pierre demande à Paul de renoncer à installer une communauté sédentaire, comme de descendre vers Château-Gontier. L'Itinérante renonce également à Angers, pour éviter les frictions avec l'UCC. Nantes lui est interdit ; Charles Caillaux y règne... Brest est dirigé par l'« incorruptible » Paul le Roch qui, de son bastion, veille sur la Bretagne. L'incursion de l'autre Paul à Fougères lui fait pousser des hauts cris. Il voulait qu'on lui envoie quelqu'un « pour donner dans ce secteur une secousse »... mais de l'Itinérante en Bretagne, non, il ne veut pas ! Pierre le calme.

Paul n'est là que parce que la ville l'a réclamé. Mais si ça jalouse, on ne le fera pas.

Et il enjoint à Paul de se limiter à la Normandie. L'Itinérante fait demi-tour à regret. « Rennes et Nantes nous tentaient, mais ça n'aurait pas été bien », admet Paul. Les Bourdonnais ont sorti leurs cartes d'état-major et tracé les limites que l'Itinérante ne devra pas dépasser. Comme le relève Bertrand Bergier, « les conflits entre chefs charismatiques ne se résolvent que dans la séparation géographique, voire institutionnelle ».

En attendant que naisse l'UACE, fédération concurrente de l'UCC, on se partage strictement les territoires. Et dans la zone dévolue à l'Itinérante, il est vrai que les créations communautaires fixes ne prolifèrent pas. Hormis Caen, où s'installe Gildas, l'Itinérante ne laisse derrière elle aucune communauté sédentaire importante. Celle d'Alençon, d'où tout est parti, attendra huit années, soit la fin de l'aventure normande, pour se constituer.

Les ambitions de Paul et de l'UCC sont, en réalité, inconciliables. Le Père arbitre parfois, comme à Laval ; il contient l'« expansionnisme » de son disciple, mais quand il visite — en fanfare, on l'a vu —, ceux de Normandie, on s'étouffe, rue des Bourdonnais, de rage rentrée. « Le Père venait, la télé accourait, et le soir, ils avaient tout ça sur leur écran... » se souvient Paul avec un sourire. Les gestionnaires qui ont payé au prix fort leur tentative de dépersonnaliser Emmaüs en y mettant fin au culte de la personnalité du fondateur, voient dans la célébrité de l'Itinérante l'image de leur échec.

Ils ne se contentent pas de la contempler à la télé. Ils viennent sur place se rendre compte et tâchent de faire bonne figure. Lillaz se comporte en ami : « Ma détente, c'est de passer vingt-quatre heures avec vous. » D'autres, comme l'abbé Leurent, sont plus crispés. Robine vient en curieux. « Éberlué, il aurait voulu savoir comment ça fonctionnait et en faire autant. » D'autres sont trop occupés par leurs tâches. Des « seconds couteaux », disent parfois tout haut ce qu'ils pensent tout bas, comme ce permanent de la CGL qui, en 1959, accuse Paul de n'avoir pas versé à l'abbé Esnault, pour ses gosses, les millions qu'il lui a promis. Le Père alors, quand souffle le vent du boulet, joue l'apaisement plutôt que l'arbitrage. Il recommande la patience, et toujours, « la maîtrise intérieure ». Il faut « continuer d'agir jusqu'au moment propice pour se parler avec une entière franchise... Il faut se faire un devoir grave de ne jamais rien répéter dont on n'ait pu vérifier rigoureusement le vrai et le faux »...

Éternelle et impossible réconciliation entre ceux qui s'opposent presque instinctivement : les gens en salopette et les gens en cravate. Inlassablement, Pierre prêche le consensus minimum, en 1961 comme en 1956 : « Il serait absurde, odieux, d'entendre des communautaires dire que les permanents vivent sur leur dos, que sans eux, ils seraient sans job, etc. Tout autant que d'entendre les permanents dire que les communautaires sont de condition inférieure... » Et il rappelle le mot d'un jeune Algérien : « Tôt ou tard, nous serons obligés de trouver les moyens de nous aimer, parce qu'on ne peut pas applaudir avec une seule main. »

Il justifie l'action de Paul en l'identifiant à celle de tout Emmaüs : « Cette action n'est pas née de 1954, mais c'est cinq ans avant que, obscurément, elle connut sa source véritable et infinie[1]. » Malgré les arbitrages et le souci d'apaisement, le Père choisit son camp sans vraiment trancher. On ne s'étonne guère que ce texte, destiné à une large diffusion auprès des communautés, tombe aux oubliettes.

Le père Jacques prend le relais de Pierre lorsque celui-ci s'envole pour le Liban. À l'Itinérante, on accueille le « successeur spirituel » en vrai ami, tout comme le père Godefroy. Les dames nostalgiques du secours d'urgence, Mmes Dian ou Prouvost, viennent se retremper dans l'ambiance de 1954. Évincé du Pérou, le père Protain s'enthousiasme : « Une découverte, écrit-il en novembre 1961. On peut craindre Paul pour ses défauts, on ne peut douter du feu qui l'anime et de sa sincérité. C'est un prophète. Dans ses communautés, je n'ai pu, malgré mon goût critique, trouver une faille. Ses méthodes, on peut les jalouser, on ne peut néanmoins y rester indifférent et surtout on ne peut rencontrer un défaut... Voir les notables, les curés, les chiffonniers dans cette ambiance de confiance, d'amitié et de collaboration laisse bouche bée. Vous pouvez être fier de Paul... avec ou sans argent. C'est ici, en Normandie qu'il faut se ressourcer... »

Née de rien, riche à partir de rien, l'Itinérante devenue énorme serait donc irréprochable, n'en déplaise aux artisans « mis sur la paille » et aux comptables rabat-joie pour qui, « argent ou pas », cela fait une sacrée différence ? Quoique Paul s'en défende, l'Église se

1. « Emmaüs 1960 », communiqué de l'abbé Pierre.

montre plus circonspecte qu'elle n'y paraît. L'évêque de Laval, Mgr Guilhem, ne partage pas l'émerveillement du père Protain. Il convoque Paul pour une urgence dont celui-ci se souvient.

« Je suis introduit dans le grand salon orné de précieuses tapisseries et d'un riche mobilier que je ne peux admirer longuement, car, déjà, la porte s'ouvre et, souriant, Monseigneur me fait entrer d'un geste dans un petit bureau attenant. » Sans préambule — « sans doute pressé d'aborder un sujet délicat auquel il ne fait aucune allusion... » —, il parle longuement :

— Monsieur Paul, je suis heureux de vous connaître... je suis de tout cœur avec vous et je désire que vous le sachiez, vous, vos camarades et vos amis... Combien êtes-vous en ce moment à Laval ? Quarante... ? C'est donc beaucoup plus important que je ne l'imaginais ! Mais... ils doivent se battre entre eux, ces gaillards ! Ne sont-ils pas aigris, au moins ? Sont-ils bien chauffés, dans cette usine désaffectée... ? L'abbé Laizé s'occupe ici des malheureux, des pauvres gens... Il a l'autorisation de dire la messe chez vous, dans votre communauté de chiffonniers, oui... Dites-le, monsieur Paul, l'abbé Laizé chez vous, c'est un peu comme si Monseigneur l'évêque en personne était présent... Si, si... je suis pour la charité, et vous en faites une certaine forme, à votre manière. Je ne suis pas contre, non, pas du tout. C'est un peu une aventure, n'est-ce pas ? On m'a dit quelques mots là-dessus, à propos de certaines difficultés. Mais qui n'en a pas... ? Moi-même, je ne sors presque plus. Aussi, pour ne pas cléricaliser votre affaire, je m'abstiendrai... Mais je suis content de vous avoir vu, au revoir...

Dans le sillage de l'évêque, les bons chrétiens de Laval se détournent de l'Itinérante qui séjourne dans leurs murs. Ni contacts ni aide. Le jour du ramassage, dans la rue de l'évêché, portes et fenêtres restent closes. Avec l'abbé Laizé et les curés du canton, qui viennent dîner à la table des chiffonniers, Paul passe outre l'hostilité des notables qui ont si peur des agitateurs. Si bien que l'abbé Pierre est solennellement invité le 29 décembre 1959.

— À la cathédrale ? suggère Paul, faussement naïf.

— Vous n'y pensez pas, les paroles de l'abbé Pierre ne conviennent pas dans une église...

Le Père parlera donc ailleurs.

À Vitré, à la même époque, « les prêtres sont franchement hostiles et compliquent tout ». Buron et des amis MRP font le siège des conseillers municipaux, « mais les attaques grossières de l'évêque auxiliaire en imposent dans cette région bien pensante »... Pierre délègue le père Jacques pour arrondir les angles, mais l'évêque n'en a cure. Il aurait déclaré tout net :

— C'est de la supercherie, il n'a aucun mandat !

Plus tard, alors que l'Itinérante fait halte à Caen, l'évêque de Bayeux fait dire au Père de ne pas venir. « J'ai eu des renseignements... Je suis prêt à lui en parler directement. » En conséquence de quoi, l'abbé Basseville, qui joue le même rôle d'intermédiaire que l'abbé Laizé à Laval, écrit à Paul : « Surtout, ne présentez pas Emmaüs comme une œuvre confessionnelle... Soyez discret pour ne gêner personne... À trop tirer sur la corde, à vouloir gagner systématiquement les curés, on braque à la fois l'Église et les non-chrétiens... Pas trop de curés et pas trop de municipalité... Et songez que vous venez dans un département ouvert aux repris de justice ! Mon père, lorsqu'il était directeur de travaux à Caen, avait droit au port d'arme ! »

Paul retient la leçon et biaise pour s'imposer dans la ville. « Emmaüs n'est pas un clan, il appartient à tous ! » Aux Amis inquiets de voir leur cité envahie par les clochards et les brigands, il ne parle que d'éducation, de discipline et de reclassement. Il snobe la mairie. Moyennant quoi, ses quatre-vingts hommes, le « commando de la charité », travaillent huit mois sur la ville puis dans tout le Calvados. Le jour du Jeudi saint, en 1961, c'est la consécration : un énorme défilé de camions, de tracteurs et de voitures, peut-être deux milliers. Au micro, l'animateur de la procession s'égosille :

— Tout ce qu'on pourra dire, c'est qu'il y en avait ! Il y en avait...

Et le maire, remis de ses frayeurs, avoue son admiration. Paul, aux anges, montre le télégramme du Père, retiré au Sahara, dans l'ermitage du père de Foucauld. La télévision filme les chiffonniers émus, chantant à l'église lors de l'enterrement de Bébert, puis récitant leur bénédicité. Le célèbre Abraham répond aux questions avec sa gouaille coutumière :

— Moi, avant Emmaüs ? Ancien militaire de carrière, réformé pour raisons de santé... Quand on n'a su que tuer des gens, pas moyen de se reclasser... sauf à Emmaüs !

— Tuer des gens... ?

— On se battait pour la liberté, non ? À la guerre, si on ne tue pas, on est tué !

— Mais... et Emmaüs ?

— À Emmaüs, c'est le contraire.

À Rouen, trois ans plus tard, les questions sont les mêmes, mais Paul fait plus de prodiges encore. Pour surmonter les hostilités, il lui faut faire toujours plus : deux ans de campagne dans la ville et les environs, un défilé de 2 600 véhicules de toutes sortes. En 1963, l'Itinérante à son apogée a distribué 17 millions d'anciens francs à l'enfance malheureuse, aux sans-logis, au secours d'urgence et à destination du tiers monde. 18 autres millions sont allés aux comités locaux qui ont aidé les chiffonniers pour des actions locales. À la suite de la campagne menée à Cherbourg en 1962 et de la visite de l'abbé Pierre, un foyer-pilote pour handicapés physiques s'est ouvert dans la Manche, à Montebourg, encadré par les chiffonniers-bâtisseurs de l'Itinérante. Puis ceux-ci sont allés construire un bâtiment dans une maison de retraite...

Le 5 avril 1964, ce sont 132 communes de l'arrondissement de Rouen qui apportent à l'abbé Pierre 3 000 tonnes de marchandises hétéroclites, dans ce gigantesque défilé tout aussi hétéroclite, « et dans une atmosphère de grande kermesse » *(Pleine Vie*, n° 10, Pâques 1964). Le Père est là, radieux ; rescapé du naufrage de juillet 1963 dans le Río de la Plata, revenu enthousiaste d'une tournée dans les communautés Emmaüs d'Amérique latine. Il a dû reporter, pour cause de surmenage perpétuel, un autre voyage en Inde et au Japon ; mais à Rouen, entouré de tous les siens, il oublie la fatigue et les peines. Mme Renard — l'Amiral — et Lucie Coutaz sont là aussi, et Marie-Geneviève qui continue de se consacrer aux enfants abandonnés de Saint-Nicolas-des-Bois ; et le père Protain, qui va partir fonder une communauté en Suède ; et même les Amis en cravate de la rue des Bourdonnais...

L'Itinérante de Normandie, partie pour un hiver de chine et quelques gosses à secourir au fin fond de l'Orne, clôt huit années d'aventure emmaüsienne au son de la fanfare. Sur le podium, le Père serre des mains innombrables et caresse des têtes. Le « butin » des chiffonniers défile dans une revue impeccable, digne d'un 14 juillet ! Maires et cliques en tête ! Un colonel de réserve, ami de Paul, a ressorti ses cartes d'état-major et Paul lui-même a tout agencé avec son souci habituel de la perfection. Pas un incident, pas un contretemps, le ban et l'arrière-ban des forces de l'ordre sont mobilisés, avec les pompiers et la Croix-Rouge. La fête dure jusqu'à la nuit et au-delà, et toujours en musique. « J'avais découvert que, pour obtenir la bonne cadence de déblayage des camions sur le terrain de tri, pour qu'ils repartent dans la bonne direction et que les gars ne s'attardent pas à boire des coups en route, il fallait de la musique... *Pon pon pon pon !...* » Ce jour-là, tout de même, Paul a tremblé, dans l'ombre où il a tout supervisé. Puis il a donné le signal du départ et s'est épongé le front. « À la grâce de Dieu... »

L'aventure paraît s'achever à Rouen. Comment faire mieux, plus gros encore, quand on se sent à l'étroit en Normandie ? Ailleurs, on pourrait continuer, trouver d'autres trésors. Pas seulement, dans les rebuts, des éditions originales de *Madame Bovary*, ou des sonates annotées par Chopin, une liste de collaborateurs de la région — « de quoi faire sauter le département ! » — ou des ciboires en or massif... mais des trésors d'énergie, de bonté, de dévouement anonyme et de chaleur humaine. Ailleurs, on pourrait trouver d'autres gosses délaissés à soigner et à entourer d'affection ; d'autres familles à reloger, d'autres foyers brisés à réunir et une multitude de pauvres types à accueillir d'un mot : « Viens, on a justement besoin de toi »...

Paul se défend d'être un missionnaire, quoi qu'on dise ou craigne de son ambition. « Il y avait une demande, on y a répondu. Avions-nous le choix ? Ce n'est pas de l'orgueil, mais quand on a décidé de faire ça, il faut le faire bien, à fond, sans calcul. »

Les chiffres impressionnent, comme le défilé final de Rouen : 350 millions d'anciens francs distribués, des maisons, des foyers d'handicapés, des auberges pour les vieux et des centres d'apprentissage construits, restaurés ou agrandis... 150 cantonnements différents, des milliers de réunions et de conférences, douze départements et plus de 5 000 communes visités en huit ans.

Ces chiffres ne disent rien, au fond, de l'Itinérante de Paul. Ils n'en sont que l'écume, tant pis pour les comptables, les apprentis policiers et les juges d'instruction... Le vrai trésor de l'Itinérante reste au fond des cœurs et il n'est guère exprimable que par ceux qui ont vécu cette épopée normande.

Au Havre, en 1963, des jeunes ont voulu approcher ce mystère. Pendant les vacances d'été, ils ont désiré partager la vie et le travail de l'Itinérante. Ils étaient une dizaine. L'année suivante à Rouen, ils sont cinq fois plus et en 1965, dans la Manche, on en compte trois cent soixante-quatre. L'Itinérante de Normandie a vécu, et elle a enfanté les camps de jeunes d'Emmaüs, parce que le trésor au fond du cœur survit même aux épopées, et que son mystère fascine d'une génération à l'autre. « Vivre, c'est aimer. » Les camps de jeunes de Monsieur Paul reprennent le flambeau de l'Itinérante de Paul en Normandie.

« Va, fais comme tu sais... »

FINAL

L'espérance

— Avez-vous eu peur de mourir ? demande un jour Philippe Labro à l'abbé.

— Pourquoi devrais-je avoir peur ? La mort est un rendez-vous sans cesse repoussé avec un ami. Elle est la Rencontre avec l'Éternel Amour dans le Toujours de l'au-delà du temps.

Le 15 juin 1963, l'abbé Pierre, à la veille de partir pour l'Amérique latine, écrit : « Depuis que ce voyage s'est décidé, je vis avec la constante pensée que j'y trouverai cette mort, enfin, que j'ai tant désirée, depuis tant d'années... »

Le 11 juillet, il est à Montevideo en Uruguay ; on l'attend à Buenos Aires en Argentine. Les avions sont paralysés par le brouillard. Il embarque sur le *Ciudad de Asunción*, un navire fluvial qui assure la traversée du Río de la Plata. À quatre heures du matin, celui-ci heurte une épave, s'échoue, s'embrase. Les passagers refluent vers la plage arrière. Il n'y pas suffisamment de canots et de gilets de sauvetage. Pour fuir l'incendie, hommes, femmes et enfants se jettent dans l'eau glacée. Commence alors une nuit d'épouvante. On repêchera cinquante-quatre noyés. L'abbé Pierre est recueilli vers neuf heures, inanimé, et placé avec les morts. « Mais celui-ci vit encore », dira un matelot. Il s'en tire avec une congestion pulmonaire. « C'est miraculeux que vous n'ayez rien de plus grave ! » souligne le médecin.

Une photo et quelques paroles feront le tour du monde. La photo est celle de l'abbé Pierre enveloppé d'une couverture et soutenu par des marins ; les paroles sont celles-ci : « Vous accourez à notre secours parce que notre malheur vous a frappés. Mais, vous, journalistes, criez-le : à La Plata, à Buenos Aires, dans toutes les grandes villes du monde, des dizaines, des centaines de milliers de papas et de mamans vivent un désastre dont personne ne s'émeut. Songez qu'ici, en Argentine, dans ce que vous appelez les "villes-misère", des multitudes, ce soir, alors qu'il pleut, n'auront pas le moyen d'abriter le berceau du bébé et coucheront sur des matelas pourris d'humidité. Pour eux, ce n'est pas une catastrophe d'un jour ou d'une nuit, c'est leur vie entière qui est un naufrage... »

La mort manquée du Río de la Plata conforte le mythe. On sait que l'homme peut mourir, mais point le message. Les prophètes sont mortels, tandis que perdure l'onde de leur appel. Emmaüs s'imagine orphelin et prend davantage conscience de sa responsabilité à l'égard de l'héritage. Il importe peu que les réactions soient passionnelles, elles procèdent de la manière libertaire du mouvement, qui autorise le brave Abraham à dire, là-bas, en Normandie : « Paul, faut envoyer un commando sur place pour le tirer de là, si t'es un homme ! », et à tel autre, dans d'autres cercles, de franger son bonheur d'irrévérence : « Il n'aurait tout de même pas fait exprès de monter sur le bateau en sachant qu'il pouvait couler... »

Les « petits enfants » de celui qui se désigne désormais comme le « Grand-Père » poursuivent leur chemin, les défenseurs de l'ordre et de la raison, comme les disciples du ressourcement, dans les racines de l'aventure. L'âme commune contenue dans le message fait qu'ils se rejoignent au fond, en présentant tous les signes de la brisure : le divorce d'Emmaüs s'arrête à la séparation de corps. On y consomme la jubilation de l'autonomie, tout en continuant de s'asseoir à la table commune. Le Père n'oppose pas ses « fous » aux « raisonnables », se contentant d'indiquer, le 8 mars 1962 : « De toute mon âme, je souhaite un jour l'unité. Dans l'immédiat, il me semble certain qu'elle ne serait pas fructueusement réalisable... De la même manière, il serait malhonnête de faire croire qu'Emmaüs est monolithique ou bien connaît des contradictions d'idéal. »

Ainsi le « Grand-Père » prône-t-il une entente cordiale qui connaîtra bien des tempêtes tandis que « réalistes et fous » naviguent à l'estime dans la récupération des déchets. Lui ne changera jamais, ne se fera jamais l'ordonnateur ou le complice d'un arrêté de fermeture. Négligeant les excès d'organisation qui lui paraissent paralysants, il continue de choisir les offres de la vie et de répondre aux querelles par l'âme : « Ne sait-on pas que seule la lutte pour que cesse la peine, injuste et bête, de tant d'innocents, donne la joie et la raison de vivre ? La seule question est : "Sommes-nous capables d'avoir ce minimum d'unité entre nous pour défendre la même loi ?" Les premiers chrétiens, quand ils furent cinq ou dix mille, n'étaient pas tous saint Paul. Ils étaient pourtant de vrais chrétiens... Ne décourageons personne : de même qu'il ne faut pas confier le gouvernement à un mystique, il ne faut pas non plus empêcher le mystique d'avoir sa place à la cour pour dire son fait au roi... Si j'ai voulu appeler comme présidents des gens comme Bouchy ou Camus devant l'opinion publique, c'est parce que je voulais aussi comme responsables des gens qui avaient un passé, qui pouvaient avoir volé la tour Eiffel et s'étaient repentis [1]. »

1. Entretien de l'abbé Pierre, *in Faim et Soif*, n° 100-101, 1991.

Cette prise de risque, à la mesure du caractère révolutionnaire et si simple du message, a failli mourir en 1958 dans un conflit d'une extrême violence, pour renaître sous d'autres aventures qui répondaient toutes à la même éthique de vie : Libres pour aimer...

À cet égard, Paul de Brest, Armand de Bougival ou Bernard de Cernay n'ont pas réalisé un autre dessein que Charles de Nantes ou Paul de Normandie, se retrouvant unis auprès de tous les Abraham, les Jules, les Lulu, les Bébert et accomplissant leur « montée vers l'Amour », dans le tri du platine et de la ferraille. Et si les sages de l'UCC ont refusé les excès de la légende, il s'agissait moins de tuer le Père que d'aider à la nécessaire métamorphose de l'institution encore adolescente et à l'accomplissement quotidien du relèvement des hommes, sans remettre en cause la qualité du cri.

En attendant, nul pouvoir n'est parvenu à rogner les ailes du prophète tandis que le temps qui passe, loin d'affaiblir le mythe, semble l'assurer. Si perdure ainsi la force du charisme, comme voix des sans-voix, c'est que critiques ou disciples ressentent unanimement que l'abbé Pierre est le témoin prêt à se faire égorger.

Peu à peu en France, le temps de l'épopée s'efface devant la montée du temps des bâtisseurs et s'éloignent les ombres de Jean-Yves de Pontault, de Paul de la gadoue des Bordes et de mille autres qui montrent la voie à ceux qui viennent à Neuilly-Plaisance, ou ailleurs, répéter les mêmes gestes simples, dans l'amour du travail des chiffonniers, le papier, le meuble, la fripe et la ferraille. Et cette histoire de l'« infiniment petit » prend une saveur d'universel. Partout, dans le monde, d'Amérique en Asie, d'Europe en Afrique, de Harlem à Séoul, les mêmes gestes s'accomplissent sous d'autres regards, ceux de Vallade à Osaka, de Llorens à Mendoza, de Haddad à Beyrouth, de Léon à Bruxelles, de Kirk à Harlem, de Pépé et d'Oscar à Santiago, de

Balista à Buenos Aires, de Véronique à Cotonou... Tandis qu'à Rio, sur un chemin tracé par Helder Camara, Jean-Yves se relance dans l'aventure, et qu'un prêtre colombien, venu en ami, chiffonnier parmi les chiffonniers de Neuilly-Plaisance, ne pouvant se résoudre à la non-violence, un jour prendra les armes et le maquis au nom des pauvres pour y trouver la mort : Camillo Tores montre au Che Guevara le chemin abrupt de la légende. Le miracle d'Emmaüs, lui, relève d'un autre mystère, celui du geste d'Amour anonyme et exemplaire.

Un petit rien d'universel à la charnière de la civilisation.

Cet ouvrage a été réalisé grâce aux archives d'Emmaüs conservées à Alfortville, aux archives personnelles de l'abbé Pierre, à celles de l'Union centrale des Communautés, à celles de l'Association Emmaüs ; grâce aux témoignages de l'abbé Pierre, des abbés Duvallet et Barral, de Paul de Normandie, de Paul Beaudoin, d'Henri Camus, de Bernard Eidensherk et de Marcel Montalbetti, d'Oscar Prégnan et de Mireya Ossès, de Jules... et de tous les Compagnons de l'abbé Pierre que j'ai pu consulter.

Emmaüs France et son président Raymond Etienne, Emmaüs International et son président Franco Bettoli, Jean-Marie Viennet, Laurent Desmard, Hervé Le Ru, Michel Lefebvre, Brigitte, Martine, Emmanuelle et Aline furent un fraternel soutien. Qu'ils en soient remerciés.

Table

Prélude

Première partie

« COMME UN GRAIN DE SÉNEVÉ

Deuxième partie

LA COLÈRE D'AMOUR

TROISIÈME PARTIE

LAZARE

QUATRIÈME PARTIE

RÉSURRECTION

Composition réalisée par NORDCOMPO

IMPRIMÉ EN FRANCE PAR BRODARD ET TAUPIN
Usine de La Flèche (Sarthe).
LIBRAIRIE GÉNÉRALE FRANÇAISE - 6, rue Pierre-Sarrazin - 75006 Paris.
ISBN : 2 - 253 - 13525 - 9 31/3525/8